Melody Beattie

Mut zur Unabhängigkeit

Wege zur Selbstfindung und inneren Heilung

Das Zwölf-Schritte-Programm

Wilhelm Heyne Verlag
München

HEYNE LEBENSHILFE
Band 17/123

Aus dem Amerikanischen
von Gabriel Stein

Titel der Originalausgabe:
CODEPENDENTS' GUIDE TO THE TWELVE STEPS

Copyright © 1990 by Melody Beattie
Copyright © 1992 der deutschen Ausgabe
by Wilhelm Heyne Verlag GmbH & Co. KG, München
Printed in Germany 1994
Umschlagillustration: The Image Bank/Bonnie Timmons, München
Umschlaggestaltung: Christian Diener, München
Satz: Kort Satz GmbH, München
Druck und Bindung: RMO, München

ISBN 3-453-07863-2

Dieses Buch ist jenen Menschen gewidmet,
die an den Zwölf Schritten arbeiten,
und der Höheren Macht,
die uns dabei hilft.

INHALT

Einleitung 13

ERSTER SCHRITT 20

ZWEITER SCHRITT 54

DRITTER SCHRITT 77

VIERTER SCHRITT 96

FÜNFTER SCHRITT 133

SECHSTER SCHRITT 154

SIEBTER SCHRITT 169

ACHTER SCHRITT 181

NEUNTER SCHRITT 202

ZEHNTER SCHRITT 237

ELFTER SCHRITT 259

ZWÖLFTER SCHRITT 280

ANHANG:
An einem Programm arbeiten 306

Einige Fachausdrücke aus dem Heilungsprogramm 328

Das Zwölf-Schritte-Programm
der anonymen Alkoholiker 340

Das Zwölf-Schritte-Programm
der anonymen Co-Abhängigen 342

DANKSAGUNG

Mein Dank und meine Anerkennung gilt besonders jenen Menschen, die bereitwillig und offen über ihre Erfahrungen mit dem Zwölf-Schritte-Programm und der Co-Abhängigkeit Auskunft gaben und so an der Entstehung dieses Buches maßgeblichen Anteil hatten. Dadurch konnte ich einen repräsentativen Einblick in die Arbeit der einzelnen Gruppen geben und den dort herrschenden Geist zum Ausdruck bringen.

Ferner danke ich ganz besonders:

Den Zwölf-Schritte-Gruppen, die sehr kooperativ waren und alle wichtigen Informationen zur Verfügung stellten.

Beatrice Pieper, meiner Mitarbeiterin und freien Mitautorin. Behutsam und mit großem Eifer hat sie die Menschen interviewt, die im folgenden zu Wort kommen. Beas Bemühungen, Beiträge und aufmunternde Bemerkungen waren für das Entstehen dieses Buches von größter Bedeutung.

Jonathon und Wendy Lazear, meinen Agenten. Ihre fachlichen und persönlichen Beiträge, die das Projekt von Anfang an begleiteten, können gar nicht hoch genug eingeschätzt werden.

Ann Poe, deren redaktionelle Anmerkungen immer angebracht und äußerst nützlich waren und die auch unter größtem Druck schnell und gutgelaunt ihre Arbeit erledigte.

Meinen Kindern Shane und Nichole. Shane bringt mich zum Lachen, akzeptiert es, wenn ich sehr beschäftigt bin, und freut sich, wenn ich frei habe. Nichole ist meine Inspirationsquelle, mein großes Geschenk.

Schließlich bedanke ich mich bei meiner Mutter, die mir vor Jahren meinen ersten Text-Computer kaufte und sagte, ich solle an die Arbeit gehen.

DA DRAUSSEN

Da draußen
wirst du alles erkennen.
Die offenen Enden
treffen zusammen,
werden wieder heil:
Und du bist du selbst —
dein ganz und gar geformtes,
doch ständig sich
verwandelndes,
tiefstes Selbst.
Jeder Blick zurück,
noch so unbeholfen,
wird sich lohnen.
Mit jeder Träne,
die du weintest,
— weinen wolltest —,
werden deine Knochen,
die zerbrachen, wieder ganz.
Die Risse deines Herzens —
du brauchst sie
nicht mehr zu verstecken
hinter stählernen Trägern,
mächtigen Feigenbäumen —
oder gar unter Reispapier.
Du benötigst nicht soviel
wie den Flügel einer Libelle,
um diese schwergeprüfte Stelle
zu bedecken, dein
Geheimstes zu schützen,
das du so sehr liebst
und durch all die Jahre
scheinbar schonungsloser
Drangsal
unversehrt zu bewahren
hoffst.

Geh nun, lebe und liebe
in Frieden, mein Freund,
denn gewiß gibt es die Liebe,
um dich einzuhüllen,
und das Leben,
auf daß du es genießt:
Dein Anteil daran ist
unermeßlich.
Die Liebe wird das ›Mehr‹ sein,
das du ersehntest.
Wenn es soweit ist,
wirst du es verstehen.
Du wirst dich selbst so lieben,
wie kein Liebender
je das Herz hatte,
dich zu lieben.
Und die Wärme,
die du dir wünschtest,
wird dein Kopfkissen füllen,
auf dem Fenstersims tanzen
und sich verbergen
vorne in deinen Strümpfen,
um deine Zehen zu erwarten.

DEBORAH MEARS

*Das Zwölf-Schritte-Programm ist
das wichtigste Geschenk zur inneren
Heilung, das dem zwanzigsten
Jahrhundert zuteil wurde.*

Terry N.

EINLEITUNG

Das erste Mal hatte ich mit den Zwölf Schritten zu tun, als ich in der Klinik eine Entziehungskur machte, um von meiner Trunksucht geheilt zu werden. Ich wollte dort nicht sein; ich hatte keine Lust, nüchtern zu werden. Aber ich mußte die Behandlung fortsetzen, um nicht mit dem Gesetz in Konflikt zu kommen.

Der Behandlungsplan sah unter anderem vor, daß ich im Vortragssaal des Krankenhauses eine etwas seltsame Veranstaltungsreihe besuchen sollte. Zweimal in der Woche kamen einige Leute aus der Gemeinde, stiegen aufs Podest und redeten über ihre Erfahrungen. Sie sprachen davon, wie schrecklich ihr Leben früher gewesen war, als sie noch tranken, was sie alles durchmachen mußten — und wie angenehm das Leben jetzt sei. Sie hatten ihre ganzen Probleme mitsamt dem damit verbundenen Leid hinter sich gelassen, um seither ein glückliches Leben zu führen.

Ich saß in der hintersten Reihe, möglichst weit weg von diesen Leuten. Eines Tages aber sagte einer der Männer etwas, das mich direkt in die Magengrube traf. Er sprach nicht mehr nur über sich, sondern im Grunde über *mich* — meinen Schmerz, meine inneren Kämpfe und all die Ängste, die ich sogar vor mir selbst verborgen hatte. Schlagartig wurde mir mein Zustand bewußt, und sehr bald machten sich die ersten Anzeichen einer Veränderung bemerkbar: *trotz* der mühseligen Entziehungskur. Schließlich hörte ich mit dem Trinken auf.

Sieben Jahre später, nach mehreren Beziehungen mit Alkoholikern, wußte ich, daß noch mehr erforderlich war als nur Abstinenz. Denn ich war nicht gerade im Begriff, »fortan ein glückliches Leben zu führen«; ich war dabei, von meiner Co-Abhängigkeit geheilt zu werden.

Erneut fand ich mich diesen Zwölf Schritten gegenüber, aber der Blickwinkel war nicht mehr der gleiche. Ich litt unter dem Alkoholismus *eines anderen Menschen*. Bald mußte ich die Wahrheit erfahren — nicht über diesen Menschen, sondern über mich selbst und meine Probleme mit der Co-Abhängigkeit. Inzwischen bin ich davon überzeugt, daß sie bereits seit meinem vierten Lebensjahr vorhanden waren.

Ich war nicht sonderlich erfreut darüber, mich noch einmal mit den Schritten auseinandersetzen zu müssen. Ich wollte nicht wieder solche Qualen durchleiden, die eine weitere Heilbehandlung erforderlich machten. Ich glaubte, es sei genug, wenn jeder Mensch während seines ganzen Lebens nur mit *einem* großen Problem konfrontiert würde.

Heute jedoch bin ich für all das dankbar. Als ich zum ersten Mal auf die Zwölf Schritte stieß, wurde ich mit ihrer Hilfe vom Trinken geheilt; das zweite Mal wurde mir durch sie *mein wahres Selbst* und *mein eigenes Leben* zuteil. Sie befreiten mich von meiner Co-Abhängigkeit.

Das vorliegende Buch beschäftigt sich mit dem Zwölf-Schritte-Programm und damit, wie diese Grundsätze auf die Heilung von der Co-Abhängigkeit angewandt werden können. Ob Sie im Moment regelmäßig eine Therapiegruppe besuchen, die mit diesem Programm arbeitet, ist dabei nur von sekundärer Bedeutung.

Viele von uns suchen schon lange nach einem »magischen Offenbarungserlebnis«. Wir haben Geld ausgegeben, gewartet, gebetet und viele Mühen in Kauf genommen, um in den Besitz jenes ersehnten Zaubermittels zu kommen, mit dem wir das Geheimnis der inneren Heilung enthüllen können. Wir haben Ausschau gehalten nach einer bestimmten Person, einem besonderen Ort oder Gegenstand, um uns wohler zu fühlen, um nicht mehr leiden zu müssen und von Grund auf verändert zu werden.

Wie oft schon haben wir Seminare besucht, ein Buch gekauft oder einen Therapeuten konsultiert in der Hoffnung, daß unser Leben dadurch ganz anders würde? Solche Aktivitäten sind durchaus hilfreich, denn sie geben uns wertvolle Hinweise für die Reise ins Innere.

Aber es gibt noch etwas, das darüber hinausgeht.

Regelmäßig erhalte ich Briefe von Menschen mit der Frage, wann ich eine Gesprächsgruppe leiten werde oder ob die betreffende Person sich einmal mit mir besprechen dürfe. »Wenn ich einfach nur einmal mit Ihnen reden könnte, ginge es mir gleich viel besser. Sie halten den Schlüssel in der Hand, Sie wissen die magische Formel für meinen Heilungsprozeß.«

Solche Ansichten sind mir sehr vertraut, weil ich sie selbst auch schon hatte. Oft dachte ich: Wenn ich doch nur lange genug in der Nähe von Earnie Larsen oder Anne Wilson Schaef oder all der anderen Lehrer sein könnte, dann würde ich verändert, ja innerlich völlig umgewandelt werden.

Wir alle wissen jedoch, daß das so nicht stimmt. Ein jeder Mensch trägt seinen eigenen Schlüssel mit sich, seine eigene Zauberformel. Ein jeder verfügt über die Fähigkeit und die Stärke, sie zu entdecken und die heilkräftigen Quellen in seinem Innern zu erschließen, ganz ungeachtet der jeweiligen Lebensumstände.

Um dahin zu kommen, müssen wir die Zwölf Schritte durcharbeiten. Das sind die elementaren Prinzipien, durch die wir von der Co-Abhängigkeit loskommen. Wenn wir uns intensiv mit den Schritten beschäftigen, werden wir dann zur rechten Zeit auch zu jenen Menschen, Therapeuten, Kursen und Büchern geführt werden, die wir nötig haben.

Die Schritte bilden jedoch gleichsam das Fundament, auf dem sich die innere Transformation vollzieht. Sie stecken den Pfad ab, der zur emotionalen und spirituellen Genesung führt. Deshalb habe ich sie zum Gegenstand dieses Buches gemacht.

In ganz Amerika haben sich sehr schnell viele Gesprächsgruppen gebildet, die das Zwölf-Schritte-Programm heranziehen, um die Teilnehmer von der Co-Abhängigkeit zu heilen. Oft strömen neue Mitglieder in Scharen herbei, während es an »Alteingesessenen«, an Menschen mit praktischer Erfahrung hinsichtlich des Programms, fehlt. Manchmal kommt es sogar vor, daß die Versammelten genau jene Reaktionen zeigen, von denen sie eigentlich geheilt werden wollen: übermäßige Fürsorge, Scham-gefühle, Kontrollmechanismen, zwanghaftes Gebaren, Handlun-gen, die andere verletzen — und nicht zuletzt einen Mangel an Selbstverantwortung. Da sie nicht wissen, was sie sonst tun sol-len, sitzen viele in den Gruppen, um sich nur noch auf das Pro-blem zu konzentrieren anstatt auf die Lösung, die nirgendwo anders als in den Zwölf Schritten selbst zu finden ist.

Eben weil die meisten Gesprächsgruppen auch nach Überwin-dung gewisser Anfangsschwierigkeiten noch nicht ausgereift sind, biete ich direkte Lösungsmöglichkeiten an — das ist mein Geschenk an diejenigen unter Ihnen, die von der Co-Abhängig-keit geheilt werden wollen. Es ist aber auch ein Geschenk an mich selbst. Denn die Arbeit an diesem Buch hat meinen Glau-ben an diese Schritte und ihre Fähigkeit, den Heilungsprozeß eines jeden Menschen — mich eingeschlossen — zu erleichtern, erneuert und gestärkt.

Um dieses Buch zu schreiben, habe ich mit vielen Personen ge-sprochen, die verschiedene dieser Gruppen besuchen: von CoDA[1] über Al-Anon[2] bis zu FA[3], Co-SA[4] etc.

Ich kam ins Gespräch mit Menschen, die mehrfach abhängig sind und von ihrer Fett- bzw. Magersucht genauso geheilt wer-den möchten wie von ihrer Alkohol- und Co-Abhängigkeit. Ich befragte Männer und Frauen, die ihre inzestuösen Beziehungen oder andere körperliche bzw. seelische Mißhandlungen aufar-beiten, und ich hörte jenen zu, die sich als »nur co-abhängig« bezeichnen.

Ferner war ich bei Zusammenkünften heterosexueller und homosexueller Gruppen.

---

1 CoDA (Codependents Anonymous): Selbsthilfegruppe, deren Mitglieder mit der Suchtkrankheit eines ihnen nahestehenden Menschen konfrontiert sind und da-durch selbst in suchtartige, selbstzerstörerische Verhaltensmuster verfallen.

2 Al-Anon: »Schwester«-Gruppe der Anonymen Alkoholiker (AA), deren Mitglieder mit dem Alkoholismus eines geliebten Menschen zu kämpfen haben.

3 FA (Families Anonymous): Selbsthilfegruppe, deren Mitglieder mit den Suchtproblemen oder abnormen Verhaltensweisen innerhalb der Familie, beson-ders bei Kindern, konfrontiert sind.

4 Co-SA (Codependents of Sex Addicts): Selbsthilfegruppe, deren Mitglieder unter der Sex-Sucht des geliebten Menschen leiden.

Ich habe mit Leuten unterschiedlicher Couleur und Herkunft geredet, die, jeder in seinem Dialekt, jede auf ihre Weise, allmählich lernen, nicht mehr zu fragen: »Wie kann ich dir helfen?« sondern: »Wie kann ich mir selbst helfen?«

Der gemeinsame Nenner all dieser Personen besteht darin, daß sie — egal, welche Zwölf-Schritte-Gruppe sie besuchen — ihre Co-Abhängigkeit als ein grundlegendes Problem erkannt haben, das bewältigt werden muß, und daß sie bereit waren, darüber Auskunft zu geben, *wie* die Zwölf Schritte im konkreten Fall jeweils angewandt werden können.

Die Anonymität der interviewten Personen wurde durchgängig gewahrt.

Meine Gesprächspartner vertraten dabei keine speziellen Gruppeninteressen, und dieses Buch wird auch von keiner bestimmten Gruppe in irgendeiner Weise unterstützt oder mitverantwortet. So vertritt es auch keine der dort vorherrschenden Meinungen. Es wurde nicht verfaßt, um eine der Zwölf-Schritte-Gruppen zu fördern, sondern um den einzelnen zum Nachdenken anzuregen, inwiefern *das Programm selbst* die Heilung von der Co-Abhängigkeit ermöglicht.

Dann erst kann der eine dem anderen zeigen, inwieweit diese Grundsätze im eigenen Leben gefruchtet haben.

Diesen ganzen Prozeß nennt man: innere Heilung.

Sie können dieses Buch so benutzen, wie es Ihnen richtig erscheint. Es braucht nicht Seite für Seite gelesen zu werden; Sie können mit jedem der Kapitel oder Schritte beginnen, bei dem Sie das Gefühl haben, etwas Wichtiges über sich und Ihre Abhängigkeit zu erfahren. Sie halten nicht *das* Buch über die Zwölf Schritte in der Hand. Wie in meinen anderen Büchern gebe ich auch hier meiner persönlichen und gewiß auch vorgefaßten Meinung Ausdruck.

Am Ende eines jeden Kapitels habe ich einige Fragen beigefügt, die als Vorschläge zu praktischen Übungen zu verstehen sind, damit Sie noch einmal genau darüber nachdenken, inwieweit der jeweilige Schritt auf Ihr Leben angewandt werden könnte. Lesen Sie sich diese Fragen durch, und denken Sie über Ihre Antworten nach. Vielleicht haben Sie auch das Bedürfnis, diese in Ihr Tagebuch oder Notizheft einzutragen. Oder Sie sprechen Aufgaben und Antworten mit einem Freund durch, der Ihr Vertrauen genießt: dadurch lernen Sie, klarer zu denken und den Heilungsprozeß besser zu bewältigen.

Mit der größten Hochachtung schreibe ich über diese Zwölf Schritte, die ursprünglich dazu gedacht waren, Alkoholiker von ihrer Sucht zu heilen. Hier habe ich versucht festzuhalten, in welcher Art und Weise diese Schritte dabei helfen, die Probleme der Co-Abhängigkeit zu lösen. Und doch kann das geschriebene Wort nur einen schwachen Abglanz von ihrer Eigenart und Wirkung vermitteln. Die Magie, das Geheimnis und die Kraft, die ihnen innewohnt, kann nur verstanden werden, wenn jeder einzelne von uns sie im eigenen Leben benutzt und mit ihnen arbeitet. Dann erst geben sie sich zu erkennen in ihrer ganzen Fülle — und sind viel mehr als nur zwölf gutgemeinte Anregungen, die irgendwann einmal aufgelistet wurden.

»Ich glaube wirklich, daß die Zwölf Schritte Freiheit bedeuten«, sagt Jody. »Sie zeigen mir, worum es bei diesem Thema eigentlich geht, und zwar so, daß sie meine vorgefaßten Überzeugungen zur Freiheit, zum Dasein des Menschen und zur Spiritualität in Frage stellen. Und genau das brauche ich.«

Lesen Sie im folgenden also, was diese Schritte bei uns bewirkt haben, und machen Sie sich deren geheimnisvolle und magische Kraft in Ihrem eigenen Leben zunutze.

Abschließend noch ein Hinweis für all jene, die mit dem Programm zum ersten Mal in Berührung kommen. Oft ist es ein wenig verwirrend, bestimmte Redewendungen zu hören, die im Verlaufe des Heilungsprozesses immer wieder auftauchen, zum Beispiel: »an einem Schritt arbeiten«. Was ist damit gemeint? Einige Menschen »arbeiten« an den Schritten; sie denken darüber nach, machen sich Notizen — so wie sie auch an Hausaufgaben oder an einer Steuererklärung arbeiten würden: nämlich konzentriert und diszipliniert. Andere arbeiten die Schritte gemeinsam mit der Vertrauensperson durch, die sie sich innerhalb des Programms zum »Mentor« erkoren haben. Andere besuchen einfach die Gruppensitzungen, hören aufmerksam zu und lassen die Schritte auf sich einwirken. Wieder andere schlagen einen Kurs ein, der alle diese Bestrebungen verbindet.

Jedem von uns steht es frei, die Arbeit an den Schritten nach eigenem Gutdünken durchzuführen. Mir persönlich hilft es, bereits *vor* einem bestimmten Ereignis, das normalerweise in coabhängige Gewohnheiten — also in Kontrollverhalten oder Selbstmißachtung — führen würde, über diese Schritte nachzudenken, in jedem Fall aber *währenddessen* und manchmal auch noch *danach*. Ich lasse sie mir durch den Kopf gehen, wenn ich seelischen Kummer habe, wenn ich nicht weiterweiß oder feststellen muß, daß ich meinen eigenen Gefühlen ausweiche.

Mit der Zeit erscheint uns diese Beschäftigung mit den Schritten als ganz natürlich, und wir fühlen, wie sich unsere Aufmerksamkeit immer stärker und bereits instinktiv auf sie richtet. Wir beginnen, an ihnen zu arbeiten, und bald arbeiten sie an uns. Manchmal haben sie das sogar gegen meinen Widerstand getan. Die Schritte verändern, ja verwandeln uns in einer Weise, die nicht mit dem bloßen Intellekt, sondern nur im tiefsten Innern erfahren werden kann.

An den Schritten arbeiten heißt: eine sehr menschliche Anstrengung unternehmen und damit ein entscheidendes Grundprinzip des Heilungsprozesses im eigenen Leben verankern. Das hat weitreichende Konsequenzen: für unser Verhalten wie auch für unseren emotionalen und spirituellen Zustand. In den folgenden Kapiteln wollen wir diese Bemühungen und ihre Ergebnisse einmal näher betrachten.

*Dieses Sichausliefern ergibt sich
ganz von selbst. Plötzlich bin
ich mir dessen völlig bewußt.
Dann breitet sich tief in mir
eine große Ruhe aus, und mein
Leben wird allmählich wieder
überschaubarer.*

Bob T.

ERSTER SCHRITT

»WIR GABEN ZU, DASS WIR KEINE MACHT ÜBER ANDERE
HABEN — UND UNSER LEBEN NICHT MEHR MEISTERN
KONNTEN.«

Erster Schritt der Anonymen Co-Abhängigen (CoDA)

Als ich von diesem Schritt zum ersten Mal hörte, kapierte ich
ihn nicht. Ich verstand kein Wort. Er erschien mir obskur, un-
heimlich — und unwahr.

Keine Macht über andere? Mein Leben — nicht mehr zu
meistern?

Ich glaubte, mich selbst und andere Menschen völlig unter
Kontrolle zu haben. Ich glaubte, keiner meiner Lebensumstände
sei so niederschmetternd, keines meiner Gefühle so übermächtig,
als daß ich sie nicht durch bloße Willenskraft in den Griff bekommen könnte. Ich glaubte, es werde von mir erwartet, daß
ich alle Dinge in der Hand hätte. *Das* war doch meine Aufgabe.
Mit dieser Einstellung schlug ich mich durchs Leben!

Zudem nahm ich an, daß mein Leben viel überschaubarer
wirkte als das der Leute um mich herum — bis ich anfing, den
Blick nach innen zu richten. Da entdeckte ich plötzlich in der
Tiefe Angst, Wut, Schmerz, Einsamkeit, innere Leere und all die
unbefriedigten Bedürfnisse, die mich die meiste Zeit beherrscht
hatten.

Damals wandte ich mich von äußeren Dingen und anderen Menschen erstmals lange genug ab, um den Zustand meines eigenen Lebens genauer zu betrachten.

Damals begann ich, *mein* Leben zu entdecken und wirklich aufzuwachen.

»Ich wußte nichts über Macht und Ohnmacht«, sagt Mary, als vom Ersten Schritt die Rede ist. »Ich war Opfer und kontrollierte trotzdem alles — dadurch besaß ich Macht. Hätte ich sie nicht ausgeübt, hätten andere am Schalthebel gesessen.«

Jetzt sind wir dabei zu lernen, wie wir besser mit unserer Macht umgehen, anstatt Opfer zu sein und auf Kontrollmechanismen zurückzugreifen. Dieser Lernprozeß beginnt damit, daß wir die Wahrheit über uns selbst und unsere zwischenmenschlichen Beziehungen *zugeben* und *akzeptieren*.

Wir haben keine Macht über andere. Sobald wir versuchen, Einfluß geltend zu machen, den wir gar nicht besitzen, gerät unser Leben auf die eine oder andere Weise aus den Fugen. Im folgenden wollen wir näher untersuchen, wie sich dies bemerkbar machen kann — und an welchem Punkt bei uns der Gedanke auftauchte, wir könnten andere kontrollieren bzw. ihnen die Kontrolle über uns gestatten.

MEINE GESCHICHTE

Ich kann mich immer noch lebhaft an diese Szene erinnern, obwohl sie schon über zehn Jahre zurückliegt. Der Mann, an dem mir viel lag, trank. Er war Alkoholiker. Er wollte einfach nicht die Finger von der Flasche lassen. Ich hatte alles mögliche versucht, ihn davon abzubringen, aber nichts half.

Absolut gar nichts.

Aber ich war auch nicht mehr imstande, meine Bemühungen aufzugeben, seine Sucht unter Kontrolle zu bringen.

Nachdem sich wieder einmal der Teufelskreis aus Versprechungen, versöhnlichen Gesten und erneut nicht eingehaltenen Versprechungen geschlossen hatte, war ich zum Äußersten bereit und faßte einen Plan, um ihn zur Abstinenz *zu zwingen*. Ich wollte ihm klarmachen, wie man sich fühlt, wenn man einen alkoholabhängigen Menschen liebt. Das Ganze sollte so aussehen, als wäre ich selbst wieder rückfällig geworden. Er würde dadurch endlich wachgerüttelt werden und sehen, wie sehr ich leiden mußte. Dann, so hoffte ich, würde er keinen Tropfen mehr trinken.

Sorgfältig bereitete ich alles vor. Obwohl ich seit Jahren keine Drogen mehr genommen hatte, breitete ich die entsprechenden Utensilien aus: ein Päckchen mit weißem Pulver (ich nahm Zukker); einen Löffel, der an der Unterseite rußig war und ein Stück Stoff enthielt. Dann legte ich mich auf die Couch, um so zu tun, als stünde ich unter Drogeneinfluß.

Kurze Zeit später betrat jener Mensch den Raum, der (damals) das Ziel all meiner Kontrollversuche war. Er sah sich um, erblickte zuerst den Löffel, dann mich — und machte Anstalten näher zu kommen. Ich aber sprang hoch und fing an, ihm einen Vortrag zu halten.

»Siehst du!« schrie ich. »Siehst du jetzt, wie es ist, wenn man einen Menschen liebt und zuschauen muß, wie er Drogen nimmt! Begreifst du endlich, wie weh das tut? Ist dir klar, was du die ganzen Jahre über *mir* angetan hast?«

Seine Reaktion war für mich allerdings nicht annähernd so bedeutsam wie die meiner Nachbarin, die später am Abend zu mir sagte: »Was Sie da tun, ist wirklich total verrückt. Sie sollten Al-Anon aufsuchen.«

Es dauerte noch einige Monate, bis ich die Wahrheit erkannte: Ich brauchte dem Alkoholiker nicht zu beweisen, wie tief er mich verletzt hatte. Ich mußte *mir* bewußt machen, wie groß mein Schmerz war — und Sorge tragen für mich selbst.

Der obige Zwischenfall war freilich nur einer unter vielen, die zeigen, daß ich vor nichts zurückschreckte, um andere Menschen zu beaufsichtigen. Ich verstand mich ja so gut darauf, ihre Verhaltensweisen — besonders dann, wenn sie außer Kontrolle geraten waren — zu entlarven. Dennoch war ich unfähig zu sehen, daß sich mein eigenes Leben jedem ordnenden Zugriff entzog. Ich konnte mich selbst nicht durchschauen. Und ich war gefangen in meiner Opferrolle. Die Leute taten nicht nur irgend etwas. Sie taten immer *mir* etwas an. Was auch geschah — jedes Vorkommnis war ein ausgemachter Versuch, mich fertigzumachen.

Die Fähigkeit, mich von anderen abzugrenzen — also meine Probleme, meine Angelegenheiten und meine Verpflichtungen von denen der anderen zu trennen —, war praktisch nicht mehr vorhanden. Wie eine Amöbe vermischte ich mich mit dem Rest der Welt.

Wenn jemand irgendein Bedürfnis hatte, fühlte ich mich ganz persönlich dafür verantwortlich, selbst wenn ich nur vage vermuten konnte, was der oder die andere eigentlich wollte. Wenn jemand ein schlechtes Gefühl hatte, war ich dafür zuständig, es für ihn oder sie aufzuarbeiten. Wenn jemand ein Problem hatte, so lag es allein an mir, ob es gelöst wurde oder nicht.

Ich konnte einfach nicht nein sagen. Ich hatte kein eigenes Leben. Ich schleppte noch so manches unterdrückte Gefühl aus der Kindheit mit mir herum, und so konnte es gut sein, daß meine jeweilige Reaktion im Grunde nur dem damaligen Verhaltensmuster entsprach. Zwei Wochen nach meiner Heirat eilte ich von der Arbeit nach Hause und riß die Schranktüren auf, um nachzusehen, ob die Kleidungsstücke meines Mannes noch da waren. Ich war sicher, daß er mich irgendwann sitzenlassen würde. Ich fühlte mich überhaupt nicht liebenswert. Und ich hatte keinen blassen Schimmer, was es bedeutete, die eigene innere Stärke anzuerkennen.

Alles, was ich tat, war im Grunde von Angst geprägt, die wiederum mit einer niedrigen Selbstachtung einherging. Meistens *reagierte* ich nur auf andere Menschen, indem ich versuchte, sie zu kontrollieren, oder zuließ, daß sie mich kontrollierten — wodurch meine Verwirrung nur noch größer wurde.

Ich war überzeugt davon, alles richtig zu machen. Muß nicht jeder Mensch perfekt sein? Muß nicht jeder eine stoische Haltung bewahren? Sollten wir uns nicht ständig ins Zeug legen, egal wie sehr wir darunter leiden? Ist es etwa nicht in Ordnung, daß man sich so lange für alles mögliche hergibt, bis es einem schadet — und dann trotzdem weitermacht, bis der Schmerz unerträglich wird? Und wie könnten wir anderen gestatten, daß sie sich um ihr eigenes Leben kümmern? Ist es nicht unsere Aufgabe, ihnen Einhalt zu gebieten und sie zurechtzuweisen? Ist das nicht die angemessene Art und Weise, die richtige Methode, ja der christliche Weg?

Es ist der Weg, der in die Co-Abhängigkeit führt.

Wie viele andere Menschen mußte auch ich zugeben: Ich war nicht mehr ich selbst. Ich war so, wie die anderen mich wollten. Und ich fühlte mich dadurch ungerecht behandelt und ausgenutzt. Nachdem ich jahrelang in der extremsten Form meine Co-Abhängigkeit praktiziert hatte, war mein Leben überhaupt nicht mehr in den Griff zu bekommen. Einige Aspekte dieser Co-Abhängigkeit verstand ich erst im fortgeschrittenen Stadium meines Heilungsprozesses.

Als ich endlich gesünder zu leben begann, hatte ich — infolge meiner Unfähigkeit, die eigenen finanziellen Angelegenheiten zu regeln — mehr als 50 000 Dollar Schulden. Ein Geldbetrag konnte noch so hoch sein: Ich lieh ihn mir, wenn jemand anders damit geholfen werden konnte.

Meine geistige Spannkraft war aufs äußerste strapaziert worden. Wie viele Male hatte ich Gott gebeten, die anderen Menschen zu ändern? Und wie oft blieb diese Bitte unerhört? Ich war der Meinung, Gott habe mich im Stich gelassen. Ich wußte nicht, daß ich mich selbst aufgegeben hatte. Mir war nicht klar, daß die anderen einen erwachsenen Menschen gar nicht fallenlassen konnten. Sie konnten nur eines tun: von mir weggehen.

In einigen Fällen wäre ich vielleicht besser dran gewesen, wenn sie das wirklich getan hätten.

Die Beziehungen zu meinen Kindern waren chaotisch. Es ist schwer, den elterlichen Pflichten wirklich nachzukommen, wenn man von den eigenen inneren Qualen, Verleugnungen und verdrängten Gefühlen ganz aufgesogen wird und regelmäßig den Wunsch hat zu sterben.

Die Beziehungen zu meinen Freunden waren stark belastet. Ich hatte ihnen — außer den ewigen Klagen über mein unglückliches Dasein — kaum etwas zu geben. Meistens ging es in den Freundschaften darum, daß man uns ungerecht behandelt hatte, und diese gemeinsame Leidensgeschichte wurde mit humoristischen Anspielungen à la Rabelais gespickt, um sie erträglicher zu gestalten.

»Rate mal, wer mich heute wieder als Fußabtreter benutzt hat!«

Über meine wahren Gefühle war ich mir genausowenig im klaren wie über meine echten Bedürfnisse. Ich rühmte mich der Fähigkeit, endlose Leiden zu ertragen, mich selbst zu benachteiligen und ständig leer auszugehen.

Ich vernachlässigte meine berufliche Karriere.

Meine Gesundheit verschlechterte sich. Ich verbrachte Jahre damit, wegen nichtspezifischer Viruserkrankungen einen Arzt nach dem anderen aufzusuchen. Ich mußte mir die Gebärmutter entfernen lassen. Ich litt unter einer Meningitis. Ich hatte eine Gastritis. Mein Rücken tat mir weh. Mein Kopf ebenso. Eine Arthritis war im Anzug...

Und dabei war ich gerade erst 32 Jahre alt.

Die Co-Abhängigkeit besitzt eine unglaubliche Macht über uns – ebenso die Verdrängung von Gefühlen und die Fähigkeit, Dinge zu ignorieren, die offensichtlich sind. Diese können sehr schmerzlich sein, besonders dann, wenn wir uns sowieso schon hilflos, verletzlich, eingeschüchtert und beschämt fühlen.

STANLEYS GESCHICHTE

Stanley, ein Mittfünfziger, ist erfolgreicher Architekt. Es dauerte sechzehn Jahre, bis er zur Kenntnis nahm, daß sein Leben außer Kontrolle geraten und völlig chaotisch war: sechzehn Jahre, in denen er seine Gefühle verdrängte, sich mit vielem abfinden mußte, sich und anderen etwas vormachte und immer weiter den Rückzug nach innen antrat – bis er schließlich die Wahrheit erkannte.

Stanleys Vater ist Alkoholiker. Sein Schwiegervater ging am Alkohol zugrunde. Nachdem Stanley sechzehn Jahre versucht hatte, seinen jüngsten Sohn irgendwie zur Räson zu bringen, war der Punkt des seelischen und moralischen Zusammenbruchs erreicht.

»Als John, unser Jüngster, sechs Jahre alt war, wußte ich schon, daß wir große Probleme mit ihm hatten«, erzählt Stanley. »Ständig prügelte er sich mit seinen Schulkameraden. Er war aggressiv und weigerte sich, die Hausaufgaben zu machen. Auch zu Hause machte er uns Schwierigkeiten. Er schrie seine Mutter an, belegte sie mit Schimpfwörtern und schlug manchmal sogar zu.

Meine Frau und ich hatten dauernd Krach. Ich versuchte, sie zu verstehen. Sie hatte schlimme Dinge durchgemacht, war während des Zweiten Weltkriegs im Feldlager gewesen und glaubte deshalb, daß Kinder über alles geliebt, ja angehimmelt werden sollten. Sie wollte nicht, daß wir John in irgendeiner Form disziplinierten.

John richtete daheim das völlige Chaos an. Er war hell im Kopf und wußte genau, wie man andere Leute für sich einnimmt. Er hatte es geschafft, daß meine Frau und ich uns bekriegten, daß seine Geschwister mit mir im Clinch lagen — und daß sich sogar die Großeltern handgreiflich einmischten.«

Als John zehn war, stellte Stanley seiner Frau ein Ultimatum: Entweder sie gingen gemeinsam mit John in die Familientherapie — oder er, Stanley, wollte ausziehen. Sie suchten also einen Psychologen auf, der ihnen empfahl, sich keine Sorgen zu machen. John, sagte er, sei ein kluges Kind, ein bißchen frühreif vielleicht, aber er würde aus diesem *Stadium* herauswachsen.

Diese Sitzung war der Beginn einer — nach Abzug der Rückerstattung durch die Krankenversicherung — 20000 Dollar teuren Familientherapie, die ohne jedes Ergebnis blieb.

Als John elf war, floh Stanleys Frau völlig verzweifelt aus einer Besprechung mit dem Schulberater. Sie war dieses Gerede leid. Sie hatte in der Angelegenheit alles Menschenmögliche unternommen und schwor, nie wieder einen Fuß in die Schule zu setzen. Kurze Zeit später war sie diejenige, die auszog und Stanley die Erziehung der drei Kinder überließ.

Als John zwölf war, verbrachte Stanley mehr Zeit in der Schule als er. Der Vater war drei Tage in der Woche dort, um zu erklären, warum der Sohn nur jeweils zwei Tage da war.

»Johns Versetzung in die zehnte Klasse konnte nur dadurch erreicht werden, daß ich mich bereit erklärte, den Schulbezirk zu wechseln«, berichtet Stanley. »Inwieweit ist es als co-abhängig zu bezeichnen, daß ich daraufhin unser Haus verkaufte? Wir zogen in einen anderen Schulbezirk, damit John versetzt wurde.«

Einmal, als Stanley nach Hause kam, sah er, wie Jeremy, der mittlere Sohn, John würgte. Er hatte seine Hände um den Hals des anderen gelegt und ihn in die Höhe gehoben. Ganz ruhig bemerkte Jeremy, daß er sich »von dem da« zwölf Jahre lang alles habe gefallen lassen müssen, und das Maß sei jetzt voll.

Das nächste Mal betrat Stanley gerade in dem Augenblick das Zimmer, als John sein Messer in Richtung eines anderes Kindes warf. Stanley konnte das Geschoß gerade noch so umlenken, daß nicht der Junge durchbohrt wurde, sondern »nur« die Fensterscheibe zu Bruch ging.

Als John sechzehn war, trieb die Krise auf den Höhepunkt zu. Inzwischen war Stanleys Frau zurückgekehrt. An einem Sonntag — Stanley hielt sich im Arbeitszimmer auf, um im Fernsehen ein Fußballspiel zu sehen, seine Frau bereitete in der Küche einen Brunch vor — ging John zu seiner Mutter und brach einen Streit vom Zaun. Als die Diskussion immer weiter eskalierte und die Stimmen sich überschlugen, wurde Stanley hellhörig.

»Ich hatte einfach Angst«, sagt Stanley. »John verhielt sich immer noch beleidigend gegenüber seiner Mutter, brüllte sie unvermittelt an und schlug manchmal nach ihr. Ich wollte nicht zulassen, daß das noch einmal geschieht.«

Stanley kam in die Küche, als John gerade zum Schlag ausholte. Er packte seinen Sohn und nahm ihn in den Schwitzkasten. Daraufhin eilte seine Frau herbei, um ihren Sohn zu befreien. Sie zerrte an Stanley, damit er John loslassen würde.

Da betrat Jeremy, der mittlere Sohn, die Küche und begann, seine Mutter anzugreifen, damit sie Stanley in Ruhe ließ und der wiederum John bändigen konnte.

Alle vier stürzten zu Boden. Stanley schlug sich dabei den Kopf auf. Er war blutüberströmt, ließ ab von John, rannte zum

Auto, raste ins Krankenhaus, bekam in der Notaufnahme die Wunde mit fünfundvierzig Stichen genäht und fuhr wieder nach Hause. Im Wohnzimmer standen sich Jeremy und John immer noch direkt gegenüber, um aufeinander loszugehen.

»Sie wollten die Sache mit Fäusten austragen«, sagt Stanley. »Meine Frau stand daneben und sah zu. Sie wußte nicht mehr, was sie tun sollte. Es waren ja ausgewachsene Jungs. John war fast einsneunzig und wog achtzig Kilo. Beide waren in Kampfsportarten geübt.«

Und Stanley erzählt weiter: »Verdammt, sagte ich, wenn es hier einen Kampf gibt, dann werde ich jetzt in den Ring steigen.«

Er trat zwischen die Jungen und boxte mit beiden.

Am nächsten Tag zog Jeremy aus der Wohnung aus. Einige Wochen darauf folgte die älteste Schwester ihm nach. Wieder zwei Wochen später packte Stanley seine Sachen. Und nach weiteren zwei Monaten ging schließlich auch Stanleys Frau fort.

»Ein sechzehnjähriger Junge hatte das Haus und die beiden Hunde nunmehr vollständig unter seine Kontrolle gebracht«, sagt Stanley. »Das war genau der Punkt. Also zog ich wieder in *mein* Haus zurück.«

Zwei Wochen nach seinem Einzug wurde Stanley von der Schulberaterin angerufen. »Ich glaube, Sie haben ein gewisses Problem«, sagte sie. Sie informierte Stanley darüber, daß John Drogen nahm — und daß er das schon seit seinem achten Lebensjahr getan hatte. (Diese schlichte Tatsache konnte während der ganzen Therapie nicht enthüllt werden.)

Wenn er sich nicht gerade mit der Schulbehörde oder der Polizei herumschlagen mußte, verbarrikadierte sich Stanley tagsüber in seinem Büro, legte den Kopf auf den Tisch und weinte.

»Ich war völlig ausgelaugt und fühlte mich, wie wenn ich als Mensch überhaupt nichts mehr wert wäre«, erzählt er.

Stanley begann damit, die Gruppentreffen der Al-Anon zu besuchen, später ging er auch zu den FA.* Er war nun bereit, die

---

* FA (Families Anonymous): Selbsthilfegruppe, deren Mitglieder mit Suchtproblemen oder abnormen Verhaltensweisen in der Familie, besonders bei Kindern, zu tun haben.

Machtlosigkeit und Hilflosigkeit, die sein Leben prägten, zuzugeben und zu akzeptieren. Er war willens, sich von anderen Menschen loszulösen — um allmählich sorgsamer mit sich selbst umzugehen.

(Der Epilog zu dieser Geschichte? John machte eine Entziehung mit, blieb aber drogenabhängig. Später, nachdem er wegen Drogenhandels im Gefängnis gesessen hatte, wurde er schließlich von seiner Sucht geheilt. Heute ist er ein erfolgreicher Geschäftsmann und hat zu seinem Vater eine enge Beziehung. Stanley und seine Frau ließen sich scheiden. Jeremy und die älteste Schwester sind bis jetzt noch nicht von ihrer Co-Abhängigkeit befreit worden. Stanley hat stark abgenommen, tut jeden Tag etwas für seinen Körper, fühlt sich innerlich ganz ruhig und ist voller Hoffnung, was sein künftiges Leben betrifft. Er gibt jetzt immer gut acht auf sich.)

ANDERE GESCHICHTEN VON MENSCHEN, DEREN LEBEN AUS DEN FUGEN GERATEN IST

Sie denken jetzt vielleicht: *Ich* bin doch nicht in solchen Schwierigkeiten. Meine Antwort darauf lautet: Gut. Man muß gar nicht unzählige Probleme haben, um zu erkennen, daß das eigene Leben aus den Fugen geraten ist, daß man endlich anfangen sollte, von der Co-Abhängigkeit kuriert zu werden. Viele von uns müssen ganz einfach große Schmerzen durchleiden, um für den Heilungsprozeß innerlich bereit zu sein; andere dagegen brauchen nicht soviel Chaos, um zu begreifen.

Mike zum Beispiel ist sich im stillen klar darüber geworden, daß er sein Leben nicht mehr im Griff hatte.

»Eines Abends kam ich von der Arbeit nach Hause und konnte die übliche Feierabend-Routine einfach nicht mehr ertragen: vor dem Fernseher sitzen, irgend etwas anschauen und dann Zeitung lesen, um mir selbst zu entfliehen. Meine Schwester, die schon immer zu Psychosen neigte, rief mich an. Sie redete und redete und zählte mir fünfzehn Gründe auf, warum sie ihren Job verloren hatte. Dieser Job war ungefähr auch der fünfzehnte in Folge, der ihr gekündigt worden war. Da kam mir plötzlich zu Bewußtsein, daß ich mit meinem Leben entweder immer so weitermachen konnte wie bisher – nämlich mich langweilen und insgeheim mit Hilfe der Fernbedienung vor der Realität fliehen – oder aber etwas ganz Neues anfangen. Jemand hatte mir die Adresse einer Gruppe gegeben, in der Menschen, deren familiäre Beziehung in der Kindheit durch Alkoholismus gestört waren, zusammenkamen und nach dem Zwölf-Schritte-Programm arbeiteten. Ich stand auf, schaltete den Fernseher aus und ging zu einem der Treffen. Aus reiner Langeweile war ich bereit, diesen Ersten Schritt in Angriff zu nehmen.«

Karens Probleme mit der Co-Abhängigkeit wurden deutlich, als sie lange genug vergeblich versucht hatte, von ihrer Alkohol- und Drogensucht geheilt zu werden:

»Seit fünfzehn Jahren war ich dabei, von meinen Süchten loszukommen. Ich tat alles, was die Leute mir sagten. Ich ging jede Woche zu fünf Gruppensitzungen. Ich half den anderen, wo ich nur konnte – ob sie es wollten oder nicht. Aber tief im Innern schämte ich mich meiner selbst genauso wie an dem Tag, da ich endlich clean und trocken war. Ich hatte überhaupt kein Selbstwertgefühl. Ich konnte zu niemandem nein sagen. Ich konnte meine Gedanken nicht ausdrücken. Mit allem, was ich tat, war die Absicht verbunden, anderen zu gefallen, so daß sie mich mochten: ob es darum ging, wie ich mich kleidete, wie ich mein Haar kämmte und mein Make-up auftrug, wie ich mich hinsetzte – oder um die Dinge, die ich für andere Menschen erledigte. Ich fühlte mich so schlecht behandelt. Nie war mir richtig wohl in meiner Haut. Wenn ich wirklich einmal nein sagte oder mich trotz all der Verpflichtungen um meine eigenen Belange kümmerte, fühlte ich mich unglaublich schuldig. Und ich hatte eine Wut im Bauch, hegte Ressentiments, weil meine ganzen Stunden und Tage damit ausgefüllt waren, anderen Leuten jene Arbeiten abzunehmen, zu denen ich mich gezwungen fühlte. Diese Leute schienen aber niemals anzuerkennen, was ich da alles für sie leistete.

Ich hatte für mich selbst überhaupt keine guten Gefühle übrig, und so hoffte ich inständig, Gott würde mich allmählich gut behandeln, wenn ich genügend anderen Menschen zu Diensten war. In jener Zeit aber dämmerte mir auch, daß ich unbedingt damit anfangen sollte, liebevoll mit mir selbst umzugehen. Nicht Gott zwang mich dazu, ständig solche Aktivitäten für andere zu entfalten, und Er hielt auch nicht das Glück von meinem Leben fern — *ich* war für all das verantwortlich.

Mir war klar: Ich brauchte, wollte und verdiente ein größeres inneres Wohlbefinden, als ich es durch meine neugewonnene Nüchternheit erlangt hatte. Nach und nach begriff ich, daß ich mich meiner Co-Abhängigkeit zuwenden mußte, wenn ich dieses ›Mehr‹ bekommen wollte. Es war auch an der Zeit.«

Um eine Formulierung von Charlotte Kasl zu benutzen: Karen »gab anderen ständig mehr, als sie es sich leisten konnte« — und sich selbst gar nichts. Das ist eine co-abhängige Verhaltensweise, durch die letztlich alles außer Kontrolle gerät. Wir geben mehr aus, als wir haben: sowohl in emotionaler wie auch in finanzieller Hinsicht. Jedesmal, wenn diese Handlung zwanghaft geschieht oder von Schuld- bzw. Pflichtgefühlen hervorgerufen wird, wenn sie uns in die Opferrolle drängt — dann sind wir in großer Gefahr. Jedesmal, wenn uns wegen einer bestimmten Tätigkeit unbehaglich zumute ist, weil sie unserer inneren Wahrheit, unseren ureigensten Bedürfnissen widerspricht, dann stehen die Zeichen auf Sturm.

Wenn wir immerzu über unsere inneren Verhältnisse leben und zugleich die eigenen Bedürfnisse in den zwischenmenschlichen Beziehungen nicht befriedigen, kann unser Leben leicht aus den Fugen geraten.

Nachdem Martha eine Liebesbeziehung beendet und sich längere Zeit auf keine neue mehr eingelassen hatte, begegnete sie eines Tages einem Mann namens Jack. Martha war einfach entzückt, als er sie eines Abends — man hatte sich gerade erst einige Male gesehen — zum Bahnhof fuhr und ihre Koffer an den Bahnsteig trug.

»In meinem ganzen Leben hatte noch kein Mann so etwas für mich getan«, erzählt sie. »Es war Liebe auf den ersten Blick.«

Die ersten Probleme waren sehr subtil und kaum zu erkennen. Jack hatte ihr schon bald gesagt, daß sie ihn bei näherem Kennenlernen bestimmt nicht mehr mögen würde. Und damit lag er dann auch genau richtig.

»Es schien, als wollte er meine Ansichten, ja meine Gedanken überhaupt kontrollieren«, berichtet Martha. »Sobald ich eine unterschiedliche Meinung zum Ausdruck brachte — und sei es nur über ein Kunstwerk —, widersprach er mir heftig, bis ich schließlich nachgab und ihm zustimmte.«

Wann immer der Umgang intimer wurde, zog Jack sich zurück. Sie schliefen zwar miteinander, aber Jack weigerte sich, die ganze Nacht bei ihr zu verbringen. Es kam oft vor, daß er längere Zeit nichts von sich hören ließ, plötzlich dann doch eine Verabredung mit ihr traf — und sie in letzter Minute wieder absagte.

Es kam soweit, daß die beiden nur noch über ihre Anrufbeantworter miteinander sprachen.

»Meine Freundinnen sagten mir andauernd, daß diese Beziehung nichts taugt«, fährt Martha fort, »aber es selbst zu erkennen, fiel mir sehr schwer. Ich konnte mich einfach nicht losreißen. Ich war gefangen in dieser Beziehung, wie festgenagelt. Sie machte mir viel Kummer. Meine Selbstachtung nahm rapide ab. Oft mußte ich weinen und saß wartend neben dem Telefon. Ich hatte kein Vertrauen mehr zu mir selbst.«

Schließlich besuchte Martha zum erstenmal ein Gruppentreffen der CoDA. Bald war sie imstande, die Beziehung zu beenden und auf sich selbst besser achtzugeben. Martha sah ein, daß sie ihre Beziehung, ihr Leben insgesamt nicht mehr im Griff hatte, wenn sie all ihre Kraft verschwendete und sich von anderen ausnutzen ließ. Sie fing auch an, die tieferliegenden Ursachen ihres Fehlverhaltens zu untersuchen und teilweise zu beseitigen. (Wir werden das später, in den Kapiteln über den Vierten und Fünften Schritt, ebenfalls tun.)

WIR KONNTEN UNSER LEBEN
NICHT MEHR MEISTERN

Die Symptome der Co-Abhängigkeit, der Probleme mit dem Leben im allgemeinen, treten nicht immer nur in Verbindung mit drogen- oder alkoholabhängigen Menschen auf. Viele von uns stellen fest, daß sie mehr unter Kontrolle bringen wollen als die Sucht eines anderen: daß sie in zwanghafter Weise genauso unverhohlen wie subtil versuchen, die Handlungen, Gedanken und Gefühle aller Menschen ringsum zu steuern. Sie möchten sogar festlegen, in welcher Weise und zu welchem Zeitpunkt die anderen sich ändern sollen.

Das geht auch dann noch so weiter, wenn der Heilungsprozeß schon längst begonnen hat. Auch ich mußte allmählich erkennen, daß mein Bedürfnis nach Kontrolle, nach übertriebener Fürsorge, schon rein instinktmäßig ist. Es bestimmt jedesmal meine erste Reaktion auf andere Menschen. Zwar ist es jetzt ein wenig zurückgetreten, aber immer noch da.

Wir sind geneigt, den geliebten Menschen zu kontrollieren, oder auch Leute, für die wir arbeiten bzw. die für uns arbeiten, Freunde, Feinde, Verwandte, Kinder, Nachbarn und selbst Menschen, die wir gar nicht kennen.

Aber diese Art der Manipulation zeigt ebensowenig die gewünschte Wirkung wie die ständige Sorge um andere. Co-Abhängigkeit funktioniert nicht. Sie macht uns nur halb wahnsinnig. Sie gibt uns das Gefühl, als würden andere Menschen und äußere Umstände uns zur Verzweiflung treiben. Wir können unser Leben nicht mehr meistern. *Kontrollverhalten und übertriebene Fürsorge machen uns lebensuntüchtig.*

Wir können, *während* die Dinge ihren Lauf nehmen, nicht mehr klar erkennen, *was* eigentlich abläuft. Es ist, als wären wir in Nebelschleier eingehüllt.

Diese Hilflosigkeit gegenüber dem Leben kann sich äußerlich und innerlich manifestieren. Wir mögen uns derart in die Probleme anderer Leute verstricken, so sehr auf sie konzentriert sein und so wenig auf uns selbst, daß wir das eigene Leben mit all seinen Erfordernissen überhaupt nicht mehr in der Hand haben. Diese Hilflosigkeit kann sich auch in unsere Beziehungen einschleichen, in unsere geistige bzw. körperliche Verfassung, in unsere Arbeit, unsere Freizeitbeschäftigungen (die es eben deshalb vielleicht gar nicht mehr gibt), in unser häusliches Leben, unser soziales Engagement oder in unsere finanziellen Angelegenheiten.

Auch unsere inneren Belange: die Gefühle und Gedanken, die Reaktionen auf andere und uns selbst, können außer Kontrolle geraten. Wir können überwältigt werden von depressiven Stimmungen, Angst, Wut, Trauer und einem Wirbel chaotischer Gedanken. Oder wir sind so beschäftigt damit, was ein anderer denkt, wie er sich wohl fühlen mag, daß wir jeden Kontakt zu uns selbst, unseren eigenen Gedanken und Gefühlen verlieren.

Unser Geist, unsere Vernunft, unser Intellekt — auch sie können sich in einem unkontrollierbaren Zustand befinden, wenn sie durch Verdrängungen, Ängste und alle möglichen Versuche der Einflußnahme beeinträchtigt werden. Ein Strom obsessiver Gedanken reißt uns dann mit sich fort. Oder wir bleiben stecken in negativen Denkmustern, die für unsere Gesundheit und unser Wohlbefinden schädlich sind.

Vielleicht vernachlässigen wir unsere berufliche Karriere, unsere schöpferischen Gaben und Talente.

Unsere finanziellen Angelegenheiten können in Unordnung geraten. Wir geben unter Umständen zuviel Geld aus — oder zuwenig, so daß wir uns ständig etwas versagen.

Vielleicht auch benachteiligen wir uns selbst so arg, daß dieses Martyrium, diese Selbstaufopferung, uns das Gefühl gibt, überhaupt nur noch betrogen zu werden. Vielleicht auch lassen wir zu, daß andere uns zu Opfern machen — oder wir selbst wollen gerne Opfer sein. Es ist möglich, daß wir uns anderen Menschen und ihrem unangemessenen, verletzenden, unkontrollierten Verhalten ohne jeden Grund unterwerfen. Oder wir fühlen uns deshalb ungerecht behandelt, weil wir nicht fähig sind, die notwendigen Grenzen gegenüber anderen festzulegen.

Mag sein, daß sich unser eigenes Verhalten jedem Zugriff entzieht. Vielleicht ist unsere Handlungsweise, die dazu dienen soll, einen anderen Menschen zu kontrollieren, genauso wahnsinnig wie jene Handlungsweise, die wir zu kontrollieren versuchen.

Vielleicht sehen wir uns genötigt, uns so sehr um andere zu kümmern, daß ihre Fähigkeit, Verantwortung für sich selbst zu tragen, stark eingeschränkt wird. Wenn wir offen zu erkennen geben, daß wir uns schuldig fühlen für das Suchtverhalten eines anderen und all die damit verbundenen Konsequenzen, sind wir zugleich wütend und kommen uns ausgenutzt vor. Wenn wir uns dagegen heimlich Sorgen machen und durchs Leben gehen mit der Überzeugung, für die Gefühle und Bedürfnisse der anderen verantwortlich zu sein, vernachlässigen wir unsere eigenen Gefühle und Bedürfnisse.

Wenn wir nicht nein sagen, nicht klar ausdrücken können, was wir meinen, wenn wir nicht vertraut sind mit dem, was wir wollen und brauchen, nicht unser eigenes Leben leben — dann resultiert daraus eine tiefe Hilflosigkeit.

Die Erwartungen und Wünsche der anderen können uns derart beherrschen, daß wir uns wie eine Marionette vorkommen, die kein eigenes Leben hat.

Einige von uns sind in Beziehungen gefangen, aus denen sie nicht ausbrechen können. Andere vereinsamen immer mehr und scheuen das Risiko, sich mit Menschen näher einzulassen, weil sie fürchten, sonst die eigene Person wieder zu vernachlässigen und erneut enttäuscht und verletzt zu werden.

Wenn die Co-Abhängigkeit lange genug fortschreitet, ohne daß etwas dagegen unternommen wird, kann sie schlimme Auswirkungen haben, ja sogar tödlich enden. Vielleicht fangen wir an zu trinken oder nehmen Drogen, um unseren inneren Schmerz zu stillen. Oder wir verfallen in andere zwanghafte Verhaltensweisen. Wir leiden immer mehr an psychosomatischen Erkrankungen, weil wir unseren Streß nicht abbauen und mit unseren Gefühlen nicht klarkommen. Schließlich hegen wir vielleicht Selbstmordgedanken oder versuchen tatsächlich, uns umzubringen.

Es kann auch sein, daß wir unsagbar traurig werden, alles nur noch über uns ergehen lassen, irgendwie so durchkommen und darauf warten, die Belohnung im Himmel zu erhalten — weil wir nicht wissen, daß diese Belohnung täglich darin besteht, daß wir geboren worden sind und ein eigenes Leben führen dürfen.

Diese Unfähigkeit, das Leben zu meistern, kann unseren Heilungsprozeß sabotieren, egal wie lange er schon andauert. Das passiert immer dann, wenn wir Dinge kontrollieren wollen, auf die wir keinen Einfluß haben; oder wenn wir zulassen, daß Angst und Schrecken sich unserer bemächtigen; wenn wir nichts dagegen tun, daß die Erwartungen, Forderungen, Terminpläne, Probleme und Süchte der anderen über unser Leben bestimmen; wenn wir uns nicht mehr verantwortlich dafür fühlen, liebevoll mit uns selbst umzugehen; wenn wir versuchen, Macht auszuüben, die wir gar nicht besitzen — aber sie trotzdem immer ungestümer durchsetzen wollen, obwohl unser Tun völlig zwecklos ist.

Wann immer wir in jenen Bereichen Macht erlangen wollen, wo wir sie ganz sicher nie haben werden, büßen wir unsere ureigenste Kraft ein. Unsere wahre Macht besteht darin, nachzudenken, zu fühlen, Entscheidungen zu treffen, unser eigenes Leben zu leben und sorgsam mit uns selbst umzugehen.

Das Leben entgleitet uns, wenn wir uns nicht mehr zu unserer eigenen Stärke bekennen und allmählich glauben, die eigene Handlungsweise nicht mehr frei wählen zu können — ganz unabhängig davon, was ein anderer tut oder nicht tut.

Bei all diesen Versuchen, etwas zu kontrollieren oder zu ändern, was außerhalb unserer Reichweite liegt, hat vielleicht die Beziehung zu uns selbst am meisten gelitten. Wir werden frustriert, konfus und versinken oft in negative Einstellungen, Selbsthaß, Repression und Depression. Wir hören auf, uns selbst zu lieben und zu umsorgen, weil wir uns zu sehr oder in einer Weise um andere gekümmert haben, die weder ihnen noch uns noch der gemeinsamen Beziehung von Nutzen war.

Wir mögen ein Lebensmuster herausgebildet haben, das auf der Vernachlässigung unserer selbst beruht. Wenn dem so ist, dann können wir jetzt lernen, wie wir durch ein liebevolles und behutsames Verhalten uns selbst hegen und pflegen — so daß unsere Seele Nahrung und unser Leben wieder einen Wert bekommt.

Nachdem wir im Heilungsprozeß einige Fortschritte gemacht haben, definieren viele von uns diese frühere Form von »Unkontrollierbarkeit« neu. Zugleich fangen wir an, mehr von unserem Leben zu erwarten.

Wenn ich zum Beispiel meinen inneren Frieden, meine Gelassenheit einbüße, wenn ich übertrieben ängstlich, ja panisch bin, mich beschämt oder schuldig fühle, dann ist mein Leben »unkontrollierbar« geworden. Wenn ich meine Gefühle nicht mehr verarbeiten kann, mich selbst nicht mehr hege und pflege, auf mich selbst nicht mehr höre und nur noch damit beschäftigt bin, äußere Ereignisse und andere Menschen zu manipulieren — auch dann ist mein Leben »unkontrollierbar« geworden. Die Lösung kann dann nur noch lauten: Wir müssen uns wieder dem Ersten Schritt zuwenden.

Vieles von dem, was wir Co-Abhängigkeit nennen, ist nichts anderes als der (sehr menschliche) Versuch, den eigenen Schmerz zu vermeiden, zu verdrängen oder zu betäuben. Wenn wir den Ersten Schritt in Angriff nehmen, bekunden wir damit die Bereitschaft, unseren Schmerz zu erkennen und zu fühlen — und sanft mit uns selbst und den anderen Menschen umzugehen, während wir all die Verdrängungen eintauschen gegen jene bejahende Haltung, die durch diesen Schritt bewirkt wird.

DIE URSACHEN DES KONTROLLVERHALTENS

Die Überzeugung, wir hätten Macht über andere Menschen, ist selbst sehr mächtig: eine verderbliche Illusion, die vielen von uns in der Kindheit eingeimpft wurde.

Lesen Sie im folgenden, wie einige Menschen dazu erzogen wurden zu glauben, sie könnten Kontrolle ausüben:

»Als ich auf der Oberschule war, fing meine Mutter mit ihren dauernden Selbstmordversuchen an«, erzählt Marcia, eine erwachsene Frau, die jetzt von ihrer Co-Abhängigkeit geheilt wird. »Ständig versuchte sie, sich mit Gas zu vergiften, indem sie ihren Kopf in den Ofen steckte. Ich hatte schreckliche Angst um sie.

Jeden Tag rief ich in den Schulpausen daheim an. Wenn sie nicht ans Telefon ging, wußte ich, daß sie es erneut versuchte. Ich eilte nach Hause, stellte das Gas ab, riß überall die Fenster auf, steckte Mutter ins Bett und eilte wieder in die Schule zurück.

In relativ jungem Alter wurde mir also bewußt, daß ich ungeheuer viel Macht über andere besaß. Ich sah, daß ich, im Falle meiner Mutter, Herrin über Leben und Tod war.«

Diese Geschichte wird dadurch noch verkompliziert, daß Marcias Mutter glaubte, das Leben der Tochter ebenfalls in der Hand zu haben. Als diese sechzehn war, parkte ihre Mutter am Morgen des Ostersonntags das Auto direkt auf den Eisenbahnschienen. Dann wartete sie darauf, daß der Zug sie erfassen würde — und das geschah dann auch.

Die Mutter hatte zwar unglaubliches Glück und kam mit einigen Schürfwunden und Prellungen davon, aber sie wurde aufgrund dieses neuerlichen Selbstmordversuches für vier Jahre in eine Heilanstalt eingewiesen. Als die Mutter noch im Krankenhaus war, sagte sie ihrer Tochter, diese solle ein besseres Leben haben — und so wurde Marcia in eine andere Stadt geschickt, um bei ihrem Onkel Charly zu leben.

»Später, als ich die Universität besuchte, kam meine Mutter aus der Nervenklinik heraus. Sie sagte, niemals hätte sie gewollt, daß ich bei meinem Onkel Charly lebe — sondern bei ihrem *Cousin* Charly. Über diese Ironie des Schicksals, diesen völlig mißglückten Versuch, Kontrolle auszuüben, mußte ich einfach lachen: Erst bringt man sich fast um, damit das eigene Kind ein besseres Leben hat, und stellt dann nachher fest, daß es zum falschen Charly geschickt wurde und deshalb ein schreckliches Leben hatte«, erzählt sie weiter.

Anderen von uns wurden subtilere, aber genauso beherrschende Illusionen hinsichtlich der eigenen Macht mit auf den Weg gegeben.

»Von frühester Kindheit an, ungefähr seit meinem dritten Lebensjahr, hat mir meine Mutter die Vorstellung eingeimpft, ich sei schuld an ihrem Unglück«, erzählt Jackie. »Ich wuchs wirklich im Glauben auf, diese Art von Macht über sie zu haben. Auch war ich mehr und mehr davon überzeugt, daß ich den

Schlüssel zu ihrem Glück in der Hand hielt. Und so wechselte ich die ganze Zeit von der einen Position in die andere: Einmal tat ich wirklich alles, um sie unglücklich zu machen, dann wieder war ich ganz lieb und gab mir Mühe, damit sie glücklich wurde — was mir jedoch nie ganz gelang. Weil ich ständig zwischen diesen beiden Überzeugungen hin und her gerissen war, fühlte ich mich schuldig, unfrei, ja wie in Ketten.

Als erwachsene Frau lebte ich noch jahrelang mit diesen beiden Einstellungen. Und ich wandte sie nicht nur bei meiner Mutter an, sondern bei allen, mit denen ich Kontakt hatte. Ich glaubte tatsächlich, über das Glück bzw. Unglück anderer Leute bestimmen und ihre Gefühle steuern zu können. Damit trug ich eine ungeheure Verantwortung, die ich zwar im Grunde nicht besaß, derentwegen ich aber fast die ganze Zeit wie auf Eiern ging und mich halb wahnsinnig fühlte — bis ich dann schließlich begann, meine Co-Abhängigkeit zu untersuchen und abzubauen. Davor jedoch war ich wie ein Chamäleon, um die Gefühle der anderen zu beeinflussen bzw. ein bestimmtes Gefühl zu unterbinden. Sobald ich dies erreicht hatte, war es mir verhaßt, mit Menschen zusammenzusein: denn dieses Kontrollieren war eine so übermächtige und ermüdende Aufgabe. Ich konnte mich überhaupt nicht entspannen und die Gesellschaft anderer Menschen genießen. Meine ganze Energie strömte nach außen — um gewisse Empfindungen hervorzurufen und die Zügel fest im Griff zu haben. Ich verlor jede Verbindung zu meinen eigenen Gefühlen.

Ich wußte nicht, daß es ganz o. k. war, Gefühle zu haben.« Soweit Jackie.

Viele von uns wuchsen im Glauben auf, daß es schlecht sei, Gefühle zu haben. Unser angelerntes Kontrollverhalten bestand ja zum großen Teil genau darin, daß wir die eigenen Gefühle unterdrückten. Nun erst lernen wir, daß alles, was wir kontrollieren wollen, Kontrolle über uns gewinnt. Wenn wir unsere Gefühle auf ungesunde Weise in den Griff bekommen wollen — was vielen von uns beigebracht wurde, so daß sie es dann auch praktizierten, um zu überleben —, werden diese Gefühle uns beherrschen und lebensuntüchtig machen.

»Von der Zeit an, da ich alt genug war, um zuzuhören, trichterte man mir ein, nichts zu empfinden«, berichtet Jackie. »Es dauerte nicht lange, und ich redete mir dasselbe ein. Man sagte mir, ich solle aufrecht stehen, gerade sitzen und meine Gefühle ignorieren.

Im Grunde hatte diese Aufforderung auch etwas Gutes. Ich lebte in einer kalten, sterilen Umgebung. Niemand kümmerte sich um mich, und ich bekam nur wenig Liebe. Seit meiner Geburt hatten die Menschen, von denen ich Liebe erwartete, mich enttäuscht. Ich wurde nicht einmal in den Arm genommen. Man sagte mir nie, ich sei ein schönes Kind. Ich durfte keine Angst, keine Wut haben, und natürlich hatte ich auch keine Freude. Man sagte mir nur, ich solle besser sein als die anderen, mehr darstellen, mich härter anstrengen, stärker sein — und dominieren.

Ich lernte: Keine Situation ist es wert, daß man ihretwegen zusammenbricht oder Gefühle zeigt. Gefühle waren reine Zeitverschwendung, eine genauso kindische wie schwache, genauso verachtungswürdige wie unnötige Zurschaustellung.

Nur indem ich gar nichts fühlte, konnte ich in dieser Familie überleben. Sozusagen überlebte ich das Leben. Unverzüglich lernte ich, mich selbst genauso zu behandeln, wie man mich behandelt hatte — und vernachlässigte, unterdrückte, kritisierte, erniedrigte und bestrafte mich dafür, daß ich Gefühle und Bedürfnisse hatte, daß ich ein menschliches Wesen war.

Da ich diesen Teil von mir quasi abtrennte, wurde ich wirklich stark — stärker, als ich je dachte. Dadurch konnte ich leichter die Tatsache ertragen und verwinden, daß meine innersten Bedürfnisse überhaupt nicht befriedigt wurden. Aber diese Gefühle und Wünsche, die zum Menschen dazugehören — sie holten mich ein. Sie wollten nicht mehr länger ignoriert werden.

Obwohl ich keine Gefühle zeigte — *eben weil* ich nichts fühlte —, wird mir im Rückblick klar, daß diese und all die unbefriedigten Bedürfnisse mich trotzdem beherrschten. Sie waren jene geheime Macht, die mich hierhin und dorthin trieb. Ich lebte in Angst — und wehrte mich dagegen, indem ich alles und jeden in meiner Umgebung zu kontrollieren versuchte.«

Die Angst ist jene tiefe Strömung in uns, die Kraft, die vielen unserer Tätigkeiten zugrunde liegt und unser Kontrollverhalten — in bezug auf uns selbst, auf andere, auf gewisse Situationen, Umstände und Zeitabläufe — bedingt.

»In den vergangenen Jahren, da ich die Treffen der CoDA besuchte, habe ich erkennen müssen, wie sehr mein bisheriges Leben von Furcht geprägt war«, erzählt Jane. »Die ganze Zeit lebte ich in Angst und Schrecken.«

Manchmal drückt sich diese Angst in Form von Wut aus.

»Die meiste Zeit meines Lebens war ich allein, von anderen wie durch einen Graben getrennt«, sagt Brad, dessen Vater Alkoholiker ist. »Immer hatte ich das Gefühl, einsam, gestreßt und mit zu vielen Dingen beschäftigt zu sein. Ich brachte es einfach nicht fertig, daß eine meiner Beziehungen mal funktioniert. Ich glaube, daß ich vor Beginn meines Heilungsprozesses fast ständig wütend war. Die Wut war die Quelle all meiner Lebensenergie. Ich wurde gar nicht *direkt* wütend. Aber diese Empfindung regte sich tief in meinem Innern und bestimmte über mein ganzes Leben.«

Bei einigen von uns verstärkt sich diese »Unterströmung« so sehr, daß sie überstürzt reagieren, manchmal gar panische Angst bekommen: vor dem Leben, den Menschen, den Umständen, vor sich selbst und den eigenen Gefühlen. Wir wissen dann nicht mehr, wie wir uns entspannen und Abstand gewinnen sollen. Einige sind sich auch gar nicht bewußt, wie verschreckt sie eigentlich sind. Ich zum Beispiel kann erst jetzt allmählich erkennen, wie sehr meine Kindheit und mein Erwachsenendasein von Angst geprägt waren. Früher wußte ich nichts von ihr und fühlte sie auch nicht. Trotzdem beherrschte sie die meisten meiner Handlungen.

Eines tat ich gewiß: Ich richtete meine Aufmerksamkeit auf andere, kümmerte mich nur noch um sie, kontrollierte ihr Verhalten und war in Gedanken ständig mit ihnen beschäftigt. Dabei versäumte ich es, in liebevoller Weise nach mir selbst zu schauen.

Der Erste Schritt erlaubt uns, alles loszulassen, die Kontrollversuche einzustellen, mit den eigenen Ängsten fertig zu werden und Sorge zu tragen für uns selbst.

Wenn wir nicht fähig sind, im Umgang mit anderen uns selbst zu achten und zu lieben, werden sie Macht über uns gewinnen. Genauso wie wir gut begriffen haben, in welcher Weise Menschen kontrolliert werden können, verstehen wir uns auch darauf, ihnen die Kontrolle über uns zu gewähren.

»Man erzog mich im Glauben, daß ich umgebracht würde, wenn ich nein sagte«, sagt Marcia, die zuvor davon erzählte, wie sie ihre Mutter vor dem Selbstmord bewahrt hatte. »Ich wurde streng katholisch erzogen. Man brachte mir bei, Vater und Mutter zu ehren. Man flößte mir große Angst davor ein, jemals zu irgend jemandem nein zu sagen. Durchs Fernsehen lernte ich, daß man den Menschen in jeder Beziehung zu gehorchen habe und alles für sie tun müsse. Ich lernte den Satz kennen: ›Liebe deinen Nächsten und vergiß dich selbst.‹ Ich lernte, daß man mich lieben und umsorgen würde, wenn ich täte, was von mir erwartet wurde.«

Sherri erläutert ihre Version der Co-Abhängigkeit so: »Ich glaube, vieles von dem, was in meinem Leben als Co-Abhängigkeit zu bezeichnen ist, rührt daher, daß ich mit meinen Beziehungen nicht klarkomme, mich unter Menschen verängstigt und eingesperrt fühle — eben weil ich keine Ahnung habe, wie man in ihrem Beisein fürsorglich mit sich selbst umgeht.«

Wenn wir andere zu sehr lieben, wenn wir verzweifelt das wollen und brauchen, was sie zu geben haben — sei es Zustimmung, Anerkennung, Freundschaft oder Liebe —, büßen wir oft die Fähigkeit ein, in ihrer Nähe auch uns selbst zu hegen und zu pflegen. Denn wir haben Angst, daß sie unsere Wünsche nicht erfüllen könnten. Wir hoffen: Wenn wir mit Hilfe unserer Willenskraft alles fest im Griff haben, werden wir immer in Sicherheit sein und das bekommen, was uns fehlt.

Aber dem ist nicht so.

All diese Vorstellungen sind Illusionen. Dabei sind wir gar nicht von Grund auf unzulänglich. Die meisten von uns haben lediglich getan, was sie — manchmal schon in sehr frühem Alter — gelernt haben: sich selbst zu schützen, indem man versucht, andere zu kontrollieren, oder zuläßt, daß sie Macht über einen gewinnen. Wir wurden dazu erzogen, überfürsorgliche, manipulierende Erwachsene zu sein, die das wahre und angemessene Ziel aus den Augen verloren haben — nämlich uns selbst zu lieben und zu akzeptieren sowie dem Lebensstrom und all dem Guten, das er bringt, zu vertrauen.

Wir wachsen in co-abhängige Verhaltensmuster hinein.

Es mag einem zwar normal erscheinen, andere Menschen und äußere Ereignisse kontrollieren und die eigenen Verlustgefühle mindern zu wollen — aber es ist gewiß nicht gesund. Solche Handlungen haben weder auf uns noch auf andere positive Auswirkungen.

Vielleicht sind wir uns selbst schon derart fremd geworden, daß wir es fast gar nicht mehr merken — bis unser schönes Kartenhaus in sich zusammenfällt und das Leben völlig aus den Fugen gerät.

Der Erste Schritt erlaubt uns, die Kontrollmechanismen aufzugeben, andere Menschen nicht mehr mit unserer Fürsorge zu überrollen — und statt dessen Sorge zu tragen für uns selbst.

»Ich war wütend, als ich zum erstenmal die Sitzungen von Al-Anon besuchte und die Leute mir sagten, ich solle mich erst mal um mich selber kümmern«, berichtet Joannie. »Ich hatte doch schon mein ganzes Leben lang auf mich selbst und jeden, der in der Nähe war, gut aufgepaßt!«

Doch im Rahmen des Heilungsprozesses sprechen wir nicht davon, uns selbst und andere quasi zu »beaufsichtigen«. Die von uns praktizierte Form der Fürsorglichkeit gegenüber der eigenen Person ist viel sanfter, liebevoller, befreiender; und sie ist in stärkerem Maße darauf gerichtet, die eigenen Verpflichtungen wahrzunehmen. Es ist dies eine heilsame, verjüngende, erfrischende Art, mit der wir uns selbst hegen und pflegen — und die auch Raum läßt für unsere Gefühle, Bedürfnisse, Wünsche, Sehnsüchte, Ziele, Pläne, Lebensentwürfe: ja für ein Leben, das eine Bedeutung, einen Zweck hat, das wirklich sinnvoll ist.

DIE EIGENE MACHTLOSIGKEIT AKZEPTIEREN

Einigen von uns fällt es nicht mehr schwer, die Prämisse dieses Schrittes zu akzeptieren: nämlich daß wir keine Macht über andere haben. Wenn sie zu diesem Schritt gelangen, sind sie im Grunde schon bereit, dieser Forderung nachzugeben und sich zu fügen. Andere dagegen müssen schwere innere Kämpfe durchmachen, bis sie soweit sind.

Ich mag diesen Schritt sehr. Aber ich kann es nicht ertragen, keine Kontrolle mehr ausüben zu können. Mir widerstrebt es, verletzbar und hilflos zu sein. Ich möchte keine unbehaglichen Gefühle oder seelischen Qualen durchleiden müssen. Es macht mich krank, wenn ich daran denke, alles loszulassen und einfach aufzugeben. Aber die Liebe zu diesem Schritt wächst in dem Maße, wie ich mir die Wahrheit eingestehe. Auf vieles in meinem Leben habe ich keinen Einfluß — und wenn ich dort Macht ausüben will, wo ich sie gar nicht besitze, werde ich ganz verrückt. Ich kann andere Menschen nicht nach meiner Pfeife tanzen lassen, wie sehr ich mir dies auch wünschen, wie sehr ich davon überzeugt sein mag, das Richtige für sie zu wissen.

Ich kann nicht kontrollieren, was andere tun, denken oder fühlen; ob, wie oder wann sie mit mir zusammensein, sich entwickeln und ändern wollen; ob und wann sie von ihrer Sucht geheilt werden wollen.

Manchmal habe ich auch jede Kontrolle über mich selbst verloren.

Ich bin machtlos gegenüber den Gefühlen und negativen Verhaltensweisen von früher, die sich in mir aufgestaut haben. Ich bin machtlos gegenüber meinen eigenen Süchten — sei es nach Alkohol oder nach Unglück — und auch gegenüber denen der anderen. Ich kann weder meine Kinder noch die Kinder anderer Menschen kontrollieren. Ich habe keine Macht über die von mir gewünschten Resultate, über mein Leben, die Umstände, die Zwischenfälle. Ich kann nicht bestimmen, welchen Verlauf meine Beziehungen nehmen. Ich kann nicht über den Zeitplan verfügen.

Mein Gott, wie gerne würde ich festlegen, wann was geschehen soll.

Aber das kann ich nicht.

Wenn ich versuche, mich selbst unter Kontrolle zu halten, indem ich stur meine Gedanken und Gefühle unterdrücke, komme ich mir selbst abhanden. Dann stürze ich tiefer in meinen inneren Abgrund und verstricke mich immer mehr in meine Co-Abhängigkeit.

Wenn ich versuche, andere Menschen zu kontrollieren, mache ich sie und mich selbst verrückt. Wenn ich krampfhaft ihre Süchte beherrschen will, beherrschen sie mich. Wenn ich bestimmen will, was andere über mich denken, werde ich zu ihrer Marionette. Kontrollmechanismen treiben mich selbst und andere zur Verzweiflung. Was immer ich zu beeinflussen versuche: Es gewinnt Macht über mich. Dann verliere ich mich — und kenne mich selbst nicht mehr.

Mein kontrollierendes Verhalten macht die Menschen nur wütend; sie neigen dann dazu, sich von mir zurückzuziehen.

Sobald ich versuche, bestimmte Situationen und Umstände zu manipulieren, sabotiere ich ihre natürliche Entwicklung. Wenn ich meine ganze Zeit und Kraft damit verschwende, Macht auszuüben, die ich gar nicht besitze, verliere ich die Fähigkeit, ein eigenes Leben zu führen.

Kontrollmaßnahmen erzeugen eine seltsame Spannung im Raum. Wir brauchen solche Maßnahmen gar nicht einmal zu ergreifen; es reicht, wenn wir nur an sie denken: Die Menschen bekommen es mit. Und reagieren ihrerseits darauf — indem sie absichtlich das tun, was wir ihnen gerade austreiben möchten, bzw. unterlassen, was wir ihnen aufzunötigen versuchen. Diese Spannung ist von Angst geprägt.

Es ist ganz normal, daß wir andere kontrollieren wollen, zumal dann, wenn sie sich selbst oder uns verletzen — oder wenn die Dinge nicht nach Wunsch laufen. Aber es ist nicht unsere Aufgabe, nur um andere Menschen, um deren Gefühle, Gedanken, Entscheidungen, Entwicklungen und Verpflichtungen, besorgt zu sein. Es ist unsere Aufgabe, um uns selbst besorgt zu sein.

Der Erste Schritt zielt nicht darauf ab, verantwortungs- oder hilflos zu sein. Wir sagen nicht: »Aufgrund all dessen, was die anderen mir angetan haben oder immer noch antun, kann ich mir selbst nicht mehr helfen.« Nein, wir sagen genau das Gegenteil: nämlich daß wir verantwortlich sind für uns und unsere Angelegenheiten. Die anderen aber sind für sich selbst und ihre eigenen Angelegenheiten verantwortlich — egal, ob wir mit ihrem Verhalten einverstanden sind oder nicht.

Wir tragen Verantwortung dafür, daß unsere gesamte Energie in die richtige Richtung gelenkt wird, daß wir ein gesundes und erfülltes Leben führen. Wenn wir offen sind für diesen Zustand, dann wird er irgendwann auch eintreten.

Wir tragen Verantwortung dafür, daß unser Schmerz ein Ende nimmt, daß wir uns unsere Ängste bewußt machen und mit ihnen umgehen, daß wir nein sagen lernen, daß wir uns selbst das geben, was wir brauchen, daß wir die notwendigen Grenzen ziehen und die grundsätzlichen Entscheidungen treffen, um das eigene Wohlbefinden zu gewährleisten — unter allen Umständen und in jeder Situation.

Wir sind keine Opfer.

Wenn wir akzeptieren, daß wir keine Macht über andere haben, dann wird uns die Kraft zuteil, uns selbst gut zu behandeln. Wenn wir im besten Sinne besorgt sind um die eigene Person, werden wir damit beginnen, unser eigenes Leben zu führen, und all jene Gaben erhalten, die für uns vorgesehen sind. Wenn wir andere nicht mehr kontrollieren, erkennen wir vertrauensvoll an, daß sie ihr eigenes Leben führen.

Durch diesen ersten der Zwölf Schritte werden wir in der Realität und in uns selbst tief verwurzelt. Er führt uns ins geistige Zentrum. Er stellt unser inneres Gleichgewicht her. Er versöhnt uns mit uns selbst.

Wenn wir keine Kontrolle mehr ausüben, kommt alles wieder ins Lot. Und wir stellen fest, daß der Platz, den wir in der Welt einnehmen, durchaus günstig ist. Schließlich sind wir dankbar dafür, wie gut die Dinge funktionieren, denn wir sind besser dran, als es mit Hilfe manipulativer Verhaltensweisen je möglich gewesen wäre.

Wir sind nämlich noch gegenüber viel mehr Dingen machtlos, als man uns früher sagte. Indem wir dies akzeptieren, bekennen wir uns zu der wahren Macht, die wir im Leben haben — und auch die ist viel größer, als man uns sagte. Wir haben die Kraft, nachzudenken, Gefühle zu empfinden, Probleme zu lösen, Grenzen zu ziehen, Ziele zu setzen und diese auch zu erreichen; uns selbst zu formen, zu heilen, zu umsorgen — und uns selbst so vorbehaltlos zu lieben wie die Menschen, die uns nah sind.

Wogegen also bin ich machtlos? Gegen fast alles, was ich kontrollieren will.

DER SCHRITT, DURCH DEN WIR INNEREN ABSTAND GEWINNEN

Der Erste Schritt ist dazu da, daß wir anfangen, *inneren Abstand zu gewinnen.* Diese im Heilungsprozeß oft benutzte Formulierung besagt: Wir befreien uns von anderen Menschen und lassen sie zugleich los. Dies sollte, wann immer es geht, auf liebevolle Weise geschehen.

Dieser Schritt hilft uns herauszufinden, ob wir unsere Willenskraft richtig oder falsch einsetzen. Wir fangen an, unsere Gefühle wirklich zu empfinden, anstatt vor ihnen zu fliehen. Wir erkennen, inwieweit wir uns selbst vernachlässigt haben, so daß wir uns von nun an mehr lieben — egal, was auch geschehen mag.

Es ist der erste Schritt, um von der Opferrolle erlöst zu werden, die wir gegenüber anderen, uns selbst und dem Leben überhaupt einnehmen.

Es ist der Schritt, durch den wir inneren Abstand gewinnen.

Dieser Schritt handelt auch von Grenzen. Wir lernen die eigenen Grenzen kennen, erfahren, wo unser Verantwortungsbereich endet. Wir stellen fest, wozu wir fähig sind und was wir lieber bleiben lassen sollten. Wir sehen ganz klar, wenn wir wieder unmögliche Dinge in Angriff nehmen oder etwas tun, das einfach nicht unsere Aufgabe ist.

Schließlich werden wir aufhören, das Unmögliche zu versuchen, und unsere Aufmerksamkeit auf das Mögliche richten: nämlich darauf, daß wir unser eigenes Leben meistern, für uns selbst Sorge tragen und so reagieren und handeln, wie es unseren Gefühlen entspricht. Dann können wir uns selbst und andere lieben — und zwar ohne das übermächtige Bedürfnis, sie und ihre Lebensumstände gemäß unseren Wünschen zu kontrollieren und zu manipulieren.

Oft bringt uns dieser Schritt in Berührung mit den eigenen Gefühlen: mit der Angst, den Verletzungen, der Scham — oder auch mit dem tiefen Kummer. Zunächst erscheint uns dieser Schritt dunkel und erschreckend. Aber er muß es nicht sein, jedenfalls nicht für längere Zeit. Er bewirkt, daß wir keine Macht mehr haben über das, was wir sowieso nicht kontrollieren können — und gerade dadurch werden wir mächtig. Sobald wir jeden Verlust, jeden Bereich, in dem wir machtlos sind, akzeptieren, steht es uns frei, unsere Gefühle wirklich zu empfinden und zu bewältigen, um dann unseren Lebensweg fortzusetzen.

Wir nehmen diesen Schritt in Angriff, sobald wir für ihn bereit sind. Wenn wir uns ausgelaugt fühlen, wenn wir alles probiert haben, um die Dinge in den Griff zu bekommen und zu steuern, wenn wir es leid sind, uns ständig halb wahnsinnig zu fühlen und sinnlose Kämpfe auszutragen, dann werden wir endlich »kapitulieren«. Zur rechten Zeit wird dieser Schritt uns finden und an uns arbeiten.

Lassen Sie dies zu. Seien Sie bereit, zu sich selbst zurückzukehren. Lassen Sie sich durch diesen Schritt die Last der Kontrolle und der Verantwortung, die Sie gegenüber anderen zu haben glauben, von Ihren Schultern nehmen. Lassen Sie zu, daß das Gefühl von Frieden, Erleichterung und Trost sich in Ihnen ausbreitet.

Gewinnen Sie inneren Abstand. Befreien Sie sich von der Angst sowie von dem Bedürfnis, Kontrolle auszuüben. Konzentrieren Sie sich auf das eigene Leben, und seien Sie der Mensch, der Sie sind. Hören Sie auf, sich allzusehr anzustrengen und zu viele Dinge zugleich zu machen, wenn es doch keinen Sinn hat.

Lieben und akzeptieren Sie sich so, wie Sie sind, ungeachtet der jeweiligen Umstände. Die Antwort wird sich ergeben. Die

Lösung wird sich finden. Aber nicht durch irgendwelche verzweifelte Bemühungen.

Die Antwort wird dadurch kommen, daß Sie inneren Abstand gewinnen.

Wir haben keine Macht über andere und können unser Leben nicht mehr meistern. Im Augenblick ist das alles, was wir einräumen und durch unsere Handlungsweise bestätigen müssen. Denn das ist unser Zustand, und er ist soweit ganz in Ordnung.

Werden Sie empfänglich für das Gefühl, daß Sie machtlos sind und die Dinge nicht mehr im Griff haben. Nehmen Sie genau wahr, wie das ist — zunächst äußerlich, dann aber auch auf einer tieferen Ebene.

Wenden Sie sich diesem Schritt zu, wenn Sie mit dem Heilungsprozeß beginnen. Und kehren Sie bei Bedarf immer wieder zu ihm zurück. Nehmen Sie ihn sich vor, sobald der Wahnsinn der Co-Abhängigkeit sich Ihrer bemächtigt; sobald Sie das Gefühl haben, das Chaos nehme wieder überhand, das eigene Leben sei ein einziger Irrtum; sobald Sie feststellen müssen, daß Sie sich nur noch um andere kümmern und sich fragen, ob es überhaupt legitim sei, das eigene Wohlbefinden in den Vordergrund zu rücken; sobald Sie in Gedanken nur noch mit anderen beschäftigt sind und sich Sorgen machen über deren Zukunft oder über Ihre eigene; sobald Sie davon überzeugt sind, die anderen Menschen würden über Ihr Glück bestimmen.

Arbeiten Sie an diesem Schritt, wenn Sie sich selbst wieder vernachlässigen.

Greifen Sie auf ihn zurück, wenn Sie an einem toten Punkt angelangt sind und nicht mehr weiterwissen.

Gerade wenn wir keine Ahnung haben, was als nächstes zu tun ist, kann dieser Schritt sehr hilfreich sein.

Denken Sie über ihn nach. Lassen Sie ihn auf sich wirken. Wehren Sie sich nicht dagegen, daß er Ihren inneren Zustand wiedergibt, Ihre gegenwärtige oder frühere Lage beschreibt. Seien Sie offen für seine heilsame Kraft, seine Hilfe, seinen Trost. Er führt uns immer ans Ziel: nämlich zu uns selbst, zur Realität — und zur Fähigkeit, die gelernte Lektion auch unter den momentanen Bedingungen zu bewältigen.

Das erste Wort im Ersten Schritt lautet: *Wir*. Mit Hilfe dieser einfachen Definition sich selbst zu erkennen und zu akzeptieren vermittelt ein gutes Gefühl. Wir sind nicht mehr allein. Viele von uns praktizieren diesen Schritt täglich. Viele stehen vor dem gleichen Problem. Vielleicht haben wir uns einsam gefühlt — aber unser Schmerz, unser Dilemma kommt nicht nur einmal vor. Auch sind wir bei der Suche nach Lösungen nicht auf uns allein gestellt. Dem gemeinsamen Heilungsprozeß wohnt eine große Kraft inne, die sich in den eigenen vier Wänden wie auch in den Gruppensitzungen bemerkbar macht, sobald wir den Ersten Schritt in Angriff nehmen. In diesem Schritt begegnen wir einander, kommen zusammen als ein »Wir«, um unser Problem wie auch dessen Lösung mit anderen zu teilen. Durch diese gegenseitige Anteilnahme innerhalb der Gemeinschaft wird das Problem kleiner und die Lösung leichter.

In meinen Beziehungen zu anderen Menschen, zum Leben, gelange ich oft in einen Zustand, der dunkel und unergiebig ist. Dort regiert die Angst und das instinktive Bedürfnis, Kontrolle auszuüben.

Ich selbst habe Kontrolle ganz unverhohlen ausgeübt: Indem ich vollständig auf einen anderen Menschen fixiert war, wollte ich seine Alkoholabhängigkeit in den Griff bekommen.

Aber ich habe es auch im stillen getan: Ich habe versucht, meine eigenen Gefühle zu beherrschen und zu unterdrücken; ich habe versucht, eine bestimmte Situation zu manipulieren; ich habe mein Inneres so lange durchstöbert, bis ich mir selbst abhanden kam; und ich habe immer wieder unbeirrt sinnlose Anstrengungen unternommen, um ein bestimmtes Problem zu lösen; oder ich habe mir eingeredet, es existiere gar nicht. Doch das Ergebnis ist immer gleich: Ich gerate in diesen unguten Zustand, wenn ich zulasse, daß andere mich kontrollieren oder daß negative Überzeugungen und verwirrende Gefühle von früher Macht über mich gewinnen.

Ich verliere mich im Dunklen, wenn ich aus lauter Angst nicht die nötigen Vorkehrungen treffe, damit im Umgang mit anderen Menschen mein eigenes Wohlergehen gewährleistet bleibt.

Der Erste Schritt aber führt mich aus dem Dunkel heraus. Er

erinnert mich daran, wer ich eigentlich bin. Er gibt mir zu verstehen, daß ich anderen Menschen keine Zügel anlegen kann und verrückt werde, wenn ich es trotzdem versuche; daß ich gar nicht gezwungen bin, ihr Verhalten zu kontrollieren; daß ich nicht für sie sorgen muß; daß ich das Leben (und gewisse Situationen) nicht zu steuern brauche — denn es läuft von selbst.

Ich fühle mich jetzt in Sicherheit, wenn ich in diesen Schritt Vertrauen habe, wenn ich inneren Abstand gewinne. Ich kann mich selbst akzeptieren, meine Probleme, meine gegenwärtige Lage und meine Unfähigkeit, damit fertig zu werden. Ich kann loslassen, weil das starre Festhalten nichts nutzt. Ich kann mich entspannen und einfach ich sein. Und ich kann mich selbst lieben und schätzen, hegen und pflegen.

Als ich im Hinblick auf meine Probleme mit der Co-Abhängigkeit diesen Schritt zum ersten Mal in Angriff nahm, als er zunächst meine Gedanken ausfüllte und dann tief in meine Seele drang, bekam ich dadurch das Gefühl, frei zu sein und inneren Abstand zu haben. Erstmals verstand ich tief im Herzen, daß ich über keinen anderen Menschen Macht besaß. Dieser Schritt brachte mir Erleichterung und stärkte die Fähigkeit, mich allmählich um meine eigenen Angelegenheiten zu kümmern.

Jedesmal, wenn ich mich mit diesem Schritt beschäftige, verschafft er mir Erleichterung.

Er erlaubt uns, so zu sein, wie wir wirklich sind. Durch ihn sagen wir ja zu uns selbst, sehen unsere Machtlosigkeit ein und finden uns ab mit den Lebensumständen, wie sie sich gerade ergeben — im Gefühl inneren Friedens, mit Würde und im Vertrauen darauf, daß alles gut ist und auch in Zukunft so sein wird.

Wir strecken unsere Waffen. Und sind dann Zeuge, wie das Leben allmählich wieder überschaubar wird und zu bewältigen ist.

Dieser Schritt geleitet uns an einen sicheren Ort, an dem wir uns wohl fühlen. Wir wollen dorthin gehen, sooft es nötig ist. Dann können wir dieses von Angst, Macht und Scham geprägte Leben eintauschen gegen ein Leben, das zu meistern ist.

Jeder der Zwölf Schritte erfüllt in unserem Leben einen ganz bestimmten Zweck. Jeder ist wichtig.

Die Arbeit, die innere Heilung, beginnt mit dem Ersten.

ÜBUNGEN

1. Haben Sie bereits versucht, Macht oder Einfluß in Bereichen auszuüben, in denen Sie weder das eine noch das andere hatten? Wollen Sie einen bestimmten Menschen bzw. Sachverhalt kontrollieren — und legen Sie sich dabei immer mehr ins Zeug, obwohl das Resultat immer ungünstiger ausfällt?

2. Welche Person bzw. welcher Umstand macht ihnen schwer zu schaffen und treibt Sie zur Verzweiflung? Von wem fühlen Sie sich ungerecht behandelt? Wer, glauben Sie, kontrolliert im Moment Ihre Existenz, Ihre Gefühle oder einen anderen Lebensbereich? Vor welchen Situationen, Empfindungen oder Tatsachen sind Sie geflohen? Was haben Sie verdrängt bzw. vermieden?

3. Mit welchen Wahrheiten würden Sie in Ihrem eigenen Leben konfrontiert werden, wenn Sie eine gewisse Person bzw. Sache nicht mehr zu kontrollieren versuchten? Was könnte geschehen, wenn Sie nicht mehr zuließen, daß Sie von außen kontrolliert werden?

4. Welche Bereiche Ihres Lebens lassen deutlich erkennen, daß Sie die Lage nicht mehr wirklich in der Hand haben? In welchem Zustand befinden Sie sich gegenwärtig — gefühlsmäßig, finanziell, geistig, gesundheitlich, beruflich? Was machen Sie einfach nur aus Spaß, zum Vergnügen, der Freude wegen?

5. Wie steht es gegenwärtig um Ihre Beziehungen zu Ihrer Familie, zu Ihren Freunden und Arbeitskollegen? Haben Sie überhaupt Verbindung zu Menschen, oder fühlen Sie sich allein und isoliert?

6. Arbeitet Ihr Verstand klar und logisch? Wen machen Sie für Ihr Gefühlsleben, Ihre gesundheitliche Verfassung, Ihre Finanzen verantwortlich? Und wen für den Zustand Ihrer Beziehungen?

7. Welche Ihrer Handlungen ärgert Sie? Was sollten Sie Ihrer Meinung nach unbedingt tun, obwohl Sie sich dagegen wehren? In welchen Lebensbereichen sind Ihnen die Hände gebunden, wo verfügen Sie über keine Wahlmöglichkeiten? Wer oder was hält Sie gefangen? Wem möchten Sie sehr gerne

etwas Bestimmtes sagen? Warum können Sie das Ihrer Meinung nach nicht zum Ausdruck bringen?

8. Welcher Vorfall veranlaßte Sie, zum ersten Mal eine Zwölf-Schritte-Gruppe zu besuchen? Falls Sie dort schon einige Zeit sind: Welches Problem hat Ihnen zuletzt am meisten zugesetzt? Über welche Person bzw. Angelegenheit machen Sie sich die größten Sorgen? Wann haben Sie sich das letzte Mal etwas Gutes getan, sich selbst liebevoll behandelt? Gibt es jemanden in Ihrem Leben, der Sie unglücklich macht? Haben Sie das Gefühl, Sie wären glücklich, wenn er oder sie sich anders verhielte?

ZWEITER SCHRITT

»WIR KAMEN ZU DEM GLAUBEN, DASS EINE MACHT,
GRÖSSER ALS WIR SELBST, UNS UNSERE GEISTIGE
GESUNDHEIT WIEDERGEBEN KANN.«

Zweiter Schritt der Anonymen Co-Abhängigen (CoDA)

Ich liebe den Zweiten Schritt. Als ich anfing, meine Co-Abhängigkeit zu bekämpfen, hatte mich das Verhalten der Menschen um mich herum völlig ausgelaugt. Ich hatte mich und mein eigenes Leben völlig aufgegeben. Und alles, was ich unternahm, um die anderen zu »erleuchten«, war wirklich wahnsinnig.

Ich hatte mich überhaupt nicht mehr im Griff.

Nachdem ich mich dem Ersten Schritt gewissermaßen unterworfen hatte, indem ich meine Machtlosigkeit und Unfähigkeit, das Leben zu meistern, zugab und akzeptierte, gab mir der Zweite Schritt frischen Schwung und neue Hoffnung.

Ich bin zwar schon eine ganze Zeit lang im Heilungsprozeß, aber meine tiefe Affinität zu diesem Schritt besteht nach wie vor. An manchen Tagen, wenn ich alles vergesse, was ich bisher über meine Sucht gelernt habe; wenn mir der Kopf schwirrt; wenn die Schamgefühle wieder zum Vorschein kommen und Wut, Ressentiments sowie all die anderen Botschaften von früher mich beherrschen; wenn ich vergesse, daß es nicht nur in Ordnung ist, so zu sein, wie ich bin, sondern auch zu meiner eigenen Stärke zu stehen; wenn ich ängstlich werde oder gar panisch reagiere; wenn ich zwanghaft auf andere schaue, um mich lebendig zu fühlen, ja um überhaupt zu existieren — dann ist mir jetzt klar, was zu tun ist.

Ich kehre zum Ersten Schritt zurück, um mich wieder zu fassen und mir meiner eigenen Persönlichkeit bewußt zu werden. Dann fahre ich fort mit dem Zweiten Schritt, um allmählich der Mensch zu werden, der ich werden kann.

Der Zweite Schritt bringt uns auf den richtigen, den neuen Weg, der uns größere Kräfte, genauere Orientierungshilfen zuteil werden läßt, als wir sie besitzen. Es ist der Schritt des Übergangs. Er führt uns von dem Punkt, an dem wir uns augenblicklich befinden, dorthin, wo wir gerne sein möchten.

Alles, was man von uns jetzt verlangt, ist: *zu glauben* — oder, noch genauer, allmählich *zum Glauben zu kommen*. Wir kommen dieser Forderung nach, indem wir uns geistig und seelisch jenen Menschen öffnen, die ebenfalls den Weg der inneren Heilung beschreiten, und mit ihnen in Verbindung treten.

DIE GEISTIGE GESUNDHEIT WIEDERERLANGEN

Sarah ist eine eindrucksvolle Frau, die sich gern auffallend kleidet und deren Herkunft man an ihrer Sprache deutlich erkennen kann. Vor etwa sechs Jahren wurde sie mit ihrem Leben nicht mehr fertig, und auch ihre Beziehungen zu anderen Menschen waren völlig chaotisch. Heute ist sie mit sich im reinen und leitet ein Heilprogramm für Co-Abhängige.

Sarah begann ihre Reise durch die Stationen des eigenen Heilungsprozesses vor sechzehn Jahren, als sie zum ersten Mal ein Gruppentreffen der OA* besuchte. Obwohl sie sehr bemüht war, die Zwölf Schritte durchzuarbeiten, konnte sie nicht verhehlen, daß ihr Leben weiterhin einiges zu wünschen übrigließ.

---

* OA steht für »Overeaters Anonymous«. Diese Selbsthilfegruppe befaßt sich mit dem Thema Eßsucht.

»Als ich zur Gruppe stieß, war ich einfach nur gefräßig; aber dann wurde ich wirklich eßsüchtig, hinterher auch noch magersüchtig. Zudem litt ich unter der Sucht nach Sex, nach Beziehungen und nach Pillen«, berichtet Sarah.

»Ich verlor mein Übergewicht. Ich sah gut aus. Aber ich fühlte mich genauso leer wie viele Male zuvor. Ich dachte, diese innere Leere hätte etwas mit den äußeren Umständen zu tun. Mein Mann war Alkoholiker. Meine Freunde in der OA-Gruppe meinten, ich würde das eine tun und das andere nicht lassen: Ich sei verheiratet und hätte trotzdem Affären mit einigen Männern in der Gruppe, die der Versuchung nicht widerstehen konnten. Ich fühlte mich ausgehöhlt, einsam, beschämt und schuldig. Aber damals wußte ich noch nicht, was Scham- und Schuldgefühle sind. Heute führe ich diese Reaktion auf das zurück, was ich als ›Loch-in-der-Seele-Komplex‹ bezeichne«, sagt sie.

Sieben Jahre später kam es zum ersten großen Einbruch in ihrem Leben. Sarah brachte ihre Mutter in ein Pflegeheim und wollte ihren Mann um die Scheidung bitten. Sie hatte gerade wieder mit jemandem eine »heiße« und »ernste« Affäre. An dem Abend, als sie vorhatte, mit ihrem Mann über die Trennung zu sprechen, erlitt sie mitten auf der Tanzfläche einen Herzanfall. Sie gab Gott das Versprechen, in ihrem Leben einiges zu ändern, wenn Er sie wieder gesund werden ließe.

Sarah führte tatsächlich diese oder jene Änderung herbei. Sie blieb bei ihrem Mann und wurde abhängig von Alkohol, Schlaftabletten und einem bestimmten Beruhigungsmittel, das ihr der Arzt verschrieben hatte, um die Herzfunktion zu unterstützen. Nach kurzer Zeit hatte sie wieder Affären mit anderen Männern.

»Ich besuchte weiterhin die OA-Sitzungen«, sagt sie. »Ich nahm Pillen, schlang Nahrungsmittel hinunter, trank viel und schrie in der Gruppe leise um Hilfe. Die Leute dort dachten, ich hielte mich prächtig. Zwar gab ich nicht preis, wie es in meinem Leben wirklich aussah, aber immerhin meldete ich mich bei unseren Zusammenkünften zu Wort und sagte: ›Mir geht es nicht gut; ich habe einige Probleme; kneift mich doch, damit ich spüre: Ich lebe. Alles tut mir weh.‹ Ich glaube, die anderen waren ganz erschrocken über das, was mit mir geschah. Sie wollten einfach nicht wahrhaben, daß ich immer noch derartige Probleme hatte, obwohl ich schon so lange mit meiner inneren Heilung beschäftigt war. Sie wußten nicht, was sie mir sagen sollten.«

Etwas später besuchte Sarah eine Schule, um sich als Therapeutin für Alkohol- und Drogensüchtige ausbilden zu lassen. Sie trennte sich von ihrem Mann und ließ sich mit einem der Patienten ein. Als er geheilt war, zog er mit ihr zusammen. Er war schwarz, Sarah weiß; aufgrund dieser Tatsache fühlte sie sich, nach ihren eigenen Worten, noch mehr von den Menschen isoliert. Bald nahm ihr neuer Freund wieder Kokain.

»Es war wahnsinnig«, erzählt sie. »Ich war total co-abhängig und versuchte, ihn zu retten und wieder gesund zu machen. Als ich die Schule abgeschlossen hatte, um in der Alkoholiker-Therapie zu arbeiten, war ich selbst eine schwere Trinkerin und zudem noch tablettensüchtig. Inzwischen hatte mein Freund zwei weitere Entziehungen hinter sich, war aber immer noch abhängig.«

Daraufhin begann Sarah eine Heilbehandlung für Alkoholiker und Beziehungsabhängige. Nachdem sie diese abgeschlossen hatte, arbeitete sie an einem Therapiezentrum für Menschen mit Eßstörungen, erneuerte die Beziehung zu ihrem kokainabhängigen Freund und überredete ihn, mit ihr zusammen in der Stadt im Süden zu leben, wo sie tätig war.

»So weit, so gut. Ich bin eine Weiße jüdischer Herkunft, komme aus dem Norden und lebe mit einem Schwarzen in einer Stadt des Südens. Als ich in diese Gegend zog, war mir klar, daß das drei Dinge waren, die gegen mich sprachen, aber ich sagte mir, ich würde es schaffen, egal was passiert. Und ich habe es auch geschafft, aber ich verstrickte mich wieder in meine Beziehung. Mein Freund wurde rückfällig, und zwar ständig. Ich arbeitete im Therapiezentrum und war von meinen Süchten geheilt — nicht aber von meiner wahnsinnigen Beziehung.

In dieser Beziehung gab es physische Mißhandlungen und sexuelle Gewalt — aber all dies ging von mir aus. Ich war so voller Ressentiments und Wut, daß ich jedesmal, wenn er seine Sucht auslebte, auf ihn losging wie eine Furie. Ich war darüber selbst ganz entsetzt. Ich kratzte ihn und riß ihm das Hemd vom Leib.

Er konnte mir nur Einhalt gebieten, indem er mich hochhob, aufs Bett warf und dort festhielt. Aber mit dieser irrsinnigen Kraft, die ich besaß, konnte ich mich aus der Umklammerung befreien. Dann rief ich wegen *ihm* die Polizei. Sie kamen und führten ihn ab. Hinterher holte ich ihn wieder heraus.«

Schließlich meldete sich Sarah zu einer weiteren Heilbehandlung an, um von ihrer Co-Abhängigkeit befreit zu werden.

»Was mich wirklich fertigmachte, war der Gedanke, daß ich eiskalt ein anderes menschliches Wesen verletzen konnte. Es war erschreckend. In mir sah ich meine Mutter wieder, aber ich war noch schlimmer als sie. Und dabei hatte ich immer gesagt: ›Lieber Gott, laß mich nie so werden wie sie.‹«

Nach dem Ende ihrer Behandlung kam Sarah das erste Mal zu den Gruppentreffen der CoDA und begann dann auch mit einer Einzeltherapie.

»Wenn es das Zwölf-Schritte-Programm nicht gäbe, wäre ich heute wahrscheinlich schon tot«, sagt sie. »Und wenn nicht tot, dann wahnsinnig. Ich habe die Wutanfälle, die ich an meinem Ex-Freund ausließ, auf meine Weise wiedergutgemacht. Er ist jetzt wirklich ein ›Verflossener‹. Ich habe schon seit längerem keine Beziehung mehr; trotzdem könnte ich heute bestimmt gut mit jemandem zusammensein, eben weil ich mit mir selbst im reinen bin.

Das Verhältnis zwischen meinen Kindern und mir hat sich grundlegend gebessert, weil ich auch bei ihnen den angerichteten Schaden wiedergutgemacht habe. Sie haben sich nicht verändert, aber ich. Ich sehe sie jetzt mit anderen Augen.

Ich habe mein eigenes Therapiezentrum für Co-Abhängige eröffnet. Ich betrachte dies als eine vorbeugende Maßnahme, um nicht wieder den anderen Süchten zu verfallen. Ich glaube, meine Co-Abhängigkeit existierte schon lange vor all meinen anderen Abhängigkeiten.

Ich weiß, daß nur ich selbst für meine Gedanken und Gefühle verantwortlich bin. Ich glaube an mich und an das, was ich heute tue. Wenn ich mir vertraue, so vertraue ich auch meinen Handlungen. Früher versuchte ich immer, von überallher Bestätigung zu bekommen. Ich brachte es fertig, zu zehn verschiedenen Personen hinzurennen, um sie zu fragen, ob mit mir auch alles o. k. sei. Heute brauche ich das nicht mehr. Ich baue auf mich selbst.

Ich weiß, daß ich meine Sache ganz gut mache.«

Sarah ist ein Mensch, dessen Leben durch die Arbeit an den Zwölf Schritten für Co-Abhängige völlig verändert wurde. Ihre geistige Gesundheit ist jetzt wiederhergestellt. Und obwohl die Einzelheiten unseres wahnhaften Verhaltens genauso verschieden sind wie die jeweiligen Vorstellungen, auf welche Weise wir unsere geistige Gesundheit wiedererlangen wollen, so gibt es doch sehr viele Menschen, die, wie Sarah, diesen Schritt in Angriff genommen und gesehen haben, daß er durchschlagende Veränderungen bewirkt.

Nachdem er fünf Jahre lang an seinem Zwölf-Schritte-Programm zur inneren Heilung gearbeitet hat, ist aus dem ehemals ängstlichen, wütenden, unsicheren Craig ein selbstbewußter, friedlicher, entspannter Mann geworden. Craig leidet noch heute schwer darunter, daß sein Vater Alkoholiker war, zudem wurde er das Opfer einer inzestuösen Beziehung. Jetzt aber ist er imstande, seine Gefühle zum Ausdruck zu bringen. Er hat enge Freunde. Vor dem Heilungsprozeß klagte er am meisten darüber, daß er sich einsam und von anderen Menschen abgetrennt fühle. Craig ist überzeugt davon, daß gerade auch in diesem Lebensbereich seine geistige Gesundheit wiederhergestellt wurde.

Obwohl wir Betroffenen alle die gleichen Probleme mit der Co-Abhängigkeit bewältigen müssen, hat doch jeder seine ganz eigene Version, *wie* sich diese Abhängigkeit im eigenen Leben manifestierte und was es heißt, geistig wieder ganz gesund zu werden.

Vor zehn Jahren stand Jane am Rande des seelischen Zusammenbruchs. Ihr Vater war Alkoholiker, aber niemand in der Familie — auch er selbst und seine Tochter nicht — hatte erkannt, daß es sich wirklich um eine Krankheit, um Trunksucht handelte.

Jane war chronisch depressiv, weinte oder mußte oft die Tränen zurückhalten. Sie aß zuviel, zog sich von den Menschen zurück und konnte sich nicht dazu aufraffen, an ihrem Arbeitsplatz einmal längere Zeit durchzuhalten oder — anschließend — nach einem neuen Job zu suchen. Sie verbrachte Jahre damit, von der

Hand in den Mund zu leben, bewohnte ein winziges Apartment und glaubte, sie habe nichts Besseres verdient.

»Ich hatte ständig Angst, aber ich war mir ihrer nicht wirklich bewußt«, berichtet Jane. »Meine Angst drückte sich eher dadurch aus, daß ich sagte: ›Ich will nicht; ich will nicht; ich will nicht.‹ Nichts interessierte mich. Ich dachte nicht an Selbstmord, aber ich verabscheute meinen Zustand. Ich hatte das Gefühl, mein Leben würde sich niemals ändern.

Ich wollte einfach total wahnsinnig werden. Soweit kam es zwar nicht, aber ich glaubte, das würde ein gutes Gefühl sein; denn dann könnte ich herumschreien und den ganzen inneren Mist herauslassen. Mir war nicht klar, daß ich genau das im Grunde tun mußte.«

Dann fing Jane damit an, öfter eine Zwölf-Schritte-Gruppe zu besuchen, und zwar zunächst die OA; die Mitglieder dort schlugen ihr aber bald vor, sie solle zu Al-Anon gehen. Anfangs verstand sie nicht, weshalb die Menschen davon überzeugt waren, daß sie Al-Anon brauchte. Sie begriff nicht, was es heißt, coabhängig zu sein.

Heute, nach zehn Jahren, ist Janes Leben grundlegend anders geworden. Und sie sieht klarer...

»Mir geht es jetzt gut. Ich fühle mich sicher, ob ich in der Gruppe oder mit mir allein bin. Aber es war hart. Ein Kampf. Doch allmählich schöpfte ich wieder Hoffnung. Ich hatte wieder Sehnsucht nach dem Leben, nach mir selbst.«

Jane machte ihren Magister und nimmt jetzt eine Ganztagsstelle bei der Regierung ein. Sie hat ein schönes Zuhause, ein Auto — und vor allem sich selbst. Ihre Auffassungen in bezug darauf, was ihr bei der Arbeit und in Beziehungen zusteht, haben sich geändert. Obwohl diese immer noch mit Problemen behaftet sind, hat sie endlich doch wieder Mut bekommen, sich mit einem Menschen näher einzulassen. Sie setzt sich dafür ein, daß ihre Bedürfnisse ernst genommen und wenn möglich auch befriedigt werden. Es gibt einige Menschen in ihrer Nähe, die sie unterstützen; mit ihnen fühlt sie sich genauso verbunden wie mit sich selbst.

»Das größte Verdienst der Zwölf Schritte besteht darin, daß

sie mir meine Stärke, meine Freiheit und all die guten Dinge meines Lebens bewußt gemacht haben. Nur fällt es mir außerordentlich schwer zu begreifen, daß ich andere nicht kontrollieren kann — weder ihre Gefühle noch ihre Handlungen noch ihre Reaktionen mir gegenüber. Ich lerne allmählich, was es heißt, einen Menschen zu lieben und zu umsorgen, über den man keine Macht hat. Natürlich möchte man gerne, daß die anderen sich so verhalten wie man selbst — um sich sicherer, anerkannt und bestätigt zu fühlen. Meines Erachtens geht es jedoch bei der inneren Heilung darum, daß man *sich selbst gegenüber* ein Gefühl der Sicherheit entwickelt.

Indem ich für die Schritte immer offen bin und herausfinde, welchen Stellenwert sie jeweils für mich haben, erlebe ich viele Überraschungen. Die Zwölf Schritte geben eine gewisse Struktur vor, sie sind gleichsam eine Art »Behälter«. Nicht daß sie mich einsperrten oder mir die Luft zum Atmen nähmen: Vielmehr geben sie mir das Gefühl, geborgen zu sein, während ich den Geheimnissen des Lebens auf der Spur bin.«

Dan ist Pfarrer. Seine Probleme mit der Co-Abhängigkeit zeigten sich vor allem darin, daß er unfähig war, in der Ehe auch einmal seine Wutgefühle zu äußern, sich von den Menschen abzugrenzen, die er in der Gemeinde betreut, oder an sich selbst etwas Positives zu entdecken.

»Ich zog kranke und hilfsbedürftige Menschen geradezu an«, erzählt er. »Ich war ein wunderbarer Zuhörer, der den Menschen nicht klarmachen konnte: Bis hierher und nicht weiter! Sie überrannten mich einfach.«

Für Dan war die Wiederherstellung seiner geistigen Gesundheit gleichbedeutend damit, daß er lernen mußte, die Balance zu finden: also seine Wut entsprechend herauszulassen, aber weder in Raserei noch in Passivität zu verfallen; gut zuzuhören — worauf er ja großen Wert legt — und dennoch sich selbst zu behaupten; die eigenen Gaben und Stärken wahrzunehmen, ohne dabei die Fehler zu übersehen.

»Die Schritte helfen mir, näher vertraut zu werden mit meinem Wesen, meinen Wünschen und meinen Bedürfnissen«, sagt er.

»Immer noch passieren Dinge, die einen fast wahnsinnig machen könnten, aber ich lerne, in gesunder Weise darauf zu reagieren. Mein Heilungsprogramm erinnert mich beständig daran, daß das Leben uns wohlgesonnen ist. Es überrascht mich mit all seinen guten Eigenschaften und den Veränderungen, die es bewirkt. Ich bin Menschen begegnet, die tiefer gekränkt, mehr verletzt waren als ich und die trotzdem erstaunliche Fortschritte in ihrem Programm machen. Das gibt mir viel Mut für die eigene innere Heilung.«

Nicht nur hat jeder eine konkrete Vorstellung davon, was es heißt, geistig wieder gesund zu werden — diese Vorstellung verändert sich auch in dem Maße, wie wir uns ändern. Um selbst ein geistig gesundes Leben führen zu können, mußte ich zum Beispiel am Anfang meines Heilungsprozesses damit aufhören, andere Alkoholiker ständig herumzukommandieren und vom Trinken abzuhalten. Ich mußte befreit werden von der starken Neigung, mich selbst zu vernachlässigen, damit ich lernte, jeden Tag mir selbst liebevoll zu begegnen und meine grundlegenden Bedürfnisse zu achten. Ich mußte geheilt werden von dem Irrglauben, ich müßte und könnte andere beherrschen, so daß ich dann bereit wurde, sie loszulassen und den natürlichen Fortgang des Lebens zu bejahen.

Manchmal muß ich von meiner Scham, meiner Angst und all den unterdrückten Regungen erlöst werden, um inneren Frieden, Selbstvertrauen und ein gutes Gefühl in bezug auf mich selbst empfinden zu können. Dann wieder muß ich von negativen, verzweifelten Gedanken Abstand gewinnen, damit meine Zukunftsaussichten wieder positiv und hoffnungsfroh sind.

Zuweilen sitze ich einfach fest und brauche irgendeine Hilfe, um wieder loszukommen. Oder ich leide unter Zwangsvorstellungen und muß mein geistiges und seelisches Gleichgewicht wiederfinden. Es kommt auch vor, daß ich erneut in den alten Fehler verfalle und glaube, die anderen hielten den Schlüssel zu meinem Glück und zu meinem Schicksal in der Hand; dann benötige ich Hilfe, um daran erinnert zu werden, daß *ich* diesen Schlüssel besitze. Ein anderes Mal kommt mein Wahn dadurch zum Ausdruck, daß ich mich völlig zurückziehe und in meinem

Innern verkrieche. Ich muß von meinen Ängsten geheilt werden, damit ich das Leben wirklich leben, ganz lebendig sein und dem Fluß der Dinge vertrauen kann.

Geistige Gesundheit wiederzuerlangen bedeutet für mich vor allem, in Beziehungen zu anderen Menschen die eigene Stärke anzuerkennen und zu bewahren — also zu lernen, wie man ihnen nicht die ganze Macht überläßt, ihnen nicht gestattet, einen zu kontrollieren, egal wie gesund sie auch sein mögen oder wie gut sie es meinen. Geistig gesund fühle ich mich dann, wenn ich in Einklang bin mit mir selbst und mich auch in Gegenwart der anderen achte und schätze — anstatt nur noch um sie besorgt zu sein.

Zuzulassen, daß die anderen uns schlecht behandeln, und nur noch die Rolle des Opfers einzunehmen — das ist, im wahrsten Sinne des Wortes: *ungesund*. Mit Verdrängungen zu leben und sich selbst weiszumachen, die anderen, die uns herabwürdigen und mißbrauchen, seien wunderbare Menschen; ja sich selbst auch noch die Schuld dafür zu geben, daß man solche Mißhandlungen nicht gern erträgt — auch das ist für Körper und Geist vollkommen *ungesund*.

Zu glauben, wir hätten im Leben nichts Besseres verdient: auch das ist *ungesund*.

Zu glauben, wir müßten aber auch wirklich *alles* alleine machen: das ist *unnötig*.

Viele von uns stellen fest, daß sie mit fortschreitendem Heilungsprozeß »geistige Gesundheit« anders definieren. Anfangs kommen viele zu den Gruppentreffen in der Meinung, es sei vernünftig, die eigenen Emotionen zu unterdrücken, sich selbst nicht zu mögen, tief beschämt zu sein, sich wie eingesperrt und völlig verzweifelt zu fühlen. Wir halten es für ganz normal, daß das Leben eine zu erduldende Qual ist und daß man sich in diesem elenden Dasein irgendwie durchbeißen muß. Wir nehmen es als selbstverständlich hin, daß man sich selbst verleugnet und benachteiligt. Wir glauben, es sei sinnvoll, von sich selbst Perfektion zu erwarten.

Vielleicht auch ist die ungerechte Behandlung, die wir erfahren müssen, für uns nur ein ganz alltägliches Vorkommnis, eine angemessene Reaktion auf das Leben, wie es sich eben meistens darstellt.

Aber viele von uns ändern ihre Haltung, sobald sie diese früheren Denk- und Verhaltensweisen als co-abhängig identifiziert haben.

Später betrachten wir vielleicht jeden Rückfall in die unangenehmen und negativen Denkmuster und Gefühle, die mit der Co-Abhängigkeit einhergehen, nicht nur als höchst unerwünscht, sondern auch als erneuten Anlaß, auf den Zweiten Schritt zurückzukommen. Wir machen uns nicht mehr für alles verantwortlich und erwarten auch nicht, von jeder Verwicklung verschont zu bleiben. Solche Schwierigkeiten können nützlich sein, ja sogar unser inneres Wachstum fördern. Wir sehen Gefühle nicht als anomal an, sondern viel eher als gesunden Ausdruck eines gesunden Lebens. Die meisten von uns bevorzugen es jedenfalls, innerlich im Gleichgewicht zu bleiben. Im Grunde nämlich ist das Gefühl, etwas zu empfinden — und für uns heißt das, *all* unsere Gefühle zu empfinden —, immer ein gutes Gefühl.

Einige von uns erwarten sich von diesem Schritt wie vom Heilungsprozeß insgesamt mehr als nur eine »innere Wiederherstellung«. Viele haben das Gefühl, nie jene Art Leben gehabt zu haben, das sie sich wünschen. Aber wir spüren auch, daß wir jetzt zum ersten Mal anfangen, so zu lieben und so zu leben, wie es gut für uns ist.

Dieses Programm kann all dies für uns bewerkstelligen. Es kann uns gesund machen, wenn wir gesund werden wollen. Und es kann uns innerlich erneuern.

WIR KAMEN ALLMÄHLICH ZU DEM GLAUBEN...

Wir beginnen nicht damit, daß wir glauben, eine Macht, größer als wir selbst, könne unsere geistige Gesundheit wiederherstellen. Wir arbeiten erst auf diesen Glauben hin und wachsen gleichsam in ihn hinein. *Wir fangen allmählich an zu glauben.*

»Ich war gar nicht wirklich am Leben, als ich anfing, die Al-Anon-Sitzungen zu besuchen«, erzählt Margaret. »Gefühlsmäßig und geistig war ich völlig am Ende. Ich wußte überhaupt nicht mehr, wie ich mich eigentlich fühlte. Ich trat um mich und wurde getreten. Da machte mich ein Freund mit Al-Anon bekannt. Zunächst hatte ich ja am Zwölf-Schritte-Programm einiges auszusetzen. Aber dann entdeckte ich auch etwas, an das ich mich klammern konnte: nämlich den Zweiten Schritt, und deshalb ging ich weiterhin zu den Treffen. Mein Glaube war sozusagen nicht existent. Aber meine geistige Gesundheit mußte wiederhergestellt werden. Ich fühlte mich wie wahnsinnig. Ich wollte geheilt und ganz gesund werden; also tat ich so, als würde ich glauben, und kam immer wieder, bis ich dann tatsächlich glaubte und innerlich erneuert wurde.«

Viele von uns machen die Feststellung, daß sie allmählich zum Glauben finden, wenn sie sehen, daß andere Menschen mit ähnlichen Problemen durch die Arbeit an diesen Schritten ihre geistige Gesundheit wiedererlangen. Für uns ist Sehen gleich Glauben.

Indem wir uns zu Gruppengesprächen zusammenfinden, finden wir zum Glauben.

»Ich lernte, wie man innerlich losläßt, indem ich andere beobachtete, die mit den gleichen Problemen zu tun hatten, und sah, daß es ihnen anscheinend gutging. Sie unternahmen etwas, um besser mit ihren Schwierigkeiten fertig zu werden. Durch ihre Stärke wurde ich stärker«, sagt Stanley, jener Architekt, dessen Leben sechzehn Jahre lang vom drogenabhängigen Sohn beherrscht wurde.

Auch ich wußte nicht, daß es noch andere Möglichkeiten gab, auf bestimmte Dinge zu reagieren, das Leben wirklich zu leben oder Gefühle zu empfinden — bis ich den Menschen zuhörte, die von ihrer Co-Abhängigkeit geheilt worden waren. Ich kam mit anderen zusammen, die in einer ganz ähnlichen Lage waren und dennoch ein gesundes Verhalten an den Tag legten, glücklich und zufrieden wirkten. Als ich das sah, glaubte ich es auch. Anfangs blieb mir ja nichts anderes übrig, als zu glauben, daß das Programm bei ihnen funktioniert hatte. Allmählich aber glaubte ich tatsächlich daran, daß es auch bei mir helfen konnte. Zunächst also glaubte ich, weil ich das Beispiel der anderen vor Augen hatte; dann glaubte ich, weil ich kleine Veränderungen in mir selbst wahrnahm.

Wenn wir feststellen, daß andere sich ändern, daß die Schritte bei ihnen Erfolg haben, daß sie ihr Leben wieder in den Griff bekommen, dann glauben auch wir allmählich daran, daß dies bei uns möglich ist. Manchmal hilft es uns ganz einfach, wenn wir die Geschichte von Menschen hören, deren Leben sich grundlegend verändert hat. Und es kann für uns genauso wichtig sein, ihre vielleicht unscheinbaren, aber doch weisen Aussprüche aufzunehmen — oder mitzuerleben, wie sie lernen, gut mit sich selbst umzugehen und ihr Leben anders zu gestalten.

Die Botschaften, die uns zugedacht sind, erhalten wir über ganz verschiedene Kanäle.

Sobald wir erst einmal angefangen haben, die Gruppentreffen zu besuchen, fällt es den meisten von uns nicht besonders schwer, an diesem Schritt zu arbeiten. Ja, bei alldem, was wir hören und sehen, fiele uns nur eines schwer: nämlich *nicht* zu glauben.

Für mich war es eine umwälzende Entdeckung, als ich feststellte, daß andere sich durchaus anders verhalten können als ich. Ich dachte immer: Kontrolle muß sein. Ich fühlte mich gefangen in meiner Depression. Dieser Zweite Schritt war dazu da, aus der Dunkelheit und der Co-Abhängigkeit herauszukommen. Er führte mich zur inneren Heilung; so wurde mir klar, daß ich wirklich verschiedene Möglichkeiten hatte, auf andere Menschen zu reagieren.

Vielleicht besteht das größte Geschenk dieses Schrittes in der Einsicht, daß wir nicht auf uns allein gestellt sind, egal, was wir in unserem Leben in Angriff nehmen wollen oder müssen. Wir brauchen nicht unsere eiserne Willenskraft einzusetzen, um ein anderer Mensch zu werden. Ausnahmsweise dürfen wir unsere verzweifelten Bemühungen einmal sein lassen.

Wir können uns einer Macht zuwenden, die größer ist als wir selbst.

EINE MACHT, GRÖSSER ALS WIR SELBST

Wir müssen am Anfang gar kein umfassendes und weitreichendes Verständnis einer Höheren Macht haben. Und wir müssen nicht gleich ganz genaue Vorstellungen darüber haben, was wir im Leben schaffen wollen und wie das geschehen soll.

Wir müssen nicht einmal wissen, was wir morgen tun werden.

Wir können genau an jenem Punkt beginnen, an dem wir gerade stehen — wie mächtig unser Glaube oder Unglaube auch sein mag. Als erstes glauben wir nur, daß unsere geistige Gesundheit wiederhergestellt werden kann und wird — ob es nun um eine kleinere Angelegenheit geht, bei der wir mit einem vorübergehenden Gefühl fertig werden müssen, oder um eine größere: nämlich darum, daß wir den Heilungsprozeß überhaupt beginnen oder daß wir gerade etwas Traumatisches erleben.

Wir öffnen uns der Hilfe Gottes, Seiner liebevollen Fürsorge, Seiner Unterweisung und Macht. Wir glauben allmählich daran, daß wir geheilt werden und daß uns die dafür notwendigen Hilfsmittel zur Verfügung stehen. Der Glaube daran, daß der Heilungsprozeß bei uns funktionieren wird, ist durchaus sinnvoll.

Gott wurde in dieses Programm mit eingebracht, weil Er für die innere Heilung sowie für die psychischen und seelischen Veränderungen, die wir anstreben, fundamental wichtig ist. Wir tun zwar bestimmte Dinge, um uns zu ändern, aber im Grunde *werden wir verändert*. Dies ist ein spiritueller Prozeß.

Die Entscheidung, von Gott als der »Macht« zu sprechen, die »größer ist als wir«, und zuzulassen, daß jeder ein eigenes Verständnis von ihr entwickelt, wurde mit Bedacht getroffen.

Dies ist ein spirituelles Programm, kein religiöses. Die Schritte wurden so verfaßt, daß sie zu allen Religionen und konfessionellen Überzeugungen passen. Sie sollten auch jenen zugänglich sein, die keiner Konfession oder Religionsgemeinschaft angehören.

Viele von uns beginnen den Heilungsprozeß mit verzerrten, ängstlichen, manchmal sogar starren oder gar schamerfüllten Vorstellungen von Gott. Wir haben vielleicht Angst davor, daß

Gott uns verachtet oder aufgegeben hat. Unter Umständen haben wir einige ungute Erfahrungen mit religiösen Sekten gemacht. Einige kommen auch deshalb in dieses Programm, weil ein bestimmtes Glaubenssystem auf sie die gleichen schädlichen Auswirkungen hatte wie ein nicht intaktes Beziehungssystem innerhalb der Familie.

Größte Sorgfalt und Weitsicht ist vonnöten, damit jeder einzelne die Freiheit besitzt, seine spirituellen Überzeugungen zu erkunden und zu bestimmen.

Weil viele von uns häufig beschimpft, geschlagen und sexuell mißbraucht wurden, haben einige Zwölf-Schritte-Gruppen jede geschlechtliche Zuordnung Gottes beseitigt. Einige wollen sich nicht mit Gott als einem männlichen Wesen identifizieren; andere wieder lehnen es ab, Gott als weiblich zu betrachten. Manche wollen ihn nicht »Vater« nennen, weil die Hand ihres leiblichen Vaters so viel Leid über sie brachte.

Wieder andere haben ein gutes Gefühl, wenn sie sich den eher traditionellen Gottesbegriff zu eigen machen. Auch das ist ganz in Ordnung.

Diese Zwölf Schritte geben uns allen die Möglichkeit, die eigenen Wünsche von jenem Gott erfüllt zu bekommen, den wir uns auserkoren haben, den wir uns vorstellen. Wir können mit all unseren Ängsten, Vorurteilen, Bedürfnissen und Sehnsüchten an diese Schritte herantreten — und trotzdem innerlich geheilt werden.

Es ist nicht unsere Aufgabe, religiöse, konfessionelle oder spirituelle Überzeugungen einem anderen Menschen aufzudrängen.

»Am Anfang fand ich diese Schritte sehr verwirrend«, sagt Tim, der die Treffen der ACOA* besucht. »Ständig sagte ich mir: ›Ich kapiere nichts. Ich kapiere nichts. Ich kapiere nichts.‹ Aber jetzt, ganz allmählich, fühle ich mich mit diesen Schritten geistig verbunden. Als Kind wurde mir beigebracht: Eltern sind die Stellvertreter Gottes. Meine Eltern waren derart gestört, daß ich nur sagen konnte: ›Zur Hölle mit diesem Gott.‹ Heute be-

---

* ACOA (Adult Children of Alcoholics): Selbsthilfegruppe für jene, deren Kindheit durch den Alkoholismus in der Familie schwer beeinträchtigt wurde.

nutze ich die Schritte, um Gott wieder in mein Leben aufzunehmen.«

Setzen Sie sich mit Ihrem Gottesbild auseinander, und zwar so unerbittlich, wie es nötig ist. Die meisten von uns haben das getan.

Ringen Sie so lange mit sich, bis Sie *Ihre* Höhere Macht gefunden haben und erkennen, daß Gott sich um die ganz großen wie auch um die ganz kleinen Dinge Ihres Lebens kümmert.

Wenn wir diesen Schritt in Angriff nehmen, lernen wir allmählich aufgrund *persönlicher Erfahrung.* Später dann werden andere durch die Art und Weise, wie *wir* geheilt wurden, wie *wir* Hilfe bekamen, zum Glauben finden. Dieses Programm stellt gleichsam eine unendliche Kette dar, in der ein Mensch dem anderen zur inneren Heilung verhilft.

Indem wir an diese »Kettenreaktion« glauben und immer offen für sie sind, werden wir auf ganz natürlichem Wege — und so, daß wir gut damit zurechtkommen — verändert.

Dies ist für mich der aufregendste Teil des Heilungsprozesses, den ich auch keinesfalls vergessen will. Ich muß diesen Prozeß weder erzwingen noch in irgendeiner Form kontrollieren. Ich kann einfach mein Bestes geben, an den Schritten arbeiten und ganz ruhig den Veränderungen entgegensehen, die mit der Zeit eintreten.

Wir können auf diesen Schritt zurückgreifen, um schwierige Situationen — seien sie innerlich oder äußerlich bedingt — besser zu überstehen.

Wir können diesen Schritt nutzen, um stärker daran zu glauben, daß wir uns selbst, dem Leben und anderen Menschen auf gesunde und liebevolle Weise begegnen können, unabhängig von unseren vergangenen oder jetzigen Umständen. Im Grunde besagt dieser Schritt nichts anderes, als daß wir unsere Zukunft nicht mehr aufgrund unserer Vergangenheit einzuengen brauchen.

DER HOFFNUNGSSCHRITT

Es gab eine Zeit, da ich wegen meiner Suchtprobleme ärztlich behandelt werden mußte. Mein Leben war ein einziges Chaos; ich selbst war die Ausgeburt des Chaos. Als ich vor dieser Tatsache stand und sie schließlich auch einsehen mußte, übermannte mich die Verzweiflung.

Jahre später wurde ich mit meiner Co-Abhängigkeit konfrontiert. Erneut war mein Leben nicht mehr zu bewältigen. Ich fühlte mich deprimiert und verfiel in Zorn und Selbsthaß. In Gedanken war ich nur noch damit beschäftigt, andere Menschen zu kontrollieren. Die Vorstellung, einmal mich selbst und meine Probleme näher zu betrachten, war mir absolut fremd. Das hatte überhaupt keinen Sinn. Nachdem ich jahrelang die Realität verdrängt hatte, mußte ich schließlich die Wahrheit erkennen, zugeben und akzeptieren: Ich hatte so lange mit wirklich wahnhaften Menschen zu tun gehabt, daß ich genauso geworden war wie sie. Mir fiel es immer schwerer, die Illusion innerer Überlegenheit aufrechtzuerhalten. Obwohl ich trotz gelegentlicher Gefühlsausbrüche immer noch gesünder zu sein schien als all diese Leute zusammen, ahnte ich im Grunde, daß ich ebenfalls schon völlig wahnhaft reagierte.

Beide Male — als ich jeweils die Wahrheit begreifen mußte und in tiefe Verzweiflung stürzte — warf der Zweite Schritt Licht in meinen Abgrund und gab mir Hoffnung.

In beiden Fällen fiel mir dieser Schritt ganz plötzlich wieder ein. Er war einfach da, ohne daß ich es wollte. Als ich mit der Entziehungskur begann, besuchte mich eine Frau, die ähnliche Probleme gehabt hatte und nun körperlich wie geistig wieder vollkommen gesund war. Ich erinnere mich, daß ich damals dachte: ›Es ist also möglich. Es könnte wirklich geschehen. Ihr ist es gelungen. Vielleicht gelingt es mir auch.‹

Als ich allmählich von meiner Co-Abhängigkeit befreit wurde, überbrachten mir *andere Menschen* die Botschaft, die sich als der Zweite Schritt entpuppte. Inmitten dieser Selbsthilfegruppe sitzend, mürrisch und betrübt zugleich, sah ich aus dem Augenwinkel lauter fröhliche und friedliche Menschen, die gesund und glücklich wirkten, obwohl sie ähnliche oder noch schlimmere Dinge mitgemacht hatten als ich. Etwas in mir registrierte das sehr genau. ›Es ist möglich‹, dachte ich. ›Diese Leute müssen mit der gleichen Situation fertig werden wie ich; es ist nur so, daß sie anders an sie herangehen. Aber vielleicht kann ich es irgendwann genauso machen.‹

Wenn ich mich heute darauf besinne, den Zweiten Schritt auch wirklich zu praktizieren, tue ich dies mit großer Freude. Praktizieren heißt für mich: Ich denke einfach über ihn nach. Ich lasse ihn mir durch den Kopf gehen, lasse ihn so tief auf mich wirken, wie es gerade möglich ist.

Ich wende ihn an, wenn die alten, negativen Überzeugungen und Ängste mich wieder zu beherrschen drohen.

Ich greife auf ihn zurück, wenn ich mich in Schamgefühle und Selbsthaß verstricke und nach einer Möglichkeit suche, in den dunklen Tiefen meines Innern unterzutauchen. Ich mache von ihm Gebrauch, wenn ich mich nur noch um andere Leute und deren Probleme kümmere: um ihre Handlungen bzw. Unterlassungen sowie um meine genauso wütenden wie verletzten Reaktionen.

Ich habe gelernt, meine Wut und meinen Schmerz zu akzeptieren; aber wenn ich mich diesen Gefühlen so lange hingebe, bis ich mir selbst abhanden komme oder unter Zwangsvorstellungen leide, wenn ich mich so lange mit anderen beschäftige, bis ich völlig aus dem Gleichgewicht komme und keine eigenen Gedanken mehr habe, dann ist mein Leben nichts anderes als eine Form von Wahnsinn.

Ich möchte mein inneres Gleichgewicht nicht mehr verlieren, zumindest nicht für längere Zeit.

Ich nehme diesen Schritt in Angriff. Ich denke einen Moment über ihn nach. Auch wenn ich erkannt habe, daß mein Leben — in welchem Bereich auch immer — wieder einmal nicht zu meistern ist, gibt dieser Schritt mir Hoffnung. Er besagt, daß meine geistige Gesundheit wiederhergestellt werden kann und wird.

Er macht deutlich, daß nicht *ich* mich gesund mache, denn das könnte ich gar nicht. Zwar habe ich sehr gerne die Zügel in der

Hand, um eben alles zu »managen« (nicht weil ich ein schlechter und unzulänglicher Mensch wäre, sondern weil ich mich schützen will und davor fürchte, einmal loszulassen), aber ich kann mich nicht selbst heilen. Ich muß genügend Glauben und Demut empfinden, um darauf vertrauen zu können, daß eine Macht, größer als ich selbst, dies für mich tun kann und wird.

Ich habe gelernt, daß dieser Glaube wirklich angebracht ist — und zwar in weitaus größerem Maße als die ständige Rückbesinnung auf die eigenen Hilfsmittel.

Nachdem mir dieser Schritt in seiner Tragweite deutlich geworden ist, fühle ich tief im Innern eine Sanftmut, ein harmonisches Fließen, das im wahrsten Sinne des Wortes »erhebend« ist. Ich werde aus meiner Verwirrung regelrecht »herausgespült«, selbst wenn ich den Ausweg gar nicht klar erkennen kann.

So werde ich von dem inneren Chaos und von der Sturheit befreit, durch die ich immer wieder in den alten Trott verfalle, obwohl dieser meinen Geist zerstört.

So werde ich offen für günstigere Möglichkeiten.

Wenn ich die ganzen Bemühungen satt habe, die sowieso nichts fruchten, wenn ich ohne Hoffnung bin, wenn meine Verwirrung derart überhandnimmt, daß ich mit dem Leben nicht mehr fertig werde und nur noch zwanghaft versuche, etwas zu kontrollieren, was außerhalb meines Einflußbereiches liegt — dann wird es Zeit, diesen Schritt in Angriff zu nehmen. Ich werde bereit, die Wahrheit zu akzeptieren und einzugestehen: Ich bin machtlos.

Wenn alles aus den Fugen zu geraten scheint — ob in der Arbeit oder in den familiären Beziehungen, ob in der Liebe, in finanziellen Dingen oder anderen Bereichen —: dann ist es an der Zeit, allmählich den Glauben zu finden — und eine Macht um Hilfe zu bitten, die größer ist als ich selbst.

Seit siebzehn Jahren schon mache ich mir diesen Schritt zunutze. Immer hat er bei mir seine Wirkung getan. Ich bin mir aber nicht einmal sicher, ob wirklich *ich* mich ihm zuwende. Oft habe ich das Gefühl, *er* wendet sich mir zu. Er bemächtigt sich meines Bewußtseins gleich einem Geschenk, einer rettenden Idee, die den Weg aus dem Chaos weist, als würde ein liebevoller Vater flüstern: »Mein Kind, möchtest du es nicht einmal damit probieren? Dann fühlst du dich vielleicht wieder besser.«

Der Gedanke an diesen Schritt stellt sich ganz behutsam ein und nimmt manchmal die Form einer Frage an: »Warum gehe ich nicht einfach zu einem Gruppentreffen?« Manchmal hängt er mit dem Anruf eines Freundes zusammen, der sanft über das Programm spricht. Ein anderes Mal veranlaßt er mich dazu, plötzlich den Hörer abzunehmen und jemanden anzurufen. Dann wieder entsteht er im Zwiegespräch zwischen jener Höheren Macht und mir.

Regelmäßig findet in meinem Innern ein gewaltiger Kampf statt. Und zwar zwischen dem Teil von mir, der unerbittlich daran festhält, daß ich alles kontrollieren und mich selbst aus dem Durcheinander befreien kann, wenn ich mich noch mehr abmühe — und jenem Teil, der genau weiß, daß es einen Höheren Weg gibt, durch den ich auf ein Niveau des Denkens, des Fühlens und Verhaltens »emporgehoben« werde, wie ich es aus eigener Kraft nie hätte erreichen können.

Dieser Schritt »funktioniert«, wann immer ich auf ihn zurückgreife, wann immer ich ihn zulasse. Und manchmal findet er mich auch dann, wenn ich ihn außer acht lasse.

Atmen Sie tief durch. Glauben Sie daran, daß eine Macht, größer als wir selbst, unsere geistige Gesundheit wiederherstellen kann. Diese neue Stufe soll nun Ihr geistiges Fundament bilden. Indem wir an etwas glauben, schaffen wir den Raum dafür, daß es auch tatsächlich geschieht. Nicht mehr das Problem steht im Mittelpunkt, sondern seine Lösung — und diese wird uns offenbart.

Machen Sie sich keine Gedanken darüber, in welcher Weise oder wann dies passieren wird. Alles, was wir brauchen, wird uns zuteil, wird für uns getan. Wir sind dabei, innerlich verändert zu werden. Wir müssen nur eines tun: glauben.

Die meisten von uns stellen fest, daß sie nicht allzusehr an diesem Schritt arbeiten müssen. Denn allmählich den Glauben zu finden ist ein Geschenk. Wir erhalten es, wenn wir dafür bereit sind — und glauben dann in dem Maße, wie wir es bewältigen können.

Wir werden aufgefordert zu glauben — nicht für immer, sondern nur für einen Tag. Zuweilen müssen wir uns diesen Glauben vielleicht Stunde um Stunde aneignen — um daran festzuhalten, daß alles gut ist und gut sein wird, daß sich das Universum im Zustand der Harmonie befindet und daß wir im Augenblick genau dort sind, wo wir sein sollen.

Die innere Transformation wird ganz von selbst vonstatten gehen, wenn wir sie wirklich zulassen.

Geben Sie darauf acht, daß Sie Ihre Unfähigkeit, das Leben zu meistern, und Ihr wahnhaftes Verhalten nicht mit jenem tiefen Kummer gleichsetzen, den viele von uns beim Eintritt in das Programm empfinden. Oft müssen wir schlimme Verluste hinnehmen und daher auch manches Leid ertragen. Dieser quälende Schmerz ist eine gesunde und ganz normale Reaktion auf unsere momentanen Lebensumstände. Wir können ruhig zulassen, daß wir solche Gefühle haben, und brauchen uns nicht noch unglücklicher zu machen, weil wir uns ihretwegen schuldig fühlen.

Der Zweck dieses Programmes besteht darin, daß wir eine innere Einstellung entwickeln, durch die eine geistig gesunde, ja spirituelle Annäherung an jedwede Lebenssituation gewährleistet wird. Das kann zum Beispiel bedeuten, daß wir eine wahnhafte oder unerwünschte Verhaltensweise — bei den Menschen in unserer Umgebung oder bei uns selbst — zur Sprache bringen; daß wir unangenehme oder schmerzliche Phasen gut überstehen; daß wir mit Verlusten und Veränderungen wirklich zurechtkommen; daß wir im alltäglichen Leben unsere Aufgaben erfüllen oder den Alltag günstiger für uns gestalten. Dieses Programm kann uns dabei helfen, die eine oder andere ungesunde Beziehung abzubrechen. Es kann uns lehren, eine ganz gesunde Beziehung zu uns selbst zu haben wie auch zu unserer Höheren Macht und zu anderen Menschen.

Im Ersten Schritt gaben wir unsere Machtlosigkeit vorbehaltlos zu. Das war der Anfang. Nun sind wir im Begriff, »ermächtigt« zu werden von einer Macht, die größer ist als wir selbst. Diese reagiert sehr schnell und umfassend auf den winzigsten Fortschritt, den wir machen, auf das kleinste Anzeichen unseres Glaubens.

Manchmal müssen wir nichts anderes tun, als ein Gruppentreffen besuchen oder über diesen Schritt in Ruhe nachdenken.

Wir werden geheilt. Wir werden innerlich erneuert. Wir werden aus unseren gegenwärtigen Umständen »herausgeholt« und bekommen mitgeteilt, worin die Lösung besteht: nämlich ob wir unsere Meinung bzw. Einstellung grundlegend ändern müssen, ob wir einen anderen Weg beschreiten, ein ganz neues Lebensgefühl empfinden oder die bisher noch unklare Vorstellung unserer eigenen Zukunft präzisieren sollen. Manchmal geht das sehr schnell, manchmal dauert es etwas länger.

Wenn wir daran glauben, daß sich ein neuer, besserer Weg für uns auftun wird — so wird es geschehen. Wir wollen, nur einen Moment lang, offen sein für die Möglichkeit, daß unsere Höhere Macht einen neuen Weg ebnen, eine bessere Situation schaffen oder eine klare Lösung aufzeigen kann — und damit haben wir schon die entsprechenden Vorbereitungen getroffen. Wir wollen intensiv daran denken, daß wir geheilt werden können — und die Reise in Richtung Gesundheit kann beginnen.

Vielen von uns erschien der Erste Schritt — in dem wir unsere Lebensuntüchtigkeit, die inneren Qualen und äußeren Verluste erkennen und eingestehen mußten — dunkel und ohne jede Hoffnung. Der Zweite Schritt führt uns aus dieser Dunkelheit heraus und verstrahlt das Licht der Hoffnung und der Zuversicht.

Ja, dieser Schritt macht uns Hoffnung; er weckt nicht jene falschen Hoffnungen, an die sich viele von uns jahrelang klammerten, sondern nährt die wahre Hoffnung, die zum echten Heilungsprozeß dazugehört. Nehmen Sie dieses Geschenk an, wann immer Sie es brauchen.

ÜBUNGEN

1. Welche Aktivitäten machen Ihnen Hoffnung und bestärken Sie in Ihrem Glauben, daß im Moment alles in Ordnung ist und auch in Zukunft so sein wird? Der Besuch von Gruppentreffen? Das Gespräch mit Leidensgenossen, die ebenfalls auf

dem Weg der Heilung sind? Die Lektüre von Büchern, die sich mit dem inneren Gesundungsprozeß befassen? Listen Sie jene Aktivitäten auf, die Ihren Glauben an eine verheißungsvolle Zukunft am meisten gefestigt haben.

2. Inwiefern sehen Sie heute die Wiederherstellung Ihrer geistigen Gesundheit unter anderen Vorzeichen? Haben sich Ihre Erwartungen hinsichtlich der inneren Heilung verändert? Was versprechen Sie sich jetzt, im Unterschied zu früher, von Ihrem Heilungsprozeß?

3. Wie würden Sie im Moment jene Macht definieren, die größer ist als Sie selbst? Glauben Sie, daß eine solche Macht sich Ihrer annimmt?

4. Wie könnte die liebevolle Zuneigung, die Sie sich selbst entgegenbringen, so vernünftig »eingeplant« werden, daß Sie weiterhin fest davon überzeugt sind: Der Heilungsprozeß kann und wird sich bei mir positiv auswirken? Schauen Sie sich hierzu bitte noch einmal Ihre Antworten zu den Fragen unter Punkt 1 an.

5. Wie ist es anderen Menschen im Heilungsprozeß ergangen? Welche positiven Erlebnisse anderer würden Sie selbst auch gern haben? Glauben Sie, daß dies möglich ist?

6. Fassen Sie jene Lebensbereiche zusammen, in denen Sie wieder ein ganz gesundes Verhalten an den Tag legen wollen. Ihre Ziele werden schneller verwirklicht, wenn sie sich auf Ihre eigene Gesundheit beziehen anstatt auf die eines anderen Menschen.

*Durch unendliche Güte macht
man sich selbst zu einem
Menschen, von dem man schon
im voraus weiß, daß er sich
beklagen wird.*

William Peter Blatty

DRITTER SCHRITT

»WIR FASSTEN DEN ENTSCHLUSS, UNSEREN WILLEN
UND UNSER LEBEN DER FÜRSORGE GOTTES — WIE WIR
IHN VERSTEHEN — ANZUVERTRAUEN.«

Dritter Schritt der Anonymen Co-Abhängigen (CoDA)

Bevor ich von der Co-Abhängigkeit geheilt wurde, verbrachte
ich die meiste Zeit damit, meinen Willen und mein Leben der
Fürsorge anderer Menschen anzuvertrauen. Und in der übrigen
Zeit versuchte ich, andere so weit zu bringen, daß sie ihren
Willen und ihr Leben mir anvertrauten.

Inzwischen aber habe ich etwas anderes gelernt: Ich vertraue
meinen Willen und mein Leben der Fürsorge Gottes an. Auch
wenn es wichtig ist, das eigene Gottesverständnis immer weiter-
zuentwickeln, so begreife ich doch allmählich, daß es noch wichtiger ist zu wissen: Gott versteht mich und sorgt für mich.

Die genauso unterschiedlichen wie verwirrenden Vorstellungen, die ich in bezug auf Gott und auch auf diesen Schritt hatte,
änderten sich in dem Maße, wie ich mich veränderte. Früher
stellte ich mir Gottes Willen als einen Ratschluß vor, der von mir
verlangte, besser zu sein, mehr zu leisten, reichlicher zu geben als
bisher und dafür nichts zurückzufordern. Eine Zeitlang faßte ich
jede unangenehme, verzweifelte Situation, in die ich hineinge-
riet, als »gottgewollt« auf.

Heute weiß ich: Diese Vorstellungen von Gott und Seinem
Willen hatten sehr wenig mit Gott selbst und dem Heilungspro-

zeß an sich zu tun, aber sehr viel mit der negativen, ja erniedrigenden Art und Weise, wie ich mit mir selbst umging: Ich war mit den Problemen meiner Co-Abhängigkeit konfrontiert.

Viele von uns haben nur sehr verworrene Vorstellungen darüber, was das eigentlich heißt: sich der Fürsorge Gottes völlig ausliefern. Jedem, der mit seinem Kontrollverhalten zu kämpfen hat, fällt es schwer, auf dieses zu verzichten, die eigene Niederlage einzugestehen, loszulassen. Manchmal aber auch liefern wir uns anderen Menschen zu sehr aus. Wir werden zu Opfern, wollen uns selbst nichts Gutes tun — und machen für all dies Gott verantwortlich.

Mir war bange vor diesem Schritt. Ich hatte Angst, mir selbst wieder abhanden zu kommen, wie es schon so oft der Fall gewesen war. Aber ich begriff allmählich, daß ich mich selbst nicht *verlor*, sondern daß ich mich im Gegenteil erst *fand*, indem ich an diesen Schritt heranging. Der Dritte Schritt schenkte mir die Freiheit. Er bezeichnet jenen Teil des Programms, in dem wir die Beziehung zwischen Gott und uns selbst ganz unmittelbar thematisieren.

WIR VERTRAUEN UNSEREN WILLEN UND UNSER LEBEN...

Vor Beginn meines Heilungsprozesses ging ich davon aus, daß mein Leben ein einziger Irrtum war. Nicht nur dachte ich, daß ich hier im Grunde kaum etwas zu suchen hatte, sondern daß mein Leben überhaupt völlig sinnlos war.

Dieser Schritt sagt uns ganz etwas anderes.

Indem wir uns entschließen, unseren Willen und unser Leben der Fürsorge Gottes anzuvertrauen, entscheiden wir uns dazu, mit Gottes Hilfe unser eigenes Leben zu leben. Und ein jeder Mensch hat *sein* Leben.

Ganz bewußt legen wir fest, unsere Person und unser Leben, unsere inneren und äußeren Angelegenheiten der Fürsorge Gottes zu unterstellen. Sodann übernehmen wir die Verantwortung für unser eigenes Leben und lassen zu, daß andere Menschen mit dem ihren genauso verfahren.

Im Zweiten Schritt erkennen wir an, daß eine Macht, größer als wir selbst, unsere geistige Gesundheit wiederherstellen kann. Im Dritten Schritt tun wir alles Nötige, damit Gott dies auch wirklich bewerkstelligt. Wir können uns ruhig in Seine Obhut begeben. Später tun wir dann das Unsrige: indem wir lernen, das eigene Wohlbefinden selbst zu gewährleisten.

...DER FÜRSORGE GOTTES AN

Aufgrund dessen, was wir vor unserer ersten Begegnung mit den Zwölf Schritten durchmachen mußten, ringen viele von uns um ein klares Gottesbild. »Was Gott und den sozusagen ›göttlichen‹ Teil des Programmes anging, so war ich ganz verwirrt«, erzählt Mary. »Dauernd fragte ich mich, wie ein liebender Gott so etwas zulassen konnte.«

Die meisten von uns stellen fest, daß sie ihre eigene Spiritualität entdecken, sobald sie im Innern wirklich offen sind. Sie merken, daß alles besser funktioniert, wenn sie mit dem Maß an Glauben — oder gar Unglauben — beginnen, über das sie bereits verfügen.

»Als ich begriff, daß dieses Sichausliefern keineswegs gleichbedeutend war mit Versagen, sah ich bei den Al-Anon-Gruppentreffen allmählich vieles anders«, sagt Marcia, deren Mutter — Sie erinnern sich — andauernd Selbstmordversuche unternommen hatte. »Zunächst war mir diese Art von Kapitulation nur rational klar, dann aber lieferte ich mich auch gefühlsmäßig aus. Als es soweit war, wurde ich von Erinnerungen übermannt — an zu Hause, an all jene Augenblicke meines Lebens, in denen ich nein sagen wollte, aber mich nicht traute. Der Einstieg ins Programm war nicht schwer. Immer öfter sagte ich nein, trat selbstbewußter auf und sah allmählich, daß kein Blitz mich traf, wenn ich mich so verhielt, und daß ich nicht umkam. Ich fing an, anderen Menschen zuzuhören, und stellte fest, daß viele schon das gleiche durchgemacht hatten wie ich. Ich machte mir die Kraft zunutze, die dem Programm und der Gemeinschaft innewohnt. Ich erkannte, daß ich keinen Deut besser war als diese Leute; daß ich aber auch nicht schlechter sein konnte als sie. Dadurch kam mir die Idee, daß vielleicht auch ich diesen Heilungsprozeß bewältigen würde.

Sobald ich völlig kapituliert hatte, ging alles noch viel leichter. Der Dritte Schritt tat mir gut, ich bewältigte ihn, als ich das Wort *Fürsorge* darin las.

Mein Leben hat sich verändert. Ich kann jetzt nein sagen, ohne jede Furcht. Ich habe keine Angst mehr vor dem Alleinsein. Sieben Jahre lang war ich allein, ehe ich wieder heiratete. Die Beziehung zu meiner Höheren Macht trägt enorm dazu bei, daß ich ein besseres Gefühl in bezug auf mich selbst habe und mir nicht verlassen vorkomme. Früher war ich ängstlich, jetzt gehe ich Risiken ein, um es zu etwas zu bringen und ganz neue Dinge kennenzulernen.

In meinem alltäglichen Leben schenke ich den Schritten manchmal keine Beachtung. Aber dann komme ich wirklich in die Bredouille, und das heißt: Ich mische mich in das Leben anderer Leute ein und kümmere mich wieder einmal mehr um ihre Angelegenheiten als um mich selbst. Der Tag vergeht, und am Abend weiß ich nicht mehr, was ich eigentlich fühlte oder was mir am Herzen lag.

Sobald ich mich im Besitz der ganzen Macht glaube, gerate ich in Schwierigkeiten. Als Kind war ich die treibende Kraft im Leben meiner Mutter. Oft sehe ich die Dinge nur noch vom Intellektuellen her und denke, ich sei übermächtig. Aber wenn ich innerlich loslasse, ist alles viel einfacher. Ich bitte Gott darum, daß er mir hilft, Seinen Willen auszuführen. Mir scheint, ich neige rein instinktmäßig zur Lüge, zu Rückzugsmanövern, um unangenehmen Situationen auszuweichen. Wenn ich an meinem Programm arbeite, nehme ich mir auch die Zeit, mich selbst zu fragen, was ich wirklich fühle und was ich dringend brauche.«

Es ist sehr erleichternd, diesen Schritt in Angriff zu nehmen. Gott wird uns beistehen, damit wir sorgsam mit uns selbst umgehen.

Indem wir jetzt das Bedürfnis nach Kontrolle loslassen, fühlen wir uns sicher.

Wir können uns an Gott wenden und Ihn als unsere Quelle, unseren Schöpfer, unser inspirierendes, wegweisendes, hilfreiches Medium betrachten. Und wir selbst tragen die Verantwortung für unser Verhalten und unsere Entscheidungen.

Es ist dies eine Beziehung, die auf Vertrauen gründet — Vertrauen in Gott und in uns selbst.

...WIE WIR GOTT VERSTEHEN...

Dieser Schritt besagt, daß Gott ein ganz wesentlicher Teil unseres Lebens und unserer Heilung ist. Er betont auch ausdrücklich, daß jeder Mensch die Freiheit hat, Gott so zu verstehen, wie er es für richtig hält. Dieser Schritt handelt nicht von religiösen Überzeugungen — auch wenn ein bestimmter Glaube in unserem Leben eine wichtige Rolle spielen mag. Dieser Schritt drückt aus, daß wir eine persönliche Beziehung mit Gott akzeptieren und eingehen sollen — nach Maßgabe dessen, wie wir Ihn verstehen und definieren.

Gott ist nicht böswillig, und er bestraft uns auch nicht. Weder ist er ein Schwindler, noch hat er die Absicht, uns zum Narren zu halten. Unter Umständen verlangt er von uns, länger als gewünscht auf etwas zu warten — aber nur, wenn es zu unserem Besten ist.

Gott weiß, was in unserem Herzen vorgeht, und er versteht, daß wir geheilt werden möchten. Gott kennt all die guten Dinge, die hinter der nächsten Ecke auf uns warten — die wir also im Moment noch gar nicht erblicken können. Gott sieht den Nutzen, den wir aus unseren Lektionen ziehen, und eben nicht nur das innere und äußere Durcheinander, auf das *wir* so oft fixiert sind.

Gott kann uns helfen, die heilenden Kräfte in uns selbst zu entwickeln.

UNSEREN WILLEN GOTT ANVERTRAUEN

Bei diesem Schritt geht es auch darum, wie weit die eigene Willenskraft reicht, und welche Folgen es hat, wenn man stur seinen Weg geht und sich dabei vollkommen verbraucht. Viele von uns mußten feststellen, daß sie mit Hilfe ihres eigenen Willens nicht allzu weit kamen, daß sie das gewünschte Ziel nicht erreichten.

Wie können wir wissen, ob wir aus eigener Kraft wirklich Fortschritte machen oder ob es an der Zeit ist, unsere Ohnmacht zu erkennen und zu kapitulieren? Die Antwort lautet: Wir werden es jeweils herausfinden.

Claire, eine Lehrerin und Mutter von zwei Kindern, ist geschieden. Sie hat fünf Jahre lang die Gruppentreffen von Al-Anon besucht, zwei Jahre die der ACOA* und eineinhalb Jahre die der CoDA.

»Als ich mich innerlich veränderte, war in meiner Ehe die Hölle los«, berichtet Claire. »Mein Mann und ich kriegten uns dauernd in die Haare. Er fühlte sich durch meine Wandlung bedroht. Mir ging es immer besser, aber je gesünder ich wurde, desto schlimmer wurde es daheim.«

Nachdem sie in der CoDA-Gruppe gewesen war, dauerte es noch vier Monate, bis Claire sich von ihrem Mann trennte.

»In den Jahren, da ich innerlich gesund wurde, kam in unserem Zusammenleben mein ganzer ›Familienmist‹ von früher zum Vorschein. Meine Eltern hatten sich nie um mich gekümmert. Auch mein Mann verletzte meine Gefühle, aber auf subtilere Weise. Es fiel mir schwer, mein Kontrollverhalten ihm gegenüber aufzugeben, denn ich hatte Angst, dann wieder schlimme Dinge durchmachen zu müssen. Ich wußte einfach nicht, daß ich etwas Besseres verdient hatte.

Ich sprach mit mehreren Bekannten darüber, daß ich mich scheiden lassen wollte, und wartete so lange damit, bis ich innerlich bereit war. Daß ich schließlich die Scheidung einreichte, erscheint mir als ein großer Erfolg, der mit dem inneren Genesungsprozeß zusammenhängt.

---

* ACOA (Adult Children of Alcoholics): Selbsthilfegruppe für jene, deren Kindheit durch den Alkoholismus in der Familie schwer beeinträchtigt wurde.

Als ich mit dem Programm begann, setzte ich den Schritten keinen offenen Widerstand entgegen. Im wesentlichen vollzog sich mein Heilungsprozeß nach der Methode: Ich rufe dich an, du sagst mir, was ich tun soll, und ich tue es. Viele Leute sagen mir heute, daß ich ihnen genau zuhörte und alles tat, was erforderlich war.

Ich habe das Gefühl, daß ich jetzt zum ersten Mal ein eigenes Leben führe — in bezug auf meine Sexualität, meine Zeit, meine Maßstäbe und die Aufmerksamkeit, die ich meinen Kindern und mir selbst entgegenbringe. Ich liebe meine Arbeit, und ich mache sie gut. Diese ganze Situation ist für mich immer noch ziemlich neu, auch wenn ich weiterhin versuche, Dinge zu tun, für die es noch zu früh ist. Ich bin weniger wütend und abweisend als früher. Und trotz allem akzeptiere ich die Beziehung zu meinen Eltern so, wie sie ist.

Eine der Vertrauenspersonen in der Gruppe sagte mir des öfteren: ›Vertrau auf Gott, vertrau mir und mach deine tägliche Arbeit.‹ Ich neige dazu, wirklich alles zu analysieren. Aber jetzt habe ich Vertrauen, ich bete und tue die Dinge, die gerade anstehen. Ich glaube fest daran, daß die Menschen, die ebenfalls geheilt werden wollen, mir helfen, die Realität ständig im Auge zu behalten.

Vor allem aber vertraue ich mir selbst.«

Wir müssen gar nicht zu lange oder zu intensiv danach suchen, was Gott für uns und unser tägliches Leben vorgesehen hat. Sein Wille ist unseren Blicken nicht verborgen. Er verfolgt die Absicht, daß wir heute — im Rahmen dessen, was uns gerade berührt, prägt, widerfährt — so gut auf uns selbst aufpassen, wie wir es im Innersten wünschen. Wenn dies auf eine andere Weise geschehen soll, werden wir es erfahren. Unser täglicher Ablauf wird dann einfach unterbrochen werden. Und dann entdecken wir eine neue Welt — oder diese neue Welt entdeckt uns.

Der Wille Gottes wird uns meistens dann bewußt, wenn wir Ihm vertrauen, ganz ruhig werden, in uns hineinhören und an uns selbst glauben. Nicht durch lautes oder hektisches Tun enthüllen wir Seine Absichten, sondern durch geistigen Frieden und Vertrauen.

Nur wenn wir uns jedem Augenblick unseres Lebens völlig hingeben, kommen wir voran.

BEJAHENDE HALTUNG UND DANKBARKEIT

Zwei Einstellungen erleichtern mir die Arbeit an diesem Schritt: Ich akzeptiere gewisse Dinge und bin dankbar. Wenn ich einfach nicht fähig bin, meine Waffen zu strecken; wenn mir mein Leben unerträglich geworden ist; wenn ich die Realität ablehne oder verdränge: Gerade dann muß ich eine dankbare Haltung entwickeln.

Wenn ich nicht mehr erkennen kann, wieviel Gutes mir zuteil wird; wenn ich glaube, daß ich alles am besten weiß, daß aber keiner mir zuhört; wenn mir nicht klar ist, was ich als nächstes tun soll — oder wenn ich dazu nicht fähig bin, obwohl es mir klar ist: Gerade dann ist es an der Zeit, eine dankbare Haltung einzuüben.

Wenn ich das Gefühl habe, benachteiligt, nicht geliebt, nicht umsorgt zu werden; wenn ich glaube, daß man mich im Stich läßt und vom Leben ausschließt: gerade dann sollte ich versuchen, dankbar zu sein.

Darüber hinaus kann ich in all diesen Fällen gut und liebevoll mit mir selbst umgehen.

Die Dankbarkeit besitzt eine enorme Kraft, Veränderungen herbeizuführen — in bezug auf uns selbst, unser Leben und unseren momentanen Zustand. Ich habe sie mir immer wieder zunutze gemacht. Sie hat mir geholfen, viele schwierige Situationen gut zu überstehen: eine Zeit völliger Armut, meine Scheidung, das Alleinsein, die mangelnde Erfahrung bei der Anknüpfung neuer Bekanntschaften, Umzüge, überwältigende Aufgaben, niederschmetternde Gefühle, Probleme mit den Kindern, Ärger mit den Nachbarn, Angst, verwirrende Umstände und andere dunkle, ja unheimliche Erfahrungen, die ich auf dieser inneren Reise bisher gemacht habe. Eine dankbare Haltung trägt dazu bei, daß etwas wirklich klappt. Sie hält uns im inneren Gleichgewicht, selbst wenn es stressig wird. Und wenn dann alles gut ausgeht, können wir uns dank ihrer über dieses Ergebnis auch freuen.

Sich nur auf das Negative zu konzentrieren, auf das Fehlerhafte, das Herumkritisieren, ist das hervorstechende Merkmal unserer Co-Abhängigkeit. Die Dankbarkeit dagegen unterstützt und vermehrt das Positive und Richtige in unserem Leben. Sie trägt dazu bei, daß alles einen harmonischen Verlauf nimmt.

Wir geben unserem Dank Ausdruck. Wir sagen immer wieder: »Danke« — ob wir es wirklich so meinen oder nicht, ob wir es wirklich so empfinden oder nicht. Wir bedanken uns für jedes Detail, das unsere gegenwärtige Situation kennzeichnet — auch für das, was wir gerade durchmachen, für die besondere Eigenart unseres Charakters, für den Grad unserer inneren Entwicklung, für unsere Gefühle und für das, was uns frustriert.

Eine dankbare Haltung kann uns helfen, jenen Punkt zu erreichen, an dem wir uns der Höheren Macht bereitwillig ausliefern. Sie kann die Kräfte verändern, die uns im Inneren und Äußeren beherrschen. Sie nimmt den Problemen etwas von ihrem Schrecken und begünstigt die entsprechenden Lösungen. Sie befreit uns von den momentanen Umständen, wenn diese beengend und negativ sind. Sie vertreibt die Angst. Sie trägt dazu bei, daß wir die unguten Erfahrungen hinter uns lassen und voranschreiten. Sie bewirkt jenes magische Einverständnis mit den Dingen, durch das wir selbst wie auch unsere Lebensumstände verwandelt werden.

Wenn ich ein Unbehagen verspüre, versuche ich als erstes, die jeweilige Situation oder den Menschen, der involviert ist, zu ändern. Nehme ich mir dagegen diesen Schritt vor und achte ganz bewußt auf meine eigenen Bedürfnisse, ändern sich die Umstände wie von selbst — eben weil ich mich ändere.

Verstärken Sie Ihre dankbaren Gefühle. Bedanken Sie sich wieder und wieder für alles, was mit Ihnen geschieht — selbst wenn Ihnen gar nicht danach ist. Die Kräfte der Dankbarkeit werden schließlich obsiegen, so daß Sie allmählich Freude und wahren Dank empfinden werden.

Neben den Zwölf Schritten und der Maxime, inneren Abstand zu gewinnen, ist die Dankbarkeit wohl das probateste Hilfsmittel, über das wir im Heilungsprozeß verfügen. Aber es genügt auch in diesem Falle nicht, über seine Anwendung bloß zu spekulieren. Es funktioniert nur, wenn wir es uns wirklich zu eigen machen und damit zu Werke gehen.

FREI WERDEN, INDEM MAN AUFGIBT

Dies ist der Schritt des Sichauslieferns. Sobald wir uns ergeben, haben wir die Freiheit, mit dem Beistand unserer Höheren Macht uns selbst zu hegen und zu pflegen.

Diese besondere Art der Kapitulation besagt weder, daß wir hilflos sind, noch daß wir uns entwürdigenden und unerträglichen Umständen unterwerfen sollen. Vielmehr nehmen wir diese zur Kenntnis — um dann Gottes Hilfe zu erbitten, damit wir auch in solchen Situationen sorgsam mit uns selbst umgehen.

Wir werden lernen, wie wir am besten nein sagen können; wie wir uns abgrenzen; wie wir auf unsere Gefühle achten, unsere Bedürfnisse und Wünsche; und wie wir verantwortungsbewußt und liebevoll auf andere Menschen reagieren. Wir werden lernen, wie wir äußeren Anforderungen vernünftig begegnen, so daß die Fürsorge und Liebe gegenüber uns selbst genauso sichtbar wird wie die Achtung vor anderen.

Indem wir unsere Waffen strecken, bekommen wir die Kraft, uns selbst gut zu behandeln.

Wenn wir unseren Willen und unser Leben der Fürsorge Gottes anvertrauen, haben die anderen keine Macht mehr über uns. Zugleich kontrollieren wir nicht mehr das Leben der anderen. Dann steht es uns frei, eine ganz eigene Beziehung zu Gott und zu uns selbst zu entwickeln, die nicht durch Ansprüche, Erwartungen und Pläne anderer Menschen beeinträchtigt wird. Dadurch werden wir sogar von *unseren* Ansprüchen, Erwartungen und einengenden Vorhaben befreit.

Wenn wir keine Kontrolle mehr ausüben und diese auch den anderen nicht gewähren, kommen wir dahin, daß wir mit dem eigenen Leben sorgsam umgehen. Der Erste Schritt dreht sich um unsere Machtlosigkeit. Dieser Dritte Schritt handelt davon, daß wir ja sagen zu unserer Macht, für unser eigenes Wohlergehen Sorge zu tragen.

Wir können frei wählen, in welcher Weise wir agieren und reagieren wollen, anstatt davon auszugehen, unsere Handlungen müßten durch das Verhalten eines anderen Menschen gesteuert werden. Aber was ist, wenn dieser andere sich unglücklich fühlt? Nun, wir können ruhig auch einmal zulassen, daß dies seine Sache ist. Und was, wenn jemand einfach nicht gesund sein will? Nun, wir können unser tiefes Mitgefühl zeigen und selbst so gesund werden, wie wir wollen. Sobald wir diesen Schritt praktizieren, brauchen wir unsere Selbstachtung nicht mehr durch die Aktionen, Wörter, Gefühle, Überzeugungen jener Menschen bestimmen zu lassen, die früher um uns waren oder es heute noch sind.

»Dieser Schritt hat meine innere Stärke vor allem dadurch wiederhergestellt, daß er mir beibrachte, nicht mehr den lieben Gott zu spielen«, erzählt Don. »Da meine Eltern einfach nicht gesund und konstruktiv auf mich reagierten, da sie keine Achtung vor mir hatten und mich als Individuum nie wirklich wahrnahmen und akzeptierten, wußte ich überhaupt nicht, wer ich eigentlich bin und was unter Gott zu verstehen ist. Ich glaube, viele Schwierigkeiten, mit denen ich in meinem Erwachsenenleben später zu tun hatte, rührten daher, daß ich meine ganze Kraft dafür aufwandte, Gottes Aufgaben zu erledigen. Heute ist mir ein wenig klarer, was meine und was Seine Sache ist. Das hat mir im Umgang mit Menschen und in der täglichen Arbeit viel geholfen.«

Gerade wenn wir noch am Anfang des Heilungsprozesses stehen oder auch sonst wieder einmal in die Sackgasse rennen, können wir von diesem Schritt Gebrauch machen. Auch dann, wenn wir große Augenblicke erleben — oder nicht so große, aber dafür stillere. Wir können ihn anwenden, wenn wir verwirrt oder verzweifelt sind, wenn wir festsitzen und uns gefangen fühlen.

Wenn ich keinen Ausweg mehr sehe, alles Mögliche versucht habe und erkennen muß, daß ich ja gar nicht weiß, was ich im Grunde unbedingt wissen müßte, daß ich so nicht länger durch die Gegend jagen und mich mühsamst vorankämpfen kann; wenn ich »es« nicht mehr aushalte, weil ich mich selbst ausgelaugt habe, indem ich »es« kontrollieren wollte; wenn ich auf Hilfe angewiesen bin, um Sorge zu tragen für mich selbst — dann ist es an der Zeit, die eigenen Waffen zu strecken.

Ich nehme diesen Schritt in Angriff, wenn ich schließlich eingesehen habe, daß das Leben mir etwas Neues und Nützliches beizubringen versucht. Und auch dann, wenn ich zugeben muß, daß sowohl mein Denken als auch meine Handlungsweise sich ändern sollten.

Ich übe diesen Schritt ein, wenn ich bereit bin, Demut zu zeigen.

Wenn wir uns selbst soweit vernachlässigt haben, daß wir abwechselnd in Verwirrung und Verzweiflung stürzen, erschöpft sind und uns manchmal sogar selbst bestrafen — auch dann können wir diesen Schritt ins Auge fassen. Wir können uns der höchsten Vorsehung anheimgeben, die unserem Leben einen Sinn gibt und die gesunde Eigenliebe mit einschließt.

Neben der unseren gibt es eine Lebensweise, die besser funktioniert. Dieser Schritt hilft uns, sie zu finden, selbst wenn die nächste Tat vielleicht ganz simpel ist: zum Beispiel Geschirr spülen oder fernsehen.

Jahrelang habe ich Widerstand geleistet, verdrängt, das Verhalten der Menschen in meiner Umgebung kontrollieren wollen und mich selbst dabei vernachlässigt. Meine Versuche, die anderen zu beherrschen, haben bei ihnen nicht das geringste verändert, mich aber völlig kaputtgemacht. Schließlich mußte ich die Wahrheit erkennen: Meine Lebensumstände ändern sich nur, wenn ich sie akzeptiere und herausfinde, was ich tun muß, um mir selbst die Hege und Pflege angedeihen zu lassen, die möglich und angemessen ist.

Wir hören auf, diesen ständigen Kampf zu führen, gegen was auch immer. Wir versuchen nicht mehr, unsere Vorstellungen der äußeren Welt aufzudrängen oder gar aufzuzwingen. Erst dann können wir zulassen, daß sich die Dinge auf genauso natürliche Weise entwickeln wie wir, die an diesem Prozeß beteiligt sind.

In unserem Inneren reift so manches heran, wird vieles klarer, was wir jetzt noch nicht wissen und erst im Laufe der Zeit genauer erkennen können. Aufgrund dessen, was im Moment geschieht, bereiten sich wichtige Veränderungen in uns vor. Und auch andere Menschen wandeln sich innerlich — hier und heute.

Wie oft schon habe ich mit Gott gestritten und gekämpft, weil alles so und nicht anders ablief? Das ist verkehrt, schrie ich. Das ist ungerecht. So sollte es ganz und gar nicht sein. Einen Monat oder vielleicht ein Jahr später erkenne ich dann die verborgene Weisheit. Ich sehe den übergeordneten Plan, der nicht durch meine fixen Ideen beeinträchtigt wird. Dann danke ich Gott aus ganzem Herzen für die Lösungen, die Er mir offenbart hat. Oft danke ich ihm auch dafür, daß Er nicht jene zuließ, die ich mir gewünscht hatte.

Wir sind nicht voll im Bilde, noch nicht. Wir haben nur den schmalen Ausschnitt eines großen Gemäldes vor Augen. Sobald wir uns entspannen, Vertrauen haben und stark sind, werden wir mehr sehen. Wir werden den Überblick gewinnen.

Damit ist nicht gemeint, daß wir keine Gefühle mehr empfinden sollen, sondern daß wir genau darauf achten, was sie uns mitzuteilen haben.

Damit ist aber auch nicht gemeint, daß wir zu allem, was uns widerfährt, ja und amen sagen, sondern daß wir allmählich lernen, guten Gewissens nein zu sagen, wenn wir es für richtig halten, und es tatsächlich auch tun. Auch sollen wir uns ruhig trauen, ja zu sagen, wenn wir uns dazu entschlossen haben.

Als ich diesen Schritt zum ersten Mal einübte, machte er mir Angst. Ich dachte, er würde eine nicht gerade verlockende Passivität und Gedankenlosigkeit erfordern. Trotzdem nahm ich ihn in Angriff, vor allem deshalb, weil ich sowieso keine andere Wahl hatte. Durch meine Willenskraft war ich tiefer und tiefer in eine destruktive Lebensweise hineingeraten, die ich weder länger beibehalten wollte, noch mir weiterhin erlauben konnte. Aus eigener Kraft fand ich keinen Ausweg, und ich hatte genug von all den negativen Folgen, die aus meinen verzweifelten Bemühungen resultierten.

Seither habe ich einiges über Gott selbst, meine Beziehung zu

Ihm und die Dinge erfahren, die Er für mich vorgesehen hat. Gottes Wille hat nichts von einem äußerlichen, nicht erfüllbaren Lebensprogramm, das mir aufgenötigt wird. Aber wenn dieser Wille tatsächlich von Gott herrührt, dann geschieht er auch — und zwar meistens auf ganz natürliche Weise, ohne daß ein kontrollierendes Eingreifen meinerseits erforderlich wäre.

Manchmal mußte ich mühsam meine Lektionen lernen. Das war aber notwendig, damit sich im Inneren all die Dinge klären konnten, die mir ein gutes Leben ermöglichen.

Gewöhnlich muß ich länger auf diese Lösungen warten, als mir lieb ist. Damit sie sich zeigen, ist es wichtig, immer wieder loszulassen.

Die Liebe Gottes ist genauso unmittelbar wie mächtig — und doch auch sanft, heilsam und kraftspendend. Sie nimmt Rücksicht auf meine Wünsche und Bedürfnisse. Gottes Plan sieht keine Entbehrungen vor, sondern Disziplin. Nicht Gott ist von Scham geprägt, sondern die Menschen. Trotzdem macht Er mich für meine Handlungen verantwortlich.

Als ich mit dem Heilungsprozeß begann, befürchtete ich, es ginge dabei um eine Art Gehirnwäsche. Heute weiß ich, daß mein früheres Leben einer großen Gehirnwäsche glich. Erst das Programm hat mich davon befreit.

Dieser Schritt hat weder etwas zu tun mit Gedankenlosigkeit noch mit Selbstlosigkeit. Er besagt, daß ich lernen soll, meinen Gedanken zu vertrauen und auch darauf, daß ich von einer Höheren Macht, einer göttlichen Weisheit geführt werde, sobald ich mich Ihm anvertraue. Dieser Schritt handelt davon, daß *ich mich* finde, schätze, liebe, *mir selbst* vertraue.

Zuweilen habe ich immer noch Angst davor, an diesem Schritt zu arbeiten. Aber ich weiß, daß das nicht mehr nötig ist. Denn er bringt mich wieder auf den richtigen Weg.

Wenn wir diesen Schritt praktizieren, schwimmen wir gleichsam im Strom des Lebens. Dadurch überstehen wir die Streitigkeiten in unseren zwischenmenschlichen Beziehungen, die einzelnen Phasen der inneren Heilung, die Probleme in der Arbeit und auch sonstige Schwierigkeiten.

Sich selbst in die Obhut Gottes zu begeben, ist ein sanfter Akt, der geistigen Frieden und Eintracht bewirkt. Das heißt nicht, daß unser Tun nie mehr Zwietracht, verletzte Gefühle oder bestimmte Reaktionen bei anderen hervorrufen wird. Aber all unsere Handlungen werden von Rechtschaffenheit, Natürlichkeit und Harmonie geprägt sein.

Dieses Sichausliefern kann weder erzwungen noch vorgetäuscht werden. Es geschieht im Innersten, auf der seelischen Ebene, sobald uns die ganzen Kontrollversuche, Manipulationen, Beeinflussungen oder eigenen Widerstände schließlich zuviel werden. Dann lassen wir los. Wir sagen: »Genau, das ist es. Ich bin jetzt bereit, meine vorgefaßten Meinungen über den Gang der Dinge aufzugeben. Ich bin festen Willens, meine Beschränkungen und starren Vorsätze, meine Fixierungen und alten Überzeugungen hinter mir zu lassen. Ich will offen sein für die Dinge, die Du mir zugedacht hast. Zeige mir jetzt nur noch, welche das im einzelnen sind. Und teile Dich mir bitte so mit, daß ich es begreifen kann.«

Wir werden bereit, die Liebe Gottes zuzulassen und dadurch auch uns selbst zu lieben.

Der Dritte Schritt ist der Ausgangspunkt, an dem wir unser neues Leben gleichsam »in Gang setzen«. Wir können ihn praktizieren, wenn wir mit dem Heilungsprozeß beginnen — und dann bei Bedarf immer wieder von neuem.

Sobald wir uns der Obhut einer Höheren Macht unterstellt haben, ist die Tat vollbracht. Unser Leben und unser Wille gehören nun Gott.

Die Menschen, mit denen wir früher zusammen waren, haben uns vielleicht verlassen. Gott wird das niemals tun. Wenn wir schwere Zeiten durchmachen, brauchen wir nicht zu fragen, ob Gott gegenwärtig ist, ob Er sich um uns kümmert oder ob Er weiß, was eigentlich vorgeht.

Gott ist für uns da. Er nimmt sich unserer an. Sein Plan schließt unsere Beteiligung mit ein und gestattet es, jedes Ereignis, jede Situation so zu nutzen, daß unser höchstes Wohl gewährleistet wird.

Wenn wir Fehler machen, brauchen wir uns keine Gedanken darüber zu machen, ob Gott sich jetzt entfernt oder uns zurückweist. Er verlangt nicht, daß wir perfekt sind. Andere Menschen oder sogar wir selbst mögen diese Forderung gestellt haben — Gott nicht.

Wir müssen uns nicht blind auf unsere Gefühle verlassen, sondern können uns auf Tatsachen stützen. Selbst an Tagen, da wir das Gefühl haben, das eigene Leben oder das der anderen sei ein einziger Irrtum oder alles geschehe zum falschen Zeitpunkt, können wir davon ausgehen, daß wir nicht nur voller Fehler sind und daß alles planmäßig abläuft.

Wir müssen uns nicht allein auf uns verlassen, ja nicht einmal alles durchschauen. Wir brauchen nicht unbedingt zu wissen, was wir genau tun und wohin wir unterwegs sind.

Es wird Dinge geben, die uns einfach nicht gefallen, die wir nicht verstehen, über die wir klagen. Das ist nicht weiter schlimm. Beklagen Sie sich, wenn Sie nicht anders können. Reden Sie sich alles, was Sie bedrückt, von der Seele.

Und empfinden Sie dann eine tiefe Dankbarkeit.

Wenn wir unser Leben und unseren Willen der Fürsorge einer Höheren Macht anheimgegeben haben, können wir davon ausgehen, daß wir das Richtige taten. Wir können uns selbst vertrauen, um allmählich herauszufinden, wie wir am besten Sorge tragen für uns selbst. Wir können Vertrauen haben zu Gott, damit Er über uns wacht und uns unter die Arme greift, falls wir etwas nicht alleine schaffen.

Wir werden offen dafür, daß sich unsere Gesinnung und unser Denken genauso grundlegend ändern wie die äußeren Lebensumstände.

Wenn wir schließlich zugeben, daß unsere Waffen wirkungslos sind, erlauben wir der Höheren Macht, uns so zu helfen, wie wir selbst es nicht fertiggebracht hätten.

Diese »Kapitulation« wird dadurch ermöglicht, daß wir demütig sind und alles aufgeben. Nur so sind wir empfänglich für bestimmte Lektionen. Und wären wir nicht bereit, wieder Schüler zu sein, könnten wir nicht lernen, was wir lernen müssen.

Manchmal unterwerfen wir uns allem und jedem und bezeichnen dieses Verhalten als »gottgewollt«. Das macht uns wütend. Wir fühlen uns verletzt und sind böse auf Gott. Aber nicht Er ist der Grund für diese Reaktion, sondern unsere Co-Abhängigkeit.

Wenn wir am Dritten Schritt arbeiten, wird uns klar, daß wir andere nicht kontrollieren können, und so versuchen wir es auch nicht mehr. Zugleich erkennen wir, daß wir uns nicht länger von anderen kontrollieren lassen müssen.

Dies ist der Schritt, der zur inneren Freiheit führt. Wir beschließen, ein anderes Leben zu führen. Wir entscheiden ganz bewußt, sorgsam mit uns selbst umzugehen, und zwar mit Gottes Unterstützung. Wir fangen an, unser Leben so zu gestalten, wie wir es uns immer schon gewünscht haben.

Dieses Sichausliefern ist kein einmaliger Vorgang. Immer wieder »geben wir auf«, sobald eine Reihe von Lektionen — in bezug auf unsere Heilung, die innere Befreiung und die Liebe — gemeistert ist. Jedesmal denken wir dann vielleicht: ›Genau das ist es. Ich hab's kapiert. Jetzt geht alles wie im Schlaf!‹ Kurz darauf merken wir aber zu unserer Erleichterung und Freude, daß wir noch einmal von vorn beginnen müssen, daß wir erneut Anfänger sind.

Ständig ergeben sich irgendwelche Situationen und gehören schon bald der Vergangenheit an. Gewisse Menschen treten in unser Leben, verschwinden wieder. Ideen fallen uns plötzlich ein, Gefühle werden wachgerufen und verlieren dann an Bedeutung. Die alten Denkmuster — genauso negativ wie selbstgehässig — kommen zum Vorschein, werden beseitigt und durch neue, gesündere Vorstellungen ersetzt. Diese bewirken, daß wir uns selbst liebevoll behandeln und mit anderen Menschen Beziehungen eingehen, die von gegenseitiger Liebe geprägt sind. Uns wird nicht mehr zugemutet, als wir bewältigen können, aber wir haben immer das, was wir brauchen. Unsere Lektionen und Ziele werden von selbst klarwerden. Unser Leben bekommt allmählich einen Sinn, und alle Geschehnisse haben eine bestimmte Bedeutung — zumindest im Rückblick. Dann wird uns bewußt, daß wir im Innersten geheilt und verwandelt wurden.

Wir werden feststellen, daß unser Glaube im Grunde doch berechtigt war.

An manchen Tagen werden wir das Gefühl haben, als würde

überhaupt nichts passieren; dann wieder wird es uns so vorkommen, als würde zuviel passieren. Machen Sie sich klar, daß alles so ist, wie es sein soll, und zwar jeden Tag.

Diese innere Reise ist wirklich aufregend. Wir werden mit Geheimnissen, Rätseln und Lektionen konfrontiert, die unser Begriffsvermögen übersteigen. Uns werden Geschenke zuteil, die wir nicht fassen können: weder mit Händen noch im Herzen.

Vertrauen Sie diesen Vorgängen. Aufgrund eines göttlichen, perfekten Zeitplans werden Sie dorthin gelangen, wo Sie im Grunde sein möchten, ja sein müssen. Vertrauen Sie auf sich selbst, denn jetzt sind Sie angeschlossen an eine Kraftquelle, die soviel mächtiger ist als alles, was Sie kennen.

Wir wollen zulassen, daß dieser Schritt seine ganze Kraft entfaltet; daß er uns an jenen Punkt unserer inneren Entwicklung führt, den wir erreichen müssen. Dann wollen wir einfach aufmerksam sein und uns dem Geheimnis des Lebens öffnen, das sich ganz von selbst enthüllt.

ÜBUNGEN

1. Damit dieser Schritt Ihnen immer gegenwärtig bleibt, ist es vielleicht nützlich, ihn in Form einer bestätigenden Aussage zu Papier zu bringen. Etwa so: »Heute habe ich mein Leben und meinen Willen der Fürsorge Gottes anvertraut. Alles ist gut.«

2. Wenn Sie wüßten, daß in Ihrem Leben heute alles so war, wie es sein sollte, daß alles nach Plan lief: Wie würden Sie sich dann fühlen? Wenn Ihnen ganz klar wäre, daß eine Macht, größer als Sie selbst, Ihre Angelegenheiten so bewältigt, daß es zu Ihrem Besten ist: Was würden Sie dann anders machen?

3. Wenn Sie überzeugt davon wären, weder die Ereignisse noch die Ergebnisse in Ihrem Leben noch eine bestimmte Person kontrollieren zu können: Inwiefern verhielten Sie sich dann anders? Was würden Sie sagen, was würden Sie tun? Wer oder was würde Sie davon abhalten? Was würden Sie bei sich selbst ändern, um Ihr jetziges Leben genießen und ganz in der Gegenwart leben zu können?

4. Wenn Sie nicht zuließen, daß jemand anders Sie kontrolliert: Inwiefern würden Sie anders reagieren? Was würden Sie heute mit Ihrem Leben anfangen? Wie würden Sie sich fühlen?

5. Wenn Sie nicht zuließen, daß eine bestimmte Situation Macht über Sie gewinnt, bzw. nicht versuchten, diese mit aller Gewalt in den Griff zu bekommen — wenn Sie also die Dinge so akzeptierten, wie sie sind, und für den Moment auch guthießen: Wie würden Sie sich dann fühlen? Wenn Sie sich nicht widersetzten, gegen die Umstände nicht ankämpften: Was würden Sie dann tun? In welchem Gefühlszustand wären Sie?

6. Wenn Sie diesen Schritt einüben, kommen Sie in Berührung mit sich selbst. Hören Sie in sich hinein. Schreiben Sie Ihre Gefühle nieder, Ihre Wünsche, Bedürfnisse und Gedanken. Greifen Sie dann zum Telefon und teilen Sie sich einem Menschen mit, der Ihr Vertrauen genießt und bei dem Sie sich sicher fühlen. Geben Sie dabei zu erkennen, daß Sie vollkommen für sich selbst verantwortlich sind und keine ungerechte Behandlung dulden. Bitten Sie nicht darum, gerettet zu werden. Erwarten Sie nur, daß man Ihnen zuhört und Sie so akzeptiert, wie Sie sind.

7. Welche Sache erscheint Ihnen im Moment am begehrenswertesten, welche Tätigkeit gibt Ihnen die meiste Kraft, so daß Sie davon Gebrauch machen können, um eine fürsorgliche Haltung gegenüber sich selbst zu entwickeln? In welcher Weise wollen Sie dies dann bewerkstelligen?

*Frei sein ist die Fähigkeit, sich die
eigenen Wünsche zu erfüllen bzw.*
nicht zu erfüllen, *ohne sich dabei
innerlich zu verschließen.*

Stephen Levine

VIERTER SCHRITT

»WIR MACHTEN EINE GRÜNDLICHE UND FURCHTLOSE INVENTUR IN UNSEREM INNEREN.«

Vierter Schritt der Anonymen Co-Abhängigen (CoDA)

Das Szenario sieht folgendermaßen aus: Es ist Zeit, zum Gruppentreffen zu gehen. Sie sind schon ganz aufgeregt. Dann fällt Ihnen ein, was an diesem Abend auf dem Plan steht: Der Vierte Schritt. Etwas in Ihnen sagt: »Aaach.« Zugleich haben Sie plötzlich ein Brett vor dem Kopf. Ein anderes Thema, das mit dem Heilungsprozeß direkter zu tun hat, wäre Ihnen lieber. Ein Thema, über das Sie mehr zu berichten wüßten. »Wenn doch nur der Zweite Schritt dran wäre«, murmeln Sie vor sich hin.

Es kann auch sein, daß Sie schon beim Gruppentreffen sind und darauf brennen, Gespräche zu führen, die ganz der inneren Heilung gewidmet sind — und dann feststellen, um was es eigentlich geht: nämlich um den Vierten Schritt. Die Beiträge der Teilnehmer sind nur kurz, jeder gibt das Wort an den nächsten weiter, und die Sitzung, die sonst eine bis eineinhalb Stunden dauert, ist in dreißig Minuten vorbei.

Es kann aber auch sein, daß die Anwesenden statt dessen beschließen, an diesem Abend über etwas anderes zu sprechen. Der Vierte Schritt wird kaum erwähnt. Man hört nur: »Ich habe ihn mir wirklich vorgenommen« oder: »Ich sollte ihn wohl einüben« oder: »Er wäre diesmal fällig.«

Oder es passiert vielleicht auch folgendes: Einer der Teilnehmer gibt das Wort *nicht* an den nächsten weiter. Er redet ganz freimütig darüber, daß er sich den Vierten Schritt vorgenommen habe. Sie sitzen gebannt da und warten, was nun kommt. Er hat tatsächlich Papier und Bleistift hervorgeholt und eine innere Inventur gemacht.

Sie wüßten gern, wie dieser andere die Zeit gefunden und die Entschlossenheit aufgebracht hat, den Vierten Schritt tatsächlich *in Angriff zu nehmen.* Diese Vorstellung ist Ihnen fast unbegreiflich: Sie fühlen sich schuldig und verwirrt. Sie fragen sich: Werde ich diesen Abschnitt des Programms jemals erreichen? Dennoch sehen Sie sich diese Person genauer an, die es fertigbrachte, den Schritt zu praktizieren, und merken, daß er oder sie irgendwie anders ist. Die Art, wie hier jemand auf ganz ruhige und gesunde Weise mit sich selbst umgeht, hat etwas Anziehendes. Der Heilungsprozeß scheint ausgezeichnet vonstatten zu gehen. Ja, Sie werden sogar ein bißchen — neidisch.

Aber immer noch haben Sie das Gefühl, daß dieser Schritt über Ihre Fähigkeiten geht.

Der Vierte Schritt ruft Ängste, innere Unsicherheit und Schuldgefühle bei den Menschen hervor, die eine Zeitlang zwar ihre Gruppentreffen besucht haben, aber diesen Programmteil bisher ausließen — oder auch bei jenen, die ihn eine ganze Weile schon nicht mehr einübten. Es ist Zeit fürs Großreinemachen. Es ist Zeit, daß wir gesund werden.

Der Vierte Schritt flößt uns Angst ein.

»Seit sechs Jahren bemühe ich mich um meinen Heilungsprozeß und gehe zu den Sitzungen«, sagt Jody, »und ich habe den Vierten Schritt immer noch nicht bewältigt. Ich hab' einfach Angst davor und weiß nicht, warum.«

Vielen von uns geht es genauso wie Jody. *Auch ich kann mich mit ihr identifizieren.* Am Anfang meines Heilungsprozesses fühlte ich mich durch diese Art von »Selbst-Inventur« völlig überfordert. Mir war noch nicht einmal klar, ob ich überhaupt ein Selbst hatte. Ich konnte mir nicht vorstellen, was ich da vorfinden würde. Mein Selbstwertgefühl war so gering, daß mir jede weitere Selbstkritik unzumutbar erschien.

Zudem wußte ich nicht, wo ich anfangen sollte. Mir war weder klar, was ich eigentlich suchte, noch was ich tun würde, falls ich etwas fände. Ich verstand nicht, welchen Zweck das alles haben sollte. Und ich dachte nicht, daß ich meine Sache gut genug machen würde. Das Ganze sah danach aus, als müßte ich zuviel arbeiten, die Ärmel hochkrempeln und mich schmutzig machen.

In diesem Kapitel wollen wir den Vierten Schritt näher untersuchen. Wir werden ihn aus einem neuen Blickwinkel betrachten und herauszufinden versuchen, auf welche Weise wir mühelos damit fertig werden. Und wir werden sehen, welche Belohnungen es gibt, wenn wir uns Zeit nehmen, die eigene Innenwelt zu beleuchten.

NACH INNEN SCHAUEN

»Hinter all meinen Süchten verbirgt sich die Co-Abhängigkeit«, berichtet Carol. »Ich vermeide den Schmerz durch irgend etwas anderes: durch Beziehungen, Drogen oder Arbeit. Lange versteckte ich mich in einer Beziehung, um ja nicht mit mir selbst konfrontiert zu werden.« Viele von uns fliehen vor dem eigenen Schmerz. Viele fliehen auch vor sich selbst. Vielleicht verweigern wir diesen Blick nach innen gerade dann am heftigsten, wenn wir anderen Menschen die Schuld an unseren Lebensumständen und unserem Allgemeinzustand geben. Wenn wir immer nur auf andere fixiert sind, werden weder unsere Probleme gelöst noch unsere Schmerzen beseitigt. Dieses Verhalten lenkt uns vielleicht ab, doch die Aufgaben, die wir lösen wollen, bleiben unvollendet. Die heilsamen Wirkungen stellen sich nicht ein, und auch sonst bleibt alles beim alten. Viele von uns machen den Fehler, den Heilungsprozeß zu beenden, bevor sie überhaupt am Vierten Schritt gearbeitet haben. Sie therapieren sich nur so lange, bis ihnen die Probleme des anderen zu Bewußtsein kommen und bis ihnen klar wird, daß sie daran nicht schuld sind. Aber im Grunde müssen wir doch folgendes feststellen: Wenn wir unsere gegenwärtigen Umstände nicht als Herausforderung, als Auslöser und Einladung benutzen, um nach innen zu schauen, werden wir immer wieder nur dieselben Dinge erleben.

Wir trennen uns von einem Menschen wegen eines bestimmten Problems, das mit ihm zu tun hat — und gehen dann eine Beziehung mit jemandem ein, dessen Problem ein ganz ähnliches oder vielleicht sogar das gleiche ist.

Wir lernen, daß diese »Wiederholungsvorstellungen« nicht zufällig stattfinden. Vielmehr sind sie eine ständige, immer wieder bekräftigte Aufforderung, den Blick nach innen zu richten, gerade aus der momentanen Lage jeden Gewinn zu ziehen und dadurch gesünder zu werden.

Wir können diese Herausforderung annehmen, ja willkommen heißen.

Bei vielen beginnt die Heilung von der Co-Abhängigkeit an einem Punkt, da sie nur auf Dinge außerhalb ihrer selbst achten und sich auf Äußerlichkeiten konzentrieren. Wir werden fast verrückt, jammern, toben, manipulieren; wir wollen alles in der Hand haben, zeigen mit dem Finger auf andere und bestehen hartnäckig darauf, daß er oder sie sich in einer Weise verhält, wie es einfach nicht geht, wie es uns nicht paßt — und er oder sie endlich damit aufhören soll.

Diese Einstellung bezeichnen wir als »Fixierung auf das Außen«.

Oft ist es nicht nur gerechtfertigt, sondern auch angebracht und notwendig, sich auf das Verhalten der anderen zu konzentrieren. Aber wenn wir erschöpft sind, weil wir unsere ganze Kraft damit verbrauchen, die einzelnen Merkmale und Handlungen eines anderen Menschen durchzudiskutieren (ganz gleich, ob es hier um einen Elternteil geht, das Kind, den Ehepartner, den Freund, die Freundin, den Kollegen, die Mitarbeiterin, den Chef oder die Angestellte), stehen wir vor genau jenen Fragen, die der Vierte Schritt aufwirft: Was geht in mir vor? Was packe ich an? Was unterlasse ich? Warum mußte ich all das durchmachen? Was lösen die äußeren Umstände in mir aus? Worum drehen sich die Erinnerungen und Ängste von früher, welche alten Bänder werden wieder und wieder abgespielt? Wie sieht mein Tagesplan aus? Welche Lehren ziehe *ich* aus dieser ganzen Erfahrung?

Was muß ich noch lernen, um sorgsam mit mir selbst umgehen zu können? Und was hält mich davon ab, dies auch zu tun?

Mit diesem Schritt fangen wir an, den Blick nach innen als eine Reaktion auf äußere Umstände zu begreifen. *Wir machen eine gründliche und furchtlose Inventur in unserem Inneren.*

Dieser Schritt besagt nicht, daß wir uns kritisch und feindselig begutachten sollen, um einen Schuldigen zu finden. Seine Botschaft lautet nicht: Nörgle ständig an dir selbst herum, übernimm keine Verantwortung, fühle dich mehr als verantwortlich, betrachte andere Menschen als unverantwortlich. Nein, dieser Schritt spricht ausdrücklich von einer »gründlichen und furchtlosen« Bestandsaufnahme unseres Inneren.

Wir brauchen uns nicht zu fürchten vor dem, was wir da finden werden. Wir beschließen ganz einfach, nach innen zu schauen, um *uns selbst* zu finden.

Wir üben diesen Schritt nicht ein, damit wir der Aufgabe enthoben sind, uns gegenüber anderen abzugrenzen. Wir nehmen ihn uns nicht vor, um das Verhalten einer bestimmten Person und die dadurch entstehenden Konsequenzen für unsere Familie und für uns selbst zu verdrängen. Wir beschäftigen uns mit ihm nicht, um die eigenen Gefühle zu unterdrücken.

Wir nehmen diesen Schritt in Angriff, um zu begreifen, was für die innere Heilung am wichtigsten ist, worum es im Grunde geht: nämlich um Selbstverantwortung.

Wir sind für uns selbst verantwortlich — für unsere Lebensumstände genauso wie für unsere generelle Einstellung ihnen gegenüber und unsere Entscheidung, ob wir sie beibehalten wollen oder nicht. Wir sind verantwortlich für all das, was wir in unserem Leben bisher hervorgebracht haben und was wir hervorbringen werden. Wir sind verantwortlich für unsere Empfindungen. Denn sie gehören zu uns.

Durch die Co-Abhängigkeit erliegen wir einer großen Selbsttäuschung: daß wir uns ganz gewiß anders fühlen würden, wenn ein anderer Mensch etwas ganz Bestimmtes tun würde; wenn wir jetzt woanders wären; wenn wir etwas Bestimmtes hätten, das wir nicht haben. Aber das stimmt nicht. Wir können an einen anderen Ort, in fremde Länder jetten — solange wir unsere Gefühle nicht aufarbeiten, geht es uns dort genauso wie hier.

Wenn ich unglücklich bin, spielt es keine Rolle, wer gerade anruft oder wohin ich gehe; diese Empfindung wird so lange andauern, bis ich mich mit ihr auseinandersetze. Wenn ich Angst habe, wird sie mich so lange in Bann halten, bis ich aktiv dagegen angehe.

Sobald wir lernen, den Blick nach innen zu richten und uns mit dem zu befassen, was da zum Vorschein kommt, werden uns äußere Vorkommnisse immer weniger beeinflussen; zugleich aber gewinnen wir immer mehr Kraft, auf alles, was geschieht, angemessen und richtig zu reagieren. Unsere wahre Stärke besteht darin, daß wir bewußt in unseren inneren Spiegel schauen und Verantwortung für uns selbst übernehmen.

Wir arbeiten an diesem Schritt, um im Rahmen der jeweiligen Gegebenheiten eigenverantwortlich handeln zu können. Eine solche Konzentration auf innere Vorgänge hat auch den Nebeneffekt, daß wir aus der momentanen Situation unsere Lehren ziehen und dadurch die ständigen Wiederholungen vermeiden. Und wir werden soweit gesund, daß wir uns am Leben und an der Liebe erfreuen können.

»Bevor ich mich mit dem Vierten Schritt befaßte, hatte ich den Keller eines Hauses vor Augen«, berichtet Carol, die seit zehn Jahren Mitglied einer Al-Anon-Gruppe ist. »Dort war es stockdunkel. Es gab zwar einige kleine Fenster, aber sie waren schwarz von Ruß, und Büsche standen davor. Innen herrschte das völlige Chaos. Alles war vollgestopft, schmutzig. Und kein Lichtstrahl drang von außen herein.

Ich hatte große Angst. Dieser Raum im Haus, in *meinem* Haus, war wirklich erschreckend. Ich wollte nicht hineinschauen und schon gar nicht eintreten. Und doch dachte ich ständig an ihn.

Inzwischen habe ich den Vierten Schritt öfter in Angriff genommen und auch bewältigt«, fährt Carol fort. »Jedesmal sah der Keller danach ein wenig ordentlicher und aufgeräumter aus. Sauberer, ja. Wenn ich heute einen Blick hineinwerfe, sehe ich nur schöne Dinge. Alles darin ist neu renoviert und wohnlich. Die großen Fenster wurden gesäubert und auf Hochglanz gebracht. Sie stehen jetzt offen, und ein goldenes Licht flutet herein.

Vor diesem Teil meines Hauses habe ich keine Angst mehr. Es ist wohltuend, dort einzutreten und mich umzuschauen, wann immer ich Lust dazu habe.

Dieses Haus, das bin ich.«

Es ist ganz normal und natürlich, sich vor dem Unbekannten, vor dunklen Räumen, in denen alles vollgestopft ist, zu fürchten. Aber es ist nicht gerade zu unserem Besten, wenn die eigene Seele ein solch unheimlicher und finsterer Ort ist.

»Bevor ich mit dem Zwölf-Schritte-Programm anfing, hielt ich alle negativen Gefühle und Ängste von mir fern«, erzählt Kathy. »Ich zehrte vom Leben anderer Menschen. Ständig war ich um sie mehr besorgt als um mich selbst. Nach innen schaute ich nie. Ich dachte einfach nicht daran. Ich fühlte mich ausgehöhlt, trist und oberflächlich. Mein Gefühlszustand entsprach in etwa meiner Haushaltsführung. Das Haus war zwar sauber, aber wenn man einen Wandschrank öffnete, kam einem alles entgegen. Oder wenn man die Couch vorrückte, wirbelten die Staubflocken nur so auf.«

Dieser Schritt ist der Anfang unserer »Säuberungsaktion«. Durch ihn beginnen wir, die Lösung unserer Probleme, die Befreiung von unseren Schmerzen im Innern, zu suchen. Auf diese Weise heilen wir uns allmählich selbst und erleichtern unser Herz.

Mit Hilfe dieses Schrittes lassen wir das Licht in unsere inneren Räume scheinen.

EINE GRÜNDLICHE UND FURCHTLOSE INVENTUR

Wonach suchen wir eigentlich bei dieser »gründlichen und furchtlosen Inventur«? Wir bemühen uns, all die positiven, gesunden Aspekte unserer Persönlichkeit und unserer Wertvorstellungen herauszufinden. Wir wollen aber auch wissen, welche Fehler wir gemacht, welches Unrecht wir anderen zugefügt haben. Zu dieser inneren Bestandsaufnahme gehören ferner unsere selbstzerstörerischen Verhaltensweisen sowie die grundlegende Frage, ob wir uns selbst lieben oder nicht.

Wir listen die eigenen Verhaltensweisen auf — die guten genauso wie die schlechten. Wir ziehen in Betracht, was wir falsch gemacht haben — unsere großen und unsere kleinen Vergehen. Wir stellen fest, in welchen Bereichen wir uns schuldig fühlen, obwohl wir gar nichts Unrechtes getan haben. Wir spüren diese Schuldgefühle auf, ob sie gerechtfertigt sind oder nicht, und holen sie gleichsam ans Licht. Wir werfen einen gründlichen und furchtlosen Blick auf all die Dinge, die uns heute stören oder uns schon in der Vergangenheit zu schaffen machten. Dabei sollten wir frei sein von jeglichen Beschränkungen, wie sie durch Verdrängung und Angst zustande kommen, und die Wahrheit offen aussprechen.

Wir halten Ausschau nach Gefühlen wie Furcht, Schmerz, Ressentiment, Zorn — und auch nach jener Wut, die wir auf Gott haben. Wir achten auf Ungerechtigkeiten, die uns widerfahren sind — auf die Art und Weise, wie andere uns schlecht behandelten, wie wir es zuließen, schlecht behandelt zu werden, und wie wir uns selbst schlecht behandelten.

Wir suchen nach schmerzlichen Erinnerungen, die unterdrückt wurden.

Wir machen unsere Ängste und unsere nachteiligen Überzeugungen ausfindig, jene Botschaften also, die nicht wahr sind, aber dennoch unser Leben in bestimmte Bahnen lenken.

Wir suchen nach den inneren Blockaden, die unsere Lebens- und Liebesfähigkeit beeinträchtigen.

All das tun wir weder, um uns zu kritisieren oder tiefer zu verletzen, noch um uns selbst oder andere schuldig zu sprechen. Wir nehmen diese Aufgabe an, um all die Wunden von früher ausheilen zu lassen. Wir rekapitulieren die wesentlichen Begebenheiten, um uns von der eigenen Vergangenheit zu befreien. Wir ziehen Bilanz, um für unseren Heilungsprozeß einzustehen und überhaupt das höchstmögliche Maß an Eigenverantwortung zu übernehmen.

Im folgenden sind einige der Methoden aufgeführt, wie man sich diesem Schritt annähern kann.

1. Eine Bestandsaufnahme typischer Merkmale von Co-Abhängigkeit

Wir können zum Beispiel einige der co-abhängigen Verhaltensweisen und Charakterzüge auflisten, durch die wir uns selbst geschützt haben, ferner jene Menschen, die unsere Reaktionen mit bewirken, sowie die zugrundeliegenden Gefühle, soweit sie uns bewußt werden. Wir sollten uns vielleicht vor allem mit folgenden Verhaltensweisen auseinandersetzen: daß wir uns zu sehr um andere kümmern; alles kontrollieren wollen; unsere Gefühle verdrängen oder nicht angemessen mit ihnen umgehen; daß wir manipulieren; die eigene Person vernachlässigen; uns weigern, (auch in emotionaler und finanzieller Hinsicht) Verantwortung für uns selbst zu übernehmen; daß wir uns dauernd Sorgen machen; uns selbst sowie unsere Bemühungen der ständigen Kritik unterziehen; daß wir das Gefühl haben, »es« nicht gut genug zu können (was immer mit »es« gemeint ist); uns selbst nicht mögen, geschweige denn lieben; daß wir es nicht zulassen, wenn andere uns mögen und lieben; daß wir uns selbst nicht hegen und pflegen bzw. die geistige und emotionale Nahrung, die wir wünschen und brauchen, von anderen nicht annehmen; daß wir die Verdrängung gleichsam als Waffe benutzen, um mit allem irgendwie »fertig zu werden«; daß wir das Gefühl haben, ungerecht behandelt zu werden — und zulassen, daß man uns zu Opfern macht; daß wir uns nicht abgrenzen gegenüber anderen; den eigenen Gefühlen und Instinkten nicht trauen; daß wir weder auf Gott noch auf das Leben noch auf den Heilungsprozeß vertrauen; daß wir uns nicht sicher fühlen; in Beziehungen den engeren Kontakt immer wieder vermeiden und dadurch keine wahre Erfüllung erleben.

Wir sollten auch unsere Schuldgefühle ins Auge fassen, ob sie nun gerechtfertigt sind oder nicht; unser Sexualverhalten (auch in bezug auf sexuelle Co-Abhängigkeit, die sich dadurch äußert, daß wir mit jemandem ins Bett gehen, wenn wir es eigentlich gar nicht wollen, oder sexuelle Praktiken anwenden, die nur der Lustbefriedigung des anderen dienen, uns selbst aber unangenehm sind); unsere Obsessionen; unsere Abhängigkeit von anderen Menschen; unsere kaum vorhandene Bereitschaft zur Kommunikation; unsere Unehrlichkeit (auch hinsichtlich der eigenen Gefühle); unsere Unfähigkeit, nein zu sagen, wenn wir nein meinen, oder unsere Wünsche und Bedürfnisse zum Ausdruck zu bringen; unsere Neigung, all das, was wir wirklich wollen und brauchen, zu unterdrücken.

Wir sollten uns damit auseinandersetzen, daß wir das Gefühl nicht loswerden, kein eigenes Leben zu führen; daß wir ein nur geringes Selbstwertgefühl besitzen und glauben, von anderen Menschen oder vom Leben nichts Besseres verdient zu haben; daß wir perfekt sein wollen; übertriebene Erwartungen in bezug auf andere hegen; in unseren zwischenmenschlichen Beziehungen ständig »festsitzen« oder vielleicht sogar gefangen sind; daß wir im Beisein anderer Menschen (einschließlich der Familienmitglieder) nicht zu uns stehen; daß wir unflexibel, ja völlig stur reagieren; unsere Qualen schon genauso passiv hinnehmen wie unsere negativen Denkmuster; uns selbst jede Freude verweigern; uns selbst unnötig benachteiligen; daß wir erwarten, andere würden für uns die Verantwortung übernehmen; daß wir uns als Märtyrer gebärden; nicht klar oder nicht realitätsbezogen denken; zuwenig Spontaneität aufbringen; daß wir Angst haben, Probleme anzupacken — oder uns dazu nicht imstande fühlen; daß wir uns selbst und unsere Fähigkeiten in Zweifel ziehen; uns ständig für etwas schämen; daß wir Probleme nicht aufarbeiten, die mit unserer Vergangenheit (und insbesondere mit unserer Kernfamilie) zusammenhängen oder die auf früher erlittene Mißhandlungen zurückzuführen sind; daß wir uns hinsichtlich unserer »Beziehungsgeschichten« verzweifelt fühlen; daß wir Leid und Sehnsucht nach Liebe mit Liebe verwechseln; uns von Freunden zurückziehen; uns nicht um unsere täglichen und regelmäßigen Pflichten kümmern; daß wir voller Angst und Schrecken sind; daß wir dazu neigen, kranke und hilfsbedürftige Menschen regelrecht anzuziehen, ständig nicht intakte Beziehungen einzugehen und berufliche Situationen heraufzubeschwören, die nur Ärger machen; und daß wir schließlich aufgrund der hier aufgezählten Charakteristika voller Ressentiments sind.

Ist unsere Co-Abhängigkeit schon im fortgeschrittenen Stadium, so sollten wir auch auf die Anzeichen chronischer Depression achten; auf zwanghafte oder suchterzeugende Verhaltensweisen; auf Selbstmißhandlungen, die sich bereits in körperlichen Krankheiten äußern, und auf Selbstmordgedanken.

»Als ich meine Co-Abhängigkeit näher untersuchte, zeigte es sich, daß Manipulation und Kontrollverhalten meine vorrangigen Probleme waren«, erzählt Kevin. »Vor allem dachte ich, über andere Leute bestimmen und ihre Gefühle steuern zu können, damit ich mich in Sicherheit fühlte. Ich versuchte, allen anderen voraus zu sein. Ich hatte Angst vor denen, die wütend waren auf mich oder sich mir gegenüber unbeherrscht verhielten. Zwar sagte ich dauernd, daß ich spontane Reaktionen schätze — aber im Grunde fürchtete ich mich davor. Viel Zeit ging damit hin, daß ich mir Gedanken machte, was die anderen über mich denken, und glaubte, diese Meinungen manipulieren zu können. Ich war total auf andere fixiert.«

2. Ein allgemeiner biographischer Abriß

Dies ist eine einfache Methode, um mit dem Vierten Schritt ganz unmittelbar vertraut zu werden. Nehmen Sie Papier und Bleistift zur Hand, und setzen Sie sich irgendwo hin. Schreiben Sie etwas über sich selbst. Beginnen Sie mit einfachen Dingen. Zum Beispiel mit der Frage: Wo wurde ich geboren? Geben Sie sich dann dem Strom der Wörter hin, und schreiben Sie auf, was Ihnen in bezug auf Ihre Person und Ihr Leben in den Sinn kommt: von der Kindheit bis heute. Verkomplizieren Sie die Sache nicht, indem Sie sich dazu zwingen, *alles* zu notieren. Überfordern Sie sich nicht dadurch, daß Sie perfekt sein wollen. Nachdem dieser erste biographische Abriß beendet ist, möchten Sie vielleicht zum Fünften Schritt übergehen und mit jemandem über die Ergebnisse Ihrer »Meditation« sprechen. Es kann aber auch sein, daß Sie sich der nächsten, tiefer liegenden Schicht Ihres Charakters zuwenden wollen.

Lesen Sie Ihre Lebensgeschichte. Fehlen einige Teile? Gibt es Abschnitte, über die Sie noch wesentlich mehr schreiben könnten? Wie war es in der Schule? Wie waren Ihre familiären Beziehungen, als Sie heranwuchsen? Welche Gefühle hatten Sie in bezug auf sich selbst und auf andere? Was haben Sie wirklich gut gemacht? Wann haben Sie versagt? Was haben Sie sich immer gewünscht — sowohl hinsichtlich Ihrer Person wie auch Ihres Lebens? Wie beurteilen Sie Ihre bisherigen Leistungen, Ihren Werdegang? Was haben andere Menschen von Ihnen erwartet? Was erwarten Sie von sich selbst? Welche Geheimnisse haben Sie? Welche Tatsachen, Sie selbst betreffend, haben Sie vor der Welt bisher verborgen gehalten? Haben Sie »heimliche« Schuldgefühle, derentwegen Sie beschämt sind? Seien Sie ehrlich. Es ist jetzt nicht der Augenblick für gezierte Redewendungen. Haben Sie anderen unrecht getan? Inwiefern? Welche Ungerechtigkeiten seitens der anderen mußten Sie Ihrer Meinung nach über sich ergehen lassen?

Vergessen Sie nicht: In diesem Schritt geht es nicht darum, nett zu sein oder passende Dinge zum besten zu geben, sondern alles herauszubekommen, alles zu offenbaren. Ihre Biographie wird nicht veröffentlicht. Also lassen Sie innerlich los, und sprechen Sie aus, was Sie aussprechen wollen und müssen.

Schreiben Sie über Ihre Beziehungen, Ihre Gefühle, Ihr Verhalten. Auf welche Weise haben Sie sich selbst geschützt? Welche Überlebensstrategien haben Sie entwickelt? Diese Übung ist so interessant, daß wir im Laufe der Jahre immer wieder auf sie zurückgreifen können. Vielleicht stellen wir dabei ganz überrascht fest, daß wir uns und unser Leben in dem Maße anders sehen, wie wir uns selbst ändern.

3. Ein spezieller biographischer Abriß

Einige von uns ziehen es vor, sich auf ein bestimmtes Problemfeld zu konzentrieren — zum Beispiel auf die zwischenmenschlichen Beziehungen, die Familie oder den beruflichen Werdegang. Dieses Vorgehen ist besonders dann hilfreich, wenn Sie in einem dieser Bereiche einfach nicht weiterkommen. Schreiben Sie über die Erfahrungen, die Sie bisher dort gemacht haben, und fangen Sie dabei ganz von vorne an. Zum Beispiel mit der Beantwortung der Frage: Wodurch war diese eine Beziehung charakterisiert? Wie begann, wie endete sie? Welche positiven Aspekte hatte sie aufzuweisen? Welches waren die traumatischen Erlebnisse dieses Zusammenseins? Wie verlief die Trennungsphase? Wie sieht diese Beziehung heute aus? Wie gingen Sie mit den eigenen Gefühlen und Bedürfnissen um, als Sie noch mit dem anderen Menschen zusammen waren? Empfanden Sie sich selbst als Opfer? Weshalb? Auf welche Weise haben Sie sich damals geschützt? Was haben Sie aus dieser Beziehung gelernt? Haben Sie aufgrund irgendwelcher Erfahrungen, die Sie im Verlaufe dieser Beziehung gemacht haben, verallgemeinernde, letztlich aber selbstzerstörerische Urteile gefällt wie dieses: Man kann Frauen (Männern, Vorgesetzten, Nachbarn, Verwandten usw.) einfach nicht über den Weg trauen? Welche Gefühle hegen Sie jetzt für die betreffende Person? Sind Sie innerlich ganz ruhig, wenn Sie an die Beziehung denken? Inwieweit hat sie Ihr Leben positiv beeinflußt? Was mußten Sie ihretwegen alles durchmachen? Wie sehen Sie sich selbst und wie denken Sie über den anderen Menschen, über die Beziehung — heute, nach allem, was passiert ist? Wie fühlen Sie sich wirklich?

Auch im Hinblick auf Ihre Arbeit können Sie so verfahren. Schreiben Sie die Erfahrungen nieder, die Sie in diesem Bereich bisher gemacht haben. Wohlgemerkt, das hier ist kein Bewerbungsschreiben, sondern ein sehr persönlicher Rückblick auf das eigene Berufsleben, auf die Verhaltensweisen und Überzeugungen, wie sie bei der Arbeit zum Ausdruck kommen. Dadurch können wir die negativen Meinungen, die wir von uns selbst haben, leichter herausfinden und unsere Talente und Fähigkeiten genauer erkennen. Beschreiben Sie, welches Verhältnis zu Ihren Kollegen besteht. Wie fühlten Sie sich, als Sie die Stelle antraten? Was geschah dann? Und was halten Sie heute von Ihrer Arbeit? Welche positiven Erfahrungen haben Sie auf diesem Gebiet gesammelt? Was war negativ? Wie denken Sie über sich selbst und Ihre beruflichen Fähigkeiten? Gibt es da die eine oder andere Verhaltensweise, die Ihnen Sorge bereitet, wenn Sie Ihre bisherige Laufbahn in Betracht ziehen? Was fühlen Sie dabei?

Je mehr wir über uns selbst, unsere Gefühle und Überzeugungen zu Papier bringen, desto nützlicher und sinnvoller ist diese Arbeit.

4. Der Vierte Schritt nach dem *Großen Buch*

Im folgenden wird auf jene ursprüngliche Methode verwiesen, die im *Großen Buch* der Anonymen Alkoholiker (vgl. die Zitate weiter unten) vorgeschlagen wird, um den Vierten Schritt zu bewältigen. Dieser Ansatz verlangt eine radikal ehrliche Bestandsaufnahme unserer Persönlichkeit. Er ist einfach und direkt. Wir schreiben die Namen jener Menschen auf, über die wir uns ärgern, und legen die Gründe dafür dar. Wir halten fest, in welcher Hinsicht diese Menschen uns beeinträchtigt oder geschadet haben.

Auf dieser »Ressentiment-Liste« verzeichnen wir »Personen, Institutionen und Grundsätze, auf die wir wütend waren oder sind«. Zum Beispiel können wir schreiben: »Ich bin ungehalten über meine Freundin, weil sie mich nicht oft genug anruft. Dadurch wird mein ganzes Privatleben und mein inneres Wohlbefinden in Mitleidenschaft gezogen.«

Wir zählen all unsere Ängste auf. Viele von uns erkennen, daß die Co-Abhängigkeit vor allem auf ein tiefes Angstgefühl zurückgeht. Mit Hilfe des Vierten Schrittes spüren wir dieses auf. »Manchmal glauben wir, Angst ist genauso schlimm wie Diebstahl. Nur entstehen durch die Angst noch viel mehr Probleme«, schreiben die Autoren des *Großen Buches*.

Wir sagen, was unseren Groll erregt, was uns verletzt — ob dem wirklich so ist oder ob wir es uns nur einbilden.

»Es ist klar, daß ein Leben voller Ressentiments in die Sinnlosigkeit und ins Unglück führen muß. In dem Maße, wie wir solche Gefühle zulassen, vergeuden wir unsere Zeit, die wir sonst viel besser hätten nutzen können«, heißt es im *Großen Buch*. »Wenn wir solche Gefühle hegen, verschließen wir uns dem strahlenden Licht des Geistes.«

Wir unterdrücken weder unsere Wut noch unsere Ressentiments. Unsere Gefühle mögen schon längst überfällig sein. Der Zweck dieses ganzen Vorgehens besteht darin, unsere tief verwurzelten Emotionen an die Oberfläche zu bringen, so daß wir sie empfinden und dann loslassen können.

Anhand dieses Vierten Schrittes können wir all die problematischen Aspekte und Bereiche unseres Lebens — Wutgefühle, Ressentiments, Angst, Sexualität, finanzielle Angelegenheiten usw. — abdecken, indem wir einen jeden gründlich überprüfen: nicht beschämt, sondern mit einer bejahenden Einstellung uns selbst gegenüber.

5. Was wir falsch gemacht haben

In diesem Abschnitt können die Fehler, die wir begangen haben und derentwegen wir uns schuldig fühlen, auf ganz ehrliche Weise eingeschätzt werden. Der Vierte Schritt trägt dazu bei, jene Worte und Taten klarer zu erkennen, die uns beschämen und Schuldgefühle verursachen, damit wir nicht mehr unter alten Selbstvorwürfen leiden müssen. Auch hilft uns dieser Schritt, jene unnötigen Schuldgefühle zu identifizieren, die wir uns nur zu eigen gemacht haben, die im Grunde aber von jemand anderem stammen. Auch solche Gefühle können wir dann »abhaken«. Jetzt haben wir die Gelegenheit, unsere rein rationalen Erklärungsversuche und Rechtfertigungen hinter uns zu lassen und nach innen zu schauen.

Sie müssen ganz einfach begreifen: Sich selbst schlecht zu behandeln ist genauso ein moralisches Problem, ja ein Vergehen, wie andere schlecht zu behandeln. Zu glauben, man sei nicht liebenswert, dumm, unwürdig, nicht gut genug, unterlegen bzw. überlegen — auch das ist ein moralisches Problem. Mit den eigenen Gefühlen, Bedürfnissen und sich selbst nicht sorgsam umzugehen — es ist ein moralisches Problem. Sich gegenüber anderen Menschen nicht abzugrenzen und zuzulassen, daß sie einen mißachten, verletzen — es ist ein moralisches Problem. (Den anderen wird durch unser Verhalten nicht geholfen, und wir tragen den Schaden davon.) Und es ist auch ein moralisches Problem, wenn wir eine schlechte Behandlung vorbehaltlos akzeptieren und uns einreden, das sei ganz in Ordnung; wenn wir uns selbst vernachlässigen; von uns selbst Perfektion erwarten; uns keinen

Spaß und keine Freude am Leben mehr gönnen; wenn wir auf uns selbst nicht hören, uns selbst nicht trauen; wenn wir uns nicht mögen, nicht lieben. Denn genau das ist der Kern, die geheime Ursache unserer Co-Abhängigkeit.

6. Was andere uns angetan haben

Wenn wir nun von dieser Plattform aus den Vierten Schritt praktizieren, sind wir imstande, unsere tiefen Regungen und Gefühle zum Vorschein kommen zu lassen. Wir können die ganzen Missetaten aufzählen, die wir vom ersten Tag an über uns ergehen lassen mußten. Durch welche Personen, Institutionen, Aufgaben und Überzeugungen wurden wir schlecht behandelt bzw. verletzt? In welcher Weise und weshalb geschah das? Inwiefern wurde unser Leben dadurch in Mitleidenschaft gezogen? Wie fühlen wir uns diesbezüglich? Sind wir vielleicht selbst mitschuldig an der ganzen Sache? Haben wir zum Beispiel zu jemandem ja gesagt, obwohl wir hätten nein sagen können? Warum haben wir es nicht getan? Was machte uns solche Angst, daß wir jede Sorgfaltspflicht uns selbst gegenüber vergaßen? Warum traten wir gegenüber diesem anderen Menschen nicht stark und selbstsicher auf? Welche unserer Überzeugungen führte dazu, daß wir die eigenen Bedürfnisse völlig außer acht ließen?

Lassen Sie Ihrem Verdruß freien Lauf, schreiben Sie hin, was Ihnen mißfällt. Jammern Sie einmal richtig, damit Sie »diesen ganzen Mist« hinter sich haben und innerlich gesund werden.

7. Eine Inventur unserer Vorzüge

Durch unsere Co-Abhängigkeit fällt es uns so oft schwer, die positiven Seiten unseres Charakters und unseres Lebens zu erkennen. Die eigenen Fehler sehen wir dagegen ohne weiteres. Es kann deshalb eine große Hilfe sein, den Vierten Schritt auch im Hinblick auf unsere guten Eigenschaften, unsere Talente, unsere inneren Werte und sonstigen Vorzüge zu praktizieren. Dies wird dann — wie eine Frau in der Gruppe einmal sagte — vielleicht der schwierigste Vierte Schritt, den wir je in Angriff genommen haben.

8. Ein Verzeichnis unserer Ängste, unserer Wut- und Schamgefühle

Erstellen Sie eine Liste all jener Personen, auf die Sie böse sind, benennen Sie all Ihre Ängste sowie jene Eigenschaften, die Sie bei sich selbst nicht ausstehen können. Lassen Sie Ihren ganzen Unmut heraus. Das ist eine problemlose Art, an diesen Schritt heranzugehen. Zählen Sie einfach auf, durch welche Menschen oder Dinge Sie sich früher oder heute bedrängt fühl(t)en — also alles, was Sie aufgebracht hat, was Sie ängstlich, wütend und hilflos werden ließ, was Ihren Unwillen, Ihre Empörung, Ihren Schmerz, Ihre Scham- oder Schuldgefühle, Ihre Besorgnis hervorrief und was Sie als Störung empfanden; aber auch das, was Sie zu gewissen Reaktionen veranlaßte: nämlich nur noch um andere besorgt zu sein oder alles kontrollieren zu wollen. Sie können in diese Liste auch jene Punkte aufnehmen, die Ihnen hinsichtlich Ihrer eigenen Person, Ihrer Beziehungen, Ihrer Arbeit mißfallen oder bei anderen zu schaffen machen.

Versuchen Sie, Ihre Gefühle und Überzeugungen angesichts bestimmter Personen und Ereignisse genau festzuhalten. Zum Beispiel können Sie schreiben: »Die Arbeit mit Margaret ist eine einzige Zumutung. Sie spielt ihre ganze Macht aus und will über alles bestimmen. In ihrer Gegenwart komme ich mir dumm und überflüssig vor.« Je mehr wir bei der Aufarbeitung solcher Vorkommnisse zu einer eigenverantwortlichen Haltung finden, desto besser. Das heißt nicht, daß wir uns selbst *verantwortlich machen*, sondern daß wir versuchen, zum Kern des Problems vorzustoßen. Wir können dann also sagen: »Margaret gibt mir das Gefühl, ein Dummkopf zu sein.« Das Verständnis, das wir hierbei gewinnen, ist Teil jener Arbeit an uns selbst, durch die wir allmählich gesünder werden. Wenn man mir klarmacht, ich hätte von nichts eine Ahnung, und wenn ich für einen Moment annehmen muß, daß dem tatsächlich so ist, kann ich diese Überzeugung dann bewußt loslassen und durch eine vorteilhaftere ersetzen, zum Beispiel folgende: »Ich bin ein kompetenter und vielseitig begabter Mensch. Ich bin intelligent und kann auch für mich selbst einstehen.«

Wir wissen nicht, was wir eigentlich loslassen und verändern sollen, solange wir nicht am Vierten Schritt arbeiten. Der springende Punkt ist der: Wenn wir glauben, nicht liebenswert zu sein, lassen wir auch nicht zu, daß jemand uns liebt. Und wenn wir davon überzeugt sind, daß die Menschen uns immer verletzen und ausnutzen, werden sie es gewiß auch tun.

Je mehr Kindheitserlebnisse in diesen Schritt mit einfließen, desto gesünder können wir werden. Vieles von dem, was beim Vierten Schritt zur Sprache kommt, spiegelt einen Gedanken wider, der für die innere Heilung unabdingbar ist: nämlich daß wir uns mit der eigenen *Familiengeschichte* auseinandersetzen müssen. Das heißt: Wir untersuchen, was uns früher, insbesondere in der Kindheit, widerfahren ist und inwieweit wir heute noch davon beeinflußt werden. Wir erinnern uns an die erlittenen Verletzungen, die schlimmen Zwischenfälle und die Mißhandlungen, denen wir als Kind ausgesetzt waren, damit die inneren Wunden heilen können und wir von den Schrecken der Vergangenheit befreit werden.

Wir arbeiten die eigene Lebensgeschichte nicht auf, um andere Menschen oder uns selbst zu beschämen und verantwortlich zu machen. Aber es kann sein, daß wir manchmal auch wütend werden müssen. Diese ganze Auseinandersetzung hat vor allem den Zweck, daß wir uns so verletzt und wütend fühlen, wie es notwendig ist, um diese Gefühle schließlich zu überwinden. Wir müssen sie aus unserem Körper, unserem Kopf, unserer Seele herauskriegen, damit wir nicht mehr von ihnen beeinträchtigt oder beherrscht werden.

Wir lassen den Schmerz, den wir angesichts unserer Verluste empfinden, vollkommen zu. Denn wenn wir unsere Gefühle nicht aufarbeiten, zwingen sie uns noch heute ein bestimmtes Verhalten auf. Unerledigte Aufgaben erledigen sich nicht von selbst. Sie stellen sich immer wieder, bis wir bereit sind, sie zu lösen. Oft brauchen wir nichts anderes zu tun, als die Dinge so zu akzeptieren, wie sie sind. Manchmal aber sind auch weitere

Hilfeleistungen vonnöten, um die eigene Vergangenheit zu bewältigen.

Wir spüren die Probleme und Suchtkrankheiten auf, die wir früher verdrängt haben. Wenn sich in unserer Familie Symptome von Sex-Sucht, Trunksucht, nicht geklärter Co-Abhängigkeit oder anderer Krisen zeigen, müssen wir diese offen darlegen, erkennen und aufrichtig ihre Konsequenzen für unser Leben ins Auge fassen.

Wir suchen nach jenen Botschaften von früher, die heute vielleicht unser Leben bestimmen, zum Beispiel: »Zeig keine Gefühle!«; »Denk nicht nach!«; »Sei nicht so, wie du wirklich bist!«; »Fühl dich nicht wohl in deiner Haut!«; »Sei immer perfekt!«; »Versage dir jede Freude!«; »Opfere dich auf für andere und vernachlässige dich selbst!« Das sind die üblichen Anweisungen, die viele von uns einmal erhalten haben. Sie führen direkt in die Co-Abhängigkeit und beherrschen so unser Verhalten, ja unser ganzes Dasein. Aber wir achten auch auf andere Botschaften, die sich auf unsere Lebensqualität und unsere zwischenmenschlichen Beziehungen negativ auswirken können, wie etwa diese: »Ich bin nicht liebenswert«; »Man kann den Menschen nicht trauen«; »Ich bin dumm«; »Ich habe es nicht verdient, erfolgreich zu sein«; »Aus mir wird nie etwas«; »Alle stoßen mich zurück, immer«; »Alleine komme ich besser durch«.

Diese Botschaften können in unserem Leben eine mächtige Triebkraft entfalten. Wenn wir glauben, dumm zu sein, lenkt diese Überzeugung vielleicht jeden unserer Schritte. Ständig tun wir dann irgendwelche Dinge, die eine solche Botschaft noch betonen — oder setzen uns selbst unter großen Druck, um zu beweisen, daß sie falsch ist. Und unsere Interaktionen mit anderen Menschen werden dadurch bestimmt, daß wir ihnen bewußt oder unbewußt zeigen wollen: Ich bin kein Dummkopf — und dennoch Angst haben, einer zu sein.

Wenn wir uns nicht liebenswert fühlen, können dadurch unsere Beziehungen — auch die wichtigste: nämlich die zu uns selbst — in Mitleidenschaft gezogen werden. Alles, was wir tun und unterlassen — gegenüber anderen oder uns selbst —, ist dann nur eine Folge jener Grundhaltung.

Die verheerende Wirkung der Botschaft »Zeig keine Gefühle!« liegt auf der Hand. Wenn Gefühle derart negativ bewertet werden, verbringen wir vielleicht die meiste Zeit von früh bis spät damit, die eigenen Gefühle abzuwehren, zu bekämpfen, zu verleugnen und zu unterdrücken. Wenn wir dann einmal etwas fühlen, sind wir mehr damit beschäftigt, uns deshalb zu schämen und unangenehm berührt zu sein, als wahrzunehmen, was da eigentlich in uns vorgeht. Gefühle sind ein wichtiger Teil unserer Persönlichkeit, unseres Wesens. Sie nicht zuzugeben: Das ist das Hauptproblem unserer Co-Abhängigkeit. Sie wirklich zuzulassen, bewußt zu erleben: Das ist der Schlüssel zur inneren Heilung.

Ein Ziel des Vierten Schrittes besteht darin, ganz offen zu werden und den emotionalen Teil unserer selbst zu heilen.

»Die Zwölf Schritte bestätigen mir, daß ich tatsächlich Gefühle habe«, sagt Tim. »Sie erinnern mich daran, daß ich auf die eigenen Gefühle achte, daß ich ihnen einfach freien Lauf lassen muß — anstatt sie zu vergessen oder zu ignorieren.«

Viele von uns — mich selbst eingeschlossen — brauchen diese Bestätigung und »Erlaubnis« regelmäßig. Schon seit etlichen Jahren bezeichnen Fachleute den Alkoholismus als »Krankheit der Gefühle«. Nun, das trifft auch auf die Co-Abhängigkeit zu. Nicht die Gefühle sind krankhaft; aber sie zurückzuhalten und zu unterdrücken: Das ist das Problem.

Manche Experten sprechen heute davon, daß Gefühle, die nicht empfunden werden, schädliche Auswirkungen auf die Gesundheit haben: daß sie körperliche Krankheiten hervorrufen und sogar zum Tode führen können. Dem stimme ich ohne weiteres zu — und ergänze: Wenn wir nichts fühlen, sind wir nicht wirklich lebendig.

Wir können diesen Schritt als Hilfsmittel benutzen, um ehrlich mit unseren Gefühlen umzugehen und eine »emotionale Inventur« unseres Inneren vorzunehmen. Wir entwickeln uns weiter, sobald wir etwas Zeit erübrigen, um die eigenen Gefühlslagen genau zu untersuchen.

Versuchen wir, etwas krampfhaft in den Griff zu bekommen, weil wir Angst haben? Toben wir vor Zorn, weil wir im Grunde beschämt sind? Fühlen wir uns krank, weil wir eigentlich wütend sind? Was empfinden wir?

Um unsere momentanen Gefühle wahrnehmen zu können, müssen wir oftmals tief in der Vergangenheit graben und die früheren Gefühle ausfindig machen — jene also, die wir uns vor vielen Jahren nicht bewußt machten, obwohl das unbedingt nötig gewesen wäre. Wenn wir diese Arbeit nicht auf uns nehmen, werden die alten Gefühle noch verworrener und geraten ganz außer Kontrolle. Dann richtet sich vielleicht die Wut, die wir auf Vater und Mutter hatten, plötzlich gegen die Menschen, die heute um uns sind.

Uns sollte immer bewußt sein, daß wir für unsere Gefühle verantwortlich sind. Es spielt keine Rolle, wer was getan hat. Unsere Gefühle jedenfalls gehören niemand anderem als uns selbst. Und sie werden uns begleiten, bis wir uns mit ihnen auseinandersetzen — ob sich nun der andere Mensch ändert oder nicht.

Frühere Gefühle, die nicht bewältigt wurden, bleiben immer präsent. Viele von uns stellen fest, daß sie Situationen schaffen, die eben genau jene verdrängten Empfindungen heraufbeschwören — bis sie sich dann soweit sicher fühlen, um mit ihnen auf irgendeine Weise fertig zu werden. Wenn uns früher zum Beispiel eine wichtige Bezugsperson zurückgewiesen hat, werden wir wie magisch angezogen von Situationen, in denen wir ganz gewiß auf Ablehnung stoßen — und tun alles, um solche auch weiterhin herbeizuführen. Wir kommen mit uns selbst erst dadurch ins reine, daß wir unsere früheren Gefühle anerkennen und loslassen — sowie negative Überzeugungen durch positive ersetzen.

Wir können lernen, die eigenen Gefühle zuzulassen sowie die mit der Zeit aufgestauten Gefühle aufzuarbeiten und loszulassen. Wir können die Fertigkeit erwerben, mit unseren Gefühlen so umzugehen, wie es ihnen gemäß ist. Wir können uns darin üben, den Schmerz zu erfahren, bis dann die Freude zum Vorschein kommt.

Diese Schritte unterstützen uns dabei.

Um jedoch in unser Innerstes, zum Wesenskern vorzustoßen, wo sich die tiefsten Regungen verbergen, müssen wir uns nicht nur mit den weniger wichtigen Gefühlen auseinandersetzen, die in der Vergangenheit unbemerkt blieben, sondern noch einen Schritt weitergehen. Einige Experten, wie etwa Patrick Carnes, gehen davon aus, daß die überwiegende Mehrheit jener Menschen, die von der Trunksucht oder/und Co-Abhängigkeit genesen wollen, sich mit jenen Mißhandlungen konfrontieren müssen, die früher an ihnen begangen und bisher nicht verarbeitet wurden. Erst dann könnten sie wirklich gesund werden. Gemeint sind hier körperliche, sexuelle oder gefühlsmäßige Mißhandlungen. Daneben gibt es zahlreiche Verhaltensweisen und Regungen, die im Grunde ebenfalls schädlich sind: Mißachtung, heimliche Gewalttaten oder extreme Schamgefühle.

Das Heilungsprogramm heranzuziehen, um die Auswirkungen solch böswilliger Handlungen zu erkennen, zu akzeptieren und schließlich »zu kurieren«, ist für uns, die wir gesund werden wollen, keine leichte Aufgabe. Einige glauben sogar, daß dies mit der wichtigste Teil unserer inneren Arbeit ist. Seien Sie sich aber stets darüber im klaren, daß wir das alles nicht deshalb tun, um unseren Eltern oder irgendwelchen anderen Menschen die Schuld zuzuschieben — sondern um die Verdrängungsmechanismen aufzugeben und von deren Konsequenzen befreit zu werden. Viele von uns leben schon so lange mit dem Gedanken an früher erlittene Mißhandlungen, daß sie ihnen als solche gar nicht mehr bewußt sind. Wir bezeichnen diese Vorfälle als »normal« und nehmen den Täter in Schutz. Einige wurden wirklich so schlimm mißhandelt, daß sie sich — infolge einer inneren Blockade — überhaupt nicht mehr daran erinnern können.

Das heißt aber noch lange nicht, daß eine solche »Vergewaltigung« (in welcher Form sie auch stattgefunden haben mag) einfach »weg« ist. Im Gegenteil: Sie wird uns so lange quälen, bis wir bereit sind, mit ihr allmählich zu Rande zu kommen. Diese Art von Arbeit, die unser Innerstes betrifft, muß mit aller Vorsicht angegangen werden. Wir dürfen sie weder lässig noch willkürlich in Angriff nehmen. Vielleicht sind wir sogar auf die Hilfe eines Therapeuten angewiesen. In jedem Fall aber sollten wir uns in diesem Tiefenbereich mit klarem Urteilsvermögen und feinem Gespür vorantasten. Falls Sie tatsächlich mit einem derartigen Problem zu tun haben, wird es sich zu gegebener Zeit von selbst stellen — dann nämlich, wenn Sie mit ihm auch fertig werden können.

Es geht nicht ums Schuldigsprechen, wie etwa auch der Komödienschauspieler Louie Anderson sagt. Oft wurden unsere Eltern mehr mißhandelt als wir. Aber es ist nun einmal so: Wer getreten wurde, tritt nach anderen — und verletzt sich dabei selbst. Wir alle müssen dieses Problem allmählich erkennen und an seiner Lösung arbeiten, damit es ein für allemal verschwindet.

In einer Familie groß zu werden, die mit Suchtkrankheiten zu kämpfen hat, ist nicht normal, sondern schädlich. Zwischen den einzelnen Familienmitgliedern herrscht keine gesunde Atmosphäre, in der das Wohlergehen und die Selbstachtung des einzelnen gefördert würde. Meistens werden hier nur co-abhängige Verhaltensweisen erzeugt. Dieser Zustand der Co-Abhängigkeit ist für uns nichts Neues. Und in einer Familie zu leben, in der die Sucht regiert, ist uns sehr wohl vertraut. Aber daß wir dennoch den Weg der Heilung beschreiten können: Das ist in der Tat grundlegend neu.

Wir haben es in der Hand, die »Familientradition« zu beenden, bei der Co-Abhängigkeit, falsche Schamgefühle und niedrige Selbstachtung von einer Generation an die nächste weitergegeben werden. Wir können mit unserer Selbstheilung beginnen.

WIE MAN LERNT, SICH SELBST ZU LIEBEN

Die Arbeit an diesem Schritt führt nicht nur dazu, daß wir unsere früheren Gefühle ausfindig machen und schließlich bewältigen — sie hat noch einen weiteren, sehr gewichtigen Vorteil. Einige nennen die Zwölf Schritte ein »eigennütziges« Programm. Das ist richtig. Alles, was wir dafür tun, kommt uns selbst zugute — egal durch wessen Probleme wir auf die Schritte aufmerksam wurden, ganz gleich, wer uns ganz am Anfang zu ihnen geführt hat.

Aber dieses Programm fördert auch unsere Selbstachtung. Deshalb und weil wir die eigenen Scham- bzw. Schuldgefühle ein für allemal hinter uns lassen wollen, arbeiten wir an ihm. Wir nehmen die Schritte in Angriff, um zu lernen, wie man sich selbst liebt. Dann können wir auch lernen, wie man andere Menschen liebt und zuläßt, daß sie unsere Liebe erwidern.

Ein Schuldgefühl stellt sich zwangsläufig immer dann ein, wenn wir infolge unseres Tuns ein tiefes Unbehagen verspüren. Diesem können wir dann auf die eine oder andere Weise abhelfen, womit auch das Schuldgefühl beseitigt wird. Das Problem löst sich dadurch, daß wir entweder unser Verhalten ändern oder den entstandenen Schaden wiedergutmachen.

Schamgefühle treten dann auf, wenn wir uns in der eigenen Haut sehr unwohl fühlen. Sie verschwinden nicht, wenn wir anders handeln als vorher oder jemanden für etwas entschädigen. Vielmehr geben sie uns das Gefühl, uns nur noch dafür entschuldigen zu können, daß wir überhaupt existieren. Viele von uns wurden von ihren Schamgefühlen geradezu übermannt. Manchmal sind es die anderen, die uns beschämen, manchmal schämen wir uns für uns selbst.

Der Vierte Schritt hilft uns, das von Scham geprägte Verhalten einzutauschen gegen jenes, bei dem wir uns selbst so akzeptieren und lieben, wie wir sind. Auf diese Weise entledigen wir uns der eigenen Scham- und Schuldgefühle.

Ein Verhalten, das auf der grundsätzlichen Bejahung unserer selbst aufbaut, besteht darin, daß wir uns selbst lieben, hegen und pflegen sowie die eigene Lebensgeschichte vorbehaltlos anerkennen. Das heißt, daß wir uns auch einmal einen Fehler oder Irrtum leisten dürfen. Dieses Heilungsprogramm wurde für uns — also für unvollkommene Menschen — entworfen. Unsere neue Definition von Perfektion könnte etwa darauf hinauslaufen, daß wir uns selbst in jedem Augenblick so akzeptieren, wie wir sind. Wir *machen* zwar Fehler, aber wir *sind* nicht durch und durch fehlerhaft.

Wenn Sie an diesen Schritt herangehen, dürfen Sie nicht vergessen, all das aufzuzählen, was Sie sich selbst angetan haben: daß Sie sich zum Beispiel einredeten, Sie dürften nicht so sein, wie Sie wirklich sind; daß Sie sich bestraften und verleugneten, *weil* Sie so waren, wie Sie sind — und daß Sie sich weniger gut behandelten, als Sie es verdient hätten. Wenn wir uns nicht lieben, bejahen, umsorgen und schätzen, ist das eine der größten Ungerechtigkeiten, die wir uns selbst widerfahren lassen.

Menschen, die sich selbst lieben und akzeptieren, entwickeln und verändern sich auch weiterhin – ja sie sind diejenigen, die überhaupt erst fähig sind, das eigene Leben in eine neue Richtung zu lenken. Dieser Schritt handelt im Grunde davon, daß wir die Selbstliebe und Selbstbejahung, mit der wir im Ersten Schritt begonnen haben, nun noch mehr betonen.

Menschen, die liebevoll mit sich selbst umgehen, handeln nicht egozentrisch. Im Gegenteil: Sie können andere Menschen gerade deshalb lieben, weil sie sich selbst lieben und akzeptieren. Falls Ihnen eingeredet wurde, die Selbstliebe sei etwas Schlechtes oder Verkehrtes – vergessen Sie es wieder. Diese Liebe ist das Beste, Gesündeste, Schönste, was Sie sich selbst und anderen Menschen zukommen lassen können.

Der Vierte Schritt bringt uns auf den richtigen Weg, um diese liebevolle Haltung einzuüben.

Wenn wir zu diesem Schritt gelangen, werden wir aber auch aufgefordert, noch etwas genauer zu Werke zu gehen. Was wollen wir eigentlich ausfindig machen? Ja: die dunklen Aspekte im Innern, die verhindern, daß wir uns selbst und andere Menschen lieben und die Liebe der anderen zulassen – all jene Seiten, die uns hemmen, so daß wir nicht die Liebe und das Glück finden, die wir uns wünschen und die wir auch verdient haben.

Wir halten Ausschau nach unseren Ängsten, den wütenden Reaktionen, Verletzungen und Schamgefühlen von früher – nach jenen verschütteten Empfindungen also, die vielleicht noch heute unser Leben in Mitleidenschaft ziehen. Sie haben ihre Ursache oft in der Beziehung zu den Eltern oder zu anderen Bezugspersonen, die einmal für uns wichtig waren. Häufig ist unser gegenwärtiges Verhalten sehr eng mit den früheren, nicht bewältigten Gefühlen verknüpft. Wir müssen diese emotionalen Wunden von gestern ausheilen lassen, um heute ganz frei zu werden.

Wir wollen ferner auch jene uns gar nicht bewußten Grundanschauungen aufspüren, die sich auf uns selbst und andere beziehen – und die noch immer unsere Lebensqualität wie auch unsere Beziehungen beeinträchtigen. Wir betrachten unsere gewohnten Verhaltensmuster — und entlarven besonders jene, die sich selbstzerstörerisch auswirken.

Wir achten auf unsere verborgenen inneren Pläne, die wir manchmal vor uns selbst geheimhalten.

Wir versuchen, alle Schuldgefühle — seien sie gerechtfertigt oder nicht — »auszugraben« und ans Licht zu bringen.

Wir sollten keine Angst haben vor dem, was da zum Vorschein kommt. Denn wir verrichten diese Aufgabe voller Liebe und Mitgefühl uns selbst gegenüber. Wir lassen alle Gefühle zu, die wir in bezug auf andere hegen und die wir uns gerade bei dieser inneren Inventur bewußt machen müssen; dennoch besteht unser Ziel immer darin, so gütig und wohlwollend wie nur möglich mit diesen Menschen umzugehen — vorausgesetzt, unsere Verdrängungsmechanismen werden dadurch nicht noch weiter verstärkt.

Anfangs fühlen wir uns so wütend, ja zornig, wie es eben sein muß — dann aber bemühen wir uns um eine versöhnliche Einstellung. Wir kehren weit genug in die Vergangenheit zurück, um sie schließlich hinter uns lassen zu können und innerlich ganz frei zu werden.

Sobald dieser Prozeß in Gang gesetzt ist, kommt es oft zum sogenannten »Schneeballeffekt«: Die innere Heilung nimmt ihren eigenen Verlauf, sofern wir dafür bereit und offen sind.

Bisher wurden in diesem Kapitel einige Methoden besprochen, wie dieser Schritt zu bewältigen ist. Aber die hier vorgebrachten Ideen und Vorgehensweisen sind nicht die einzig möglichen. Wenn Sie — oder Menschen aus Ihrem Bekanntenkreis — einen anderen Vorschlag parat haben, der vielversprechend erscheint, so sollten Sie es auch damit einmal versuchen.

Die Organisation von Al-Anon zum Beispiel veröffentlicht weltweit ihre Broschüre: »Blueprint for Progress« *(Anleitungen zum inneren Fortschritt)*: eine Art Checkliste, die vielen von uns nützlich sein kann, gerade im Hinblick auf den Vierten Schritt. Einige — wie etwa Louie Anderson — greifen zu einem anderen Hilfsmittel: Sie schreiben Briefe. *Dear Dad (Lieber Vater)* ist eine Sammlung von Briefen, die Anderson an seinen verstorbenen Vater gerichtet hat, der ein Trinker war. In diesen Briefen arbeitet er eine ganze Reihe von Gefühlen auf: zunächst seine Wut, dann die innere Verwirrung und schließlich die Liebe und Anerkennung, die er dem Vater zuteil werden läßt — und zieht in Betracht, welche Auswirkungen dessen Trunksucht auf sein eigenes Leben und seine Beziehung zum Vater hatte.

Andere wiederum nehmen einfach Papier und Bleistift zur Hand und fangen an zu schreiben.

»Bis jetzt habe ich dreimal die innere Inventur gemacht, die der Vierte Schritt fordert«, erzählt Jane. »Ich setze mich einfach hin, hole einen Block Papier hervor und schreibe, bis mir die Finger wund werden. Auf diese Weise komme ich gut voran.«

Einige sagen auch, daß sie die Arbeit an diesem Schritt lieber stückchenweise vorantreiben, anstatt ihre ganze Lebensgeschichte auf einmal zu bewältigen.

Wieder anderen nützt es, wenn sie — aufgrund ihrer schwerwiegenden Probleme mit der Vergangenheit — therapeutische Hilfe in Anspruch nehmen.

Ferner können Heilmassagen dazu beitragen, die im Gedächtnis aufbewahrten Botschaften zu untersuchen, zu durchleuchten und schließlich loszulassen, so daß der innere Genesungsprozeß weitergeht. Dieser Effekt kann natürlich auch durch andere alternative Formen der Gesundheitspflege erzielt werden.

Um es noch einmal zu wiederholen: Gefühle, Überzeugungen und schmerzliche Erinnerungen verschwinden nicht einfach schon deshalb, weil wir sie verdrängen und unterdrücken. Sie reichen tief ins Innere hinab und sind in jeder Faser, jedem Zellgewebe unseres Körpers gespeichert. Arbeiten wir sie nicht auf, kommen sie in Form bestimmter Verhaltensweisen immer wieder zum Ausdruck. In jedem Fall aber ist es möglich, seelisch wieder ganz gesund zu werden: und zwar auf derselben tiefen Ebene, wo wir so sehr verletzt wurden.

Machen Sie sich keine Gedanken darüber, ob dieser Schritt perfekt gemeistert werden kann. Seien Sie nicht in Sorge, ob Ihnen auch alles gut gelingt. Dieser Schritt wird funktionieren, wenn wir alles dafür tun, daß er funktioniert. Er wird innere Prozesse in Gang setzen und uns dem Ziel der inneren Reise näherbringen.

Entscheiden Sie sich also jetzt für eine der hier genannten Methoden, und wenden Sie sie an. Seien Sie dabei so ehrlich, wie es nur geht, und ganz offen. Seien Sie bereit, all das zu tun, was Ihnen im jeweiligen Augenblick richtig und passend erscheint. Sie brauchen sich nicht überfordert zu fühlen. Einige Menschen sind am Anfang ihres Heilungsprozesses derart selbstkritisch, daß sie erst einmal ein oder zwei Jahre warten müssen, um an diesem Schritt arbeiten zu können.

Selbst wenn Sie dafür noch nicht bereit sind, sollten Sie sich keinesfalls beunruhigen. Wie alle anderen Schritte wird auch dieser, der Vierte, Sie im rechten Moment »finden«. Sie werden wissen, wann es soweit ist.

OFFEN WERDEN FÜR DIE LIEBE

Ich brauchte Jahre, um im Rahmen des Heilungsprogramms für Co-Abhängige die Macht, Bedeutung und Wirkkraft des Vierten Schrittes zu erkennen. Lassen Sie mich kurz erzählen, was damals geschah und was dieser Schritt in meinem Leben bewirkt hat.

Als ich zum ersten Mal wagte, den Blick nach innen zu richten, war ich entsetzt. Bisher hatte ich es mir immer zur Aufgabe gemacht, mir selbst aus dem Weg zu gehen — und zwar um jeden Preis. Ich sehnte mich nach jeder Art von Abhängigkeit, Beziehung oder Zerstreuung und klammerte mich daran. Und all das geschah nur, weil ich Angst hatte — Angst vor den Entdeckungen, die ich machen würde, und vor den Gefühlen, die bei einer solchen Erforschung der tiefen Schichten zwangsläufig in Aufruhr wären. Vielleicht fürchtete ich mich auch davor, überhaupt nichts zu finden oder nur auf Finsternis zu stoßen.

Bevor mir der Vierte Schritt, dieses so wichtige Hilfsmittel, vertraut war, wußte ich überhaupt nicht, *wie* man eigentlich nach innen schaut.

Die erste Bestandsaufnahme meiner selbst war im Grunde primitiv und unvollständig. Gott sei Dank verlangt das Programm auch nicht mehr von uns; dennoch besaß dieses etwas anfängerhafte und dürftige Experiment in Sachen Selbsterfahrung genügend Überzeugungskraft, um mich ein für allemal auf den Weg der inneren Heilung zu befördern.

Es war völlig hinreichend.

Ich verfaßte eine Art Selbstbiographie. Ich schrieb alles auf, was mir zu meiner Person einfiel. Das Ganze war zwischen acht und fünfzehn Seiten lang. Ich fügte noch eine Liste jener Geheimnisse bei, die mich zutiefst beschämten. Damals bemühte ich mich eben, so gut ich konnte.

Als ich dann den Vierten Schritt erneut in Angriff nahm, ging ich schon etwas geschickter vor. Inzwischen hatte ich noch ein weiteres Jahr in Selbsthilfegruppen zugebracht. Mir war mehr bewußt, was mich quälte und welche Geheimnisse mir Unbehagen bereiteten: genau jene Dinge also, die ich bisher geflissentlich übersehen hatte. Diese neuen Einsichten flossen mit ein, als ich mich abermals am Vierten Schritt versuchte.

Dann begann die eigentliche Arbeit. Ich kam in ein Stadium, wo ich allmählich tief in mein Inneres vordrang. Dabei entstand zwar kein genereller Abriß über meine Kindheit, aber eine detaillierte Studie meiner seelischen und geistigen Verfassung — sowie jener Erlebnisse, die darauf einen prägenden Einfluß gehabt hatten.

Dieser Vorgang wurde zu einer täglichen Erfahrung: Ich fing an, mit dem Vierten Schritt *zu leben*. Das Leben selbst machte mir so lange zu schaffen, bis ich ganz in die Tiefe ging und am Ende wirklich *mich selbst* sah. Allmählich konnte ich jene Verhaltensweisen erkennen, durch die ich mir selbst geschadet hatte. Es war äußerst wichtig, mittels einer solchen Selbstbiographie die eigenen Handlungen zu untersuchen. Aufgrund dieser ersten Begegnungen mit dem Vierten Schritt wurden sozusagen die äußeren Schmerzschichten von meinem Herzen entfernt. Aber weiter innen lag noch viel mehr verborgen.

Diese furchtlose Suche, dieser Blick ins Innere, wurde zu einer notwendigen Prozedur, die mir vom Heilungsprogramm, vom Leben und von meiner Höheren Macht auferlegt wurde. Ich mochte das alles nicht sonderlich gern, aber ich lernte, es zu akzeptieren, es zu überstehen. Ich wollte andere Menschen, Tätigkeiten und alle möglichen Ablenkungen benutzen, um nicht mehr mit meinen Gefühlen konfrontiert zu werden. Selbst wenn ich gezwungen war, in mich zu gehen — weil ich mich einem Gott ausgeliefert hatte, der mich so sehr liebte, daß er eben das von mir verlangte —, hielt etwas in mir an der Überzeugung fest, daß mein Schmerz vorbei wäre, sobald ich meine Umstände manipulierte: also den Wohnort wechselte oder meine momentane Geistesverfassung änderte.

Aber dem war nicht so. Und gerade dafür bin ich dankbar. Denn dieses Leid war positiv — wie der Schmerz einer heilenden Wunde.

Schließlich setzte ich mich mit der Realität auseinander. Mir wurde klar, daß ich — egal wie ich meine momentanen Lebensumstände auch arrangierte — die eigenen Gefühle immer empfinden würde und den Tatsachen ins Auge sehen müßte: eben weil die Zeit reif dafür war. Endlich konnte ich seelisch gesund werden. Ich hatte es mir sehnlichst gewünscht. Und nun wurde mir das Geschenk zuteil: die innere Heilung.

Sie war manchmal qualvoll. Der Schmerz, mit dem ich am Ende konfrontiert wurde, hatte mich lange schon in Atem gehalten. Er war so schlimm wie die Botschaften, die ihn begleiteten; dadurch aber hatte ich ihn als solchen schon gar nicht mehr erkannt, genausowenig wie die negativen Botschaften. Ich fühlte nur ständig einen dumpfen »Lebensschmerz« — oder besser: dieses ganze Leid eines nicht wirklich gelebten Lebens.

Ich hatte Kummer, sehr großen Kummer, fühlte mich einsam und litt immerzu. Mein Herz war von so vielen Mauern umgeben, daß es mir unerträglich schien, von irgendwoher Liebe zu empfangen.

So lange schon hatte ich mich selbst verleugnet und meine Gefühle — gegenüber dem Vater, der Mutter, den Freunden und mir selbst — ignoriert, daß ich in Illusionen, ja in extremen Selbsttäuschungen befangen war. Das Gefühl, zurückgestoßen zu werden und todtraurig durch die Welt zu irren, ging einher mit der festen Überzeugung, nicht gut genug zu sein, niemals den Ansprüchen genügen zu können. Und all dies verbarg ich unter einem seltsam zweischneidigen Verhalten: Einmal fühlte ich mich völlig überlegen, dann wieder auf erbärmliche Weise unterlegen.

Als Kind wurde ich vernachlässigt: Man trichterte mir falsche Vorstellungen hinsichtlich meiner selbst ein, beschimpfte und mißachtete mich und enthielt mir viel von dem vor, was ein Kind für ein Minimum an Wohlbefinden braucht. Um all das zu überleben, mußte ich mich selbst schrecklich belügen. Ich hatte mich einer Art Gehirnwäsche unterzogen und war ständig dabei, das Verhalten jener Menschen zu entschuldigen, mit denen ich zusammenlebte.

Nicht diese Erfahrungen aber waren am schmerzlichsten, sondern meine diesbezüglichen Reaktionen: Ich verleugnete und verachtete mich selbst. Ich erwartete nur das wenigste vom Leben, weil ich tatsächlich glaubte, nur das wenigste verdient zu haben.

Ich sah, welch ungeheure Angst ich davor hatte, einfach nur dazusein, an den Bewegungen des Lebens ungehindert Anteil zu nehmen und den Tanz der Liebe mitzumachen.

Zwar redete ich mir ein, die Verbindung mit anderen Menschen zu suchen, aber im Grunde schreckte ich vor jedem intimeren Umgang zurück. Ich wollte, daß jemand kommt und alle Unbill von mir fernhält. Ich brauchte eine Festung, ein Versteck. Aber selbst die gestörten Beziehungen, in die ich mich flüchtete, boten mir keinen Unterschlupf. Nur Gott sandte weiterhin einen Lichtstrahl in mein Leben, offenbarte mir die Wahrheit über mich selbst, damit ich sie endlich akzeptierte.

Ich begriff, daß ich gegenüber dem geliebten Menschen so lange nicht meine Stärke geltend machen konnte, wie ich mich gegenüber meinen Eltern schwach fühlte. Ich war erst dann frei für die Liebe, als ich die alten Ketten zerbrach und das Recht auf eine eigene Existenz, eine eigene Lebendigkeit beanspruchte und mich selbst in der Welt willkommen hieß.

All das bereitete mir großen Kummer. Dadurch daß ich gezwungen war, allein dazustehen, für mich selbst einzutreten, die eigenen Regungen bewußt wahrzunehmen und das Leben ohne fremde Hilfe zu meistern, drohte ich in einem Meer von Gefühlen unterzugehen. Mein ganzes Leben hatte ich damit verbracht, sie zu vermeiden, meine geistigen Kräfte zu vergeuden und mit Hilfe des Intellekts mich selbst zu schützen. Dem emotionalen Teil meiner selbst — also den großen Herzensangelegenheiten — rückhaltlos ausgesetzt zu sein, tat so weh und bereitete mir derart viel Verdruß, daß ich schrie, jammerte und mehr als ein Jahr lang ständig nur vor mich hin quengelte.

Ja, diese bedrückenden Gefühle zwangen mich fast in die Knie. Immer wieder mußte ich tausend Qualen durchstehen, durchbrach die Verdrängungsmechanismen an einer Stelle, verfiel dann sofort in Wut und Zorn, bis ich schließlich die abgrundtiefe Traurigkeit und den bohrenden Schmerz akzeptierte. Er hielt nicht sehr lange an, und so hatte ich für einige Tage Ruhe. Bald jedoch begann das Ganze von vorn, als plötzlich ein anderes, bisher negiertes Problem zum Vorschein kam. So mußte ich jeden Verlust, der mir von Geburt an widerfahren war, noch einmal erleiden.

Das Leben bescherte mir fortwährend solche Erfahrungen, die ich brauchte, um den Blick nach innen richten zu können. Ich fühlte einen Zorn in mir aufsteigen, wie er mir bisher unbekannt war. Eine Sturzflut von Ängsten und negativen Überzeugungen ergoß sich über das Papier, das allmählich zum Stapel anwuchs.

Das Wort »Verdruß« vermittelt nur einen schwachen Eindruck jener Erfahrungen, die wir im Heilungsprozeß tagtäglich machen. Jedenfalls war ich mehr und mehr davon überzeugt, daß das auch schon alles war. Ich hoffte nur, diese Sache würde irgendwann beendet sein, damit ich mich wieder genauso fühlen konnte wie früher. Doch es sollten sich noch ganz andere Dinge ereignen.

Eines Abends, als ich mich in meine eigenen vier Wände zurückgezogen hatte, geschah etwas, was man als »spirituelles Schlüsselerlebnis« bezeichnen kann. Es fand in der Tiefe meines Herzens statt. Wie eine Flutwelle überwältigte mich die Erkenntnis, daß ich jedem Menschen, der zu meiner Vergangenheit gehörte, *verzeihen* mußte. Dieser Gedanke bemächtigte sich meines Geistes, als würde mir eine göttliche Unterweisung zuteil. Zugleich aber war er sehr menschlich, vergleichbar einer direkten Aufforderung wie: »Es ist höchste Zeit, zum Lebensmittelladen zu gehen.« Plötzlich wurde mir etwas sehr klar. Und sofort überflog ich die innere Liste der Menschen, denen ich unbedingt vergeben mußte. Sie wanderte sozusagen von meinem Kopf hinunter ins Herz, und dabei wurde jeder Name von einem genauso versöhnlichen wie liebevollen Gedanken begleitet. Dieses Verzeihen war ein Geschenk. Ich mußte nur bereit sein, es anzunehmen. Allerdings vermag ich nicht zu sagen, inwieweit ich selbst an diesem Prozeß überhaupt beteiligt war.

Eine Zeitlang hatte ich angenommen, diese innere Auseinandersetzung förderte nur Wutgefühle und Eingeständnisse zutage. Derartige Reaktionen waren gewiß wichtig — aber sie umfaßten eben nur einen Teil dessen, was sich abspielte.

Als alle Namen, Personen und versöhnlichen Gedanken mich gleichsam durchfluteten, fühlte ich, wie mir immer leichter wurde ums Herz. Ich konnte direkt miterleben, wie die Schwere, der Schmerz und jene »stählernen Träger« (von denen Deborah Mears im Eingangsgedicht spricht) sich auflösten. Die großen Bänder, die mein Herz beengt hatten, zerrissen und mein Innerstes, das bisher verschlossen war, öffnete sich.

Ja, mein Herz tat sich auf.

Als ich diese Erfahrung gemacht hatte, war mir klar: Ich mußte noch einem anderen Menschen vergeben. Es kostete viel Mühe, sich mit ihm auszusöhnen, ihn zu akzeptieren. Dieser Mensch war ich selbst.

Jahrelang hatte ich einen Schutzwall aufgebaut, mich in eine Art stählerne Rüstung gezwängt... Jetzt aber ist mein Herz offen — und zur Liebe fähig wie nie zuvor. Mein emotionales Zentrum ist nicht mehr »verstopft«. Die Gefühle bewegen sich wellenartig durch meine innere Sphäre: Sie kommen näher, zeigen sich, ebben wieder ab und verschwinden. Ich bin dankbar dafür, daß ich meine Gefühle ganz frei empfinden kann, und zwar alle. Eines darunter ist völlig neu, es ist mir noch nie untergekommen: die Liebe.

Sie ist so stark. Zum ersten Mal in meinem Leben erfahre ich, was unbedingte Liebe ist. Ich empfange sie von anderen. Ich empfinde sie für andere. Sie ist ganz verschieden von jener Liebe, wie ich sie früher kannte. Sie ist einfach überwältigend.

Zum ersten Mal verfüge ich wirklich über den *Raum*, mich selbst und andere Menschen zu lieben — und ihre Liebe zuzulassen.

Manchmal überkommt mich immer noch die Angst, aber sie geht durch mich hindurch wie all die anderen Gefühle, sobald ich sie zugebe und akzeptiere. Mein Herz öffnet sich der Liebe, der Freude, dem Frieden, der Traurigkeit, der Wut, der Angst — allem, was das Herz empfindet. Die scharfen, spitzen und stachligen Gegenstände wurden von ihm entfernt. Es ist ein gutes Herz, ein schönes Herz. Ich kann es schlagen hören: jetzt, in diesem Augenblick.

Es ist vorhanden. Manchmal fühle ich mich wie der Mann aus Zinn, der in *Der Zauberer von Oz* auftaucht. Endlich habe ich doch ein Herz. Ich lebe und kann lieben. Vielleicht besaß ich dieses Herz die ganze Zeit schon — aber ich nahm es erst dann bewußt wahr, als es gesund wurde.

Wenn ich jetzt sehe, wie die Menschen vor dem Vierten Schritt zurückschrecken, lächle ich sanft vor mich hin. »Ich habe ihn nicht vorschriftsmäßig bewältigt«, sagen sie, oder: »Ich sollte ihn wohl angehen, bin aber im Grunde noch nicht soweit.« »Ich bin bisher nicht dazu gekommen«, murmeln sie. Ich verstehe ihre Angst, aber ich verstehe auch den inneren Prozeß. Und wenn sie nur lange genug leben und an ihrer inneren Gesundheit arbeiten, dann werden sie sich am Ende den Vierten Schritt wohl genauso vornehmen müssen wie ich, ob sie dazu bereit sind oder nicht.

Hinterher aber werden sie froh sein, ihn schließlich doch bewältigt zu haben.

Ich erinnere mich, daß ich Gott bat, meine innere Genesung zu fördern und mir dabei zu helfen, den Vierten Schritt wirklich gut zu meistern, das heißt: die innere Inventur mit der gebotenen Sorgfalt durchzuführen. Gott antwortet auf jene Gebete, die zu unserem Besten sind — und zwar selbst dann, wenn wir sie schon wieder vergessen haben oder uns vor Gottes Antwort fürchten.

Wir arbeiten an diesen Schritten, um von unserem Schmerz, unserer Angst, unseren Schuldgefühlen und negativen Überzeugungen befreit zu werden; aber dazu müssen wir diese Gefühle erst einmal erkennen. Das ist die Aufgabe, vor die uns der Vierte Schritt stellt. Jene Menschen, die den Mut fassen, nach innen zu schauen, fühlen sich zugleich auch wohl mit sich selbst und dem Genesungsprozeß.

Der Vierte Schritt ist der Schritt der inneren Heilung. Der Schritt, der das Herz wieder gesund macht. Er kann das Leben verändern. Gehen Sie in sich, so tief, wie Sie nur können. Beginnen Sie mit der obersten Gefühlsebene, und lassen Sie sich dann durch das, was geschieht, weiter nach unten führen. Haben Sie keine Angst vor Ihren eigenen Entdeckungen. Unsere Erfahrungen mögen dunkel gewesen sein, doch unser innerer Kern ist licht und voll des Guten.

Arbeiten Sie am Vierten Schritt, so oft es nötig ist. Begreifen Sie diesen Blick nach innen als eine gewohnheitsmäßige Reaktion auf das Leben und auf alle Situationen, die es einem beschert — nicht jedoch als eine Gelegenheit, anderen die Schuld zu geben oder sich selbst für deren Reaktionen verantwortlich zu machen. Sie sollten dabei Ihr Wesen erforschen, verstehen und schätzen lernen — und sich dafür *verantwortlich fühlen*. Nehmen Sie sich diesen Schritt vor, um Ihre Stärke zurückzugewinnen und innerlich gesund werden zu können, so daß Sie dann unter allen Umständen sorgsam mit sich selbst umgehen.

Wenn uns nicht ganz klar ist, welches Problem gerade am dringendsten ist, bitten wir Gott, daß Er es uns zeigt. Fragen Sie Gott, wo jene wunden Punkte sind, mit denen Sie sich auseinandersetzen müssen. Gott wird Ihnen Antwort geben.

Wenn wir mutig genug sind, nach innen zu schauen und herauszufinden, was da vor sich geht, und uns so akzeptieren, wie wir sind — auch unsere dunklen Seiten —, werden wir merken, daß das innere und äußere Geschehen einen anderen Verlauf nimmt. Wenn wir jedoch unsere Schmerzen und Ängste nicht thematisieren, werden jene Verhaltensweisen, die wir als co-abhängig bezeichnen, oft noch verstärkt. Die innere Bestandsaufnahme ist ein entscheidendes Mittel, von den qualvollen Erfahrungen befreit zu werden und so das eigene Leben auf heilsame und gesunde Weise zu gestalten.

Oftmals beginnt unser Heilungsprozeß damit, daß wir mit

dem Finger auf andere zeigen. Der Schmerz treibt uns dazu, ungehalten, ja wütend zu sein und einen Schuldigen zu suchen. Wenn wir nur unsere Schuldzuweisungen loswerden wollen, um ein wenig erleichtert zu sein und das momentane Gefühl innerer Überlegenheit auszukosten, dann können wir ewig so weitermachen. Wenn wir aber vom Heilungsprozeß, vom Leben überhaupt mehr erwarten, kann die Lösung nur lauten: Wir müssen in uns gehen. Dann werden wir nicht mehr auf andere schauen, um den Schmerz loszuwerden und uns besser zu fühlen, sondern anfangen, uns selbst zu kurieren mit dem Beistand der Höheren Macht.

Man sagt, daß Alkoholiker an diesen Schritten wie besessen arbeiten, weil ihr Leben davon abhängt. Genauso verhält es sich bei uns. Sobald wir erkennen, was im Innern wirklich geschieht, werden wir bald in Erfahrung bringen, was für die Hege und Pflege unserer eigenen Person notwendig ist.

Seien Sie bei der Arbeit an diesem Schritt ehrlich, zugleich aber auch sanft und verständnisvoll gegenüber sich selbst.

Bisher haben wir getan, was wir unserer Meinung nach tun mußten, um zu überleben. Jetzt sind wir auf dem besten Weg, ein erfülltes Leben zu führen.

ÜBUNGEN

1. Haben Sie sich schon einmal mit Ihrer eigenen Herkunftsfamilie auseinandergesetzt — bzw. Ihre früheren Überzeugungen und Gefühle genauer betrachtet?
2. Haben Sie den Vierten Schritt bereits bewältigt? Haben Sie das Gefühl, mit Ihren Gefühlen und Problemen »auf dem laufenden zu sein«?
3. Hat einer der Vorschläge in bezug auf die Arbeit an diesem Schritt Ihre Neugier geweckt? Vielleicht möchten Sie sich ein vernünftiges Zeitmaß vorgeben, wann damit begonnen werden soll. Dieses Ziel können Sie schriftlich festhalten — und sich dann so viel Zeit lassen, wie es Ihnen richtig erscheint. Zum Beispiel schreiben Sie: »Den Vierten Schritt werde ich

innerhalb der nächsten achtzehn Monate angehen.« Oder: »Ich will diesen Schritt in den kommenden drei Wochen bewältigen.«

4. Fühlen Sie sich in einem Ihrer Lebensbereiche »blockiert«? Glauben Sie, es könnte nützlich sein, hier den Vierten Schritt einzuüben?

. . . und die Wahrheit wird
euch frei machen.

Johannes 8,32

FÜNFTER SCHRITT

»WIR GABEN GOTT, UNS SELBST UND EINEM ANDEREN MENSCHEN GEGENÜBER UNVERHÜLLT UNSERE FEHLER ZU.«

Fünfter Schritt der Anonymen Co-Abhängigen (CoDA)

Bevor ich mit dem Heilungsprozeß begann, kam mir nie der Gedanke, einem anderen oder mir selbst gegenüber ehrlich zu sein. Seit der Zeit, da ich sprechen konnte, war es völlig undenkbar, daß man mit sich selbst und den eigenen Gefühlen, Gedanken, Überzeugungen, Wünschen, Abneigungen aufrichtig umging.

Ein ehrliches Verhalten wurde mir nie beigebracht, und so konnte ich es auch nicht einüben.

Der innere Durchbruch kam erst, als ich im Rahmen meiner Heilbehandlung den Fünften Schritt erstmals in Angriff nahm. Indem ich mich Gott und einem anderen Menschen völlig offenbarte und dann mir selbst mit einer bejahenden, fürsorglichen und versöhnlichen Haltung begegnete, erlebte ich einen Bewußtseinswandel. Das Zwölf-Schritte-Programm »katapultierte« mich, wie es im *Großen Buch* der Anonymen Alkoholiker heißt, in eine andere Dimension des Lebens.

Dieses aufrichtige Selbstbekenntnis beschränkte sich nicht auf eine kurze Beschäftigung mit dem Fünften Schritt. Es griff auf andere Lebensbereiche über. Auch gegenüber meinem Therapeuten, den Freunden und der Gruppe wurde ich zunehmend ehrlicher. Dadurch veränderte ich mich. Ja, der Fünfte Schritt machte mich zu einem neuen Menschen. Diese innere Kehrtwendung wurde noch verstärkt durch die Lektüre eines Buches von

John Powell: *Why Am I Afraid to Tell You Who I Am (Warum habe ich Angst, Dir zu sagen, wer ich bin).*

Vor der Gruppe auszusprechen, was ich fühlte oder dachte, mich einem Freund vollständig mitzuteilen, war für mich genauso entsetzlich wie einem Geistlichen zu beichten, was ich alles falsch gemacht hatte. Aber bei dieser rückhaltlosen Selbst-Offenbarung, wie sie das Programm fordert, ging es für mich wirklich um Leben oder Tod.

Und ebenso wie bei meinen früheren Veränderungen bin ich mir auch diesmal nicht sicher, inwieweit ich selbst zu diesem Umschwung beigetragen habe. Die Wende geschah einfach, indem ich sie zuließ, mich innerlich öffnete und meine Lebensgeschichte ausbreitete. Die Ehrlichkeit erwies sich als ein Geschenk, an dem ich nur insofern beteiligt war, als ich den Mund aufmachte und — anfangs noch ganz unbeholfen — versuchte, den anderen Menschen mein Inneres zu enthüllen.

Ich kann mich noch gut daran erinnern, wie ich diesen Schritt zum ersten Mal praktizierte. Ich konnte nichts anderes entdecken als die negativen Überzeugungen, die Fehler, die Schwächen und all die schrecklichen Dinge, die ich bisher getan hatte. Aber vielleicht mußte ich damals gerade diese Seiten an mir erkennen. Der Geistliche, der dieser Aufzählung von Irrtümern lauschte, war sehr weise und mitfühlend. Bevor ich den Raum verließ, nannte er mir eine positive Eigenschaft, die ich trotz allem besaß.

»Melody, Sie wissen sehr wohl, daß Sie auch gute Qualitäten aufzuweisen haben«, sagte er.

»Wie bitte?«

Der Mann meinte, daß ihm etwas an mir aufgefallen sei, das durchaus zur Hoffnung berechtigte. Ich kann mich leider nicht mehr entsinnen, was es genau war. Vielleicht eine Art Durchhaltevermögen oder Entschlossenheit. Jedenfalls tat es einfach gut zu hören, daß da irgendeine positive Fähigkeit verborgen sein mußte. Allein das genügte schon, um die nächsten Jahre weiterzumachen, bis ich dann ganz allmählich auch andere gute Eigenschaften an mir erkannte.

Es war eine große Hilfe, jemanden zu haben, der mich akzeptierte und an mich glaubte. Dadurch konnte ich nach und nach eine bejahende und selbstsichere Einstellung gegenüber mir selbst entwickeln. Aber es reichte nicht aus, über meine Person: also meine Gefühle, Handlungen oder Überzeugungen, nur *nachzudenken*. Ich mußte all das auch *kundtun*, und zwar in aller Offenheit. Ich mußte mit Gott darüber sprechen. Ich selbst mußte mich zu meiner inneren Welt bekennen, sie annehmen und das Wagnis eingehen, einen anderen Menschen daran teilhaben zu lassen.

Dadurch wurde ich frei.

Davon handelt dieser Schritt.

Ich glaube, dieser Schritt hat zwei wichtige Konsequenzen. Zum einen fordert er uns auf, so konzentriert an ihm zu arbeiten, daß wir dann wirklich eine Art Selbstbekenntnis ablegen können; zum anderen führt er dazu, daß wir uns den Menschen, mit denen wir zu tun haben, auf angemessene Weise öffnen und ehrlich zu ihnen sind. Mit diesen beiden Aspekten wollen wir uns jetzt näher beschäftigen.

WIR GESTANDEN EINEM ANDEREN MENSCHEN...

Immer schon haben die Religionen verkündet, daß ein Sündenbekenntnis die Seele des Menschen positiv beeinflußt. Das stimmt und trifft insbesondere auch auf Co-Abhängige zu. Dennoch wollen wir diese Einsicht hier etwas anders und weiter fassen: Selbstbekenntnis, Ehrlichkeit und Verletzlichkeit sind wichtige Voraussetzungen dafür, daß wir uns und unsere Seele heilen.

Einige bezeichnen Co-Abhängigkeit als inneres Versagen, als Krankheit. Andere sehen sie eher als ein Problem an. Und wieder andere wissen überhaupt nicht, wie sie diesen Verhaltenskomplex nennen sollen. Manche wollen nicht einmal von »Co-Abhängigkeit« sprechen. Aber viele, einschließlich der Mitglieder von Al-Anon, verwenden in diesem Zusammenhang den Ausdruck »Krankheit der Seele«. Während des Heilungsprozesses üben wir solche Verhaltensweisen ein, die wir als »genesungsfördernd« betrachten. Wir versuchen, psychische und seelische Veränderungen herbeizuführen, die dann in unserem Leben und unseren Beziehungen zum Ausdruck kommen — vor allem aber auch in der Art und Weise, wie wir mit uns selbst umgehen.

Um damit anzufangen, ist es dringend erforderlich, daß wir die eigenen Scham- und Schuldgefühle, Ängste, Geheimnisse und alles, was uns sonst noch stört, was uns kleiner macht, als wir sind, was uns belastet, niederdrückt und Unbehagen bereitet, ausfindig machen, loslassen, ja loswerden und ein für allemal »abhaken«. Das geschieht am besten dadurch, daß wir zu sprechen anfangen und alles Innere »hervorholen«. Diese Methode ist einfach und sehr wirksam, um allmählich gesünder zu werden. Wir gestehen uns selbst, einem anderen Menschen und Gott die Wahrheit über uns ein, wobei wir eine selbstverantwortliche, bejahende und versöhnliche Einstellung an den Tag legen.

Den Mund aufzutun und die Wahrheit zu sagen hat eine fast magische, wenn auch zunächst erschreckende Wirkung. Es hat auch etwas sehr Heilsames. Der Gesundungsprozeß, den wir durchlaufen, besteht vor allem auch darin, die Verbindung zu unserem eigenen Wesen, zu der Höheren Macht und anderen Menschen wiederherzustellen. Dies erreichen wir nur durch Ehrlichkeit uns selbst gegenüber.

Wenn die Arbeit, die der Vierte Schritt verlangt, geleistet ist, wenn wir uns hingesetzt und die eigene Persönlichkeit untersucht haben, wird unsere Seele allmählich aufgerüttelt worden sein. Wir haben angefangen, sozusagen mit Hilfe ganz feiner Stahlwolle den inneren Abfall zu beseitigen, die tiefe Schmutzschicht wegzukratzen — all jene Dinge also, die uns vom gewünschten Leben fernhalten. Ganz gleich, auf welche Weise wir den Vierten Schritt angehen, ob wir ihn in geringem, mittlerem oder großem Umfang durchführen: Wir haben einige Teile sozusagen schon »eingeweicht«, und diese müssen nun sofort reingewaschen werden.

Sobald wir einmal damit begonnen haben, den »inneren Schmutz« abzulösen, wird er uns um so mehr ins Auge fallen. Wir spüren plötzlich sein ganzes Gewicht. Ganz bewußt nehmen wir nun unsere Gefühle, Bedürfnisse, Schuldgefühle und anderen

Bürden wahr, die wir mit uns herumgeschleppt haben. Wir müssen also einen Gesprächstermin festlegen, um all diese Dinge loswerden zu können. Wir müssen schnell zum Fünften Schritt gelangen, damit der Reinigungs- und Heilungsprozeß in aller Gründlichkeit vonstatten gehen kann.

Es ist wichtig, den Fünften Schritt bald nach Abschluß der inneren Inventur des Vierten Schrittes in Angriff zu nehmen. Einige empfehlen, den Zeitpunkt dafür schon *vor* der Arbeit am Vierten Schritt genau zu bestimmen, für den wir etwa zwei Wochen veranschlagen sollten. Sie empfehlen auch, mit diesem Vierten Schritt pünktlich zu beginnen und dann sofort die »Reinigungs-Stufe« anzusteuern. Egal, wie wir den Vierten bewältigen: Wir tun uns auf jeden Fall selbst einen großen Gefallen, wenn wir rasch zum Fünften übergehen. Bei den meisten Schritten ist keine Eile geboten; wir brauchen zum nächstfolgenden nicht »zu hetzen«. Aber dieser Abschnitt bildet eben jene Ausnahme, die die Regel bestätigt.

Der Fünfte Schritt wird normalerweise in der Form praktiziert, daß wir mit einer Person, die darauf spezialisiert ist, diesen Eingeständnissen zu lauschen, einen Termin vereinbaren — und zwar so bald wie möglich nach Beendigung des Vierten Schrittes. Dann sitzen wir in einem separaten Raum diesem Menschen gegenüber und fangen an zu erzählen, was wir im Verlaufe der Beschäftigung mit dem Vierten Schritt zutage gefördert haben.

Wir beginnen unseren Bericht mit einer Einstellung, die von Demut, Offenheit, Selbstverantwortung und Ehrlichkeit gekennzeichnet ist. Mehr und mehr werden sich dann die inneren Vorgänge weiterentwickeln und verselbständigen. Auf diese Weise nähern wir uns allmählich dem Eigentlichen: jenen wunden Punkten, die uns zu schaffen machen. Für viele von uns ist es das erste Mal, daß sie sich derart offenbaren.

Der Fünfte Schritt nimmt gewöhnlich eine Stunde in Anspruch, manchmal etwas mehr. Es kann sein, daß sich das Gefühl tiefer Erleichterung nicht sofort einstellt. Die meisten jedoch empfinden es relativ schnell. Wenn sie die Unterredung beendet haben, ist ihnen bedeutend leichter ums Herz. Bei einigen geht es vielleicht nicht ganz so schnell, aber sie stellen doch fest, daß dieser Schritt gewirkt hat. Sie kamen im Heilungsprozeß ein ganzes Stück voran, selbst wenn sie sich nun nicht plötzlich ganz anders fühlen.

Einigen werden regelrecht die Augen geöffnet: Sie stoßen auf Einsichten und verborgene Schuldgefühle, die sie vergessen hatten oder bestimmt nicht erörtern wollten.

Für andere ist es vor allem eine Erleichterung, daß ihnen jemand einfach nur zuhört.

»Es war wunderbar, daß jemand ganz gebannt meinem vierundachtzigseitigen Bericht lauschte, ohne einzuschlafen oder schockiert zu sein«, erzählt Jane. »Ich glaube, Gott war mir wirklich gnädig. Meine innere Bereitschaft hatte ja doch sehr zu wünschen übriggelassen. Ich tappte ziemlich im dunkeln.«

Es kommt auch vor, daß manche noch nicht gleich während der ersten Stunde zum Kern ihres Problems vorstoßen. Sie müssen sich dann noch einmal dem Vierten Schritt widmen, etwas genauer nachhaken und einen weiteren Termin mit ihrer Vertrauensperson festlegen.

Genauso wie Jane stellen wir manchmal fest, daß uns die eigene Innenwelt mitsamt ihren Problemen um so klarer wird, je länger wir schon im Heilungsprozeß sind. Es kann hilfreich sein, die Schritte Vier und Fünf so lange zu praktizieren, wie wir dadurch mehr über uns selbst und unser Verhalten in Erfahrung bringen und die Verdrängungsmechanismen allmählich sanft verschwinden.

Wie immer er abläuft, welche Ergebnisse er auch zeitigt: Wir können diesem inneren Prozeß vertrauen, der immer dann einsetzt, wenn wir uns um den Fünften Schritt ernsthaft bemühen. Im Rahmen des Programms wird eben nicht mehr von uns verlangt, als daß wir uns bei jedem der Schritte soviel Mühe geben wie möglich, damit er sich positiv auf unser Leben auswirkt.

Viele von uns — mich selbst eingeschlossen — finden heraus, daß die Arbeit an der eigenen Person schichtweise vonstatten gehen muß. Wir nehmen den Vierten und Fünften Schritt einmal pro Jahr in Angriff, tun dabei unser Bestes — und bewältigen dann eine weitere Gefühlsebene im folgenden Jahr. Als ich mit dem Heilungsprozeß begann, sah ich mich selbst nur schemenhaft; es gab viele Probleme, Geheimnisse, Scham- und Schuldgefühle, die mir zunächst überhaupt nicht bewußt waren. Um all dies wenigstens wahrzunehmen, mußte ich noch mehr Zeit in meine innere Gesundung investieren. Es war notwendig, eine Schicht nach der anderen freizulegen und sich jeweils mit dem auseinanderzusetzen, was gerade zum Vorschein kam.

Genauso, wie es wichtig ist, den Fünften Schritt bald nach der schriftlich fixierten Inventur unseres Inneren vorzunehmen, müssen wir auch sorgfältig jene Person auswählen, der wir unsere Eingeständnisse offenbaren. Einige entscheiden sich dafür, diese Arbeit am Fünften Schritt mit einem Geistlichen durchzuführen. Andere wiederum möchten das nicht. Manche wenden sich an die Vertrauensperson, mit der sie im Rahmen des Programms sowieso zu tun haben. Es gibt auch jene, die sich nach einem geeigneten Gesprächspartner erst einmal umschauen. Jedenfalls sollten wir es uns zum Kriterium machen, daß sich der oder die andere mit dem Fünften Schritt gut auskennt, diesen selbst schon bewältigt hat, wirklich zuhören kann und weiß, worauf es bei dieser Suche ankommt — uns also auf der inneren Reise beisteht und führt.

Den Fünften Schritt mit jemandem durchzuarbeiten, der keine Erfahrung damit hat oder keine genauen Richtlinien vorgibt, kann sich durchaus negativ auswirken. Ich habe das einmal im Beisein eines Geistlichen versucht, der mich beschämen und zu seiner Religion bekehren wollte. Als ich aus dieser Sitzung kam, fühlte ich mich schuldig und unsicher. Das heißt natürlich nicht, daß meine Auseinandersetzung mit dem Fünften Schritt als solche negativ war, sondern daß ich eben nicht jene Person gefunden hatte, die dafür die besten Qualifikationen mitbrachte.

Jack ist von Beruf Pfarrer und besucht seit sechs Jahren die Treffen der Al-Anon-Gruppe. Er gehört zu jenen Menschen, deren familiäre Beziehungen in der Kindheit durch Alkoholismus schwer gestört waren und die heute noch darunter leiden. Seine Frau hat mit dem gleichen Problem zu kämpfen und ist bereits seit acht Jahren bei Al-Anon.

»Ich habe den Vierten Schritt sozusagen ›in kleinen Portionen‹ bewältigt«, berichtet Jack. »Mein Ziel ist es, im nächsten Jahr den Vierten und gleich danach den Fünften Schritt so anzugehen, wie es das Programm verlangt. Aber in meiner Eigenschaft als Pfarrer werde ich — was diesen Fünften Schritt angeht — so lange nicht als Gesprächspartner für andere fungieren, wie ich ihn selbst noch vor mir habe.«

Um jenen Menschen ausfindig zu machen, der den Fünften Schritt mit uns durchgehen soll, kann es auch nützlich sein, auf die entsprechende Mundpropaganda zu achten. Wenn wir bei unserer eigenen Suche auf Schwierigkeiten stoßen oder irgendwie nicht weiterkommen, können wir uns in der Gruppe umhören und deren Empfehlungen dankbar entgegennehmen. Zudem haben wir die Möglichkeit, die für unsere Gruppe zuständige Zentrale zu kontaktieren. Wenn es eine solche nicht gibt, können wir uns jederzeit an Al-Anon wenden. Diese Organisation verfügt über 30 000 Gruppen in 100 Ländern.

Wir können uns auch mit kirchlichen Stellen in Verbindung setzen und nachfragen, ob dort jemand mit der Arbeit am Fünften Schritt vertraut ist. Oder wir suchen ein in der Nähe gelegenes Therapiezentrum auf und erkundigen uns, ob sie jemanden kennen. Wen wir uns auch aussuchen mögen, um unser Seelenleben zu offenbaren: Am geeignetsten ist jener Mensch, der — entsprechend ausgebildet — mit solchen »Beichten« schon häufiger konfrontiert wurde, der einen positiven Einfluß auf uns hat, der Hilfestellung leistet, damit wir wirklich auf den Punkt kommen, und der uns eine versöhnliche, mitfühlende, bejahende Haltung gegenüber der eigenen Person nahebringt.

Darüber hinaus müssen wir sicherstellen, daß der Mensch, der über unsere intimsten Geheimnisse unterrichtet wird, diese auch vertraulich behandelt.

Die meisten sind sich darüber einig, daß man einen methodisch durchgeführten Fünften Schritt nicht mit einem Nachbarn, Freund, Ehepartner oder einem anderen Familienmitglied in Angriff nehmen sollte. Das könnte ins Auge gehen, und wir fühlen uns dann vielleicht sogar erst richtig verletzt. Zwar lernen wir, offen und ehrlich zu sein, aber der fürsorgliche Umgang mit uns selbst bekundet sich auch dadurch, daß wir unser Gegenüber sorgfältig auswählen, damit die intimen Informationen nicht gegen uns verwendet werden und wir keinen Schaden davontragen.

Zudem ist es hilfreich, jemanden zu finden, der auch die guten und wertvollen Seiten an uns sieht — gerade dann, wenn wir selbst dazu noch nicht fähig sind.

Es ist oft erschreckend, die eigene Seele so zu durchforschen, wie der Vierte Schritt es verlangt. Und es macht einem Angst, in irgendeinem Büro oder Zimmer aufzukreuzen, um über sich selbst die unangenehmsten Dinge zu erzählen, die man auf so mühsame Weise unterdrückt hat. Das ist wirklich nicht leicht. Aber es ist möglich.

Manchmal stellen wir auch fest, daß diese schwerwiegenden Probleme (für viele von uns etwa ein früher begangener Diebstahl, für andere vielleicht die inneren Schwachpunkte und Fehler, die wir gemacht haben) bei Lichte besehen gar nicht mehr so schlimm erscheinen. Wir begreifen einfach, daß niemand perfekt ist — und daß dazu auch gar keine Notwendigkeit besteht. Aber wenn eine Sache uns wirklich beunruhigt und stört, müssen wir sie zum Vorschein kommen lassen, um nicht mehr von ihr verfolgt zu werden. Wir müssen unsere Probleme zur Sprache bringen. Je mehr sie uns zu schaffen machen, je tiefer sie in Schamgefühle und Selbsthaß münden, je übermächtiger sie werden, um uns und unser Leben zu kontrollieren, desto wichtiger ist es, daß wir sie aus uns »herausholen«.

Meine Richtlinie bei jeder Arbeit am Fünften Schritt lautet so: Das, was ich am allerwenigsten thematisieren möchte, muß ich am allernotwendigsten zur Sprache bringen — und zwar auf ehrliche Weise. Das, was mich am meisten beängstigt und beschämt, wenn ich es einem anderen erzähle, ist wahrscheinlich genau das, was ich gerade dann mitteilen muß — um innerlich gesund zu werden.

Als ich mich zum ersten Mal an diese Regel hielt, als ich zum ersten Mal über meine Geheimnisse sprach: meine Schuldgefühle, Ängste, wütenden Reaktionen und Schmerzen, die mich jahrelang gequält hatten — besonders dann, wenn sie durch mein eigenes Fehlverhalten verursacht worden waren —, dachte ich, die Wände würden einstürzen. Und wissen Sie was? Das geschah tatsächlich!

»Der Fünfte Schritt half mir, die Mauern einzureißen, die ich aufgebaut hatte«, sagt Jane. »Ich will sie nie mehr um mich haben. Denn hinter solchen Mauern starb ich — ging ich zugrunde an meinen Charakterfehlern. Ich selbst konnte diese Mauern nicht beseitigen, aber Gott gab mir ein Zeichen, wann der Zeitpunkt gekommen war, alle Schwächen einfach zu offenbaren.«

DIE GANZ ALLTÄGLICHE EHRLICHKEIT

Dieser Schritt verlangt nicht nur, daß wir ein Datum festlegen, an dem wir ihn vorschriftsmäßig angehen — sondern daß wir auch lernen, anderen Menschen offen und ehrlich Auskunft zu geben über uns selbst, und zwar so, wie es der Situation angemessen ist. Weiter oben in diesem Kapitel sprach ich bereits davon, wie ich selbst an diesen Schritt methodisch heranging und einem anderen Menschen erklärte, was ich alles falsch gemacht hatte. Diese Arbeit war jedesmal mühsam, ja beängstigend. Aber es war für mich noch viel schwieriger und schrecklicher, anderen und mir selbst regelmäßig klarzumachen, wer ich wirklich bin.

Es ist leicht, die eigenen Stärken zur Schau zu stellen und mit anderen zu sprechen, wenn es einem gutgeht, wenn man sich selbst in der Hand hat, wenn alles wie am Schnürchen läuft. Als ich von meiner Co-Abhängigkeit geheilt wurde, begriff ich, daß noch etwas ganz anderes wichtig ist. Um wirklich gesund zu bleiben, muß man nämlich im Gespräch mit anderen auch die Seiten zeigen, die man lieber geheimhalten würde: den Teil, der schwach ist, der sich fürchtet und Bedürfnisse hat, besonders nach zwischenmenschlichem Kontakt. Ich muß auch den Teil offenbaren, der schnell wütend wird und sehr empfindlich ist, der uneins mit sich und alles andere als perfekt ist.

Meine Co-Abhängigkeit hatte vor allem damit zu tun, daß ich glaubte, vollkommen sein zu müssen. Dadurch machte ich mich nur selbst verrückt — und verbarg vor mir wie vor anderen meine Fehler. Wenn ich davon überzeugt bin, daß es schlecht ist,

Gefühle zu haben, dann werde ich ihnen immer ausweichen und sie ganz gewiß nicht mit jemandem teilen. In der Zeit, als ich noch co-abhängig war, drehte sich fast alles um meine Unfähigkeit, die eigenen Bedürfnisse zu erkennen sowie verantwortlich mit ihnen umzugehen. Und im Heilungsprozeß ging es gerade immer wieder darum, diese zu spüren und den anderen Menschen begreiflich zu machen.

So wurde mir zum Beispiel bewußt, daß ich mich — mit meinem wahren Gesicht — den Menschen offen und aufrichtig zuwenden muß. Das fällt mir nicht leicht, aber ich lerne meine Lektion. Es ist viel einfacher, der Mensch zu sein, dem andere die Hand hinhalten, als derjenige, der selbst die Hand nach ihnen ausstreckt.

Wenn wir Hilfe brauchen und uns einem anderen öffnen, geht es der Seele gleich viel besser. Wir sind keine Plage. Wir fallen den Menschen nicht zur Last.

Ich habe folgendes gelernt: Je mehr ich mir meine eigenen Bedürfnisse eingestehe, desto weniger »bedürftig« (im negativen Sinn des Wortes) bin ich. Wenn ich verantwortlich mit ihnen umgehe, haben sie keine Gewalt mehr über mich. Wenn ich mich selbst soweit achte, daß ich die eigenen Bedürfnisse wahrnehmen kann, um ihnen dann auch gerecht zu werden — indem ich zum Beispiel eine Freundin anrufe und mit ihr über meine Gefühle spreche, eine Pause einlege und einen Spaziergang unternehme, Urlaub mache, am Samstagmorgen im Bett bleibe und Comics anschaue oder lange bade —, so werde ich damit auch leistungsfähiger.

Seitdem ich immer wieder methodisch am Fünften Schritt arbeite, bin ich für andere Menschen allmählich offener geworden. Ich begreife mehr und mehr, daß meine wahre Stärke in der Verletzlichkeit liegt.

Aber ich habe noch etwas anderes erfahren. Ehe ich nicht wirklich bereit bin, mich selbst, meine Gefühle, meine Wünsche und meine innere Stimme zu akzeptieren, kann ich auch keinen vertrauten Umgang mit jemand anderem haben. Erst wenn ich willens bin, mit Menschen das gleiche Wagnis einzugehen wie damals, als ich den Raum betrat, in dem ich mich selbst offenbarte, werde ich die Art von Beziehungen haben, die ich ersehne.

Ich spreche hier nicht davon, den Leuten meine Sünden zu beichten. Ich spreche davon, mein tiefstes Geheimnis mit jemandem zu teilen — mein Wesen.

Wenn ich mich den vertrauten Menschen nicht zu erkennen gebe, ist das im Grunde nur ein weiterer Versuch, sie zu kontrollieren — etwa in der Art: Wenn ich dir nicht sage, wie ich mich fühle, was ich möchte, wie ich denke, dann wirst du mich vielleicht mögen. Wenn ich so werde, wie du es gerne hättest, wenn ich mich ganz ruhig verhalte und nicht zu mir stehe, dann hast du mich bestimmt gerne. So kann ich den Verlauf unserer Beziehung bestimmen.

Das aber ist eine Illusion. Wenn ich mich nicht so zeige, wie ich wirklich bin, sind meine Beziehungen oberflächlich, ganz abgesehen davon, daß mein wahres Selbst sowieso irgendwann zum Vorschein kommt. Aber dann werde ich mich bereits ärgerlich, wütend, bedürftig fühlen. Es funktioniert einfach nicht, das eigene Leben vor den Menschen geheimzuhalten.

»Ich habe den Fünften Schritt einmal in aller Ausführlichkeit durchexerziert, aber ich praktiziere ihn auch in kleinerem Umfang gegenüber meinen Freunden«, berichtet Judy. »Und zwar dadurch, daß ich sie wissen lasse, was in mir vorgeht. Ich versuche sie auf dem laufenden zu halten.«

Wenn wir die Mauern einreißen wollen, die uns von den Menschen trennen, müssen wir zunächst einmal *unsere Mauern* beseitigen. Damit setzen wir unsere innere Stärke auf angemessene und wirksame Weise um.

WIR GESTANDEN GOTT UND UNS SELBST...

Im vorigen Abschnitt war die Rede davon, daß wir jemand anderem unsere Unzulänglichkeiten, Fehler, Irrtümer, Mißerfolge, Geheimnisse eingestehen. Wir sprachen darüber, daß wir unser Inneres: unsere Gefühle, Wünsche, Bedürfnisse, Gedanken, Sehnsüchte, mit anderen Menschen teilen müssen. Aber dieser Schritt hat noch zwei weitere Aspekte.

Wir müssen uns Gott offenbaren. Während unserer morgendlichen Meditation, in unserer nachmittäglichen Pause, im Verlaufe unseres abendlichen Spaziergangs müssen wir ganz ruhig, ohne viel Aufhebens, aber dennoch deutlich sagen: Lieber Gott, so bin ich; das habe ich getan; so denke ich; das hätte ich gerne; das brauche ich unbedingt; so fühle ich mich; das mache ich gerade durch; darüber bin ich besorgt; davor habe ich Angst; darauf hoffe ich; daran glaubte ich früher; damit komme ich nicht zurecht; das schaffe ich nicht; dafür benötige ich Hilfe. He, Gott, das bin ich.

Wir müssen gegenüber unserer Höheren Macht ehrlich und offen sein. Wenn wir dazu fähig sind, werden wir die höchste Form von Spiritualität erreichen.

Wir fallen Gott nicht dadurch zur Last, daß wir uns Ihm ausliefern. Denn genau das will Er ja. Er sorgt für uns, und zwar in großem Maße.

Daneben müssen wir *uns selbst* eingestehen, wer wir sind, was wir wollen, was wir getan haben. Wir müssen uns selbst klarmachen, worin unsere Fehler, Geheimnisse, Qualitäten und Überzeugungen bestehen. Wir müssen uns selbst bekennen, was wir wirklich fühlen, wovor wir Angst haben und wie unser Wesen beschaffen ist. Wir müssen die eigenen Verdrängungsmechanismen durchbrechen.

Wir müssen aufrichtig mit uns selbst umgehen.

SICH SELBST BEFREIEN

Oft komme ich in meinen Beziehungen und auch in bezug auf mich selbst an einen Punkt, wo alles dunkel und schrecklich ist. Dann zähle ich mir selbst die Gründe auf, warum ich nicht über das sprechen kann, was mir am Herzen liegt, warum ich nicht imstande bin, meine Bedürfnisse und Gefühle auszudrücken, warum ich nicht so bin, wie es meinem Wesen entspricht, warum es mir nicht möglich ist, Sorge zu tragen für mich selbst und glücklich zu sein. Wenn ich an diesem Punkt angelangt bin, gibt es unzählige Ursachen dafür, weshalb ich nicht auf andere zugehen kann, weshalb sie kein Interesse an mir zeigen — und weshalb ich mich nicht Gott offenbaren kann, denn auch Er will ja nichts von mir wissen... Ich möchte nicht in einem solchen Zustand sein, also verstehe ich auch nicht, warum es überhaupt soweit gekommen ist. Aber ich bin nun einmal in diesem Zustand. Und um aus ihm wieder herauszufinden, muß ich gerade jene Verhaltensweisen an den Tag legen, die ich mir selbst auszureden versuche: nämlich die Hand nach anderen ausstrecken, verletzbar sein, das aussprechen, was nötig ist, und mir selbst klarmachen, was ich akzeptieren muß.

Ich bin in mir selbst gefangen. Darauf kann es nur eine Antwort geben: Ich muß meine innere Stärke geltend machen, um mich selbst zu befreien.

Beschämt über meine Fehler, gerate ich aber auch noch in einen anderen Zustand, der genauso beängstigend ist. Dann bin ich von Furcht, Schrecken, Schuldgefühlen erfüllt, weil ich etwas Bestimmtes getan, weil ich einen Fehler gemacht habe. Ich habe Angst, zu bekennen und zu akzeptieren, wer ich bin. In einer solchen Lage überzeuge ich mich selbst davon, daß ich mich nur noch verstecken und meinen Fehler verheimlichen kann — vor mir selbst und vor den anderen.

Dies kann mir bei kleineren und bei größeren Irrtümern passieren.

Die Lösung dieses Problems ist die gleiche wie vorher. Das, worüber ich am wenigsten sprechen möchte, was ich am liebsten verbergen würde, ist zugleich genau das, was ich jemand anderem, der zuverlässig ist und mein Vertrauen genießt, sofort mitteilen muß. Es ist notwendig, all diese inneren Angelegenheiten ans Licht zu bringen; nur so wird man frei.

Auch nachdem wir den Vierten und Fünften Schritt (vielleicht sogar schon mehrmals) methodisch in Angriff genommen haben, auch wenn wir um unsere innere Heilung ernsthaft bemüht sind und versuchen, ehrlich zu bleiben, so werden wir doch mit den eigenen Ängsten, negativen Überzeugungen und tiefen Ressentiments konfrontiert. Wir machen weiterhin Fehler. Manchmal resultieren sie aus Entscheidungen, die wir in einer beklemmenden Lebensphase einfach treffen mußten, um zu überleben. Manchmal gehen sie auf Manipulationen zurück — oder sind bereits Ausdruck unserer Unehrlichkeit. Wir machen irgend etwas und fühlen uns im Grunde unbehaglich dabei; wir verstoßen gegen unseren eigenen Moralkodex — und »verstauen« dann das Wissen um die schlechte Tat mit all den Gefühlen, die damit zusammenhängen, tief in unserem Innern.

Eine Zeitlang können wir mit diesem Schuldbewußtsein leben, ohne besondere Notiz davon zu nehmen. Aber eines Tages kommt es wieder zum Vorschein. Da ist es nun, sozusagen direkt vor unseren Augen. Und die Liste unserer Ängste und Schamgefühle wird noch länger... Wir haben etwas falsch gemacht und diese Sache eine ganze Weile — manchmal sogar sehr lange — verdrängt, rational zu erklären versucht, gerechtfertigt. Jetzt geraten wir vielleicht in Panik. Was sollen wir tun? Wegrennen und uns verstecken? Weiterhin so tun, als wäre nichts? Oder wollen wir diese wunderbaren Schritte als Hilfsmittel benutzen, um uns aus der dunkleren Ecke des Menschseins zu befreien?

Vor nicht allzu langer Zeit ist mir genau so eine Geschichte passiert. Ich hatte etwas angerichtet und sofort verdrängt. Trotzdem tauchte die Sache eines Tages wieder auf, als ich gerade etwas Wichtiges erledigen mußte. Ich fühlte mich schrecklich, geradezu scheußlich. Was sollte ich tun? Ich überlegte einen Augenblick. Ich kann es doch keinem Menschen sagen. Was würde man von mir denken? Schließlich habe ich einige Bücher über die innere Heilung verfaßt — und dann so etwas! Eine ganze Weile stand ich da und wußte nicht weiter in meinem Dilemma.

Plötzlich kam mir die rettende Idee, als empfinge ich ein Geschenk. Ich mußte eine innere Inventur vornehmen, also meine Ängste und Überzeugungen aufspüren und feststellen, was ich wirklich falsch gemacht hatte. Ich mußte ohne zu zögern die Verantwortung dafür übernehmen; dann mich jemandem mitteilen: den Telefonhörer abnehmen und mir alles sofort von der Seele reden.

Ich rief zwei Vertrauenspersonen von der Gruppe an und erzählte ihnen, was geschehen war. Ich bat um klare Anweisungen (und bekam sie auch), in welcher Form die Wiedergutmachung erfolgen solle. Als ich dann den Schaden behoben hatte, konnte mich der Zwischenfall nicht mehr belasten. Ich fühlte mich befreit.

Dadurch wurde meine persönliche Entwicklung erheblich gefördert. Auf einer tiefinneren Ebene zog ich Nutzen aus dieser Erfahrung. Ich fühlte mich stärker, klarer. Und ich war mehr denn je von dieser Lebensweise überzeugt, die mit den Zwölf Schritten einhergeht.

Gott sei Dank gibt es unser Programm. Gott sei Dank brauchen wir nicht länger mit Schuld- und Schamgefühlen zu leben; müssen wir nicht mehr versuchen, perfekt zu sein; können wir jetzt getrost damit aufhören, uns vor uns selbst und den Menschen zu verstecken. Gott sei Dank besteht das Geschenk dieser Schritte darin, daß wir geheilt werden, zu einer selbstbejahenden Einstellung finden und eine tiefe Verbindung mit anderen, uns selbst und der Höheren Macht eingehen können.

Schließlich steht es uns frei, so zu sei, wie wir sind. Wir können darauf bauen: Wenn wir innere Fortschritte machen wollen, werden diese auch eintreten — indem wir jene einfachen Maßnahmen ergreifen, die das Programm verlangt.

DIE SCHRITTE ZUR INNEREN REINIGUNG

Wir machten eine gründliche und furchtlose Inventur in unserem Inneren. Wir gaben Gott, uns selbst und einem anderen Menschen gegenüber unverhüllt unsere Fehler zu. Viele Menschen verbinden den Vierten mit dem Fünften Schritt, weil diese im Grunde auch zusammengehören. So arbeiten wir an ihnen. Und so »finden« sie uns.

Lassen Sie zu, daß auch bei Ihnen der Fünfte Schritt unmittelbar auf den Vierten folgt. Lernen Sie, rasch offen zu werden — und Gott, einem anderen Menschen sowie sich selbst einzugestehen, was »heraus« muß: ein Gefühl, eine Überzeugung, eine neue Entdeckung hinsichtlich des eigenen Seelenlebens oder eine heimliche Missetat, von der Sie befreit und geheilt werden müssen, um tiefe Erleichterung zu empfinden.

Dies sind die beiden Schritte zur inneren Reinigung, zur inneren Befreiung.

Denken Sie sich den Vierten und Fünften Schritt als sehr praktische Utensilien, die fürs »Großreinemachen« benutzt werden, und bringen Sie die ganze Sache hinter sich. Das heißt, die Aufgabe besteht darin, geistig gesund zu werden, den inneren Frieden, die Selbstachtung wiederzufinden und erneut eine gesunde Beziehung und vertrauten Umgang mit uns selbst, anderen Menschen und der Höheren Macht zu haben.

Oft werden wir im Leben mit einer Aufgabe konfrontiert, die wir nicht ohne Hilfsmittel bewältigen können. Unter Umständen brauchen wir mehrere Stunden, um mit dem Fingernagel eine Schraube zu lockern — aber mit dem richtigen Schraubenzieher dauert es nur ein paar Sekunden. Stünden uns nicht die entsprechenden Hilfsmittel zur Verfügung, könnten wir aus eigener Kraft sicherlich nicht den Schaden wiedergutmachen und die Verletzungen auskurieren, die uns früher zugefügt wurden.

Die Schritte Vier und Fünf sind gleichsam unsere Werkzeuge, mit denen wir uns selbst befreien und heilen. Wir halten im Rahmen einer inneren Bestandsaufnahme fest, was uns zu schaffen macht, geben einem anderen Menschen, uns selbst und der Höheren Macht zu erkennen, inwiefern wir selbst zu diesem Mißgeschick beigetragen haben — und übernehmen die Verantwortung dafür. Wir fühlen uns verantwortlich für das eigene Tun. Wir akzeptieren uns so, wie wir sind, und sagen ja zu den jeweiligen Lebensumständen.

Diese beiden Schritte können je nach Bedarf angewandt werden. Wir können sie methodisch angehen, indem wir niederschreiben, was uns die innere Stimme eingibt, und einen Termin vereinbaren, um die Ergebnisse mit einer Vertrauensperson zu erörtern. Wir können aber auch ganz zwanglos an ihnen arbeiten, wann immer wir Dinge erleben, die unsere Aufmerksamkeit beanspruchen. Die beiden Schritte geben uns ein Rezept in die Hand, wie wir von unserer Vergangenheit, von alten, negativen Überzeugungen, unterdrückten Gefühlen, Fehlern und all den Dingen befreit werden, die wir nicht mehr mit uns herumtragen möchten.

Werfen Sie, voller Mitgefühl und Selbstverantwortung, einen Blick in Ihre innere Welt. Erkunden Sie diese, wenn möglich, ohne Angst. Man muß verantwortungsbewußt denken, sich auf gesunde Weise abgrenzen können und von der göttlichen Weisheit geführt werden, um diese Form von »Seelen-Untersuchung« durchführen zu können.

Es kann sehr nützlich sein, besonders jene Erlebnisse schriftlich festzuhalten, die uns in Verwirrung stürzen. Durch das Schreiben werden die verschütteten Gefühle klarer zutage gefördert. Verstärken Sie diesen Prozeß noch, indem Sie sich einem anderen Menschen mitteilen. Sprechen Sie zu Gott — und machen Sie sich selbst klar, was Ihnen am Herzen liegt.

Gestehen Sie einem anderen Menschen und der Höheren Macht ein, was Ihnen alles passiert ist. Gott ist vollkommen zuverlässig und vertrauenswürdig. Wählen Sie auch die Menschen dafür aus, bei denen Sie sich sicher fühlen, zu denen Sie Vertrauen haben können. Wenn Sie sich einmal selbst fragen und in sich hineinhören, wird Ihnen schon bewußt, wer das im einzelnen ist.

Lernen Sie, sich den Menschen zu öffnen — nicht nur einmal, sondern immer wieder. Denn unsere Schutzmechanismen hatten unter anderem zur Folge, daß wir uns im hintersten Winkel verkrochen. Dadurch wurden wir jener Freude beraubt, die sich gerade auch durch intimere Beziehungen einstellt.

Wir brauchen nicht jeden an unserem Innenleben teilhaben zu lassen. Es ist nicht gut, wenn man, ohne zu überlegen, alles von sich preisgibt. Aber wir müssen für einige wenige Menschen in unserem Leben offen und empfänglich sein. Und wir müssen uns eine ehrliche Einstellung — auch im Hinblick auf die eigenen Gefühle — zur Gewohnheit machen. Versuchen Sie also, vertrauten Umgang mit den Menschen Ihrer Umgebung zu pflegen und sich mit ihnen auszutauschen, wann immer es angebracht bzw. notwendig ist.

Lernen Sie, den Menschen zu sagen, wer Sie sind.

Bemühen Sie sich, eine aufrichtige und gefühlsbestimmte Beziehung zu sich selbst herzustellen, so daß Sie diese auch mit anderen aufbauen können.

Seien Sie bereit, die Methoden und Hilfsmittel, die in den

Schritten Vier und Fünf angeboten werden, auch anzuwenden. Dadurch nämlich leiten Sie innere Veränderungs- und Heilungsprozesse ein und können sicher sein, daß deren Wirkungen äußerst positiv sind: Das Zusammenleben mit anderen Menschen wird von Harmonie geprägt sein, und Sie bekommen ein gutes Gefühl in bezug auf sich selbst. Wenn Sie nicht wissen, inwieweit ein bestimmter Zwischenfall auf Ihr eigenes Konto geht oder mit wem Sie nun darüber sprechen sollen, dann sollten Sie Geduld haben: Die richtigen Unterweisungen werden Ihnen schon zuteil. Aber warten Sie auch nicht zu lange.

Diese Schritte erlauben uns, so zu sein, wie wir wirklich sind, uns selbst zu lieben, zu verzeihen — und dieses Verhalten auch dem anderen entgegenzubringen. Sie stellen sozusagen eine Formel dar, mit deren Hilfe wir in unseren Beziehungen zur Selbstachtung und gesunden Selbstliebe finden: nämlich indem wir auf unsere innere Stimme hören und ihr gegenüber genauso ehrlich sind wie gegenüber Gott und den Menschen.

Der Fünfte Schritt gestattet uns, menschlich, verletzbar und aufrichtig zu sein. Er läßt zu, daß wir Gefühle haben.

Bitten Sie Gott darum, daß Ihnen die eigenen Probleme enthüllt werden: das Unrecht, das Sie anderen und sich selbst angetan haben, die früheren und die heutigen Gefühle, die althergebrachten Überzeugungen, die destruktiven Verhaltensweisen — alles eben, was wir im Vierten und Fünften Schritt thematisieren müssen. Ich verspreche Ihnen: Die Verwirrung wird nicht lange anhalten.

Mit welchem Menschen Sie sich auch zusammensetzen, um diese Dinge zu klären, ob es jemand ist, der sich mit dem Fünften Schritt sehr gut auskennt, ein Freund, Gott oder ob es vielleicht sogar Sie selbst sind: Sie sollten in Ihrem Zwiegespräch eine eigenverantwortliche Haltung zeigen. Versuchen Sie, für die eigenen Gefühle, Bedürfnisse und Wünsche einzustehen. Bemühen Sie sich, für Ihren Bereich Verantwortung zu übernehmen, auch wenn das zur Folge hat, daß Sie die verletzenden Übergriffe eines anderen zurückweisen müssen. Im Gespräch mit diesem Menschen sollten Sie soviel Mitgefühl aufbringen wie möglich: für sich selbst und den Menschen, der Ihnen weh getan hat. Vergessen Sie nicht: Es ist leichter, Mitgefühl für den anderen zu zeigen, wenn man sich nicht mehr als Opfer fühlt. Aber bis dahin empfindet man kein Mitgefühl, sondern nur blanke Wut.

Verantwortung zu tragen für das, was gesagt werden muß, was der eigenen Wahrheit entspricht, ist eine Möglichkeit, sich selbst nicht mehr als Opfer zu fühlen.

Der Fünfte Schritt verlangt, daß wir die Wahrheit sagen. Machen Sie ihn sich zunutze, wann immer es nötig ist. Er wird Sie innerlich befreien.

ÜBUNGEN

1. Haben Sie den Fünften Schritt schon einmal methodisch durchgeführt und bewältigt? Welche Auswirkungen hatte diese innere Auseinandersetzung auf Ihr Leben und die Gefühle, die Sie in bezug auf sich selbst empfinden?

2. Teilen Sie Ihre innersten Regungen gewöhnlich jemand anderem mit? Wann haben Sie zum letzten Mal einen Menschen angerufen, dem Sie unbedingt etwas sagen mußten? Erzählen Sie den Menschen, was Sie jeweils gerade durchmachen — oder warten Sie damit so lange, bis Sie selbst das Problem gelöst haben, und stellen dann die anderen vor vollendete Tatsachen?

3. Gibt es im Moment jemanden in Ihrem Leben, mit dem Sie dringend sprechen müssen? Ist da etwas — ein bestimmtes Gefühl, ein Bedürfnis, eine wichtige Frage —, das Sie nicht thematisieren möchten, obwohl es notwendig wäre? Gehen Sie einem bestimmten Menschen aus dem Weg, weil Sie ihm Dinge zu sagen hätten, die nicht leicht über die Lippen gehen?

4. Haben Sie in den vergangenen Wochen sich selbst bzw. eine andere Person schlecht behandelt? Vielleicht sollten Sie jemanden ausfindig machen, der zuverlässig ist und Ihr Vertrauen genießt, um über all das zu sprechen, was Sie getan haben. Hernach können Sie sich dann auch Gott mitteilen.

5. Es wäre gut, wenn Sie nächste Woche an jedem Morgen, gleich nach dem Aufwachen, kurz auf Ihre Gefühle achteten. Oft

sind wir gerade in jenen ruhigen Augenblicken am empfäng-
lichsten, die vor unserer eigentlichen Tagesarbeit liegen. Prü-
fen Sie Ihren emotionalen Zustand. Nehmen Sie sich ein
wenig Zeit, um Gott — und auch Ihrem inneren Wesen —
darüber Auskunft zu geben. Innerhalb der nächsten vier
Stunden — wenn möglich auch früher — sollten Sie einem anderen Menschen sagen, wie Sie sich fühlen. Sie müssen diesen
Vorgang gar nicht problematisieren; geben Sie einfach nur bekannt, was in Ihnen vorgeht. Und im Verlauf des Tages
machen Sie das gleiche noch einmal: entweder am Ende der
Arbeit, kurz nach dem Essen oder später am Abend, wenn
der Lärm ringsum nachläßt.

6. Wenn Sie das nächste Mal von so einem starken Gefühl wie
   Schmerz, Angst, Wut, Freude, Lebenslust, Glückseligkeit
   »überfallen« werden, dann rufen Sie jemanden an und sprechen über Ihre Stimmung — *während* Sie sich noch in ihr
   befinden.

Ich muß immer erst aus Schaden klug werden. Aber wenn ich's mir recht überlege, geht es doch den meisten so. Selten habe ich jemand sagen hören: »Ich lerne leicht und schnell.«

Gary E.

SECHSTER SCHRITT

»WIR WAREN VÖLLIG BEREIT, ALL DIESE CHARAKTER-FEHLER VON GOTT BESEITIGEN ZU LASSEN.«

Sechster Schritt der Anonymen Co-Abhängigen (CoDA)

»Gestern abend war es schrecklich«, erzählt Sandy. »Erst war ich mit einer Frau zusammen, die über mich herzog, und ich hatte dem einfach nichts entgegenzusetzen. Ich stand nur da, hörte zu, wie sie immer weiter an mich hin redete. Ich war unfähig, das Wort direkt an sie zu richten. Und so fiel ich wieder in meine alte Lethargie zurück und ließ meinen Ärger auf diese Weise heraus.

Kurz darauf traf ich zufällig diesen Typ, mit dem ich vor einiger Zeit befreundet war. Aber ich hatte die Beziehung abgebrochen, weil er mich nicht gut behandelte. Nun war er mit einer anderen Frau zusammen. Die beiden sahen glücklich aus. Sie waren ein Paar. Ich dagegen fühlte mich einsam und, wie immer, nicht liebenswert.

Dann kam ich nach Hause, und das Telefon läutete: meine Mutter. Sie fing an, mich wegen irgendeiner Sache zu beschimpfen, und ich konnte nichts anderes tun, als mich insgeheim wegzustehlen.

Ich stürzte wieder in jene Verzweiflung, die ich von früher her kannte. Für einen Augenblick hatte ich den Wunsch, tot zu sein. Nach und nach bin ich ja zu der Überzeugung gekommen, daß ich erfolgreich sein kann im Beruf. Aber ich glaube nicht, daß ich Glück in der Liebe habe. Und ich glaube auch nicht, daß sich Gott um diesen Bereich meines Lebens kümmert. Ich fühle mich nicht begehrenswert. Tagtäglich sehe ich doch mit eigenen Augen die Beweise dafür, daß ich nicht zu mir selbst stehe.

Als ich dann versuchte, mit Gott über all diese Dinge zu reden, brachte ich nur heraus: ›Entschuldige. Es tut mir leid, lieber Gott, daß ich eine solche Enttäuschung für dich und jeden Menschen meiner Umgebung bin.‹

Aber heute morgen geht's mir etwas besser. Nur ist mir mein eigenes, co-abhängiges Ich so schmerzlich bewußt geworden. Ich glaube nicht, daß mein Liebesleben irgendwie positiv verlaufen wird. Eine meiner Grundüberzeugungen, an der ich nicht vorbeikomme, lautet: Für Gott und all die anderen bin ich weiterhin eine Enttäuschung.

Außerdem habe ich scharf erkannt, wie wenig ich in Gegenwart anderer Menschen meine Stärke geltend machen kann, wie wenig ich mir selbst vertraue. Jeden Tag habe ich immer wieder gemerkt, daß ich meine Meinung nicht äußere und im Zusammensein mit anderen nicht so gut mit mir selbst umgehe, wie ich es gerne möchte. Was soll ich nur machen? Wie kann ich diesen Zustand ändern?«

Ich dachte einen Moment über diese Bemerkungen meiner Freundin nach. Ohne schnoddrig zu sein und sehr darum bemüht, keine Klischees in Sachen Heilungsprozeß von mir zu geben, sagte ich: »Warum versuchst du es nicht einmal mit dem Sechsten und Siebten Schritt?«

»Ich habe an diesen Schritten bereits gearbeitet«, entgegnete sie. »Aber dadurch scheint alles nur noch schlimmer zu werden. Je mehr ich mich mit ihnen beschäftigte, desto klarer wird mir bewußt, was ich da eigentlich tue!«

»Gut«, erwiderte ich. »Dann kannst du jetzt einfach loslassen und dem inneren Prozeß vertrauen. Er funktioniert nämlich bestimmt.«

Ich glaube an die Schritte. Ja, ich liebe sie alle. Aber von den Schritten Sechs und Sieben bin ich ganz besonders angetan. (Wie Sie sicherlich schon bemerkt haben, scheint sich das Programm in einzelne Abschnitte zu unterteilen. Die Schritte Eins, Zwei und Drei gehören zusammen. Der Vierte und der Fünfte Schritt bilden ein »Paar« — genauso wie der Sechste und Siebte.)

Von allen Schritten werden vielleicht der Sechste und Siebte am wenigsten wahrgenommen und angewandt: Sie erregen das größte Mißtrauen. Zugleich sind es mit die mächtigsten Schritte des Programms. Durch sie werden wir grundlegend verändert, und zwar auf genauso unmittelbare wie wirksame Weise.

UNSERE SCHUTZMECHANISMEN

»Der Ausdruck ›Charakterfehler‹ ist mir zuwider«, meint Beth. »Ich formuliere diesen Schritt lieber so: ›Wir waren völlig bereit dafür, daß Gott uns heilt.‹ Ich glaube nämlich nicht, daß wir etwas deshalb tun, weil wir fehlerhaft oder schlecht wären. Vielmehr verhalten wir uns auf co-abhängige Weise, weil wir verletzt wurden. Es ist eine Beleidigung, so jemandem zu sagen, daß er oder sie unzulänglich sei oder gesündigt habe oder den Anforderungen nicht genüge. Auch in meiner Version dieses Schrittes ist es niemandem gestattet, sich selbst oder andere Menschen weiterhin zu verletzen — aber sie scheint mehr von Mitgefühl geprägt zu sein.«

Ob wir nun von »Charakterfehlern« oder von »Schutzmechanismen« sprechen — wonach suchen wir eigentlich, wenn wir diesen Schritt praktizieren? Wovon soll Gott uns heilen? Was lassen wir bereitwillig los?

— Die Art und Weise, wie wir Menschen im Griff haben,
— das Kontrollverhalten,
— das manipulative Vorgehen,
— unser Bedürfnis, zu kontrollieren und zu manipulieren,
— die Verzweiflung,
— unsere Ängste,
— Gefühle von früher, die uns blockieren,
— negative Überzeugungen, die uns einengen,
— die ewigen Sorgen,

- unser Bedürfnis, andere für den eigenen Schmerz verantwortlich zu machen,
- die Einstellung, auf das eigene Glück immer nur zu warten.

Wir sind nun allmählich bereit, unsere Angst vor dem beherrschenden Einfluß der anderen abzulegen, die bei vielen von uns genauso groß, wenn nicht noch größer ist als der Wunsch, die Menschen zu kontrollieren oder zu manipulieren. Wir lassen nicht mehr zu, daß andere über uns, unser Leben und unser Glück bestimmen.

Wir sind bereit, unser übermäßig fürsorgliches Verhalten aufzugeben — konzentrieren uns also nicht mehr auf die Probleme, Fragen, Gefühle, Bedürfnisse, Entscheidungen, Lebensweisen der anderen und glauben auch nicht mehr daran, daß wir verantwortlich für sie sind.

Wir sind bereit, von den Problemen befreit zu werden, die dieser ungesunden Fürsorglichkeit zugrunde liegen: daß wir uns zum Beispiel nicht angemessen und selbstbewußt von anderen abgrenzen können; daß wir die eigene Person nur sehr verschwommen wahrnehmen und kaum wissen, wie man verantwortlich mit sich selbst umgeht und wo der Verantwortungsbereich der anderen anfängt.

Wir sind bereit, die Überzeugung aufzugeben, daß andere einfach inkompetent sind und sich gar nicht um uns kümmern können.

Wir sind bereit, hinter uns zu lassen:
- eine niedrige Selbstachtung,
- die Vernachlässigung der eigenen Person sowie die Überzeugung, daß wir weder verantwortungsbewußt noch fürsorglich mit uns selbst umgehen können,
- den Wunsch, andere mögen sich um uns kümmern bzw. die Verantwortung für uns übernehmen,
- die Selbstverachtung,
- den Selbsthaß,
- mangelndes Selbstvertrauen,
- mangelndes Vertrauen zu Gott, zum Leben und zum Heilungsprozeß,

— unsere Vertrauensprobleme mit anderen Menschen (sei es, daß wir dem Falschen vertrauen, sei es, daß wir dem Richtigen nicht vertrauen),
— unsere Süchte,
— unsere Schuldgefühle,
— unsere Scham, jenes durchgängige Gefühl, daß wir mit uns selbst nicht im reinen sind.

Wir sind bereit, die Unfähigkeit loszulassen, für uns selbst einzustehen; nachzudenken; zu fühlen; so zu sein, wie wir sind; Sorge zu tragen für uns selbst und das Leben zu genießen. Wir sind bereit, die Schwierigkeiten loszulassen, die dadurch entstehen, daß wir gegenüber anderen Menschen keine vernünftigen Grenzen setzen.

Wir sind bereit, den Widerwillen loszulassen, der uns davon abhält, die eigenen Gefühle zu empfinden und mit ihnen klarzukommen, also
— unsere Schwierigkeit, die Wut zu thematisieren und herauszulassen,
— unsere Unfähigkeit, Freude und Liebe zu empfinden,
— unsere negative Einstellung, Hoffnungslosigkeit und Verzweiflung,
— unsere Angst vor der Freude und vor der Liebe,
— unsere Angst vor jeder Art von Verpflichtung,
— unser engstirniges Denken, unser verschlossenes Herz,
— unsere Vorliebe für Menschen, die wir nicht erreichen können, und für ungesunde Lebensformen,
— unser Bedürfnis, nicht intakte Beziehungen zu pflegen,
— unser Bedürfnis nach Perfektion,
— unsere Mißhandlungen, die wir aus der Kindheit mitgebracht haben,
— unser Bedürfnis, Opfer zu sein, und unsere Mitschuld an solchen Ungerechtigkeiten.

Wir sind bereit, unsere Angst vor Intimität und Nähe loszulassen sowie jene Verhaltensweisen, die eine gesunde Beziehung vereiteln. Wir sind bereit, unsere sexuellen Ängste und Probleme loszulassen.

Wir sind bereit, die inneren Blockaden und Hindernisse abzubauen, die jedes freudige und liebevolle Gefühl verhindern — selbst wenn wir diese nicht genau benennen können. Wir bitten Gott darum, alles zu beseitigen, was uns von den Belohnungen des Lebens trennt, die wir verdient haben. Wir bitten Ihn, daß er uns die geistigen Sperren bzw. Schwächen zeigt, die wir bereitwillig überwinden müssen — und zwar alle.

Wir sind bereit, von unserer Vergangenheit: von bisher nicht aufgearbeiteten Schuld- und Wutgefühlen, von dem Schmerz und dem Kummer angesichts so vieler erlittener Verluste, befreit zu werden. Wir sind bereit, die negativen Überzeugungen loszulassen, an denen wir infolge unserer früheren Erfahrungen immer noch festhalten: daß wir nicht liebenswert, eine Enttäuschung, eine Last, nicht gut genug, dumm, unwürdig, ein problematischer Fall, eine Plage seien.

Wir sind bereit, all unsere »Du-hast-es-nicht-verdient«-Formeln loszulassen: Du hast keine Liebe, kein Glück, keinen Erfolg verdient; du verdienst es nicht, einen neuen Hut, einen neuen Mantel, ein neues Auto zu bekommen; du verdienst es nicht, daß man dir zuhört, sich um dich kümmert, daß du Spaß hast oder das Leben genießt.

Wir sind bereit, die ganze »Co-Abhängigkeits-Kiste« loszulassen. Welche Entdeckung wir während unserer Arbeit am Vierten und Fünften Schritt auch gemacht haben, worüber wir uns im Verlauf unseres täglichen Heilungsprogramms auch bewußt werden, was immer wir nicht mögen, nicht wollen, nicht ausstehen können, weshalb wir uns auch hilflos fühlen und womit wir gerne »fertig« wären: Wir sind allmählich bereit, dieses ganze »Paket« loszulassen.

Alles, was uns nicht länger nützt; jede Verhaltensweise oder Überzeugung, die uns behindert: Bereitwillig befreien wir uns davon.

Je weiter wir diesen inneren Ablösungsprozeß vorantreiben, desto nachhaltiger sind die heilsamen Wirkungen, die sich dann einstellen.

Wenden Sie diesen Schritt nicht nur im Hinblick auf Ihre Charakterfehler an. Er funktioniert auch bei Ihren Gefühlen — und diese sind alles andere als Mängel. Wenn wir uns in einem bestimmten Gefühl — insbesondere in Angst, Wut, Groll, Kummer oder Traurigkeit — »verfangen«, können wir die Bereitschaft aufbringen, es einfach loszulassen.

Eine Freundin fragte mich einmal, was wir alles loslassen müssen.

»So ziemlich alles«, sagte ich ihr. »Sogar die guten Dinge, die wir ersehnen.«

Wir sind auf einer Reise, auf der kein schweres Gepäck gefragt ist. Ohne Ballast sollen wir unseren Weg gehen.

Ich habe erfahren, daß dieses Loslassen das A und O ist: Ich lasse meine Wünsche, Abneigungen, Bedürfnisse, meinen Drang nach Veränderung, meine Gefühle los; aber auch meine Tagesordnung, meine Pläne, Zeiteinteilungen, Hoffnungen, Träume und Ziele. Ich muß Menschen, Beziehungen, Projekte loslassen. Wenn nicht, stelle ich erneut fest, daß ich sie allesamt kontrollieren will — aber gerade das funktioniert nicht. Der Akt des Loslassens ist dem Gefühl der Angst diametral entgegengesetzt.

Was für eine Zeitverschwendung, werden einige jetzt vielleicht sagen. Erst sollen wir ein bestimmtes Bedürfnis, einen Wunsch, eine Empfindung wahrnehmen, ja ganz genau beleuchten — und dann wieder preisgeben? Wäre es da nicht einfacher, das alles von vornherein zu ignorieren, einschließlich der Gefühle, die wir dabei haben, wenn wir am Ende sowieso loslassen?

Vielleicht, aber der innere Prozeß läuft nicht nach diesem Schema ab. Erfolg, Gesundheit, Freude: Sie stellen sich erst dadurch ein, daß wir die Hindernisse *überwinden*. Wir müssen zunächst loslassen, um dann die Früchte unserer Arbeit ernten zu können.

Keine Verhaltensweise ist zu wichtig oder zu unbedeutend, als daß wir sie nicht mit Hilfe dieses Schrittes untersuchen könnten. Wenn wir ihn praktizieren und wirklich bereit dazu sind, all unsere Schutzmechanismen von Gott beseitigen zu lassen, finden im Innern schon die ersten Veränderungen statt.

DIE BEREITSCHAFT, INNERLICH LOSZULASSEN

Wenn der Heilungsprozeß an bestimmten Stellen in eine Art Kampf ausartet, wenn es schwierig wird und wir dabei frustriert und ausgelaugt sind, so meistens dann, wenn uns all jene inneren Mechanismen bewußt werden, die früher einmal einen Schutz darstellten — die sich aber jetzt nur noch als selbstzerstörerisch erweisen. Das ist genau der Zeitpunkt, an dem wir bereit sein müssen, alles loszulassen.

»Ich gehe durchs Leben und merke immer wieder, wie sehr ich Kontrolle ausübe«, sagt Jan. »Ich höre einfach nicht auf damit. Ständig wird mir klar: Jetzt kontrollierst du schon wieder.«

Ich verstehe diese Reaktion sehr gut.

Wir haben uns vielleicht schon jahrelang auf eine bestimmte Weise verhalten, ohne uns dessen bewußt zu sein oder tiefgreifende Folgen wahrzunehmen. Plötzlich sind wir an dem Punkt, wo sich etwas ändern muß. Allmählich fällt uns dieses Verhalten auf. Wir gehen dagegen an, wieder und wieder. Wir sehen, wie sehr es uns zu schaffen macht, und fühlen unsere Hilflosigkeit, unsere Hoffnungslosigkeit, weil wir unfähig sind, es anders zu machen. Und wir fragen uns, wie sich das alles je ändern soll.

Gerade dann dürfen wir nicht vergessen, daß die inneren Veränderungsprozesse bereits in vollem Gange sind. Jetzt, in diesem Augenblick, sind wir im Begriff, zu einem anderen Menschen zu werden. Unser Heilungsprogramm funktioniert eben genau so und nicht anders.

Manchmal ist mir ein bestimmtes Verhalten derart zuwider, daß ich das Gefühl habe zu platzen, falls es noch ein einziges Mal zum Vorschein kommt. Dann aber benehme ich mich meistens doch wieder so, und zwar nicht nur einmal, sondern mehrmals.

Auf diese Weise wächst unsere innere Bereitschaft, dieses Fehlverhalten zu unterbinden. Weil es uns immer stärker bewußt wird, werden wir wachgerüttelt, manchmal sogar mit aller Gewalt. So macht das Leben auf sich selbst aufmerksam. Es bringt uns etwas zum Bewußtsein; diese Einsicht akzeptieren wir schließlich — und werden verändert. Unsere Aufgabe besteht vor allem darin, die alte Gewohnheit loszulassen und dafür bereit zu sein, daß Gott sie endgültig beseitigt.

Bei einigen von uns ist diese innere Bereitschaft erst Resultat einer »schweren Geburt«.

Ich habe festgestellt, daß es um so schwieriger wird, mit mir selbst und einem bestimmten Problem zu Rande zu kommen, je näher ich seiner Lösung bin. Es ist in aller Deutlichkeit zu erkennen. Es zwickt mich regelrecht. Ich komme einfach nicht daran vorbei. Der Gedanke, je etwas zu ändern, überhaupt irgendwie anders zu sein, treibt mich zur Verzweiflung. Aber allmählich lerne ich: Dies ist der Moment, um dankbar zu sein — und zwar dafür, daß ich so bin, wie ich bin; daß Du, Gott, so bist, wie Du bist. Ich danke Dir für dieses Programm, das mir zu verstehen gibt: Ich bin nicht auf mich allein gestellt. Und ich danke Dir auch deshalb, weil ich genau jenes Entwicklungsstadium erreicht habe, das mir immer schon vorbehalten war.

Ich danke Dir für dieses Problem, dieses Fehlverhalten, und dafür, daß nicht ich es überwinden kann — sondern Du.

Danke, daß ich nur eines tun muß: bereitwillig loslassen.

Und danke, daß ich jetzt schon fühlen kann, wie sich in mir etwas verändert.

Wir müssen nicht allzu verbissen kämpfen, um die Bereitschaft zu erlangen, innerlich loszulassen. Denn sie ist, wie die Veränderung auch, ein Geschenk.

Wir können an dem Punkt beginnen, wo wir gerade stehen, und als der Mensch, der wir im Augenblick sind — das genügt, um das Programm für uns arbeiten zu lassen. Wir können auch Gott oder jemand anderen um Hilfe bitten, damit es uns gelingt, endlich loszulassen.

Gewöhnlich bemühe ich mich sehr angestrengt darum, mein Leben zu ändern. Ich empfand den Heilungsprozeß fast als Belastung, jedenfalls war er immer mit harter Arbeit verbunden. Aber im Grunde bestand diese zumeist darin, daß ich mir ständig Sorgen machte wegen der Dinge, die ich tat bzw. nicht tat, oder daß ich einfach nur herumfuhrwerkte. Ich krempelte die Ärmel hoch, fing an zu schwitzen und — rührte mich nicht von der Stelle.

Eines Tages rief mich eine Freundin an. Ich jammerte und beklagte mich über eine ganz bestimmte Schwäche, die mir gerade wieder einmal bewußt geworden war. Ich glaube, es ging darum, daß ich Angst hatte vor der Liebe, vor dem intimen Umgang mit anderen Menschen.

»Was soll ich nur tun?« fragte ich. »Wie intensiv muß ich wohl an diesem Problem arbeiten — jetzt, da es mir so deutlich klargeworden ist?«

»Aber Melody, warum machst du es dir nicht etwas leichter und überläßt dich einfach dem Gang der Dinge?« meinte sie. »Du mußt nur bereit sein, dieses Problem loszulassen und zum nächsten Schritt überzugehen: Gott wird dann alles weitere erledigen. Warum hörst du nicht endlich auf, derart angestrengt an dir selbst zu arbeiten, und genießt lieber dein Leben?«

Ich befolgte ihren Rat und kam zu folgender Einsicht: Ich brauche bei weitem nicht so viel Mühe zu investieren. Ich kann meinem täglichen Leben nachgehen und die alten Gefühle ganz normal zum Vorschein kommen lassen. Dann öffne ich mich, um von ihnen befreit zu werden. Genauso gehe ich mit meinen Verhaltensweisen um, ob sie nun kaum merklich oder äußerst lästig sind. Ich brauche um meine innere Heilung nicht zwanghaft besorgt zu sein.

Ich habe diesen Schritt bei unzähligen Verhaltensweisen angewandt: zum Beispiel wenn ich lernen mußte, einen engeren Kontakt zu anderen herzustellen, meine Gefühle zu empfinden und auszudrücken — oder unter allen Umständen sorgsamer mit mir selbst umzugehen. Ich habe ihn mir zunutze gemacht, als ich lernte, zu mir selbst zu stehen, gegenüber anderen Menschen gesunde Grenzen zu setzen — und herauszufinden, wie man, verdammt noch mal, eine gesunde Beziehung mit jemandem anfängt. Ich habe auf ihn zurückgegriffen, wenn sich meine negativen Überzeugungen wieder bemerkbar machten: daß ich nicht gut genug, nicht liebenswert sei und besser gar keine Gefühle haben sollte.

Seither arbeite ich mich nicht annähernd so sehr auf — und mache mir keine Sorgen mehr darüber, wie ich mich wohl verändern werde. Ich bin jetzt fähig, klar zu erkennen, was ich loslassen möchte, und alles zu tun, daß ich dafür auch bereit bin. Dann öffne ich mich, und die Veränderungen geschehen wie von selbst.

Ich lerne, jene Phasen, in denen sich meine innere Bereitschaft entwickelt, mit mehr Wohlwollen, ja mit mehr Würde willkommen zu heißen.

Auch Sie können das lernen.

Diese Bereitschaft zum Loslassen kann einem nicht beigebracht werden. Und doch kann jeder von uns sie lernen, und zwar durch ständiges Üben. Seien Sie unbesorgt. Wenn Sie lange genug Gesprächs- und Therapiegruppen aufsuchen, werden Sie auch dahin kommen.

Ihre innere Bereitschaft wird ganz gewiß wachsen.

Obwohl wir leiden, sträubt sich vielleicht etwas in uns dagegen, die eigenen Schutzmechanismen oder Charakterfehler beseitigen zu lassen. Unter Umständen haben wir Angst vor dem, was dann übrigbleibt, und wissen nicht, ob wir noch über genügend Substanz verfügen werden, sorgsam mit uns selbst umzugehen. Diese Reaktion ist völlig normal. Es kann sein, daß uns diese Schutzmechanismen das Leben gerettet haben. Irgendwann einmal waren sie vielleicht unser einziger Rettungsanker, ohne den wir sang- und klanglos untergegangen wären.

»Ich wollte meine ganzen Fehler behalten«, erzählt Patty. »Ich war geradezu froh, als mir klar wurde, daß ich nicht die ganze Zeit ein so wunderbarer und freigebiger Mensch sein mußte. Ja, ich konnte endlich ganz schön fies und ekelhaft sein und brauchte mich manchmal um nichts zu kümmern. Es dauerte einige Zeit, bis ich zu unterscheiden lernte zwischen den Fehlern, die genauer unter die Lupe genommen werden müssen, und jenen, die einfach zu mir, zu meiner Persönlichkeit, dazugehören.«

Also: Machen Sie sich keine unnötigen Gedanken. Was wir tatsächlich brauchen, bleibt uns auch erhalten. Und welche Fehler auch beseitigt werden mögen: Es kommt statt dessen etwas Besseres.

Ich verstehe gut, wie sehr man an den eigenen Schwächen hängen kann. Schließlich haben wir sie schon lange. Sie haben uns geholfen, irgendwie durchs Leben zu kommen. Indem wir eben keine Gefühle zeigten, konnten wir mit unerträglichen Situationen besser fertig werden. Die negative Grundhaltung bewahrte uns vor Enttäuschungen. Weil wir so sehr um andere besorgt waren, wuchs unsere Selbstachtung ein wenig, und das Leben bekam plötzlich einen Sinn. Und wir mußten Kontrolle ausüben, um eine Aufgabe zu haben, ja um überleben zu können.

Der eigenen Vergangenheit zu entfliehen mag für uns genauso dringend notwendig sein wie für den biblischen Lot, der mit ansehen mußte, wie seine Frau, nachdem sie hinter sich geschaut hatte, zur Salzsäure erstarrt war. Dieser Rückblick, diese Auseinandersetzung mit früheren Geschehnissen wurde auch uns vielleicht verboten, und auch wir haben gewiß schreckliche Angst davor.

Wir haben unseren — co-abhängigen — Verhaltensweisen vertraut wie guten Freunden. Aber sie haben sich nun gegen uns gewandt. Was früher einmal einen Schutz darstellte, bringt uns heute ins Verderben.

Wir können einen besseren Weg wählen. Wir können auf diesen Sechsten Schritt zählen — und den inneren Prozessen vertrauen, die durch ihn ausgelöst werden. Falls wir nicht bereit oder willens sind, unsere Fehler, einen Menschen oder *sonst irgend etwas* loszulassen, können wir unsere Höhere Macht bitten, daß sie uns dazu fähig macht.

DER SCHRITT, BEI DEM WIR ALLES LOSLASSEN

Eines Morgens erwachte ich voller Angst, von seelischem Schmerz gepeinigt. An den zurückliegenden freien Tagen war ich wegen einer bestimmten Sache, die mit meiner Vergangenheit zusammenhängt, zutiefst betrübt gewesen. Mein Vater hatte angerufen, und zum ersten Mal redeten wir wirklich offen über jenen Tag, da er mir seinen Entschluß mitteilte, die Familie zu verlassen.

Obwohl ich erst drei Jahre alt war, kann ich mich noch gut an diesen Vorfall erinnern. Als wir nun darüber sprachen, kamen all die damals unterdrückten Gefühle wieder hoch. Schließlich fühlte ich mich so, wie es vor mehr als dreißig Jahren nötig gewesen wäre.

Infolge dieses morgendlichen Gefühlsschmerzes legte ich wieder — wie schon so oft — mein Co-Abhängigkeits-Verhalten an den Tag. Ich hatte Angst. Ich befürchtete, auf immer und ewig in diesem Zustand gefangen zu sein. Und so geriet ich regelrecht in Panik.

Ich überlegte, wie man mit Hilfe irgendwelcher Eingriffe in der Außenwelt diesen Schmerz beseitigen könnte. Natürlich wollte ich wieder damit anfangen, Menschen und Dinge nach Belieben zu manipulieren; dadurch hoffte ich mich besser zu fühlen.

Dann aber lag ich einen Moment lang ganz still da und ging innerlich den Sechsten Schritt durch. »Hilf mir, daß ich bereit bin, die Angst, den Schmerz, die Panik, das mangelnde Vertrauen und alle anderen Empfindungen, in die ich verstrickt bin, loszulassen«, sagte ich. »Mach, daß ich dieses ganze Leid hinter mir lasse, anstatt andere Menschen dazu zwingen zu wollen, daß sie es beenden oder meinen Gefühlszustand ändern.«

Darauf vertrauend, daß mein Gebet erhört wurde, daß ich mich besser fühlen und auf ganz natürliche Weise verändert werden würde, stand ich dann auf und ging meinen gewöhnlichen Beschäftigungen nach.

Und mein Vertrauen wurde belohnt.

Dies ist kein Programm, in dem wir alles selbst machen. Andererseits verzichten wir auch nicht auf unsere Eigenverantwortung — sondern lernen, Gott genauso zu vertrauen wie diesem inneren Prozeß und uns selbst. Wenn es Zeit ist, das eigene Leben zu ändern, so wird es auch geschehen. Wir werden die dafür nötige Kraft gewinnen sowie über die nötige Unterstützung und Befähigung verfügen. Im Augenblick besteht unsere Aufgabe allein darin, die Bereitschaft zum Loslassen aufzubringen.

Immer mehr komme ich zu der Einsicht, daß selbst diese innere Bereitschaft sich wie von selbst entwickelt, wenn wir nur offen sind.

Die Lektionen, die gelernt werden müssen, verschwinden nicht einfach. Sie kehren immer wieder, bis wir sie dann »intus haben«. Sobald die Zeit für Veränderungen reif ist, fällt es uns im

Grunde schwerer, den Status quo aufrechtzuerhalten, als das Leben neu zu gestalten.

Dieser Schritt erlaubt es, daß wir uns tief entspannen, Vertrauen haben und die innere Bereitschaft aufbringen. Er gestattet uns, so zu sein, wie wir sind, und den Veränderungsprozeß willkommen zu heißen.

Im bereits genannten *Großen Buch* der Anonymen Alkoholiker wird empfohlen, daß wir uns nach der Arbeit am Fünften Schritt zurückziehen und Gott darum bitten, unsere Charakterfehler und Schwächen zu beseitigen. Es ist also wichtig, diesen Sechsten Schritt wirklich gründlich einzuüben, nachdem die Schritte Vier und Fünf bewältigt worden sind.

Dies ist der Schritt, durch den wir lernen, innerlich loszulassen. Er läutet unsere tiefgreifende Veränderung ein. Er bewirkt, daß wir allmählich damit anfangen, jene Dinge von unserer Höheren Macht in Empfang zu nehmen, die wir wünschen und brauchen. Seien Sie also bereit, alles, was Sie behindert, stört, beunruhigt, erdrückt oder verwirrt, alles, was Sie nicht kontrollieren können, loszulassen. Seien Sie willens, das aufzugeben, was Ihren Wünschen zuwiderläuft, aber auch das, was nur Ihren eigenen Wünschen entspricht. Sodann gehen Sie über zum Siebten Schritt und warten ab, was geschieht.

ÜBUNGEN

1. Mit welchen problematischen Überzeugungen, Verhaltensweisen, Gefühlen, Wünschen oder Bedürfnissen haben Sie im Moment am meisten zu kämpfen? Vielleicht sollten Sie sich allmählich klarmachen, daß Sie mehr und mehr dazu bereit sind, diese nun loszulassen.

2. Inwiefern wäre Ihr Leben anders, wenn Sie davon ausgingen, daß Sie sich nur zu entspannen brauchten, damit dieser innere Heilungsprozeß ungehindert vonstatten gehen kann?

3. Stellen Sie eine Liste all jener Punkte zusammen, die in Ihrem Leben anders sein sollten. Beziehen Sie auch solche Dinge mit ein, die Sie nicht mehr tun oder ganz neu in Angriff nehmen

wollen, ferner auch jede Art von Auseinandersetzung mit der eigenen Familiengeschichte, wie Sie sie vorantreiben möchten, und auch das, was Sie gerne bekommen und haben würden. Setzen Sie auf diese Liste alles, was Ihnen in den Sinn kommt und was in Zukunft zum Bestandteil Ihres Lebens werden soll. Dann legen Sie die Liste wieder weg und lassen *alles* los, was darauf steht.

4. Glauben Sie, daß man Gott wie auch diesem Prozeß, der als innere Heilung bezeichnet wird, rückhaltlos vertrauen kann?

Es gibt ein paar Eigenschaften, die wir loswerden, und einige Dinge, die wir verändern müssen. Dabei brauchen wir aber weder zu verzweifeln noch extrem rücksichtslos oder aggressiv zu werden. Auf dem Weg in ein sinnvolles und glückliches Leben werden sich viele Dinge von selbst ändern — und an den anderen können wir im weiteren Verlauf immer wieder arbeiten. Als erstes aber müssen wir unsere innere Natur anerkennen und ihr vertrauen, ohne sie je aus dem Auge zu verlieren. Denn im häßlichen Entlein verbirgt sich ein Schwan und im geschmeidigen Tiger jener Retter, der den Weg kennt — und in jedem von uns ist etwas Besonderes, das wir unbedingt bewahren müssen.

Benjamin Hoff: *Das Tao von Pooh*

SIEBTER SCHRITT

»DEMÜTIG BATEN WIR IHN, UNSERE MÄNGEL VON UNS ZU NEHMEN.«

Siebter Schritt der Anonymen Co-Abhängigen (CoDA)

Mein Leben wie auch meine Co-Abhängigkeit bestanden zum großen Teil aus Angst: vor Menschen, vor dem Leben, vor meiner Vergangenheit, vor Gott, vor dem Heilungsprozeß — und vor mir selbst.

Gerade wegen dieses Schrittes hatte ich vor dem Heilungsprozeß Angst. Einerseits wollte ich, daß Gott meine Mängel beseitigt; andererseits war ich mir aber nicht sicher, ob dann überhaupt noch etwas von mir übrigbliebe.

Würde Gott vom Himmel herabsteigen und mit einem Schlag mich von all dem befreien, was mir ähnlich sah? Würde ich zu einer Heiligen werden? Oder zu einer leeren Schale? Zugleich aber war mir ziemlich klar, daß ich keinen großen Verlust erleiden konnte, denn ich schätzte mich selbst sehr gering ein. Ich fühlte mich ja schon wie eine leere Schale. Daß jetzt auch noch die Mängel von mir genommen werden sollten, die ich als Co-Abhängigkeit bezeichnete, kam mir ein bißchen wie die endgültige Vernichtung vor.

Was würde mit mir geschehen? Was für ein Mensch wäre ich dann? Hätte ich eine eigene Persönlichkeit? Oder verwandelte ich mich in eine Art »Gesundheits-Roboter«, der immer nur die gleichen Formeln herbetet und süß vor sich hin lächelt? Kämen mir all jene Eigenschaften abhanden, die mich zu einem einzigartigen Wesen machen? Und meine Leidenschaft — bliebe sie auf der Strecke?

Das Zitat am Anfang dieses Kapitels ist länger als üblich — aber das hat seinen Grund. Es mußte in dieser Form belassen werden, weil seine Botschaft sehr wichtig ist.

Ja, es gibt einige Eigenschaften — an Ihnen, an mir —, die wir loswerden müssen. Aber wir müssen auch den Menschen bewahren, der wir sind: also unser inneres Wesen und all die Charakterzüge, Qualitäten und Eigenheiten, die uns von anderen unterscheiden und unverwechselbar machen.

Gerade wenn wir an diesem Schritt arbeiten, kommt Gott bestimmt nicht mit einem Staubsauger herab, um unser ganzes Inneres »aufzusaugen«. Er nimmt keinem die eigene Persönlichkeit. Er beseitigt nicht unser *Selbst*.

Gott »entfernt« nur jene Eigenschaften, die mich behindern und davon abhalten, so zu sein, wie ich bin.

Einige von diesen, die besonders schädlich sind, werden ganz beseitigt, viele werden auch nur »auf den Kopf gestellt«. Unser zwanghaftes Verhalten zum Beispiel hat etwas sehr Negatives; aber ein solcher Charakterzug birgt oft auch einen positiven Aspekt. Von der ganz anderen Seite betrachtet, im »Urzustand«

sozusagen, erscheint er uns als Entschlossenheit und Standfestigkeit.

Einige meiner Schwächen mußten hier und dort korrigiert bzw. abgemildert werden. Die übermäßige Fürsorge etwa, die dazu führt, daß wir zu sehr auf andere fixiert sind und uns dadurch vernachlässigen, ja regelrecht schaden, kann sich in gesunde Liebe verwandeln, die wir für uns selbst und auch andere empfinden. Diese wird sich dann auf fruchtbare und lebenspendende Weise bekunden, so daß wir uns selbst genauso achten wie die Menschen in unserer Nähe.

Ich habe gelernt, daß die Angst einfach ganz verschwinden kann — es sei denn, sie muß mich gerade davor warnen, nicht in einen näherkommenden Lastwagen hineinzulaufen.

Auch habe ich gelernt, daß meine Persönlichkeit nicht ausgelöscht wird, wenn ich meine Charakterfehler loslasse. Im Gegenteil: Dadurch kommt sie überhaupt zum Vorschein und kann sich — seit meiner frühen Kindheit zum ersten Mal — in aller Pracht entfalten.

DEMÜTIG BATEN WIR IHN...

Abgesehen davon, daß wir uns vor den Konsequenzen fürchten, die eine solche Beseitigung der eigenen Charakterfehler hat, daß wir nicht wissen, was dann mit uns geschieht, muß bei diesem Schritt im Grunde nur ein Punkt genauer erörtert werden. *Demütig bitten wir Gott, unsere Mängel von uns zu nehmen.* Das heißt nicht, daß wir Gott anschreien, damit Er uns endlich zu einem anderen Menschen macht. Es heißt auch nicht, daß wir irgendwelche Forderungen stellen — oder wimmern, zu Kreuze kriechen, betteln, flehen, ständig bitten sollen.

Dieser Schritt besagt: Wir erkennen an, daß Gott die alles beherrschende Macht ist. Damit bestätigen wir den Unterschied zwischen Ihm und uns: Gott ist allmächtig; wir sind es nicht und brauchen es auch nicht zu sein. Es gibt so manches, was unsere Kräfte übersteigt. Zum Beispiel sind wir nicht fähig, uns selbst grundlegend zu ändern.

Und so bitten wir Gott, die Dinge für uns zu bewerkstelligen, die wir allein nicht schaffen.

Demütig bitten wir Ihn, unsere Mängel von uns zu nehmen.

Es hilft, wenn wir »bitte« sagen.

DEM INNEREN PROZESS VERTRAUEN

Als ich das erste Mal diesen Schritt praktizierte, befolgte ich genau die Anweisungen, die im *Großen Buch* gegeben werden. Ich zog mich in ein Zimmer zurück und schloß die Tür. Ich bat meinen Schöpfer, all meine Mängel von mir zu nehmen. Das wollte ich wirklich, obwohl mir diese Vorstellung auch Angst einjagte. Ich war bereit, jene Eigenschaften beseitigen zu lassen, die ich während meiner Arbeit am Vierten und Fünften Schritt erkannt und erörtert hatte. Ja ich war sogar bereit, von all dem befreit zu werden, was dabei unter den Tisch gefallen war und um so mehr einer Revision bedurfte. Auch diese Schwächen zählte ich auf.

Eine Zeitlang dachte ich in Ruhe über all das nach. Kurz darauf verließ ich den Raum wieder und fragte mich, was nun wohl geschähe. Würde mich der Blitz der Erleuchtung treffen? Würde ich heute abend zu Bett gehen und morgen früh als ein anderer Mensch erwachen? Könnte ich mich dann noch wiedererkennen?

Und: Inwieweit *mußte* ich mich eigentlich ändern? War damit gemeint, daß ich von nun an perfekt sein sollte? Ich verstand einfach nicht den inneren Prozeß, den ich in Gang gebracht hatte. Und selbst heute ist er mir noch nicht ganz klar, aber ich habe gelernt, ihm zu vertrauen.

Es ist dies ein allmählich ablaufender, heilsamer und spiritueller Prozeß. Er tut nicht weh — zumindest nicht mehr, als notwendig ist, um von alten Verletzungen kuriert oder auf etwas aufmerksam gemacht zu werden. Er fügt sich — auch wenn er schmerzlich ist — sehr gut in unser Innenleben ein; wir müssen nur willens sein, die eigenen Gefühle zu empfinden, anstatt sie abzulehnen, und die Bereitschaft aufbringen, unsere Waffen zu strecken.

Jedenfalls habe ich gelernt, daß dieser Prozeß nicht schlagartig vonstatten geht.

Auch brauchen wir nichts zu befürchten.

Im Laufe der Jahre werden wir verändert. Man muß nicht krampfhaft versuchen, dies auf eigene Faust zu versuchen. Und man wird durch diesen Schritt nicht sofort zu einem anderen Menschen. Aber er löst im Innern etwas aus.

Nach und nach wurde ich mir meiner übermäßigen Fürsorge, meines Kontrollverhaltens, meiner Angst und meines Kummers bewußt, den ich früher nie aufgearbeitet hatte. Es kam nicht alles auf einmal zum Vorschein. Zuallererst erkannte ich, wie sehr ich einen bestimmten Menschen kontrolliert hatte. Ich hörte nicht sogleich auf damit. Aber das Problem war mir deutlich geworden. Und dann sah ich, wie ich einen anderen Menschen »überwacht« hatte. Wieder wollte ich von diesem Verhalten nicht ablassen. Aber immerhin hatte ich bereits etwas eingesehen.

Dann kämpfte ich eine Weile − vor allem mit mir selbst. Ich versuchte, die anderen nicht mehr zu kontrollieren − ohne Erfolg. Oder wenn es mir schließlich doch gelang, so hatte ich doch weiterhin den *Wunsch*, in der alten Manier fortzufahren. Also strengte ich mich noch mehr an. Fehlanzeige. Schließlich streckte ich die Waffen. Ich wehrte mich nicht mehr und gestattete mir, einfach so zu sein, wie ich bin.

Das ist der Augenblick, in dem uns Geschenke zuteil werden. Zum Beispiel gewinnen wir plötzlich inneren Abstand − und lassen los. Oder wir gelangen zu der tiefen Erkenntnis, daß es einfach unmöglich ist, andere Menschen zu beherrschen. Das heißt nicht, daß wir unsere Sache perfekt gemacht hätten oder nun alles auf einmal offenbart bekommen. Aber mit den Jahren lernen wir, einfach loszulassen, anstatt immer nur weiter Kontrolle ausüben zu wollen.

Es ist auch nicht gesagt, daß das Bedürfnis und der Wunsch, alles fest im Griff zu haben, ein für allemal verschwunden ist. Für mich und die vielen Menschen, die in diesem Buch bereitwillig über ihr Leben berichten, stellt das eigene Kontrollverhalten auch noch im weiteren Verlauf des Heilungsprozesses das größte Problem dar.

Einige dieser Geschenke nehmen wir gerne entgegen. Bleiben Sie einfach immer sehr aufmerksam. Machen Sie sich noch mehr Dinge bewußt. »Ertappen« Sie sich bei bestimmten Verhaltensweisen. Aber nehmen Sie sich auch den Freiraum, etwas zu lernen und innerlich zu wachsen. Entwickeln Sie im Umgang mit sich selbst eine gewisse Sanftheit, ein Mitgefühl, das Sie an Ihre Menschlichkeit erinnert. Und lassen Sie die tiefen Veränderungen einfach geschehen.

Ich habe festgestellt, daß sich manchmal meine schwerwiegendsten Probleme als sehr nützlich erweisen können. Als Kind zum Beispiel war ich oft allein. Abgesehen von ein paar Freunden hatte ich zu kaum jemandem Kontakt. Während die anderen Kinder zur Schule gingen und gemeinsam heranwuchsen, war ich jahrelang immer wieder krank und mußte zu Hause bleiben. Isoliert von den anderen saß ich da und lernte. Auch später hat mich diese Zeit innerlich stark beschäftigt.

Als ich jedoch diesen Lebensabschnitt mit all seinen unguten Auswirkungen akzeptiert hatte und fähig war, dankbar für ihn zu sein (obwohl das nicht ganz meinem eigentlichen Gefühl entsprach), konnte ich sehen, was für ein Geschenk mir dadurch zuteil geworden war. Indem ich lernte, allein zu sein, für mich zu lernen, eigenständig zu denken, wurden jene Charakterzüge ausgebildet, die mich heute dazu befähigen, meinen Beruf als Schriftstellerin auszuüben. Eine negative Erfahrung verwandelte sich in einen positiven und wichtigen Bestandteil meines Lebens.

Ich empfinde eine große Ehrfurcht davor, wie wir aufgrund einer dankbaren, bejahenden Haltung sowie durch die Arbeit am Programm verändert werden können — gerade auch im Hinblick auf jene Eigenschaften, die uns am meisten zu schaffen machen.

Jahrelang habe ich mir selbst alles Gute und Schöne vorenthalten — manchmal ohne jeden Grund oder weil ich mich eben als Märtyrerin empfand. Als ich jedoch imstande war, diese Fähigkeit zu steuern, konnte ich auch eine bestimmte Zeit lang Entbehrungen ertragen, um ein langfristiges Ziel zu erreichen.

Ich bin vielen Co-Abhängigen begegnet, die ständig leer ausgingen, dagegen ankämpften und sich trotzdem nichts gönnten — ohne ersichtlichen Grund oder vielleicht in der Hoffnung, sie könnten dadurch eine Beziehung retten. Aber dann sah ich dieselben Menschen zu einem Zeitpunkt wieder, als ihr Heilungsprozeß schon weiter fortgeschritten war: Sie benutzten die Fähigkeit, sich durchzuboxen, alles zu ertragen und nichts dafür zu bekommen, um zum Beispiel ihr Studium erfolgreich hinter sich zu bringen, ein eigenes Geschäft zu eröffnen oder irgend etwas anderes zu tun, was für sie von Vorteil war.

Eine bestimmte Charaktereigenschaft wurde in eine andere Richtung »umgelenkt«.

Der Wunsch, Kontrolle auszuüben, kann etwa dadurch abgeschwächt werden, daß wir uns von anderen Menschen stärker abgrenzen und ihnen mehr Respekt entgegenbringen. Dadurch kommen dann vielleicht unsere wahren Führungsqualitäten zum Vorschein, und wir können zeigen, wie gut wir alles bewältigen.

All die negative Energie, die damit verlorengeht, daß wir uns selbst nicht mögen, kann in positive umgewandelt werden, damit wir uns endlich mit Sympathie begegnen.

Die ständige Aufmerksamkeit und Fürsorge, die wir der Welt zuteil werden ließen, kann uns selbst zugute kommen — bis wir wirklich gelernt haben, uns selbst behutsam und liebevoll zu behandeln.

Und so geht es immer weiter.

Ja, auf verschiedene Eigenschaften können wir ruhig ganz verzichten. Andere werden sozusagen »umgestülpt«. An manchen arbeiten wir, mit Gottes Beistand, über längere Zeit. Und einige davon werden wir allmählich akzeptieren.

Vielleicht werde ich nie eine gute Köchin sein, aber darauf lege ich im Grunde auch keinen großen Wert. Ich akzeptiere einfach, daß ich es nicht bin. Falls sich das je ändern soll, dann wird es auch geschehen. Aber im Moment habe ich keine Lust, diese Eigenheit von mir aus in irgendeiner Weise zu ändern.

Einige Dinge aber beherrsche ich besonders gut; in anderen bin ich eher mittelmäßig; und manche schaffe ich überhaupt nicht. Das ist ganz gut so.

Je länger wir an diesen Schritten arbeiten, desto klarer haben wir uns und unsere Vergangenheit im Blick. Je mehr wir zulassen, daß deren Wunden ganz ausheilen, desto einsichtiger werden wir — und desto bereitwilliger nehmen wir die Geschenke dieser früheren Lebensepoche entgegen.

Sobald wir unsere verbitterten Gefühle einmal aufarbeiten, werden wir auch das akzeptieren können, was eine leidvolle Beziehung uns beschert.

Wir werden innerlich wieder ganz gesund sein. Wir werden uns selbst und andere lieben können. Vielleicht besteht unser heilsamstes Geschenk in jener unmittelbaren, allgegenwärtigen Selbstbejahung, die den ganzen Menschen umfaßt, der wir heute sind, der wir einmal waren — und auch alles, was wir bisher durchgemacht haben. Je mehr wir uns selbst annehmen, desto stärker werden wir uns — auf ganz natürliche Weise — zu dem Menschen entwickeln, der wir von Anfang an werden sollten.

Dieser Schritt entbindet uns nicht von der Selbstverantwortung. Aber darüber müssen wir uns jetzt keine Sorgen machen. Wir brauchen unseren Heilungsprozeß nicht zu forcieren. Und es ist auch nicht nötig, daß wir uns selbst weiterhin kritisieren und erniedrigen, weil wir nicht fähig sind, etwas an uns zu ändern. Die oberste Aufgabe besteht einfach darin, daß wir uns selbst akzeptieren und lieben. Auf dieser Grundlage werden viele gute Dinge geschehen und uns zuteil werden.

Wir werden jene Heilungsstadien durchlaufen, die für uns notwendig sind. Immer wieder werden sich neue Situationen ergeben. Bestimmte Menschen werden in unser Leben treten. Wir werden bei einem Gruppentreffen eine besondere Redewendung hören. Jemand wird anrufen und mit jedem Wort den richtigen Ton treffen. Man wird uns ein Buch in die Hand drücken. Uns kommt eine Idee, und wir fühlen uns plötzlich inspiriert...

Vielleicht auch werden wir zu einem guten Therapeuten oder in eine spezielle Gesprächsgruppe geführt. Mag sein, daß wir auf eine weitere Sucht oder ein weiteres inneres Problem aufmerksam gemacht werden und zugleich die entsprechenden Heilmethoden erfahren. Wir mögen uns in einer Beziehung wiederfinden, durch die wir von unserer schmerzlichen Vergangenheit wirklich befreit werden können.

Vielleicht werden wir mit ganz neuen beruflichen Herausforderungen konfrontiert, so daß unsere Stärken endlich einmal zum Vorschein kommen. Oder wir entdecken an uns ganz unbekannte Seiten, die wir erforschen und hinterfragen können.

Dieser innere Prozeß wird immer weitergehen und einen fast magisch zu nennenden Einfluß auf uns haben — vorausgesetzt, wir verweigern uns ihm nicht. Aber selbst dann macht er sich oft insgeheim bemerkbar: Plötzlich stellen wir fest, daß tief im Innern sich etwas verändert, und zwar in einer Weise, wie wir es selbst nie fertiggebracht hätten.

Und all das geschieht wie von selbst, wenn wir es nur zulassen.

Dieser Schritt gestattet uns, so zu sein, wie wir sind. Wir sagen einfach: Hilf mir bitte. Ändere mich bitte. Von diesem Augenblick an brauchen wir uns nicht mehr zu verstellen und können den Dingen freien Lauf lassen.

Wir müssen uns gar nicht so sehr anstrengen und auch keinen zähen Kampf führen. Unsere Aufgabe besteht darin, die eigene Person in ihrer ganzen Vielfalt zu akzeptieren: jetzt und in Zukunft. Bitten Sie Gott darum, alles übrige für Sie zu tun. Denn Sie wissen: Die Dinge, die Sie wünschen und dringend tun müssen, wären aus eigener Kraft nicht zu schaffen. Und Ihnen ist auch bewußt, daß das gar nicht von Ihnen erwartet wird. Deshalb: Bitten Sie.

Und seien Sie dann offen für das, was als nächstes geschieht. Vertrauen Sie diesem Vorgang.

Natürlich steuern auch wir etwas zu diesem inneren Prozeß bei. In anderen Worten: Wir wenden uns den Schritten zu. Dabei ergeben sich gewisse Aufgaben, die gelöst werden müssen. Aber wir werden den nötigen Beistand erhalten und gezeigt bekommen, was wir, wenn etwas Bestimmtes getan werden muß, tun sollen. Dies ist der Schritt, in dem wir Gott demütig um das bitten, was wir brauchen. Er erlaubt uns, so zu Ihm zu kommen, wie wir sind, und unsere Bedürfnisse und Sehnsüchte vorzutragen. Wir sagen »bitte« — und vertrauen darauf, daß wir gehört werden.

DIE SCHRITTE ZUR INNEREN TRANSFORMATION

Die Schritte Sechs und Sieben bewirken einen grundlegenden inneren Wandel. Wenn Leute mich fragen, in welcher Weise ich mich verändert habe oder wie sie sich ändern können, weiß ich darauf nie eine genaue Antwort. Dennoch habe ich in meinem Leben wichtige Veränderungen durchgemacht.

Ganz am Anfang war ich — wie wir alle — ein unschuldiges Kind; im Alter von zwölf dann eine totale Alkoholikerin; mit achtzehn nahm ich schwere Drogen; mit dreiundzwanzig mußte ich im Rahmen eines therapeutischen Programms vom Methadon loskommen; mit sechsundzwanzig wurde ich — zunächst gegen meinen Willen — in die Entziehungsanstalt gebracht, um von der Drogensucht geheilt zu werden. Am Ende dieser Höllenfahrt war ich trocken und clean; von da an verband mich etwas mit diesen Schritten und einer Höheren Macht.

Der drogenabhängige Mensch, der ich war, wurde in eine Person verwandelt, die sich darum bemühte, nüchtern zu bleiben und ein neues Leben zu führen.

Daraufhin wurde mir jedoch eine andere Abhängigkeit bewußt: nämlich die von anderen Menschen, was zur Folge hatte, daß ich mich zwanghaft um sie kümmerte und mich selbst dabei genauso zwanghaft vernachlässigte. Ich entdeckte ein tieferes Ich in mir, das viel Leid ertragen mußte und voller Sehnsucht war. Damit stieß ich sozusagen auf das schwarze Loch meiner Seele.

Mit den Jahren erlebte ich eine weitere tiefgreifende Veränderung. Ganz allmählich wurde ich zu einem Menschen, der weniger Angst hatte, nicht mehr so sehr kontrollieren wollte, sondern mehr auf persönliche Verantwortung bedacht war. Aus der ursprünglichen Märtyrerin wurde eine Frau, die sich selbst viel Gutes tat.

Ich lernte, mit den eigenen Gefühlen umzugehen. Nach und nach wurde ich von jenen schlimmen Erinnerungen befreit, die sich seit meiner Kindheit aufgestaut hatten. Ja, meine ganze Vergangenheit schien ein anderes Gesicht zu bekommen, und ich begriff, welche Geschenke mir selbst durch die schmerzlichsten Augenblicke zuteil wurden.

Tagtäglich vollziehen sich derartige Veränderungen. Und ich stelle fest: Je länger ich lebe, desto näher komme ich jenem genauso wunderbaren wie unschuldigen Kind in mir — sowie der damit verbundenen Lebensweise. Trotzdem ist da auch noch eine andere Person: Sie ist mit mir durch all die Jahre gegangen, hat gelernt, zu überleben, allein dazustehen, sich anzulehnen, fürsorglich zu sein — und läßt nun zu, daß sie selbst fürsorglich behandelt wird.

Bei mir ist ferner jene Person, die schon viele Erfahrungen gesammelt und dabei oft die Schattenseiten des Lebens kennengelernt hat. Ich bin bereit, auch sie mit all ihren Erlebnissen zu achten und zu schätzen. Denn gerade dadurch bin ich zu dem Menschen geworden, der ich nun bin.

Wenn mich die anderen fragen, *wie* man sich ändert, kann ich keinen langen Vortrag halten. Ich will auch nichts predigen. Und ich kann noch nicht einmal mit etwas prahlen. Das einzige, was ich diesen Leuten und auch Ihnen, liebe Leser, anzubieten habe, sind jene für die äußere und innere Veränderung ganz wesentlichen Hilfsmittel: der Sechste und Siebte Schritt.

Machen Sie sich bereit dafür, verändert zu werden. Öffnen Sie sich. Sagen Sie einfach: »Bitte.« Und schätzen Sie den Menschen, der Sie im Augenblick sind.

Nichts, rein gar nichts kann verhindern, daß das Gute Ihnen in vielerlei Gestalt begegnen wird: im Leben überhaupt wie auch im Rahmen jenes Programms, das wir als Heilungsprozeß bezeichnen.

Dieser Schritt löscht nicht unsere Persönlichkeit aus. Vielmehr umfaßt und vereint er die unschuldige Anmut jenes Kindes in jedem von uns mit den weisen Einsichten, die wir durch unsere Erfahrungen gewonnen haben. Er befähigt uns dazu, das eigene Potential in seiner ganzen Tiefe zu erfassen.

Unsere Geschenke werden einerseits größer, wertvoller und andererseits klarer erkennbar werden. Unsere persönlichen Eigenheiten werden so sein, daß wir sie akzeptieren und manchmal sogar darüber lachen. Unsere negativen Seiten werden beleuchtet, abgeschwächt, eliminiert — oder eben erträglich.

Bitten Sie Gott um Hilfe; bitten Sie Ihn um tiefgreifende Veränderungen und um innere Gesundheit. Seien Sie völlig bereit, sich von Gott heilen zu lassen, und bitten Sie Ihn demütig darum. Das ist die zentrale Botschaft des Sechsten und Siebten Schrittes.

Und diese wiederum sind der zentrale Bestandteil unseres Heilungsprozesses.

ÜBUNGEN

1. Inwiefern machen Ihnen die hier angesprochenen Veränderungen angst? Schreiben Sie darüber. Oder besprechen Sie mit jemand anderem, was Ihnen hierbei nicht ganz geheuer ist.

2. Welche Änderungen haben Sie bereits bei sich festgestellt? Inwieweit waren Sie selbst aktiv an diesem Prozeß beteiligt? Was konnten Sie aus eigener Kraft überhaupt schaffen? Denken Sie einmal in Ruhe über den Wandel nach, der sich ganz allmählich und natürlich in Ihrem Leben vollzieht.

3. Briefe schreiben ist eines jener Hilfsmittel, auf das ich immer wieder sehr gerne zurückgreife. Schreiben Sie doch zum Beispiel einen Brief an Gott, wie Sie Ihn verstehen. Sprechen Sie darin über solche Dinge, die Ihnen an sich selbst mißfallen und die Sie unbedingt ändern möchten. Bitten Sie Gott darum, daß Er Ihnen hilft, diese notwendigen Änderungen im inneren und äußeren Leben tatsächlich auch durchzuführen.

4. Wenn Sie nicht genau wissen, an welchen Charakterfehlern Sie im Moment arbeiten sollen, bitten Sie Gott, Er möge Ihnen deutlich zeigen, welche Probleme Sie mit Hilfe des Sechsten und Siebten Schrittes verringern können.

5. Entwerfen Sie in ganz kreativer Weise ein Bild von sich selbst. Stellen Sie sich vor, wie Sie sich gerne entwickeln würden, was für ein Mensch Sie sein möchten. Vergegenwärtigen Sie sich, daß Sie all das tun und sind, was Sie gerne tun und sein würden. Dann lassen Sie diese Vision wieder los. Kehren Sie wieder in die Realität zurück. Versichern Sie sich selbst, daß es gut ist, so zu sein, wie Sie jetzt sind. Zeigen Sie, daß Sie sich auch in diesem Augenblick bejahen und lieben.

Bis zum Äußersten gehen heißt:
bereit sein, unbekanntes Gebiet zu
betreten — also sich jenem Zustand
anzunähern, in dem die wahren
Entwicklungen stattfinden.

Stephen Levine: *Wer stirbt?*

ACHTER SCHRITT

»WIR MACHTEN EINE LISTE ALLER PERSONEN, DENEN
WIR SCHADEN ZUGEFÜGT HATTEN, UND WAREN ALL-
MÄHLICH GEWILLT, IHN BEI ALLEN WIEDERGUTZU-
MACHEN.«

Achter Schritt der Anonymen Co-Abhängigen (CoDA)

»Als ich den Achten Schritt zum ersten Mal irgendwo geschrieben sah, muß ich mich wirklich verlesen haben«, sagt Jason.
»Ich dachte, da würde stehen: ›Mach eine Liste aller Leute, die
dir Schaden zugefügt haben.‹«

Ich kenne diese Reaktion. Als ich von meiner Drogenabhängigkeit allmählich loskam und im Rahmen des Heilungsprozesses
diesen Schritt vor mir hatte, stand es außer Frage, daß mein Verhalten gegenüber anderen einiges zu wünschen übrigließ. Die
Liste der Menschen, die ich verletzt hatte, und meiner dabei zutage getretenen Verhaltensweisen war mehr als lang. Es gab keine
Möglichkeit mehr, dies irgendwie zu rechtfertigen, rational zu
erklären oder einfach wegzudiskutieren. Ich hatte den anderen
unrecht getan.

Als ich dann aber von meiner Co-Abhängigkeit geheilt wurde
und wieder an diesen Punkt kam, an dem ich für mich selbst und
mein Verhalten gegenüber den Menschen Verantwortung übernehmen mußte, machte meine Liste einen sehr vagen, ver-
schwommenen Eindruck: Überall war zu spüren, daß ich mich in
erster Linie selbst benachteiligt und völlig machtlos fühlte.

Wen hatte ich durch meine co-abhängigen Handlungsweisen — durch kontrollierende Eingriffe und übermäßige Fürsorge — eigentlich verletzt? Worin bestand das Unrecht, das ich begangen haben sollte? Inwiefern hatte ich dazu beigetragen? Wem schuldete ich Wiedergutmachung? Warum denn? Und was war mit all den Ungerechtigkeiten, die *mir* widerfahren waren, und damit, daß ich *mich* benutzt, schlecht behandelt, mißbraucht und als Opfer fühlte?

Mir stellte sich die Frage: Liefere ich mich durch eine solche Wiedergutmachung nicht gerade jenen Menschen weiter aus, die mich tief verletzt haben, so daß ich dann noch mehr auf ihre Gnade angewiesen und wirklich völlig schutzlos bin?

Wie also sollte ich diesen Schritt auf meine Co-Abhängigkeit anwenden und trotzdem heil aus all dem hervorgehen? In welcher Weise konnte ich diesen Schritt benutzen, um meine Gesundheit zu fördern — anstatt meine Co-Abhängigkeit? Schließlich bestand ein Merkmal dieser Co-Abhängigkeit darin, daß ich durch die Welt rannte und jede Verhaltensweise eines anderen entschuldigte und wiedergutmachte, alle Schuld auf mich nahm und das Gefühl hatte, ein extremes, wenn auch unnötiges Martyrium durchleiden zu müssen.

In diesem Kapitel werden wir untersuchen, wie wir den Achten Schritt auf die Probleme der Co-Abhängigkeit beziehen können, um unser Wohlbefinden zu steigern und die innere Entwicklung voranzutreiben. Zwei Gedanken sind dabei wichtig: Es geht darum, eine Liste aufzustellen und dann allmählich gewillt zu sein, den Schaden bei allen genannten Personen wiedergutzumachen.

WIR MACHEN UNSERE LISTE

Wenn wir Co-Abhängigen an diesen Schritt herangehen, ist es vielleicht ganz gut, zuerst eine Liste jener Personen aufzustellen, die *uns* verletzt bzw. Schaden zugefügt haben. (Ich begreife sehr wohl, daß eine solche Vorstellung der ursprünglichen Intention des Schrittes vollkommen zuwiderläuft. Hinsichtlich dieser Liste habe ich aber eine bestimmte Strategie im Kopf, die ich neben anderen Vorschlägen für eine sinnvolle Wiedergutmachung im nächsten Kapitel diskutieren möchte.)

Wir wurden also ungerecht behandelt. Wir haben zugelassen, daß andere uns weh tun. Als Kinder hatten wir oft gar keine Möglichkeit, uns selbst zu schützen. Und auch später noch fühlen wir uns manchmal von vielen Menschen verletzt. Wer ist dafür verantwortlich? Wer, glauben wir, hat uns ungerecht und schlecht behandelt, wer hat uns benutzt und mißbraucht? Wer hat uns abgewiesen, verschmäht, uns Schmerz zugefügt? Wem nehmen wir dies übel, wen fürchten oder meiden wir deshalb? Welchen Menschen weisen wir aufgrund seiner Missetaten zurück — oder vielleicht auch aufgrund unserer Unfähigkeit, in dessen Gegenwart eine genauso gesunde wie eigennützige Haltung zu entwickeln?

Machen Sie eine Liste. Setzen Sie jeden Namen darauf, der Ihnen jetzt, aufgrund dieser Fragen, in den Sinn kommt. Wenn Ihre innere Inventur gründlich durchgeführt wurde, müßten Sie eigentlich die meisten Ihrer versteckten Kümmernisse und Vorwürfe schon entdeckt haben. Wenn ihnen noch andere Dinge plötzlich bewußt werden und Sie diese auch schriftlich festhalten wollen, dann sollten Sie sich jetzt dafür ruhig Zeit lassen.

Niemand ist immun. Nachbarn, Freunde, Verwandte, Mutter, Vater, Geschwister, Ehepartner, Freund bzw. Freundin, Geliebter bzw. Geliebte, Angestellte, Arbeitgeber, Kollegen, Schulkameraden: Denken Sie über all diese Personen einmal nach. Wer hat Ihnen weh getan? Wer hat Sie enttäuscht? Welche Beziehung läßt Sie mit einem schmerzlichen und bitteren Gefühl zurück?

Diese Liste ist sehr wichtig und zugleich eine Chance, all die tiefen Verletzungen zum Vorschein kommen zu lassen. Zählen Sie alle Personen auf, die bei *Ihnen* etwas wiedergutmachen müssen. Und vergessen Sie dabei nicht: Ihr Heilungsprozeß spielt sich auf einer tiefinneren Ebene ab. Nehmen Sie sich daher auch genügend Zeit, um so gründlich wie möglich vorzugehen. *Sie* werden aus dieser sorgfältigen Untersuchung den größten Nutzen ziehen.

Sobald die Liste fertiggestellt ist, legen Sie sie wieder zur Seite.

Dann holen Sie ein neues Blatt Papier hervor und machen eine zweite Liste. Diese ist genauso wichtig wie die erste. Denn hier geht es nun um jene Menschen, denen Sie Schaden zugefügt haben.

Jetzt beginnt eine genauso anstrengende wie anspruchsvolle Arbeit, die konzentriert angegangen werden muß. Ehe wir uns auf sie einlassen, sollten wir vielleicht um göttliche Führung und Weisheit bitten. Dadurch kommen wir leichter voran. Wen also haben wir durch unsere co-abhängigen Verhaltensweisen tatsächlich verletzt? Sie sollten jetzt nichts unterdrücken — etwa weil Sie besorgt sind, ob Sie sich bei diesen Menschen entschuldigen müssen, was Sie ihnen sagen werden oder ob Sie dann wie ein Narr dastehen. Diesen Problemen können wir uns später widmen. Im Augenblick besinnen wir uns allein darauf, eine Liste jener Personen zusammenzustellen, denen wir geschadet haben.

Gegenüber wem entwickeln wir die stärksten Abwehrmechanismen, um uns irgendwie zu schützen? Wer war häufig das Ziel unserer kontrollierenden und fürsorglichen Aktivitäten? Gab es einen suchtkranken oder sonstwie aus dem Gleichgewicht geratenen Menschen, dem wir unbedingt Zügel anlegen wollten?

Wer bekam all unsere Wut und unseren Zorn ab? Gibt es Menschen, die wir beschämt oder für irgend etwas verantwortlich gemacht haben? Seien Sie sich klar darüber, daß es jetzt nicht darum geht, sich zu rechtfertigen.

Bei welchen Menschen haben wir die größte Angst, ihnen zu begegnen, weil eine bestimmte Angelegenheit noch nicht geklärt ist? In wessen Gesellschaft fühlen wir uns am unwohlsten? Wen genau haben wir verletzt, als wir auf unserem beschwerlichen Weg alles darangeben mußten, um zu überleben? Wem gegenüber haben wir uns so verhalten, wie es uns selbst gar nicht recht ist?

Mit welchen Menschen und in welchen Beziehungen würden wir gerne wieder eine friedliche und heilsame Atmosphäre herstellen?

Viele von uns stellen fest, daß nahe Familienangehörige auf diese Liste gehören. Bei den meisten stehen die Kinder an oberster Stelle. Es ist nämlich alles andere als leicht, fürsorglich und liebevoll, nicht verletzend und immer präsent zu sein, damit die Bedürfnisse der Kinder auf angemessene Weise befriedigt werden — zumal dann, wenn wir selbst nie wirklich umsorgt und geliebt wurden, wenn wir nur gelernt haben, andere zu kontrollieren und zu beschämen, und vor Schmerz manchmal schier umkommen. Sofern wir nicht fähig sind, gewisse Grenzen festzulegen, also den Kindern auch ihren eigenen Bereich zu überlassen, fügen wir ihnen Schaden zu.

Zeigen Sie Entschlossenheit und Mitgefühl mit sich selbst, während Sie diese Liste zusammenstellen. Suhlen Sie sich nicht in Schuldgefühlen. Die Liste dient nicht dem Zweck, sich selbst zu beschuldigen oder zu beschämen. Im Gegenteil: Unser Ziel sollte es sein, solche Gefühle ganz hinter uns zu lassen.

Denken Sie über Ihre Liebesbeziehungen nach — aber versteifen Sie sich nicht auf eine bestimmte Verhaltensweise des Partners. Inwiefern haben Sie selbst sich unvernünftig verhalten? Wenn Sie es nicht genau wissen, wenden Sie sich Gott zu: Er wird Sie darauf aufmerksam machen. Bitten Sie Ihn auch darum, daß Er Ihnen alle Verhaltensweisen und Zwischenfälle zu Bewußtsein bringt, die auf dieser Liste thematisiert werden müssen.

Wie steht es mit entfernteren Familienmitgliedern? Mit wem fühlen Sie sich uneins, wo treten Mißklänge auf?

Viele setzen auch angeheiratete Verwandte, zum Beispiel Schwiegereltern, auf ihre Liste.

Ziehen Sie Ihre bisherige berufliche Laufbahn in Betracht. Gibt es da einen Vorgesetzten bzw. Angestellten, dem Sie — aufgrund Ihrer Co-Abhängigkeit — gewisse Dinge vorenthielten, zu denen Sie eigentlich verpflichtet gewesen wären?

Steigern Sie sich in nichts hinein. Verstricken Sie sich nicht unnötig in Nebensächlichkeiten oder eingebildete Fehler. Überlegen Sie in vollkommener Ruhe, wie Sie sich jeweils verhalten haben — und lassen Sie dann die Namen einfach kommen, die auf Ihre Liste müssen.

Nun wollen wir zu den finanziellen Angelegenheiten übergehen. Wem schulden Sie infolge Ihrer Co-Abhängigkeit einen größeren Geldbetrag? Zählen Sie die entsprechenden Namen auf.

Vielleicht haben Sie sich eine bestimmte Summe ausgeliehen und nicht wieder zurückgezahlt? Kann es nicht sein, daß Sie aus Angst — oder um irgendwie zu überleben — gelogen bzw. manipuliert haben, um an Geld heranzukommen, das Ihnen nicht zustand?

Vielleicht waren wir in unserer Co-Abhängigkeit derart gefangen, daß wir unsere finanziellen Verpflichtungen völlig vernachlässigten. Schreiben Sie die Namen jener Menschen auf, denen Sie — nicht jemand anders — Geld schulden.

Während wir über diese Liste, die nun allmählich länger wird, nachdenken, sollten wir um eine entspannte und ausgeglichene Geisteshaltung bemüht sein. Falls uns dabei trotzdem einmal angst und bange wird, legen wir den Stift für einen Moment beiseite, halten inne und ziehen uns an einen stillen Ort zurück. Sobald unsere innere Balance wiederhergestellt ist und wir zu einer friedlichen, bejahenden und mitfühlenden Einstellung gegenüber uns selbst zurückgefunden haben, machen wir uns erneut an die Arbeit.

Blicken wir auf unsere Freundschaften und unser diesbezügliches Verhalten zurück. Haben wir eine wichtige Person vernachlässigt? Gibt es da Menschen, die wir, aufgrund unserer Co-Abhängigkeit, immer wieder retteten, was uns dann allmählich gegen sie aufbrachte — eben weil wir es satt hatten, ständig verantwortlich zu sein für ihr Tun?

Dieser Schritt verlangt eine genaue Erforschung der eigenen Seele. Weder ist er dazu da, uns zu bestrafen, noch will er unser Bedürfnis nach Schuldgefühlen wecken. Vielmehr befreit er uns von diesen genauso wie von der Angst und der Zwietracht.

Während wir an diesem Schritt arbeiten, müssen wir offen sein für göttliche Unterweisungen. Denn oft neigen wir dazu, wegen allem, was wir je getan haben, und wegen jedem, den wir etwas näher kannten, uns schuldig zu fühlen. Dieses ganze Bündel von tiefinneren Regungen, das wir als Co-Abhängigkeit bezeichnen, besteht zum großen Teil aus unnötigen Schuldgefühlen. Wenn wir wieder einmal feststellen, daß sie uns in ihren Bann ziehen, mag es ganz hilfreich sein, eine separate Liste jener Personen aufzustellen, die wir zwar nicht verletzt haben, derentwegen wir uns aber trotzdem schuldig fühlen. Und wenn diese Schuldgefühle in bezug auf einen bestimmten Menschen übermächtig zu werden drohen, sollten wir sie einmal hinterfragen und herausfinden, ob sich da nicht eine Verletzung oder wütende Reaktion verbirgt, die uns nur als Schuldgefühl *vorkommt*.

Also: Machen Sie eine Liste. Wen haben Sie verletzt? Schreiben Sie es auf — und befreien Sie sich so davon.

Es ist gut, den Schaden, den wir jemand anderem zugefügt haben, genau zu spezifizieren. Zum Beispiel können wir schreiben: »Jake mußte meinen zügellosen Zorn über sich ergehen lassen«; oder: »Ich habe Sue schier verrückt gemacht, weil ich sie ständig zu kontrollieren versuchte«; oder: »Ich habe mir von Angela Geld geliehen, ohne es ihr wieder zurückzugeben«; oder: »Ich habe ganz vergessen, mir selbst wirklich treu zu bleiben; so ließ ich mich von dem Groll, den Harvey gegen Don hegt, derart mitreißen, daß ich Don einfach fallenließ, obwohl ich ihn immer noch mochte.«

Dies ist der Schritt, in dem wir einmal außer acht lassen, was die andere Person tat oder nicht tat, und für das eigene Tun Verantwortung übernehmen. Wen also manipulierten wir? Und wem haben wir Lügen aufgetischt?

Bei diesem Schritt müssen wir uns vor allem überlegen: Wem können wir nicht ruhig und gelassen gegenübertreten? In welchen Beziehungen herrschen Unstimmigkeiten, disharmonische Schwingungen? Ob wir nun je die Absicht haben, mit diesen Menschen wieder zusammenzukommen oder nicht: Welche Beziehungen bedürfen einer friedlichen Stimmung, des liebevollen Austauschs, der positiven Gefühle?

In welche Beziehung wiederum sollten wir uns ganz einbringen — um dann zuzulassen, daß das eigene Herz offen wird für all die Liebe, die einströmt: auch wenn sie von weiter her kommt, von einem Menschen, der uns gegenüber inneren Abstand wahrt?

Nun nehmen wir unsere dritte Liste in Angriff. Sie ist genauso wichtig wie die beiden anderen, ja vielleicht sogar am wichtigsten. Auf sie kommt *unser eigener Name*. Jahrelang war ich immer wieder Zeuge, wie darüber in den Zwölf-Schritte-Gruppen gesprochen wurde. Aber wir sollten über diese Angelegenheit nicht nur reden, sondern auch ganz bestimmte Maßnahmen ergreifen, gerade um von der Co-Abhängigkeit geheilt zu werden.

Meistens sind wir selbst diejenigen, die infolge der Co-Abhängigkeit am meisten verletzt wurden. Und wir sind es auch, die unbedingt bereit sein müssen, bei uns selbst Wiedergutmachung zu leisten. Indem wir unsere Gefühle und Gedanken unterdrückten, uns selbst tadelten, vernachlässigten und beschämten, die Realität verdrängten; indem wir solche Angst hatten, uns selbst geringschätzten und zurückdrängten, absolut unwahre Dinge über uns selbst dachten, zu streng, zu kritisch mit der eigenen Person umgingen, zu viel von uns forderten, haben wir uns ganz gewiß unrecht getan.

Sich selbst zu verleugnen und zu benachteiligen, ist nicht richtig. Sich selbst nicht zu vertrauen und nicht zuzuhören, ist verkehrt. Sich selbst nicht zu lieben, ist grundfalsch.

Zuzulassen, daß man sich so lange selbst betrügt und anlügt, bis man den eigenen Instinkten keine Aufmerksamkeit mehr schenkt, ja sie gar nicht mehr wahrnimmt, ist genauso verkehrt, wie zu denken, man sei verrückt und des Lebens nicht würdig — oder müsse sich wegen der Probleme bzw. Verhaltensweisen anderer Leute Vorwürfe machen.

Tatenlos zuzusehen, wie man selbst beleidigt oder mißbraucht wird, ist nicht richtig — und zwar ganz unabhängig von der Schwere der Verletzung. Und es ist auch nicht in Ordnung, sich von anderen auf ungehörige Weise ansprechen oder berühren zu lassen.

Es ist alles andere als gut, sich anstandslos in die Rolle des Opfers zu fügen.

Es ist falsch, sich selbst hintanzusetzen oder die eigenen Wünsche und Bedürfnisse so extrem zu ignorieren, daß der Körper, der Verstand oder die Seele rebelliert und krank wird.

Die eigenen Talente und Gaben zu mißachten oder herabzumindern, ist verkehrt.

Beschämt zu sein über sich selbst, ist nicht richtig.

Ärgerliche und wütende Gefühle gegen sich selbst zu hegen,

wirkt sich verheerend aus. Es kann sein, daß wir ein Leben lang uns selbst bestrafen und auch noch zulassen, daß die anderen uns weh tun. Ich zum Beispiel begreife allmählich, daß ich auf mich genauso wütend war wie auf andere. Jahrelang habe ich diesen doppelten Zorn unterdrückt.

Jede Verhaltensweise, die wir als co-abhängig einstufen, ist nichts anderes als eine Verletzung, die wir uns selbst zugefügt haben. Manchmal haben wir damit auch einem anderen Menschen unrecht getan. Wir müssen beide Aspekte ins Auge fassen, ohne auch nur im geringsten etwas zu vertuschen oder zu beschönigen. Ehe dies nicht geschehen ist, verläuft der weitere Heilungsprozeß völlig plan- und ziellos.

Bei vielen Beziehungen, die uns Unbehagen bereiten, geht es gar nicht so sehr darum, wie wir *den anderen* behandelt haben (um nun dessen Namen auf die Liste zu setzen) — sondern wie wir dabei mit *uns selbst* umgegangen sind und inwiefern wir zuließen, daß man sich uns gegenüber so schlimm verhielt. Wenn wir jede Mißhandlung einfach nur über uns ergehen lassen, sind wir zwangsläufig wütend auf die Person, die uns etwas Derartiges antut. Wir müssen mit solchen Ressentiments fertig werden, aber wir müssen auch gewillt sein, uns selbst dafür zu entschädigen, daß wir uns nicht mit dem Respekt behandelt haben, den wir verdienen.

Liebe Leserin, lieber Leser, glauben Sie mir: Wenn Sie sich nicht hegen und pflegen, sich selbst keine Beachtung schenken und jenem wunderbaren Kind in Ihrem Innern die liebevolle Fürsorge vorenthalten, ist das ein Beweis *Ihres* Fehlverhaltens. Dieses Kind wird, wenn Sie es nicht völlig im Stich gelassen haben — was gewiß das Grundverkehrteste wäre, das Sie tun können —, während des ganzen Lebens in Ihnen sein. Wenn Sie ihm nicht lauschen, nicht zärtlich darauf eingehen, schaden Sie sich selbst.

Es ist schlimm genug, daß viele von uns in der Kindheit vernachlässigt und mißbraucht wurden. Bei einigen geschah das dadurch, daß die familiären Beziehungen durch Alkoholismus schwer gestört waren; andere wurden das Opfer physischer, sexueller oder emotionaler Mißhandlungen. Aber sobald wir anfangen zu verstehen, sobald wir ins Licht geführt werden, können wir nicht länger rational rechtfertigen oder sonstwie kompensieren, daß wir weiterhin uns selbst wie auch das Kind im Innern geringschätzen und schlecht behandeln.

Dies ist der Schritt, mit dem wir solche Vorgehensweisen und die ihnen zugrunde liegenden Vorstellungen nun aufarbeiten können. Dies ist auch der Schritt, bei dem wir *alle Personen* auflisten, die durch uns verletzt wurden. Und ehe nicht unser eigener Name groß auf diesen Listen steht, werden sie genausowenig abgeschlossen sein wie unser Heilungsprozeß.

Derartige Aufgaben sind oft sehr anstrengend. Aber wenn Sie wirklich gesund werden wollen, tun Sie gut daran, diese Mühe auf sich zu nehmen. Keinesfalls aber sollten Sie sich dadurch überfordert fühlen. Wenn die bisherige Lektüre Sie zu sehr aufgewühlt hat, dann halten Sie jetzt einmal inne, um wieder ganz ruhig zu werden. Wenn die Arbeit an der Liste Ihnen zuviel wird, dann machen Sie eine Pause, bis Sie sich wieder gefaßt haben.

Es kann sich als nützlich erweisen, diesen Schritt in kleinen »Spurts« zu bewältigen. Schuldgefühle und Angst sind in jedem Fall unsere Schwachstellen. Betrachten Sie Ihre Liste als eine Art fortlaufendes Projekt, bei dem Sie immer wieder Namen und bestimmte Ereignisse notieren, deren Sie sich gerade bewußt werden. Arbeiten Sie jeden Tag ein bißchen daran. Unmittelbar danach sollten Sie sich einer ruhigen und entspannenden Tätigkeit hingeben. Lesen Sie zum Beispiel ein Meditationsbuch. Oder rufen Sie eine Freundin an. Tun Sie etwas, das Ihrer geistigen Erbauung dient.

Aber Achtung: Es gibt keinen Grund, sich schuldig zu fühlen oder etwas wiedergutmachen zu wollen, wenn wir nichts anderes getan haben, als sorgsam mit uns selbst umzugehen. Nein sagen, sich abgrenzen, nicht mehr zulassen, daß man ausgenutzt oder mißbraucht wird, zum Ausdruck bringen, wie man sich fühlt, sich selbst gut behandeln und den Weg der Heilung beschreiten oder fortsetzen — all das sind keine unrechten Dinge. Oft neigen wir dazu, uns wegen solcher Verhaltensweisen schuldig zu fühlen; aber diese Reaktion ist schon ein Zeichen dafür, daß wir uns ändern und mit alten, ungesunden Normen brechen, die uns all dies verbieten wollen. Wir brauchen uns nicht dafür zu entschuldigen, daß wir in ganz angemessener Weise für das eigene Wohlbefinden sorgen.

Beim Erstellen der Liste sollten Sie ein feines Gespür haben und viel Umsicht zeigen. Wenn Sie durcheinanderkommen, sprechen Sie zu Gott, mit Ihrer Vertrauensperson oder sonst jemandem, der profunde Kenntnisse über den Heilungsprozeß besitzt.

Wir müssen uns bei den Leuten auch nicht dafür entschuldigen, daß wir sie nicht über unser Leben bestimmen lassen oder daß wir nun anfangen, unser eigenes Leben zu führen.

Sorgen Sie sich nicht darüber, ob alles perfekt läuft. Bitten Sie um göttliche Unterweisung und Hilfe, wenn Sie diesen Schritt angehen und dabei sind, die Liste zu vervollständigen. Bitten Sie darum, daß Ihnen alle Namen einfallen, die aufgeschrieben werden müssen. Es ist gut, wenn Ihre Liste kurz ist. So sollte es eigentlich sein. Aber auch wenn sie länger wird, ist das durchaus in Ordnung.

Wir können ganz offen und ehrlich sein, um uns so über jene Menschen klarzuwerden, die hier aufgezählt werden müssen. Wir können Gott bitten, Er möge unserem Geist und unserem Herzen die entsprechenden Namen offenbaren. Bitten Sie auch darum, von Abwehrmechanismen, falschem Stolz, unnötigen Scham- oder Schuldgefühlen und Ängsten befreit zu werden, damit Sie diese Aufgabe bewältigen können.

Das Ziel dieses Schrittes besteht darin, ehrlich — aber nicht übermäßig hart — mit sich selbst umzugehen. Viele von uns führen eine solche Härte und überkritische Einstellung auf die Co-Abhängigkeit zurück. Diese Liste aufzustellen, wirkt dann oft erleichternd. Nachdem sie den Achten Schritt gründlich durchgedacht und praktiziert haben, stellen die meisten fest, daß die eigenen Schuldgefühle jeder realen Grundlage entbehren. Häufig entwickeln wir auch die eine oder andere Verhaltensweise, bei der wir uns wirklich unwohl fühlen. Zuweilen sind es gleich mehrere. Aber dieser Schritt ist unsere Stütze: deshalb gibt es ihn. Er hilft uns, klar zu erkennen, was wir getan oder nicht getan haben, und bringt uns auf den richtigen Weg: damit wir den eigenen Bedürfnissen und Wünschen gerecht werden. Es geht hier also vor allem darum, keine Schuldgefühle zu evozieren.

Vielmehr sollen wir jedes Schuldgefühl, das wir bereits mit uns herumtragen oder verdrängen, zum Vorschein kommen lassen und schließlich abbauen.

Dieser Schritt dient im Grunde keinem anderen Zweck, als die Beziehung, die wir zu uns selbst wie auch zu anderen Menschen haben, wieder ins Lot zu bringen. Wenn wir diesen Abschnitt des Achten Schrittes bewältigt haben, liegen drei Listen vor uns: die eine mit den Namen jener Menschen, die uns verletzt haben; die andere mit den Namen jener Menschen, die wir verletzt haben; und schließlich die dritte mit all jenen Verletzungen, die wir uns selbst zugefügt haben. Jetzt ist es an der Zeit, den Stift aus der Hand zu legen und die spirituelle Arbeit zu leisten, die in diesem Schritt verlangt wird: Wir müssen allmählich die innere Bereitschaft erlangen, den entstandenen Schaden wiedergutzumachen.

WIR WAREN ALLMÄHLICH GEWILLT...

Was heißt das eigentlich: »...gewillt sein, den Schaden bei allen wiedergutzumachen«? Dieser Schritt fordert einen grundlegenden Sinneswandel. Er verlangt, daß wir unsere Abwehrhaltung und Schutzmechanismen aufgeben und danach streben, in all unseren Beziehungen die friedlichen und heilsamen Kräfte zur Entfaltung zu bringen.

Das heißt nicht, daß wir Beziehungen wiederaufnehmen sollen, die nicht in Ordnung sind, oder in völlig chaotische Zustände zurückkehren sollen. Damit ist auch nicht gemeint, daß wir aufhören sollen, uns selbst fürsorglich zu behandeln, weil die anderen behaupten, ihnen würde dadurch geschadet. Vielmehr finden wir heraus, inwiefern wir uns taktlos verhalten haben — gegenüber uns selbst und anderen. Wir bringen die Bereitschaft auf, in all unseren früheren und gegenwärtigen Beziehungen eine friedvolle Atmosphäre zu schaffen und den entstandenen Schaden wiedergutzumachen.

Es fiel mir nicht schwer, meine Feindseligkeiten und Ressentiments gegen andere Menschen aufrechtzuerhalten und als Verteidigungswaffe zu benutzen. Ich verfügte über eine lange Liste all jener Personen, die mich verletzt hatten. Es gab Beziehungen zu Alkoholikern und anderen Süchtigen, durch die ich oft schlecht behandelt worden war. Da waren einige bedeutsame Menschen und Bezugspersonen, die mir früher sehr weh getan hatten. Ja sogar von einzelnen Familienmitgliedern war ich, aufgrund der erlittenen Kränkungen, tief enttäuscht.

Ich dachte, es wäre unter diesen Umständen vollkommen gerechtfertigt, sich in eine Höhle zurückzuziehen, um zur Einsiedlerin zu werden und mit diesen Menschen kein Wort mehr zu wechseln.

Dieser Ort ist jedoch nicht sehr angenehm, wie berechtigt unsere Vorwürfe auch sein mögen. Dort können wir uns weder mit uns selbst noch mit anderen verbunden fühlen. Denn wir sind eingeschlossen in Angst und erleben nur schreckliche Dinge.

Das Programm hingegen bot mir eine günstigere Möglichkeit. Ja, *uns allen* steht es frei, diese zu nutzen. Sie besteht darin, daß wir zunächst einmal ganz offen werden, dann mit anderen, uns selbst, vor allem aber auch mit der Höheren Macht in Verbindung treten — und schließlich unsere früheren Beziehungen genauso bereinigen wie die jetzigen.

Das beginnt damit, daß wir überhaupt dazu *gewillt sind.* Und diese Bereitschaft wiederum kann nirgendwo anders ihren Ursprung haben als in uns selbst. Sie führt dazu, daß wir mit den Menschen, die unseren Lebensweg kreuzen — und auch mit uns selbst —, in Einklang sind: daß es also wegen früherer Vorkommnisse keine Schuldgefühle mehr gibt, keine Ängste, Ressentiments oder andere ungesunde Reaktionen.

Unsere Vergangenheit war kein Versehen. Nichts von dem, was geschah, war nebensächlich oder zufällig. Manche sagen: Wir tragen unseren Teil dazu bei, daß das eigene Schicksal einen bestimmten Lauf nimmt; andere dagegen sind davon überzeugt, daß das Schicksal im Augenblick der Geburt bereits vorbestimmt ist — daß wir also nur solche Menschen und Situationen antreffen, die für uns vorgesehen waren. Wie man es auch auffassen mag, die Konsequenz ist dieselbe: keine bloßen Zufälle, keine wirklichen Irrtümer.

Alles, was wir erleben, ist dazu bestimmt, uns allmählich zu dem Menschen zu formen, der wir in Wahrheit sind — und uns jene Lektionen zu lehren, die wir hier lernen sollen. Jede Beziehung, selbst die schmerzlichste, hat einen Zweck und stellt ein Geschenk dar. Je länger wir an unserer inneren Heilung arbeiten, je weniger wir uns selbst als Opfer betrachten, desto empfänglicher werden wir für ein solches Geschenk.

Einige dieser Beziehungen machen mich darauf aufmerksam, mit welchem Lebensbereich ich bisher nicht zurechtgekommen bin. Andere wiederum haben sich wohl deshalb ergeben, damit ich stärker werde und nicht nur lerne, wie man zu sich selbst steht, sondern wie man zugleich auch gesunde Grenzen setzt. Manch eine Beziehung hat einen äußerst heilsamen Einfluß auf mein Leben gehabt. Und eine andere bescherte mir Kreativität und Spontaneität, regte mich dazu an, das geistige und körperliche Wohlbefinden zu steigern, feminin zu sein, Selbstbestätigung zu suchen — oder sie unterstützte meinen Glauben daran, daß ich das Beste verdiene, was die Liebe und das Leben anzubieten haben.

Einige Beziehungen sollten mir zeigen, was ich im Grunde nicht möchte. Andere Beziehungen, die im Moment bestehen, verdeutlichen mir, was ich eigentlich möchte.

Viele sagen, unsere Beziehungen spiegelten unsere eigenen Probleme und Ziele wider, sie seien ein Abbild unserer selbst. Jeder Mensch hat bestimmte Gaben. Damit sie sich frei entfalten können, müssen wir unsere Ressentiments und verbitterten Einstellungen loslassen.

Wir sollten für jede dieser Gaben dankbar sein.

Aus unserem Herzen spricht eine Stimme, die uns auf den richtigen Weg führen wird: zu anderen Menschen, aber auch zu uns selbst. Sie steht für die innere Bereitschaft, Wiedergutmachung zu leisten, gesunde Beziehungen zu haben und die Geschenke auch wirklich bewußt wahrzunehmen.

Wenn wir diesem inneren Ort ganz nah sind und uns der eigenen Bereitwilligkeit allmählich bewußt werden, zeitigt diese, noch ehe sie vom Herzen ganz begriffen worden ist, auch schon ihre Wirkungen. Plötzlich sind wir empfänglich dafür, den Schaden in unseren Beziehungen zu beheben und all die heilsamen und liebevollen Kräfte, die uns zur Verfügung stehen, zuzulassen. Wir sind bereit, uns selbst und andere Menschen bedingungslos zu lieben.

Diese Einstellung bedeutet aber nicht, daß wir Beziehungen aufrechterhalten, die bereits an ihr Ende gelangt sind. Wir brauchen nicht zu Menschen zurückzukehren, die uns Leid zufügen. Wir dulden auch nicht, daß uns irgend jemand noch einmal so verletzt. Wenn uns jemand schlecht behandelt hat, so bestand unsere Lektion darin, die eigene Stärke geltend zu machen und uns aus eigener Kraft von diesem Menschen zu befreien. Wir tun im Heilungsprozeß nichts anderes, als was Beth, eine unserer Weggefährtinnen, so bezeichnet hat: »Ich bringe mich wieder in Einklang mit meinen Beziehungen.«

Um jedoch dahin zu kommen, um jenen Ort zu finden, an dem wir mit uns selbst und anderen in Frieden leben, müssen wir zunächst einmal *gewillt* sein, dies alles auch zu realisieren.

Tatsächlich gewillt zu sein, bedeutet aber nicht, daß wir frühere oder gegenwärtige Vorfälle einfach verdrängen. Weder verlieren wir uns selbst, noch opfern wir unsere Stärke zugunsten anderer, sondern öffnen uns ihnen bereitwillig — trotz allem, was geschehen ist. Wir gehen liebevoll auf Menschen zu und sind doch auch darauf bedacht, in ihrer Gegenwart alles Nötige für uns selbst zu tun.

Wir sind allmählich gewillt, uns selbst zu lieben und pfleglich zu behandeln.

Dieser Schritt verlangt, daß wir die Gesinnung ändern, so daß unser Herz geheilt werden und Liebe empfangen kann. Haben Sie keine Angst vor dieser Wiedergutmachung. Sie brauchen sich darüber jetzt gar nicht den Kopf zu zerbrechen. Denken Sie in aller Ruhe nur über die innere Bereitschaft nach — das zu tun, was die Höhere Macht Ihnen aufgibt, und auch im Kontakt mit anderen Menschen stets um das eigene Wohl besorgt zu sein.

Man verlangt von uns nicht, etwas Tollkühnes oder Unpassendes zu unternehmen. Wir sollen einfach nur gewillt sein, den Schaden auf angemessene Weise wiedergutzumachen und Verantwortung zu übernehmen für unser unangebrachtes Verhalten gegenüber anderen und uns selbst.

Wie aber können wir fähig sein zur Liebe, solange wir nicht bereit sind, für unser Tun die Verantwortung zu übernehmen?

Die Heilung beginnt tief in uns. Dieser Prozeß wird ausgelöst durch eine plötzliche Idee, eine Vision — oder eben durch das Gefühl, nun zu allem bereit zu sein. Wenn wir uns entschließen, sorgsam mit uns selbst umzugehen und harmonische Beziehungen zu anderen zu pflegen, setzt im Innern eine wahre Kettenreaktion ein, durch die wir nicht nur immer gesünder werden, sondern gleichermaßen auch mehr Liebe empfinden. Wir entziehen uns bewußt dem kontrollierenden Einfluß der anderen und ihrer Süchte. Wir richten uns allein am inneren Heilungsprozeß aus, an uns selbst und an unserer Höheren Macht.

Wir fangen an, die eigene Stärke in einer Weise anzuerkennen, die uns bisher völlig unbekannt war. Wir werfen unsere Ängste, Scham- und Schuldgefühle ab und gelangen in einen Zustand, der von Ruhe und Frieden geprägt ist.

Wir haben aufgehört, einen solchen Wirbel um andere zu machen; wir »bemuttern« sie nicht mehr. Wir gingen das Wagnis ein, nach innen zu schauen. Jetzt wird uns ein noch größeres Risiko abverlangt: nämlich ganz ruhig — und dennoch unmißverständlich — Verantwortung zu tragen für uns selbst und unser Verhalten.

Dieser Schritt (wie auch der folgende) bereinigt die Beziehung, die wir zu uns selbst und anderen haben.

Wir sind dabei zu lernen, unter allen Umständen und in jeder Situation zu uns selbst zu stehen. Wir begreifen allmählich, wie man der ungerechten Behandlung durch andere einen Riegel vorschiebt und aufhört, sich selbst zu schikanieren. Ja, wir sind nicht mehr in der Rolle des Opfers.

Wir haben teil an einem neuen Bewußtsein. Gerade durch diese Arbeit am Heilungsprozeß, die jeder von uns leistet, wird — nicht nur in unserem Leben, sondern auch bei den anderen — der Teufelskreis durchbrochen, der zu immer schlimmeren Mißhandlungen und ungerechteren Strafen führt. Viele von uns hatten schon den Wunsch, die Welt zu verändern. Nun, das tun wir tatsächlich — indem wir auf ganz einfache und bescheidene Weise unseren Aufgaben nachgehen und um die innere Heilung bemüht sind.

NICHT MEHR OPFER SEIN

Als der Heilungsprozeß begann, durch den dann meine Co-Abhängigkeit beseitigt wurde, konnte ich nichts anderes erkennen als das Unrecht und die Verletzungen, die mir von anderen zugefügt worden waren. Ich litt unendlich. So vieles hatte ich verloren.

Und ich fühlte mich als Opfer.

Ich schaffte es einfach nicht, meinen Part im Rahmen einer Beziehung zu beurteilen oder vielleicht sogar jene schmerzlichen Aspekte meiner Persönlichkeit, die unbedingt aufgearbeitet werden mußten, in Erwägung zu ziehen. Ich kam überhaupt nicht auf den Gedanken, mich bei irgend jemandem zu entschuldigen. Das hätte mir nur das Gefühl gegeben, daß ich die anderen auch noch um Verzeihung bitten müßte für das, was sie mir angetan haben. Aber immerhin bleibt etwas Positives festzuhalten: Ich brauchte damals den Schaden gar nicht wiedergutzumachen, weil ich dafür noch nicht bereit war. Ich mußte mich eben erst einmal auf meinen Schmerz, meinen Kummer und einige grundlegende, mir zugängliche Heilmethoden konzentrieren, um dieses ganze Leid irgendwie zu lindern. Es war nötig, die Wunden zu verbinden und ein wenig in Selbstmitleid zu schwelgen; dies war nur ein Bestandteil jener inneren Reise, an deren Ende ich nicht mehr das Opfer anderer Leute, ihrer Abhängigkeiten und Probleme sein würde.

Es kam — langsam, wie im Schneckentempo — eine Zeit, da ich bereit war, den Blick allmählich nach innen zu richten. Es war endlich soweit, daß ich die Rolle, die mir selbst in diesen Beziehungen zufiel, bereitwillig ins Auge faßte und akzeptierte.

Ich sah, wie ich selbst meinen Teil dazu beigetragen hatte, daß diese Beziehungen viel Leid verursachten. Als ich aufhörte, mich so ausgiebig und heftig über das Verhalten der anderen zu beklagen, fiel mir auf, daß sie nur ein Spiegel meiner selbst waren. In Wirklichkeit konnte ich aus jeder Beziehung »herauskommen«, wenn ich mich von ihr nicht mehr abhängig machte. Ich wurde nicht gefangengehalten. Im Grunde war ich immer schon verantwortlich für mich selbst.

Meine Beziehungen spiegelten nichts anderes wider als meine ungelösten Probleme und Ängste. Sie zeigten mir nur, wie wenig Liebe mir meiner Meinung nach zustand und wieviel ich bereit war zu tolerieren.

Als ich mir dann einmal die Menschen genauer ansah, die ich bezichtigt hatte, jeder wahren Intimität aus dem Weg zu gehen, wurde mir langsam klar, daß die diesbezüglichen Hemmnisse ja eigentlich von *mir* ausgingen — daß *ich* nicht bereit war, auf der Gefühlsebene ehrlich und verletzbar zu sein. Ich erkannte meine Unfähigkeit, die Nähe von anderen zu ertragen und einen Menschen länger als nur für einen Augenblick an mich heranzulassen.

Jene, über die ich mich lauthals beschwert hatte, weil »sie sich immer nur auf mich verlassen«, waren dieselben, von denen ich extrem abhängig war.

Wenn mir die anderen einfielen, über die ich empört war, weil sie mich kontrollieren wollten oder sich auf ungebührliche Weise in meine Angelegenheiten einmischten, mußte ich feststellen, daß ich ihnen gegenüber ganz ähnlich reagierte. Auch ich war nicht bereit, sie so zu akzeptieren, wie sie nun einmal sind, und ihnen freie Hand zu lassen.

Mir wurde bewußt, daß ich in meinem Leben alle Beziehungen deswegen gebraucht und herbeigeführt hatte, weil ich auf die eine oder andere Weise innerlich wachsen sollte. Wenn ich meine Lektion nicht lernte, wenn ich mich den inneren Vorgängen nicht stellte, sie nicht verkraftete, fand ich mich bald in fast der gleichen Situation wieder und machte das Ganze noch einmal durch. Wenn ich jedoch gewillt war, meinen Teil auch wirklich wahrzunehmen, ihn anzuerkennen und einzugestehen sowie meinerseits Wiedergutmachung zu leisten, hatte ich den Kampf zur Hälfte gewonnen. Und wer weiß: Vielleicht war mir auch schon der Sieg sicher.

Dieser Schritt führt uns in einen ruhigen inneren Zustand, in dem wir ganz aufrichtig sind und die Abwehrhaltungen genauso aufgeben wie falschen Stolz; dort streifen wir die Maske des Opfers ab. Wir sind gewillt, auf genauso friedliche wie ehrliche Weise wieder eine »reine Weste« zu bekommen.

Bewältigen Sie diesen Schritt möglichst bald, nachdem die Liste gemacht ist. Praktizieren Sie ihn, wenn bittere Stimmungen, Ressentiments, Opferqualen oder Ängste sich bemerkbar machen. Üben Sie ihn ein, wann immer Sie mit sich selbst und anderen in Gesundheit und Frieden leben wollen. Wir brauchen aber diesen Schritt auch nicht zu früh anzugehen. Wir können uns mit ihm so lange Zeit lassen, bis wir innerlich bereit sind. Wenn es jedoch soweit ist, sollten wir das Ganze nicht unnötig aufschieben.

Der Achte Schritt erlaubt uns, den Kampf gegen uns selbst und andere einzustellen. Wir können etwas über uns in Erfahrung bringen, die innere Entwicklung dadurch weiter vorantreiben und dann diese Lektion hinter uns lassen. Wir können lieben, verzeihen, Vergebung erlangen und alles, was geschehen ist, akzeptieren.

Viele von uns tragen weiterhin »Restbestände« von Beziehungen mit sich herum, die seit Jahrzehnten schon vorbei sind! Dann aber haben wir uns mit der eigenen Vergangenheit wirklich noch nicht ausgesöhnt. Wir können uns davon erst befreien, wenn wir eine oder nötigenfalls mehrere Listen aufstellen und die innere Bereitschaft zur Versöhnung aufbringen.

Nicht nur unser Herz wird sich weiter auftun, sondern auch unsere Augen. Was wir in bezug auf uns selbst lernen müssen, das lernen wir auch. Wir werden die Wahl haben, unsere Vergangenheit loszulassen und in eine bessere Zukunft aufzubrechen.

Einige sagen, man könne die früheren Geschehnisse nicht mehr ändern. Dieser Schritt beweist etwas anderes. Denn durch ihn kann unsere Vergangenheit in einen notwendigen, akzeptablen und keinesfalls unerfreulichen Bestandteil unseres heutigen Lebens umgewandelt werden.

Viele, die im Heilungsprozeß stehen, haben noch keine formelle Liste aufgestellt. Aber wenn wir lange genug dabeibleiben, wird sie irgendwann schon zum Vorschein kommen. Die Namen werden uns einfallen — und sich unserem Verstand genauso einprägen wie unserem Herzen. Alle bisher unerledigten Angelegenheiten werden dann aufgearbeitet und bereinigt.

Uns werden jene Menschen und Beziehungen bewußt, mit

denen wir uns auseinandersetzen müssen: vielleicht der Ex-Gatte, Vater oder Mutter, eine Freundin von früher oder ein Verwandter. Wir werden diesen Personen begegnen — entweder geistig oder körperlich, im realen Leben. Die Gelegenheit, etwas wiedergutzumachen und dafür auch wirklich bereit zu sein, wird sich wie von selbst ergeben.

Wir werden die Chance haben, zu heilen und geheilt zu werden.

Darüber hinaus wird uns klarwerden, was wir bei uns selbst falsch gemacht haben. Diese Probleme werden sich mit der Zeit ganz von selbst stellen. Wir werden mit eigenen Augen sehen, wie sehr wir uns vernachlässigt und verletzt haben. Das Leben wird uns fragen, ob wir willens sind, etwas an der Art und Weise zu ändern, wie wir uns behandeln und auf uns reagieren.

Genau darum geht es im Heilungsprozeß.

Es sollte Ihnen keine Sorgen bereiten, ob Sie diesen Schritt gut genug »machen«. Benutzen Sie ihn nicht als Anlaß dafür, sich erneut schuldig zu fühlen. Greifen Sie einfach auf die Liste zurück, die in Ihrem Innern aufbewahrt ist oder auf einem Blatt Papier steht. Seien Sie dann zu allem bereit, was der Achte Schritt verlangt.

Bitten Sie darum, daß Ihnen jene Namen, die auf der Liste sein sollten, einfallen. Erbitten Sie auch die Einsicht, inwieweit Sie sich selbst und anderen unrecht getan haben. Und bitten Sie schließlich darum, daß Ihnen geholfen wird, die innere Bereitschaft zu erlangen.

Versöhnlichkeit, gesunde Beziehungen und Frieden haben ihren Ursprung im Innern. Der Achte Schritt führt uns dahin.

Er verlangt nur, eine Liste zu machen und dann auch in Gegenwart anderer Menschen bereit zu sein, sich selbst und das eigene Verhalten sorgsam im Auge zu behalten. Ungeachtet dessen, was der oder die Betreffende getan oder unterlassen hat: Uns steht es nun frei, die Verantwortung zu erkennen und zu akzeptieren, die wir für uns selbst übernehmen müssen.

ÜBUNGEN

1. Haben Sie mit Ihrer Liste schon angefangen? Haben Sie sich gedanklich klargemacht, wer durch Sie verletzt worden sein könnte?

2. Möchten Sie, daß Ihre Beziehungen — selbst jene, die Sie vielleicht nicht länger aufrechterhalten werden — einen harmonischen und gesunden Verlauf nehmen? Was hält Sie innerlich davon ab, diese heilsame Atmosphäre auch wirklich zu schaffen?

3. Welche früheren oder heutigen Beziehungen setzen Ihnen am meisten zu?

NEUNTER SCHRITT

»WIR MACHTEN BEI DIESEN MENSCHEN ALLES WIEDER
GUT — WO IMMER ES MÖGLICH WAR —, ES SEI DENN,
WIR HÄTTEN DADURCH SIE ODER ANDERE VERLETZT.«

Neunter Schritt der Anonymen Co-Abhängigen (CoDA)

Beth (von der schon die Rede war) entdeckte die Zwölf Schritte
durch die Overeaters Anonymous (OA), und zwar vor dreizehn
Jahren. Sie wog damals fast 250 Pfund und litt eindeutig an Eßsucht (Bulimie). Sie aß ständig und mußte sich zwischen zehn
und fünfzehn Mal am Tag übergeben. Obwohl sie an den Schritten arbeitete, blieb ihr Gewicht drei Jahre lang konstant.

Beth war mit einem Alkoholiker verheiratet, der gerade angefangen hatte, von seiner Sucht loszukommen, und der die Gruppentreffen der Anonymen Alkoholiker (AA) besuchte. Mit ihren
fünfundzwanzig Jahren hatte sie bereits eine Ehe hinter sich. Ihr
erster Mann, vom Hals abwärts gelähmt, war elf Jahre älter
gewesen als sie.

»In seiner Nähe kam ich einfach nicht von meinem Gewicht
herunter«, berichtet Beth. »Ich war gehässig, zornig, verbittert,
gemein, unbarmherzig, ekelhaft, isoliert, intolerant, deprimiert
und nahe am Selbstmord. Zudem hatte ich schreckliche Angst,
fühlte mich einsam und traurig, aber das war mir zu der Zeit gar
nicht mal bewußt. So kam ich aus einer Ehe sofort in die nächste

und beschloß, jetzt ernsthaft etwas für meine seelische und körperliche Gesundheit zu tun.«

Erst während der zweiten Ehe verlor Beth ihr Übergewicht und fing an, die Gruppentreffen von Al-Anon zu frequentieren. Ihr Allgemeinzustand wurde besser, weil sie sehr darum bemüht war, sich die nötige Pflege angedeihen zu lassen. Aber irgend etwas war immer noch nicht in Ordnung. Irgend etwas funktionierte einfach nicht.

»Meine zweite Ehe war zerrüttet. Ich ging vier oder fünf Mal die Woche zu Al-Anon. Ich arbeitete mein Programm durch. Aber mir war nicht klar, was eigentlich verkehrt lief. Das Leben mit meinem Mann wurde immer dann zur Hölle, wenn er mit anderen Frauen rummachte. Er stritt jede Missetat ab und meinte nur, ich wäre nicht selbstsicher genug. Schließlich verließ ich ihn. Nach der Trennung kamen fünf meiner Freundinnen zu mir und erzählten, mein Mann hätte sich ihnen in eindeutig sexueller Weise genähert, während wir noch zusammen waren.«

Fünf Jahre lang lebte Beth nun, was Männerbeziehungen anging, »abstinent«. Sie ging zu Al-Anon, arbeitete an sich selbst, erforschte ihre Spiritualität und lernte, wie man im Leben allein zurechtkommt.

Dann begegnete sie dem Mann, der ihr dritter Ehepartner werden sollte. Sie wählte ihn sorgfältig aus; er war sehr angenehm und charmant, besonders in der Gesellschaft von Frauen, und bekannte sich zu den gleichen Werten wie Beth. Aber in dem Augenblick, als sie sich das Jawort gaben, war irgend etwas plötzlich anders.

»Peter zog sich emotional von mir zurück. Er wurde so kalt wie ein Stein. Vor der Hochzeit waren wir eng zusammen gewesen und hatten viel Spaß miteinander gehabt. Danach sahen wir uns kaum noch — und wenn, dann stritten wir miteinander. Früher konnte Peter mir alles geben, was ich bei einem Mann schätze: Wärme, Fürsorge, Sensibilität und Beständigkeit. Ich verstand das alles nicht.

Aber ich wußte auch, daß es gar nicht nur um ihn ging. Hier stand ich also: eine in der Geschäftswelt inzwischen sehr erfolgreiche Frau, die als äußerst kompetent galt. Ich konnte alle Aufgaben aus eigener Kraft bewältigen. Ich reiste allein. Ich brauchte keinen Mann. Es gab genügend Menschen in meiner Umgebung, die mich wunderbar unterstützten. Und doch war etwas in mir völlig aus den Fugen geraten, und ich konnte dem nicht länger ausweichen.«

Beth ging weiterhin zu den Al-Anon-Gruppentreffen, begann aber zusätzlich noch mit einer Psychotherapie. Allmählich trat sie Peter gegenüber auch immer konsequenter auf. Er leugnete weiterhin, daß mit ihm etwas nicht in Ordnung sei — bis er dann eines Tages eher beiläufig erwähnte, daß er die Gruppentreffen der S.A.A.* besuchen wolle. Er lehnte es jedoch ab, sich weiter darüber auszulassen oder wenigstens zu sagen, warum er sich gerade für diese Gruppe entschieden hatte.

»In meiner Verzweiflung verdrängte ich diese Tatsache völlig. Ich wollte einfach nicht glauben, daß er sex-süchtig war. Ich konnte mir unter dieser Art von Abhängigkeit überhaupt nichts vorstellen. Aber immerhin fiel mir etwas an mir selbst auf. Ich erkannte, daß diese Sex-Sucht sich so auswirkte, daß ich schier wahnsinnig wurde. Ich hatte jahrelang auf Sex-Süchtige co-abhängig reagiert, ohne mir dessen bewußt zu sein. Mir war nicht klar, daß mein Suchtverhalten durch das des anderen ausgelöst worden war. Ich dachte immer nur, ich wäre besitzergreifend, eifersüchtig und mißtrauisch.«

Etwa sechs Monate später legte Peter offen dar, worin seine Abhängigkeit eigentlich bestand. Es war nicht so schlimm, wie sie befürchtet, aber zugleich schlimmer, als sie gehofft hatte. Seine Sucht war vor allem *mental* bedingt: Sie wurde nicht wirklich ausagiert. Aber er war besessen von seinen Phantasievorstellungen, hatte sie auch einmal in die Tat umgesetzt und fühlte sich dadurch tief beschämt.

Von da an besuchte Beth die Treffen der Co-SA**. Jetzt wurde sie allmählich auch von ihrer Co-Abhängigkeit geheilt.

---

* S.A.A. (Sex Addicts Anonymous): Selbsthilfegruppe, die — ähnlich wie SA (Sexaholics Anonymous) — die Sex-Sucht zu heilen versucht.
** Co-SA (Codependents of Sex-Addicts): Selbsthilfegruppe für diejenigen, die unter der Sex-Sucht des geliebten Menschen zu leiden haben.

»Zum ersten Mal konnte ich meine Co-Abhängigkeit regelrecht fühlen«, berichtet Beth. »Ich spürte, wie ich mich wegen dem, was irgendein Süchtiger tun könnte, zu tun fähig war und wahrscheinlich auch tun würde, schlechter gemacht hatte, als ich bin — obwohl ich das Verhalten des anderen sowieso nicht kontrollieren konnte. Bald dachte ich nicht mehr darüber nach, was dieser Süchtige wohl als nächstes tun würde. Ich stellte erst dann wieder Fragen, wenn mir etwas verdächtig vorkam. Und ich legte für mich gewisse Grenzen fest: daß ich zum Beispiel unter keinen Umständen mit einem Süchtigen zusammenleben würde, der ständig zu seiner Droge greift.«

Jetzt kam Peter endlich von der Sex-Sucht los; gemeinsam mit Beth fand er heraus, um was es bei ihren Problemen *eigentlich* ging. Mit der Unterstützung eines Therapeuten wurde Beth nämlich bewußt, daß sie als Kind von ihrem Vater sexuell mißbraucht worden war. Auch Peter erkannte, daß es in seiner Kindheit sexuelle Mißhandlungen gegeben hatte.

»Dadurch tat sich ein Meer von Erinnerungen auf«, erzählt Beth. »Ich hatte regelrechte ›Flashbacks‹ in bezug auf meinen Vater, als er mir Gewalt antat. Vor diesen Szenen war ich immer weggerannt, um sie irgendwie zu verdrängen. Zudem fiel mir wieder ein, daß er auch meine Schwester sexuell mißbraucht hatte. Sie begann zur gleichen Zeit wie ich, ihre Inzest-Probleme aufzuarbeiten. So entsetzlich das alles auch war: Ich glaube, schließlich bin ich doch noch an den ›wunden Punkt‹ herangekommen, der mir mein ganzes Leben lang Qualen bereitet hatte.«

Als Peter anfing, sich mit jenen Mißhandlungen auseinanderzusetzen, die er über sich hatte ergehen lassen müssen, bat er seine Frau um die Trennung. Beth wehrte sich dagegen; sie wollte ihren Mann nicht verlieren. Aber dann willigte sie doch ein. Sie hatte keine andere Wahl. Seit dieser Zeit arbeitet sie an sich selbst genauso kontinuierlich weiter wie am »Wiedergutmachungs-Abschnitt« ihres Heilungsprogramms. Sie führte lange Gespräche mit ihrer Familie; und sie bemühte sich, den von ihr getrennt lebenden Ehemann für all das zu entschädigen, was sie ihm angetan hatte.

Auch sich selbst bezog sie in diese Wiedergutmachungs-Aktion mit ein.

»Ich bin nicht gerade auf Rosen gebettet«, sagt Beth. »Aber ich habe ja mich selbst. Manchmal weine ich wochenlang nicht. Ich will mich nicht umbringen. Ich weine, wenn es einfach sein muß, und gehe dann wieder meinen täglichen Beschäftigungen nach. Vor dreizehn Jahren wußte ich nicht einmal, daß ich weinen konnte. Mir war nur ein Gefühl bewußt: Zorn. Ein Freund meinte, ich erinnere ihn an eine riesengroße Nonne mit einem drei Pfund schweren Kreuz um den Hals.

Wenn ich jetzt die Wut in mir aufsteigen fühle, kann ich davon ausgehen, daß ich im Grunde schreckliche Angst habe. Ich lerne, wie ich am besten damit umgehen kann. Was mein Leben insgesamt angeht, so bin ich zuversichtlich, daß ich mich nicht wieder für einen sex-süchtigen Partner entscheiden werde, falls meine Ehe auseinandergeht. Außerdem bleibt mir die Hoffnung, daß ich, wenn mein Mann sein ›Rückzugs-Syndrom‹ überwunden hat, wissen werde, in welcher Weise wir so zusammenleben können, daß unser gegenseitiger Respekt zum Ausdruck kommt. Ich bin optimistisch, daß ich nun fähig bin, jene Art von Beziehung zu pflegen, die ich auch wirklich verdiene, und selbst Kinder zu haben, die ich nicht kaputtmache dadurch, daß irgendein geheimer Fluch über mein Leben regiert.

Ganz bestimmt werde ich nie mehr mich selbst verlieren. Ich glaube, alles in meinem Innern — bis hinein in die flüssige Substanz meiner Zellen — hat sich verändert, weil ich mit meinem großen Problem fertig geworden bin.«

Vor kurzem wurde Beth eingeladen, als Rednerin an einer Tagung teilzunehmen, die sich mit den Problemen der Sex-Sucht und der daraus resultierenden Co-Abhängigkeit befaßte. Sie hatte Angst davor, aber nach einigem Nachdenken sagte sie zu. Dieser Auftritt war für Beth und jene, die ihr zuhörten, ein mitreißendes Ereignis.

Völlig ruhig und ohne den süchtigen Partner zum Schuldigen zu stempeln, sprach sie über ihre Rolle innerhalb der Beziehung. Sie erzählte, wie sie durch ihre Ehe die eigenen ungelösten Probleme gewissermaßen »ausleben« konnte. Sie redete über ihren

Zorn, ihre genauso beschämenden wie verletzenden Vorgehensweisen, auf die sie sich eingelassen hatte, um das Suchtverhalten des anderen unter Kontrolle zu bringen.

Sie bekannte sich dazu, für ihren Teil Wiedergutmachung zu leisten. Sie berichtete ferner, wie sie sich mit ihrer Familie auseinandergesetzt hatte, um auch auf diesem Wege den früher erlittenen Schaden wiedergutzumachen.

»Ohne im geringsten wütend zu sein, konnte ich mit jedem in der Familie offen über meine Schwierigkeiten und meinen Heilungsprozeß reden. Ich forderte jeden dazu auf, entweder wirklich mit mir in Verbindung zu treten oder jeden Kontakt abzubrechen. Aber ich gab die Bedingung vor: *Ich* würde keine Beziehung mit ihnen eingehen, in der ich all das verdrängen müßte, was man mir damals antat. Ich würde nicht wieder so sein, wie ich war, und mich daher auch nicht in das alte Beziehungssystem integrieren lassen.«

Als Beth ihre Rede beendet hatte, vibrierte der Raum geradezu von Gefühlsäußerungen und erregten Stimmen. Aber noch wichtiger war, was sich im Innern von Beth abspielte. Ihr Ehemann war unter den Zuhörern. Sie sprachen kurz miteinander. Sie hoffte immer noch, daß sie wieder zueinander fänden; zugleich jedoch war ihr bewußt, daß sie ihren Weg fortsetzen würde, ungeachtet dessen, wie es mit ihrer Ehe weiterging. Und als sie Peter dann sah, empfand sie ein Gefühl tiefen Friedens.

»Indem ich über mich selbst sprach, meinen Part klar ins Auge faßte — der immerhin soweit ging, daß ich mit einem sex-süchtigen Menschen verheiratet sein mußte, um meine eigenen Probleme aufarbeiten zu können —, kam ich mit mir selbst ins reine. Ich söhnte mich mit Peter aus; mit meiner Familie; mit mir selbst. Ja ich war plötzlich mit allen Sex-Süchtigen der Welt friedlich vereint.«

Dieser Schritt handelt eben genau davon: daß wir uns aussöhnen mit anderen und mit uns selbst. Dies ist der Zweck jeder Wiedergutmachung.

DIE LISTEN HERVORHOLEN

Der Neunte Schritt steigert in großem Maße unsere Fähigkeit, genaue Grenzen festzulegen — also den Unterschied zu bestimmen zwischen uns und dem anderen, zwischen dessen Verhalten und unserem eigenen. Dieser Schritt »verankert« uns in einer ganz neuen Lebensweise, die darin besteht, andere ihren Weg (mit all den damit verbundenen Problemen) gehen zu lassen — und zu begreifen, daß wir den unseren beschreiten müssen. Wir lernen allmählich, unsere innere Stärke anzuerkennen, so daß wir dann für uns selbst und unser Verhalten die Verantwortung übernehmen.

Dieser Schritt hat auch den Nebeneffekt, daß wir nun bezüglich unseres Tuns, wie es in Beziehungen zum Vorschein kommt, ein gutes Gefühl haben — und uns von solchen Verhaltensweisen befreien können, die uns Unbehagen bereiten.

Wenn Sie die Arbeit an den vorhergehenden Schritten wirklich zu Ende geführt haben, so verfügen Sie über eine allgemeine Liste. Wenn Sie am Achten Schritt so gearbeitet haben, wie es hier im Buch vorgeschlagen wurde, so kommen drei weitere Listen hinzu: Auf der ersten stehen jene Personen, die Ihnen Schaden zugefügt haben; auf der zweiten solche, denen Sie in irgendeiner Weise abträglich waren; und auf der dritten ist eben jener Mensch vermerkt, den Sie vielleicht am tiefsten verletzt haben: Dort erscheinen Sie selbst.

Vielleicht haben Sie Ihre Liste nicht schriftlich fixiert. Aber Sie haben sich zu anderen Menschen in Beziehung gesetzt; also existiert auch eine solche Aufstellung, egal in welcher Form. Jede frühere oder heutige Beziehung, in der Sie sich unwohl fühlen; jede Person — Sie selbst eingeschlossen —, gegenüber der Sie quälende, nicht geklärte Regungen empfinden; jede Verbindung, die sowohl geistig wie auch emotional für Mißstimmung sorgt — ist ein Punkt, der auf Ihre Liste gehört. Denn all diese Beziehungen blockieren Sie innerlich und mindern Ihre Liebesfähigkeit.

Es ist dabei ganz gleichgültig, ob Sie etwas verdrängen oder nicht. Wenn Sie mit sich selbst bzw. jemand anderem hadern oder vor ungelösten Problemen stehen, so muß all das auf die Liste, selbst wenn Sie es ableugnen.

Wir wollen nun einmal genauer betrachten, was wir tun können, um diese Namen, einen nach dem anderen, wieder von der Liste zu streichen.

WIE WIR MIT JENEN MENSCHEN UMGEHEN, DIE UNS VERLETZT HABEN

Die erste Form von Wiedergutmachung, die wir hier erörtern wollen, betrifft jene Menschen, die uns verletzt haben. Ich weiß, ich weiß. Das hört sich seltsam und ein bißchen zu sehr nach Co-Abhängigkeit an. Aber gedulden Sie sich ein wenig.

Wenn jemand uns weh getan hat und wir mit diesem Zwischenfall nicht zurechtkommen, bleibt im Innern ein Mißklang zurück. Auf welche Weise gehen wir nun also an diese Liste heran? Jedenfalls nicht so, daß wir irgend etwas verdrängen.

Diese Aufstellung enthält den größten Teil jener Aufgaben, die wir im Heilungsprozeß bewältigen müssen. Unser Endziel besteht darin, jedem Menschen zu verzeihen, der uns unrecht getan hat — aber vorab müssen wir etwas sehr Wichtiges tun. Wir müssen unsere Gefühle wirklich empfinden und vollständig verarbeiten. Wir müssen die Mißhandlungen, die an uns verübt wurden, klar identifizieren und als solche auch akzeptieren. Wir müssen herausfinden, inwieweit wir anders auf Menschen reagieren sollten, damit sich derartige Dinge nicht immer wieder ereignen. Schließlich werden wir dann zu einer versöhnlichen Haltung finden.

Das Ganze ist eine Trauerarbeit, die in mehreren Abschnitten erfolgt: Sie beginnt mit der Verdrängung, führt später in die Wut und dann in einen oft abgrundtiefen Kummer.

Viele von uns, die diesen inneren Prozeß durchmachen, stellen fest, daß sie auch mit einem extremen Zorn fertig werden müssen.

Sobald wir unsere Gefühle verarbeitet haben, sind wir bereit zu vergeben, aber erst dann. Wenn wir nicht lange genug bei ihnen verweilen, um sie ganz allmählich hinter uns zu lassen, wenn wir also zu früh verzeihen, ist alles umsonst, und wir müssen noch einmal von vorn beginnen.

Der Heilungsprozeß dient nicht dem Zweck, irgendwelche Verdrängungmechanismen ewig aufrechtzuerhalten, sondern im Gegenteil eine bejahende Haltung zu entwickeln, die sich auch auf die eigenen Gefühle erstreckt.

Unsere Gefühle hängen gewiß davon ab, welche Art von Verletzung wir erlitten haben: Sie können eher schwach, aber auch sehr heftig sein. War die Mißhandlung sehr schlimm, bleiben einige von uns jahrelang in ihrer Wut gefangen. Das ist ganz in Ordnung und muß so sein. Indem wir die eigene Gefühlswelt in ihrer ganzen Vielfalt erleben, werden wir innerlich gesund und nähern uns immer mehr einer versöhnlichen, positiven Einstellung.

Hierbei ist es wichtig festzustellen, was unternommen werden muß, um das eigene Wohlergehen in Gegenwart jenes bestimmten oder auch jedes anderen Menschen, der uns ähnliche Wunden beibringen, der uns genauso mißbrauchen würde, auch künftig zu gewährleisten. Wir können nicht jeden Verlust, nicht jede schlechte Behandlung verhindern, obwohl wir dies natürlich gerne hätten. Wenn ich allerdings auf all die Situationen zurückblicke, in denen mir von anderen Schmerz zugefügt wurde, so habe ich daraus doch sehr oft etwas lernen können. Der innere Prozeß bleibt eben immer so lange unvollendet, bis ich endlich für die jeweilige Lektion offen bin und den Entschluß fasse, künftig von ihr Gebrauch zu machen. Oft besteht sie ganz einfach darin, die eigene Stärke anzuerkennen und im Zusammenleben mit anderen Menschen immer auch für sich selbst dazusein.

Manchmal müssen wir auch lernen, unsere Grenzen gegenüber anderen Menschen genau festzulegen. Dann wieder geht es darum, nein sagen zu können. Ein anderes Mal müssen wir versuchen, zu uns selbst zu stehen und den eigenen Gefühlen, Wünschen und Bedürfnissen zu vertrauen. Unter Umständen wissen wir gar nicht, welche Lektion uns gerade beigebracht wird: Dann können wir nichts anderes tun, als den betreffenden Vorfall erst einmal zu akzeptieren.

Im Verlauf unserer inneren Auseinandersetzung möchten wir vielleicht einen Menschen auf der Liste mit einem bestimmten Problem direkt konfrontieren — nicht um ihn zu beschämen, nicht um einen Schuldigen zu finden, dem wir eine Rechtfertigung abverlangen, sondern um einfach klarzumachen, in welcher Weise wir uns ihm gegenüber jetzt abgrenzen, und daß uns Gewalt angetan wurde. Manchmal ist es reine Zeitverschwendung, auch nur den Mund aufzumachen. Vielleicht können wir aber gerade in diesem Punkt um geistigen Rat bitten. Die Freunde, die Vertrauensperson in der Gruppe und natürlich auch unsere Höhere Macht — sie alle können uns helfen herauszufinden, welche Vorgehensweise in der jeweiligen Situation am besten ist.

Sobald wir unsere Gefühle wirklich empfunden und die Lektionen verstanden haben, gehen wir als nächstes dazu über, jedem Menschen auf der Liste zu verzeihen. Dies ist keine leichte Aufgabe. Aber die Versöhnung wird dann kommen, wenn wir dazu bereit sind.

Es gibt im Heilungsprozeß einige »Tricks«, die mir sehr nützlich sind, wenn ich mich mit jemandem auszusöhnen versuche, obwohl mir gar nicht so sehr danach ist. Zum Beispiel bitte ich die Höhere Macht, diesen Menschen zu segnen und durch und durch glücklich zu machen. Oder ich bekräftige meinen Wunsch, ihm zu verzeihen. Manchmal zwinge ich mich auch dazu, nur Positives über ihn zu denken. Dann wieder bitte ich die Höhere Macht, mir die Gabe der Versöhnung zuteil werden zu lassen und in der Beziehung wieder gesunde Gefühle aufkommen zu lassen. Jedes dieser Hilfsmittel zeitigt seine Wirkungen.

Die versöhnliche Haltung wird sich einstellen, wenn wir für sie empfänglich sind. Sie wird uns »finden«, wenn wir uns dazu entschlossen haben. Seien Sie nicht allzu voreilig: Erst müssen die Gefühle tief empfunden werden. Aber warten Sie auch nicht zu lange damit; denn Vergebung bringt inneren Frieden und Freiheit.

Wenn wir einem Menschen verzeihen, erhält er dadurch nicht die Erlaubnis, uns weiterhin schlecht zu behandeln. Andererseits: Wenn wir jemandem verzeihen wollen, uns im Grunde aber wütend und argwöhnisch fühlen, haben wir die eigenen Empfindungen vielleicht nicht gut genug untersucht und die erforderlichen Lektionen nicht richtig gelernt. Gelegentlich kommt es auch vor, daß wir im Verlaufe dieser Arbeit deutlicher erkennen, inwieweit wir selbst an dem betreffenden Vorfall mit beteiligt waren. Wenn sich tatsächlich herausstellt, daß auch wir nicht ganz unschuldig sind und etwas wiedergutmachen müssen, so können wir den jeweiligen Namen auf unserer zweiten Liste eintragen.

Unser Ziel ist es, »diese Sache« zu verzeihen und zu vergessen, sobald wir sie akzeptiert haben und die Wunde ausgeheilt ist. Trotzdem sind wir bestrebt, eines nicht zu vergessen: nämlich die Lehre, die *wir* aus dieser Erfahrung gezogen haben. Wir sehen ein, daß wir dankbar sein können — denn viele Menschen sind in unser Leben getreten, um uns etwas beizubringen und unsere innere Entwicklung zu forcieren — manchmal durch Widerstand, manchmal durch Liebe und manchmal dadurch, daß sie uns zeigen, woran wir innerlich arbeiten müssen.

WIE WIR DEN SCHADEN BEI JENEN MENSCHEN WIEDERGUTMACHEN, DIE VON UNS VERLETZT WURDEN

Nun ist es an der Zeit, die Liste jener Menschen hervorzuholen, die wir durch unser Verhalten verletzt haben. Nun nehmen wir also direkte »Wiedergutmachungs-Aktionen« in Angriff. Wir sind allmählich bereit, durch Wort und Tat zum Ausdruck zu bringen: »Das habe ich getan, und es tut mir leid.« Diesen Menschen gegenüber haben wir uns nicht richtig verhalten, und wir müssen uns um sie kümmern, weil dabei ein Unrecht geschehen ist. Wir haben sie vielleicht angelogen, benutzt, kontrolliert, manipuliert, mißbraucht oder unsere Wut an ihnen ausgelassen. In gewisser Weise haben diese Menschen unter unserer Co-Abhängigkeit zu leiden gehabt, und so wollen wir jetzt also versuchen, einige Dinge zu klären. Wir sind im Begriff, uns von Schuldgefühlen zu befreien, Verantwortung für uns selbst zu übernehmen, nicht mehr Opfer zu sein und diese Beziehungen wieder in Ordnung zu bringen.

Wir haben zuvor schon einmal betont, daß unsere Kinder und die uns nächsten Menschen oft ganz oben auf der Liste stehen. Sie haben mit uns viel mitgemacht, weil wir soviel mitmachen mußten. Manchmal stehen auch Arbeitgeber, Angestellte, Mitarbeiter, Kolleginnen auf dieser Liste. Vielleicht auch schulden wir jemandem Geld. Es kann auch sein, daß wir uns bei einem Menschen entschuldigen müssen, mit dem wir früher einmal eng zusammen waren: Freund bzw. Freundin, Ehepartner bzw. Ehepartnerin — oder sogar Schwiegervater bzw. Schwiegermutter.

Oft sind auch Freunde oder Nachbarn auf dieser Liste verzeichnet. Wir sind bereit, auf diesen Menschen zuzugehen und — ohne die geringste Abwehrhaltung — das eigene Verhalten einzugestehen; daraufhin entschuldigen wir uns und leisten die entsprechende Wiedergutmachung, vorausgesetzt wir schaden dadurch dem Betreffenden oder einem anderen nicht noch mehr. Gewiß: Wir sollten ehrlich sein und auch das eigene Wohlergehen nicht aus dem Auge verlieren; aber wir sollten doch niemals ein größeres Durcheinander anrichten als jenes, das wir gerade aufzuräumen versuchen.

Manchmal muß man sogar mit der jeweiligen Person direkten Kontakt haben, um den Schaden wiedergutmachen zu können. Wir sagen, was *wir* getan haben, und bitten diesen Menschen, unser Verhalten zu verzeihen. Wir sprechen nicht darüber, was er getan hat. Weder rechtfertigen wir unser Tun, noch bemühen wir uns, es irgendwie plausibel zu machen. Wir können, wenn nötig, kurze Erklärungen dazu geben. Je weniger Worte wir benutzen, desto besser. Die wichtigsten sind in jedem Fall: »Das habe ich getan, und es tut mir leid.«

Das hört sich dann zum Beispiel so an: »Ich habe wirklich aberwitzige Dinge angestellt, um dich und deine Sucht zu kontrollieren. Entschuldige bitte.«

»Ich habe dich wegen Harvey ganz schön verrückt gemacht. Verzeih.«

»Ich war wütend auf dich, und anstatt mit diesem Gefühl irgendwie anders fertig zu werden, habe ich dir ständig ein paar Seitenhiebe versetzt und dich unfair behandelt. Es tut mir leid.«

Manchmal leisten wir Wiedergutmachung auch bei Menschen, zu denen wir die Beziehung nicht länger aufrechterhalten wollen. Dies mag vor allem auf den früheren Chef oder Ehepartner zutreffen. Wir wollen einfach »in unserem Bereich den Unrat wegräumen«.

Dann wieder erfolgt die Wiedergutmachung ganz unmittelbar. Es gibt Menschen, mit denen wir sofort ins reine kommen können und sollten.

Es kann aber auch sein, daß es um eine »künftige« Wiedergutmachung geht. Aus einer Reihe von Gründen ist es manchmal besser, einige Zeit verstreichen zu lassen, ehe man die andere Person aufsucht. Wir reagieren vielleicht im Moment ganz besonders gereizt; oder uns ist bisher immer noch nicht ganz klar, was wir eigentlich falsch gemacht haben; wir mögen auch einfach noch nicht bereit sein für eine versöhnliche Geste. Jedenfalls stimmt im Moment das »Timing« nicht. Also warten wir ab — nicht ohne einen vernünftigen, unbedingt einzuhaltenden Termin im Hinterkopf zu haben.

Im Verlaufe dieses »Wiedergutmachungsprozesses« bitte ich Gott oft um Unterweisung. Allmählich bringe ich dann die innere Bereitschaft auf, mit meiner Liste fortzufahren. Ich weiß, daß ich immer gut auf mich selbst achtgeben muß, auch wenn es jetzt um andere Menschen geht. Dann bitte ich Gott, mir zu helfen. Manchmal erscheint es mir ganz richtig, ein wenig zu warten und das Problem, das zur Debatte steht, erst einmal loszulassen. Nachdem ich Gott gebeten habe, mich so zu führen, daß ich zu einer bestimmten Wiedergutmachung fähig bin, wird mir zumeist bald klar, daß es wirklich Zeit ist, etwas dafür zu unternehmen — oder ich treffe die jeweilige Person »ganz zufällig«. Die Gelegenheit ergibt sich von selbst, und sie ist dann anscheinend auch immer günstig. Das heißt nicht, daß ich vor solchen Begegnungen überhaupt keine Angst mehr hätte. Jedesmal, wenn ich mich darauf vorbereite, etwas wiedergutzumachen, habe ich ein flaues Gefühl im Magen. Es ist schrecklich für mich, zu jemandem hinzugehen, zuzugeben, daß ich etwas Unrechtes getan habe, und meine Reue zu zeigen.

Aber hinterher geht es mir dann immer sehr gut. Ich habe festgestellt, daß man im Heilungsprozeß ein genauso starkes wie natürliches Hochgefühl empfindet, wenn man mit anderen Menschen ehrlich umgeht — wie sehr man sich davor auch fürchten mag —, und dann, wenn es passend ist, sagt: »Es tut mir leid.«

Aber diese Wörter reichen nicht immer aus. Manchmal besteht die Wiedergutmachung darin, daß wir gegenüber jenem Menschen, den wir verletzt haben, unser Verhalten ändern müssen. Natürlich brauchen wir ihm nicht zu versprechen (und könnten es auch gar nicht), daß wir jetzt alles perfekt machen, aber schon der aufrichtige Wunsch, uns selbst anders »anzupakken«, wirkt sich positiv aus. Vielleicht wollen wir uns gerade gegenüber den eigenen Kindern, dem Ehepartner, dem geliebten Wesen oder einem Freund auf neue Weise zu erkennen geben.

Am Anfang des Heilungsprozesses, der mich von der Co-Abhängigkeit befreien sollte, besaß ich kaum die Fähigkeit, für meine Kinder wirklich liebevoll zu sorgen; noch weniger war ich imstande, ihnen gegenüber gewisse Grenzen festzulegen und einzuhalten. Ich entschuldigte mich bei ihnen dafür, daß ich als Mutter versagt hatte. Aber sie brauchten mehr als nur das. Es war dringend notwendig, ihnen eine wirkliche Mutter zu sein, die Disziplin mit sorgsamer Pflege verbindet — und die klare, glaubwürdige Grenzen zieht, auf die sie sich dann verlassen konnten.

Kürzlich ist etwas ganz Interessantes passiert. Meine beiden Kinder, Nichole und Shane, ihre Freundin und ich saßen am Küchentisch und plauderten. Die Freundin erzählte, wie sie vor gar nicht allzu langer Zeit von ihrer Mutter für irgend etwas »bestraft« worden war; aber eine dreiviertel Stunde später hatte die Mutter den Grund für die Strafe schon wieder vergessen.

»O ja«, sagte Nichole, »Mami war früher genauso. Jetzt ist sie ganz anders.«

Daraufhin setzte meine Tochter ein zufriedenes Lächeln auf. Ich konnte sehen, daß sie sich geborgen fühlte. Die inneren

Kämpfe, die ich durchgemacht hatte, um endlich zu mir selbst zu finden, waren der Mühe wert gewesen. Die ganze Kraft, die ich gebraucht hatte, um gegenüber meinen Kindern vernünftige Grenzen zu setzen und diese auch zu respektieren, wurde mir nun in vielfältiger Weise wieder zurückgegeben.

Sie fühlten sich wohl und sicher bei dem Gedanken, daß ich das, was ich sagte, auch ernst meinte.

»Meine Mami ist einfach nicht mehr so co-abhängig«, sagte Nichole.

Der Zweck der Wiedergutmachung ist nicht der, andere Menschen zu ändern oder andere Reaktionen von ihnen zu erwarten — sondern sich für das eigene Verhalten verantwortlich zu fühlen, das Chaos, das wir angerichtet haben, wieder in Ordnung zu bringen und anderen Menschen in einer Weise zu begegnen, die uns behagt.

Selbst wenn die Wiedergutmachung eine Änderung des eigenen Verhaltens bedingt, so habe ich doch festgestellt, daß es auch sehr nützlich ist, dem anderen eine kurze Erklärung zu geben bzw. frühere »Missetaten« zu berücksichtigen und ebenfalls zu bereinigen. Die Worte: »Es tut mir leid« sind genauso wirksam wie heilsam. Wie oft haben wir uns schon gewünscht, jemand würde sie zu uns sagen? Nicht dieses: »Tut mir leid«, das wir von süchtigen Menschen zu hören bekommen, wenn sie unter Seelenqualen und Gewissensbissen leiden, sondern eine freimütig ausgesprochene und ehrlich gemeinte Entschuldigung. Diese kann sich nämlich auf unsere Beziehungen äußerst positiv auswirken. Wir können zwar niemanden zu einer Entschuldigung zwingen, aber wir können immerhin unseren Beitrag dafür leisten, daß das Verhältnis zu anderen Menschen zunehmend gesünder wird.

Zuweilen ist unsere Wiedergutmachung auch finanzieller Natur. Wir müssen den anderen im wahrsten Sinne entschädigen, das heißt: Die verbale Entschuldigung reicht genausowenig aus wie die Änderung des eigenen Verhaltens. Wir müssen schlicht und ergreifend das Geld zurückzahlen, das uns geliehen wurde. Viele von uns sind hoch verschuldet, wenn sie mit dem Heilungsprozeß beginnen. Ich habe mit Leuten gesprochen, die mit 30 000, 50 000 oder gar noch mehr Dollar im Minus waren, als sie den Entschluß faßten, von der Co-Abhängigkeit befreit zu werden.

Diese Schulden sind meistens darauf zurückzuführen, daß wir eine nicht intakte Beziehung zu jemandem hatten und uns über beide Ohren verschuldeten. Als sie dann in die Brüche ging, mußten wir — nicht der Partner — die ganzen Kosten tragen. Manchmal haben wir uns auch Geld ausgeliehen, um dem anderen »aus der Patsche zu helfen«. Zudem ist es sehr gut möglich, daß wir, infolge unserer Co-Abhängigkeit, überhaupt unfähig sind, mit Geld umzugehen.

Für den Heilungsprozeß ist es ganz entscheidend, daß wir bereit sind, für unsere gegenwärtigen finanziellen Schwierigkeiten die Verantwortung zu übernehmen. Viele von uns haben tatenlos zugesehen, wie sie von einem anderen regelrecht ausgebeutet wurden. Das ist ein schwerer Schlag, den wir erst einmal verkraften müssen — aber wenn wir innerlich gesund werden wollen, haben wir gar keine andere Wahl, als im finanziellen Bereich Klarheit zu schaffen und den entstandenen Schaden auszugleichen.

Wir tun unser Bestes, um dieser Situation mit Fairneß und Gerechtigkeit zu begegnen. Wenn es eine Möglichkeit gibt, von finanziellen Verpflichtungen befreit zu werden, denen eigentlich jemand anders nachkommen muß, so machen wir davon Gebrauch. Auch auf diese Weise leisten wir Wiedergutmachung an uns selbst. Darüber hinaus ergreifen wir, soweit es geht, ganz gezielte Maßnahmen, um sicherzustellen, daß auch in Gelddingen jeder von uns nur für sich selbst verantwortlich ist. Ferner lassen wir nicht mehr zu, daß uns jemand in dieser Angelegenheit erpreßt oder gar peinigt.

Um auch in finanzieller Hinsicht eigenverantwortlich handeln zu können, werden wir so manches Mal in den sprichwörtlich sauren Apfel beißen müssen. Dann und wann ist unser Kredit aufgebraucht. Vielleicht auch sitzen wir eines Tages da mit den Schulden, die ein anderer gemacht hat, ob wir das nun wollen oder nicht.

Ich denke, wir können und sollten auch gewisse Schritte unternehmen, um uns selbst soweit wie möglich zu schützen. Wenn wir aber schon alles versucht haben und trotzdem immer noch für die Schulden eines anderen Menschen geradestehen müssen, bleibt uns oft nichts anderes übrig, als dieser Tatsache ins Auge zu sehen und sie zu akzeptieren. Zuweilen genügt es, allein die Bereitschaft zur Lösung finanzieller Probleme aufzubringen — und plötzlich kommen wir mit ihnen auf gesündere Weise zurecht. Selbst der winzigste Schritt in Richtung finanzieller Wiedergutmachung kann manchmal ungeheure Kräfte freisetzen.

Als ich mich allmählich für meine finanziellen Dinge verantwortlich fühlte und anfing, das Chaos in diesem Bereich zu ordnen, indem ich hier und dort offene Rechnungen beglich, geschahen wahre Wunder. Ja, ich fühlte mich in dieser Hinsicht als Opfer. Ja, ich hatte zugelassen, daß man mich zum Opfer machte. Ja, ich war innerlich sehr aufgewühlt deswegen. Aber um vorwärtszukommen, mußte ich diese Gefühle verarbeiten und allmählich konsequent nach einem Ausweg suchen.

Ich *machte* nicht mehr die andere Person für das finanzielle Durcheinander *verantwortlich*, sondern *fühlte* mich mehr und mehr selbst dafür *verantwortlich*.

Ich ließ nicht mehr zu, daß man mich in Gelddingen benachteiligte. Ich sicherte mich rechtlich ab.

Was die Rückerstattung betraf, so setzte ich mir ein bestimmtes Ziel. Ich rief meine Gläubiger an und verschickte Briefe. Gewissenhaft leistete ich die Zahlungen, die im Rahmen meiner finanziellen Möglichkeiten lagen. Damals waren das gewöhnlich nicht mehr als 5.00 Dollar pro Monat, wohlgemerkt für Rechnungen, die sich manchmal auf 5000 Dollar beliefen. Die Gläubiger wollten natürlich größere Summen überwiesen bekommen, aber das ging einfach nicht. Dadurch hätte ich nur den Menschen geschadet, die ich monatlich unterstützen mußte. Auf wohlüberlegte und behutsame Weise tat ich eben, was ich konnte.

Und genau in dieser Zeit ereigneten sich Wunder. Ich kann es anders nicht sagen. Die Dinge nahmen einfach ihren Lauf. Eine Krankenhausrechnung, die noch aus der schlimmsten Phase meiner Co-Abhängigkeit stammte, als ich an einer virusbedingten Meningitis litt, betrug mehrere tausend Dollar. Ich hatte keine Versicherung. Also zahlte ich jeden Monat einen kleinen Teil ab.

Ein halbes Jahr später bekam ich vom Krankenhaus einen Brief, in dem ein spezielles, schon länger wirksames Hilfsprogramm beschrieben wurde, das die Tilgung ganz bestimmter Schulden vorsah. Ich erfüllte die hierfür notwendigen Bedingungen, und so lösten sich meine Schulden plötzlich in Luft auf.

Andere Schulden wurden allmählich auch abgetragen. Ganz unerwartet taten sich Geldquellen auf, so daß ich besser über die Runden kam.

Für alle finanziellen Dinge Verantwortung zu tragen, ist ein wesentlicher Bestandteil des Heilungsprozesses. In gewissenhafter und verantwortlicher Weise können wir — mit immer mehr Geschick — auch in diesem Bereich das Unsere tun.

Manchmal wissen wir nicht genau, was das im konkreten Fall eigentlich heißt: Wiedergutmachung leisten. Wir sind zwar bereit dazu, aber uns ist einfach schleierhaft, *wie* wir jetzt vorgehen sollen. Vielleicht ist auch gar nicht klar, inwieweit uns überhaupt eine Schuld trifft. Oder es kann sein, daß durch die Wiedergutmachung der Betreffende noch mehr verletzt würde oder daß andere Menschen — etwa die Mitglieder unserer Familie — darunter zu leiden hätten. Immer, immer habe ich festgestellt, daß mir, wenn ich mich selbst und meine Höhere Macht frage, worin diese Wiedergutmachung im einzelnen bestehen muß, die Antwort schon gegeben wird. Ich werde dazu angeleitet, jene Schritte zu unternehmen, die am wirkungsvollsten sind.

Unter Umständen ist die Person, bei der wir den Schaden wiedergutmachen müssen, auch gar nicht erreichbar; vielleicht ist sie schon tot. Und manchmal würde ein noch größeres Durcheinander entstehen, wenn wir mit jenem Menschen, auf den es uns hier ankommt, überhaupt in Verbindung träten. Wir müssen eben äußerste Vorsicht walten lassen und die eigenen Maßnahmen reiflich überlegen.

Warten Sie also geduldig auf die zur Wiedergutmachung notwendigen Unterweisungen und Direktiven. Denn wir müssen vor allem auch immer wieder Sorge tragen für uns selbst, zumal in Gegenwart anderer Menschen. Wir möchten durch diesen »Schadensausgleich« eine höhere Selbstachtung erlangen, in Frieden und Harmonie leben sowie von den eigenen Schuldgefühlen befreit werden. Aber wir wollen nicht abgehetzt durch die Gegend jagen und noch mehr Probleme schaffen, als wir durch unsere versöhnlichen Gesten beseitigen.

Wir müssen Klarheit darüber gewinnen, wofür wir uns entschuldigen sollten und wie dies am besten zu geschehen hat. Diese Entschuldigung spielt eine wichtige Rolle — vor allem auch für uns. Indem wir etwas wiedergutmachen, übernehmen wir die Verantwortung für das eigene Verhalten. In welcher Weise dies möglich ist, müssen wir selbst herausfinden. Zudem müssen wir unseren Verantwortungsbereich genau kennen. Wir müssen uns vergewissern, daß im Verlaufe dieser Wiedergutmachung keine Reaktionen zutage treten, die sich selbstzerstörerisch auswirken oder andere verletzen. Fragen Sie die Höhere Macht, wenn Sie hier und da im Zweifel sind. Sprechen Sie mit Ihren Weggefährten im Heilungsprozeß, und hören Sie aufmerksam zu, was diese empfehlen. Warten Sie ab, bis sich jene Vorgehensweise herauskristallisiert hat, die Ihnen wirklich behagt.

Für die Wiedergutmachung, die wir leisten müssen, stehen uns genaue Anleitungen und klare Möglichkeiten zur Verfügung. Manchmal führt das dazu, daß wir mit jemandem direkt in Kontakt treten und uns für das eigene Tun genauso direkt entschuldigen. Im anderen Fall müssen wir zunächst einmal unser Verhalten gegenüber dem betreffenden Menschen ändern, um mit ihm wieder ins reine zu kommen. Und es gibt Situationen, in denen Schadenersatz oder materielle Wiedergutmachung das nächstliegende sind.

Aber wie gesagt: Es kann auch sein, daß alles nur noch schlimmer wird, wenn wir unsere Missetaten zur Sprache bringen und uns dafür entschuldigen. Wenn wir von einem bestimmten Menschen abhängig geworden sind und zugelassen haben, daß er über uns bestimmt — oder wenn wir jemanden vor Unheil bewahrt haben und dadurch jetzt selbst in eine sehr ungünstige Lage gekommen sind —, kann es sich auf die Beziehung sehr ungünstig auswirken, das Kind beim Namen zu nennen.

»He, du! Ich habe nichts dagegen unternommen, daß du mich völlig unterdrückst, und das macht mich einfach wahnsinnig. *Ich* habe *dir* ständig aus der Patsche geholfen, weil ich wirklich nicht annehmen konnte, daß du dazu imstande bist. Doch damit ist jetzt Schluß!«

Durch solche Äußerungen wird nur noch mehr Porzellan zerbrochen; sie klingen so, als wollten wir auf Konfrontationskurs gehen, anstatt etwas wiedergutmachen. Sie wissen, daß es manchmal sehr wichtig ist, solchen Vorwürfen auch Ausdruck zu verleihen. Es kann durchaus erhellend und heilsam sein, einmal klar zu sagen, inwiefern man sich künftig anders verhalten wird. Unter Umständen tun Sie jedoch gut daran, stillschweigend nach Möglichkeiten Ausschau zu halten, wie Sie erst einmal Ihr eigenes Wohlbefinden gewährleisten.

Wir sind gewillt, den von uns angerichteten Schaden wiedergutzumachen. Wenn dem wirklich so ist, können wir innerlich loslassen und diese Aufgabe auf genauso harmonische wie konsequente Weise in Angriff nehmen. Wenn wir an diesem Schritt arbeiten und unsere zwischenmenschlichen Beziehungen bereinigen wollen, so werden wir unser Ziel auch erreichen. Wir werden wissen, was getan werden muß, welcher Zeitpunkt günstig ist und wie das Ganze vonstatten gehen soll. Wenn überhaupt nichts zusammenzugehen scheint, nichts richtig »paßt«, wenn wir das Gefühl haben, unser geplantes Vorgehen könnte Krisen heraufbeschwören oder sich sonstwie verheerend auswirken, wenn das »Timing« nicht stimmt – selbst dann können wir darauf vertrauen, daß alles seine Ordnung hat.

Wenn es Dinge gibt, die im Moment nicht aus der Welt zu schaffen sind, so können wir einen Plan entwerfen, in welcher Weise dies später geschehen soll. Gerade bei finanziellen Problemen ist ein solches Vorgehen angebracht. Wir wollen jemandem Geld zurückzahlen, sind aber augenblicklich dazu nicht imstande, weil sonst unsere Familie große Entbehrungen ertragen müßte, was wir wiederum nicht verantworten können. Aber wir sollten dann wenigstens bereit sein, die Tilgung unserer Schulden als Ziel im Auge zu behalten. Oder da ist jemand, bei dem wir uns entschuldigen möchten, aber wir können sie oder ihn jetzt nicht ausfindig machen. Nichts spricht dagegen, daß wir uns weiterhin bereit halten, unser Vorhaben auch durchzuführen. Wenn wir wirklich dazu gewillt sind und unsere innere Arbeit geleistet haben, dann werden wir zur rechten Zeit auch die passende Gelegenheit präsentiert bekommen.

Manchen Schaden können wir jedoch nicht wiedergutmachen. Die betreffende Person ist vielleicht verstorben oder einfach nicht zu erreichen. Solche Fälle sollten wir im Zwiegespräch mit unserer Höheren Macht bereinigen und dann loslassen.

Hier kommt es vor allem auf *unsere* innere Einstellung: auf Ehrlichkeit, Offenheit und Bereitschaft an. Auf ganz friedliche und harmonische Weise können wir versuchen, die Unstimmigkeiten in unseren Beziehungen auszuräumen. Wir brauchen keine Angst zu haben, anderen Menschen gegenüberzutreten und Verantwortung zu übernehmen für das eigene Verhalten — denn uns ist bewußt, daß infolge dieser Wiedergutmachung unsere Selbstachtung nicht gemindert, sondern im Gegenteil noch erhöht wird.

Wir müssen nicht vor jemandem zu Kreuze zu kriechen, um den betreffenden Schaden zu beseitigen. Wir brauchen auch nicht zuzulassen, daß ein anderer uns manipuliert, beleidigt oder mißhandelt, während wir uns bei ihm um Wiedergutmachung bemühen. Ganz im stillen machen wir uns daran, auch in Gegenwart von Menschen sorgsam und respektvoll mit uns selbst umzugehen. Denn dies ist ein Programm, das, anstatt Strafen zu verhängen, Versöhnung bewirkt.

Wir können den Schaden, den wir einem anderen zugefügt haben, klar, direkt und exakt beheben. Oft gilt der Grundsatz: Je knapper die Wiedergutmachung, desto besser; je exakter, klarer und direkter, desto besser. Je mehr sie von tief innen kommt, desto besser. Je stärker sie von göttlicher Unterweisung durchdrungen ist, desto besser.

In diesem Prozeß ist die andere Person nicht für die Beseitigung der in uns zurückgebliebenen Ängste, Schuld- oder Schamgefühle verantwortlich. Das ist ganz allein unsere, nicht ihre Aufgabe. Wir selbst müssen diesen Vorfall innerlich hinter uns lassen. Andererseits sind wir nicht verantwortlich für alle Gefühle, die unser Gegenüber in dieser Sache hat. Dafür sind wir nicht zuständig. Unser Part besteht allein darin, auf direktem Wege Wiedergutmachung zu leisten, dann die innere Arbeit fortzusetzen, die gerade ansteht, und sämtliche Schuld- und Schamgefühle hinter uns zu lassen.

Wir können uns selbst verzeihen und den Vorfall loslassen.

Wir können sanft und liebevoll mit uns selbst umgehen.

Nachdem wir diesen Schritt bewältigt haben, können wir das Problem als gelöst betrachten und »abhaken«. Falls es darum geht, eine bestimmte Verhaltensweise zu ändern, brauchen wir uns nicht mit irgendwelchen Schuldgefühlen zu bestrafen, weil noch keine grundlegende oder gar »vollkommene« Besserung eingetreten ist. Wir stellen ganz einfach fest, was wir getan haben, machen den Schaden wieder gut und fühlen uns nicht mehr schuldig.

Wenn der andere nicht bereit ist, den Zwischenfall zu vergessen, oder wenn er uns in dieser unangenehmen Situation schmoren lassen will, obwohl wir den Schaden schon längst wiedergutgemacht haben, dann ist das seine Sache. Wir brauchen weder darauf einzugehen (müssen also nichts unternehmen, was dann vielleicht weitere Wiedergutmachungen erforderlich macht) noch bei dem Problem länger zu verweilen.

Auch ist es nicht nötig, sich für etwas zu entschuldigen, das man gar nicht getan bzw. nicht falsch gemacht hat. Aus vielerlei Gründen verfallen wir oft in die Gewohnheit, Entschuldigungen abzugeben, die völlig überflüssig sind. Infolge eines übersteigerten Schamempfindens entschuldigen wir uns ständig dafür, daß wir überhaupt leben, hier auf diesem Fleck stehen und so sind, wie wir sind. Einige haben das Gefühl, sie würden anderen nur zur Last fallen, und entschuldigen sich für jeden zwischenmenschlichen Kontakt. Das aber ist nicht der Sinn dieses Schrittes.

Es mag auch schon zur Gewohnheit geworden sein, daß wir uns für das Verhalten eines anderen Menschen entschuldigen oder daß wir uns schon ganz automatisch entschuldigen, wenn der andere wütend wird.

Wir können lernen, unsere Verhaltensweisen genau zu untersuchen, und herausfinden, was wir getan oder unterlassen haben. Wir können unterscheiden, ob wir etwas angerichtet haben, wofür wir uns mit Recht entschuldigen müssen — oder ob die Co-Abhängigkeit uns die Worte einflüstert: »Es tut mir alles so schrecklich leid...«

Manchmal sind ganz allgemein gehaltene Entschuldigungen sehr nützlich. Denn nicht alle Probleme sind deutlich erkennbar — schon gar nicht die der Co-Abhängigkeit. Das Verhältnis zum anderen wird entspannter, wenn man zum Beispiel sagt: »Tut mir leid, daß wir einige Aufregung hatten. Entschuldige, daß ich mit diesem Vorfall nicht anders fertig wurde. Aber ständig tauchten neue Probleme auf. Ich bedaure, daß es soweit kommen mußte.«

Manchmal habe ich auch schon gesagt: »Es tut mir leid, wenn du dadurch verletzt wurdest, daß ich zunächst einmal nach mir selbst schauen mußte. Ich wollte dir damit aber auf gar keinen Fall weh tun.«

Doch wir müssen nun bei unseren Entschuldigungen nicht gleich wieder co-abhängig reagieren. Wir brauchen uns nicht für unsere Wut zu entschuldigen — sondern nur für die unangemessenen Verhaltensweisen, die damit zu tun haben. Wir brauchen uns auch nicht dafür zu entschuldigen, daß wir uns selbst fürsorglich behandeln, mit den eigenen Gefühlen klarkommen, Grenzen festlegen, Spaß haben, uns wohl fühlen oder gesund werden — oder dafür, daß die anderen uns kontrollieren wollen und versuchen, Schuldgefühle in uns hervorzurufen.

Es ist völlig überflüssig, sich zu entschuldigen, weil man nicht beleidigt oder mißhandelt werden möchte. Und wenn man das Verhalten anderer Menschen dauernd entschuldigt, wird verhindert, daß jene, die es wirklich nötig hätten, eine Entschuldigung abzugeben, sich dazu auch einmal durchringen.

Wir müssen unsere Entschuldigungen nicht wiederholen. Das ist ermüdend und ärgerlich. Wenn ein anderer uns ständig wegen der gleichen Sache eine Entschuldigung entlocken will, so ist das sein Problem; wir brauchen uns darauf gar nicht einzulassen. Wenn es uns so vorkommt, als müßten wir weiterhin um Entschuldigung bitten, sollten wir vielleicht noch einmal von vorne anfangen und herausfinden, was in uns wirklich vorgeht.

Manchmal können wir unsere eigenen Erwartungen nicht erfüllen. Das ist menschlich. Deshalb können wir sagen: »Es tut mir leid.« Diese Worte sind heilsam und schlagen Brücken zu anderen Menschen.

Aber wir brauchen uns wirklich nicht zu entschuldigen, wenn wir überhaupt nichts falsch gemacht haben.

WIE WIR DEN SCHADEN BEI UNS SELBST WIEDERGUTMACHEN

Wir haben bisher erörtert, wie die Wiedergutmachung bei den ersten beiden Listen erfolgen sollte. Jetzt wollen wir zur dritten und letzten Liste übergehen — zu jener Wiedergutmachung also, die wir uns selbst schuldig sind. Es mag nicht leicht sein, auf andere Menschen zuzugehen und sich bei ihnen zu entschuldigen. Und es ist oft eine große innere Herausforderung, anderen zu vergeben, was sie uns angetan haben. Aber den Schaden zu beheben, den wir uns selbst zugefügt haben, uns selbst zu verzeihen — das kann der schwierigste Teil unseres ganzen Programms werden.

Dieser ganze Heilungsprozeß — und alles, was wir dabei durchmachen — dreht sich im Grunde darum, daß wir uns selbst »entschädigen«. Die eigenen Gefühle zulassen; das Recht auf ein eigenes Leben geltend machen und glücklich sein; auf sanfte, mitfühlende und liebevolle Weise das innere Wohlbefinden sicherstellen: All das sind bereits Formen der Wiedergutmachung.

Wenn wir lernen, gesunde Grenzen festzulegen, direkt zu sein, und damit aufhören, uns ständig ins eigene Fleisch zu schneiden und ständig die Rolle des Opfers zu übernehmen; wenn wir uns dagegen wehren, daß andere uns kontrollieren und schlecht behandeln; wenn wir von uns selbst keine Perfektion mehr erwarten, sondern zu uns selbst stehen und so sind, wie wir sind — dann leisten wir Wiedergutmachung an uns selbst.

Indem wir auf uns selbst hören, uns selbst Glauben schenken, unseren Instinkten vertrauen und unsere Gefühle und Bedürfnisse zu schätzen wissen, tragen wir ganz entscheidend dazu bei, daß im eigenen Leben etwas wiedergutgemacht wird.

Vielleicht müssen wir Wiedergutmachung an jenem veräng-

stigten, vernachlässigten, ja mißhandelten Kind in unserem Innern leisten — weil wir ihm gegenüber zu kritisch, zu gleichgültig waren und es zu sehr beschämten. Wir sollten das eigene Verhalten ändern und uns selbst verzeihen, daß wir uns jene Liebe
und Fürsorge vorenthielten, die wir so dringend benötigten —
besonders aber, daß *wir* sie uns *selbst* verweigerten.

Wir schulden uns Wiedergutmachung dafür, daß wir manchmal so schreckliche Dinge über uns selbst dachten und voller
Überzeugung daran festhielten: daß wir nicht liebenswert und
nicht gut genug seien, daß wir nichts im Kopf hätten, keinen Erfolg und keine Freude verdienten, ja daß wir eigentlich gar nicht
innerlich gesund werden dürften. All dies sind falsche Überzeugungen, die wir vorausgesetzt haben und die unbedingt korrigiert werden müssen. Auch das ist Bestandteil jenes »Wiedergutmachungsverfahrens«, das uns selbst zugute kommt.

»Ich mag mich einfach nicht«, meinte Karen. »Ich glaube, ich
habe keine Liebe verdient. Ich glaube, ich habe nicht das Recht,
vom Leben irgend etwas Gutes zu erwarten.«

»Die meisten glauben das«, erwiderte ich. »Deshalb befinden
wir uns im Heilungsprozeß. Hier geht es vor allem darum, solche
Überzeugungen zu ändern.«

Jason, der seit sechs Jahren bemüht ist, von der Co-Abhängigkeit loszukommen, schreibt Briefe an sich selbst, um sein Gleichgewicht wiederzufinden. Wenn ihm etwas zu schaffen macht,
wenn Schuldgefühle und Ängste wiederkehren, wenn er sich
fragen muß, was ihm im Leben überhaupt zusteht, setzt er sich
hin und spricht sich in einem Brief Trost zu. Er zählt all die
guten, beruhigenden und kraftspendenden Dinge auf, die er und
das Kind in seinem Innern hören müssen, um sich besser zu
fühlen.

»Es geht ganz schön ans Eingemachte, wenn ich den Schaden
bei mir selbst wiedergutmache«, erzählt er. »Das läuft dann so
ab, als würde ich einen Brief an mich schreiben. Auf diese Weise
hatte ich schon eine lange Therapiesitzung mit meinem Vater und
zwei mit meiner Mutter. Und zwischendurch ging ich hinaus und
kaufte mir einen Teddybär.«

Mit jedem Tag verstehe ich besser, wie man das Kind im Innern fürsorglich behandelt. Jahrelang habe ich es immer wieder vernachlässigt und herabgewürdigt. Ich habe sogar versucht, es ganz zu ignorieren. Ich hoffte, es würde verschwinden. Aber das hatte nur zur Folge, daß es um so lauter schrie — bis ich ihm dann endlich zuhörte.

Jahr für Jahr habe ich damit zugebracht, mich auf andere Menschen und Beziehungen zu verlassen, damit dieses innere Kind die Pflege bekäme, die es braucht. Ich erwartete von Beziehungen, daß sie mir helfen würden, die Angst zu vertreiben und das Kind in meinem Innern zu hegen, zu unterstützen und vor jeder Unbill zu bewahren. Ich wollte, daß diese Beziehungen nur für mich da sind — eben weil ich nicht bereit war, für mich selbst einzutreten. Ich wußte einfach nicht, wie das gehen sollte.

Jetzt begreife ich allmählich, wie ich es besser machen kann. Ich lerne, jenem Kind zu lauschen, das ich die meiste Zeit meines Lebens im Stich gelassen habe. Ich finde heraus, auf welche Weise ich mit ihm in Berührung kommen, ihm zuhören kann, um seinem Bedürfnis nach Trost, Pflege, Schutz, Betreuung und Disziplin nachzukommen.

Manchmal braucht es einfach nur Wärme und Zuneigung wie ein drei Monate altes Baby. Dann wieder muß es herumrennen, spielen oder singen wie ein vier Jahre altes Kind. Zuweilen will es sich bei einer Sternschnuppe etwas wünschen, weinen, träumen und Sehnsucht haben. Ab und zu muß es über seine tiefe Traurigkeit, seine große Angst sprechen und braucht dann nichts als Anerkennung und Bestätigung.

Diese Hege und Pflege des inneren Kindes ist nicht albern oder gar töricht, wie ich früher einmal dachte. Im Gegenteil: Sie ist sehr heilsam. Wenn ich mich jeden Tag ein paar Augenblicke um dieses Kind kümmere, verjünge ich mich und kann in stärkerem Maße Verantwortung tragen — während das Kind in mir sich wohl und sicher und gut versorgt fühlt. Dadurch bin ich auch fähig, meinen Kindern eine liebevolle und tüchtige Mutter zu sein. Mit ihrer Hilfe habe ich viel über mein inneres Kind und seine Bedürfnisse erfahren. Und dieses reine Wesen wiederum läßt mich wissen, was meine leiblichen Kinder unbedingt brauchen.

Schließlich habe ich auch gelernt, den Groll und die Wut loszulassen, die ich gegen mich selbst hegte, eben weil mir »all das« widerfahren war, weil die anderen mich durch ihr unangemessenes Verhalten verletzt hatten, weil mir Fehler unterlaufen waren und weil ich nicht aus meiner Haut konnte. Ich war in meinem Leben schon oft verärgert und wütend über andere, aber der heimliche, unterdrückte Zorn, der sich gegen mich selbst richtete, saß so tief, daß es äußerst schwierig war, ihn loszulassen.

Erst als ich schon Jahre an mir gearbeitet hatte, um von der Co-Abhängigkeit geheilt zu werden, wurde mir überhaupt bewußt, wie wütend ich auf mich selbst war. Ich brauchte lange, um die Wut und die Ressentiments gegen andere zum Vorschein kommen zu lassen — aber noch viel länger, um jene verborgenen Gefühle ausfindig zu machen, deren Zielscheibe ich selbst war. Um mich ungehindert lieben, hegen und pflegen zu können, um destruktive Beziehungen zu unterbinden und überhaupt erst einmal meine inneren Sperren gegen Liebe und Intimität zu beseitigen, mußte ich mich von dieser sinnlosen Wut befreien. Ich mußte mir verzeihen und eine bessere Beziehung zu meinem inneren Wesen entwickeln; mußte wohlwollender zu mir und über mich selbst sprechen; mußte mich aussöhnen mit mir und vergessen — und durfte mich nicht mehr dafür bestrafen, daß ich etwas falsch gemacht hatte, bzw. dafür, daß die anderen mir unrecht getan hatten.

Die Wut und der Zorn, die sich gegen mich selbst richteten, brachten mich langsam um, aber das wußte ich erst, als sie eines Tages plötzlich in mir hochstiegen. Ich ließ eine Schimpfkanonade auf mich los, die äußerst heftig und haßerfüllt war, wie ich staunend feststellte. Ich merkte, wie sehr meine Angst, mein Bedürfnis nach Perfektion und sogar der Wunsch, alles zu kontrollieren, von diesem tiefen Unwillen gegen mich selbst geprägt waren. Wenn ich einen weiteren Fehler machte oder erneut durch irgend etwas oder irgend jemanden enttäuscht wurde, bekam ich noch mehr Haß auf mich selbst. Mir wurde klar, daß ich ständig Erfahrungen machte, die ihn weiter schürten, damit ich mich mit ihm auseinandersetzte. Wenn ich nämlich auf einen Menschen wütend bin, mit diesem Gefühl aber nicht wirklich fertig werde, sehe ich nur noch Dinge, die mich zur Weißglut bringen. Genauso verhielt es sich mit den Ressentiments, die ich gegen mich selbst hegte: Sie wurden dadurch verstärkt, daß ich andauernd bestimmte Dinge tat oder immer wieder die gleichen dummen Eigenheiten an mir entdeckte. Dann hackte ich auf mir selbst herum, sprach mir jede Daseinsberechtigung ab und lebte nur so dahin. Meine Wut ließ nicht zu, daß ich liebte und geliebt wurde. Und sie gestattete auch nicht, daß ich mich selbst liebte. Dazu mußte ich mich erst von ihr befreien.

Es wurde wirklich Zeit, den Schaden, den ich in mir selbst angerichtet hatte, wiedergutzumachen.

Der Heilungsprozeß half mir dabei. Durch ihn konnte ich das Kind, aber auch die »Heilerin« in meinem Innern entdecken. Gerade die Vorstellung, daß wir *uns selbst* heilen, spielt bei vielen von uns eine große Rolle.

In jedem von uns lebt ein Kind, das verängstigt und sehr verwundbar ist — aber auch eine heilsame, beschützende und nährende Kraft, die einen gewaltigen Einfluß besitzt und diesem Kind zugute kommen kann. Dadurch werden seine — und unsere — Verletzungen auskuriert.

Wir müssen anfangen, mit uns selbst liebenswürdig, achtsam, vertrauensvoll und fürsorglich umzugehen — nämlich so, daß wir innerlich gesund werden können und auch anderen Menschen mit Respekt begegnen.

Wie bei den anderen Wiedergutmachungen müssen wir auch hier zunächst einmal die innere Bereitschaft aufbringen — dann das Nächstliegende tun, um göttliche Führung bitten und sie annehmen.

Uns wird alles offenbar werden, was wir für einen liebevollen Umgang mit uns selbst benötigen, ob nun andere Menschen daran beteiligt sind oder nicht. Wir müssen nur empfänglich dafür sein. Wir werden von der Wut und den Ressentiments befreit, die wir gegen andere und uns selbst hegen. Wir werden geheilt. Das ist das Wunder, das hier geschieht. Alles, was wir brauchen, wird uns zuteil — wenn wir dafür bereit sind.

SICH SELBST LIEBEN UND VERZEIHEN

An dieser Stelle unseres Zwölf-Schritte-Programms entschuldigen wir uns nicht nur bei uns selbst und bei anderen. Wir bekennen uns auch unmißverständlich dazu, wie wir mit uns selbst und anderen umgehen — und übernehmen die Verantwortung dafür. Dieser Schritt erlaubt uns, so zu sein, wie wir im Augenblick sind — und die eigene Vergangenheit noch einmal ganz unmittelbar zu erleben. Er gewährleistet, daß wir uns aussöhnen mit uns selbst, uns wohl fühlen mit dem Menschen, der wir sind — ungeachtet dessen, was wir getan haben.

Durch den Neunten Schritt »machen wir reinen Tisch« und können uns für ein Verhalten entscheiden, das nicht von Scham- und Schuldgefühlen geprägt ist. Es steht uns frei, eine bewußte, respektvolle und bejahende Einstellung gegenüber uns selbst zu entwickeln, die wiederum im Prinzip der Selbstverantwortung verankert ist.

In allen Schritten wurde uns ein Geschenk zuteil, in den Schritten Vier bis Neun jedoch ein ganz besonderes. Sie machen uns nämlich deutlich, wie wir uns von Scham- und Schuldgefühlen befreien, wie wir uns selbst verzeihen und, wenn nötig, das eigene Verhalten revidieren können.

Diese Schritte geben uns zu verstehen, daß wir uns nicht länger selbst bestrafen müssen. Das eigene Verhalten — ob es sich nun um einen kleinen Ausrutscher oder ein schwerwiegendes Vergehen handelt — braucht uns nicht mehr zu erschrecken und zu beschämen. Wir verfügen jetzt über eine spezielle »Formel«, um unsere Fehler und Schwächen zu beseitigen und in unseren zwischenmenschlichen Beziehungen eine harmonische Atmosphäre zu schaffen.

Wir können über andere Menschen nicht bestimmen; wir können auch ihre Gefühle uns gegenüber nicht manipulieren. Aber wenn wir für unser eigenes Leben Verantwortung übernehmen, wird in unserem Innern eine wahre Kettenreaktion ausgelöst, deren Wirkungen äußerst heilsam sind. Wenn Schuld- oder Schamgefühle sich plötzlich wieder einstellen, wenn alte Überzeugungen, überkommene Verhaltensweisen, die wir entlarvt haben, erneut auftauchen, dann ist uns jetzt immer bewußt, daß wir über andere Alternativen verfügen.

Wir können Gefühle unterdrücken, verdrängen; viele von uns haben das früher auch getan. Wir können in Abwehrhaltung gehen, davonlaufen, uns verstecken. Wir können aber auch nach diesem neuen Rezept leben: nach innen schauen, unseren Eigenanteil an der Situation klar erkennen, mit einem anderen Menschen und Gott über den jeweiligen Vorfall sprechen, diesen uns selbst eingestehen, bereit sein, Wiedergutmachung zu leisten, und dann alle hierfür notwendigen Maßnahmen ergreifen.

Dann können wir die ganze Sache vergessen. Wir können die starken Schuldgefühle genauso loslassen wie die schwächeren. Wir können uns selbst und anderen Menschen verzeihen.

Diese Schritte machen uns klar, daß wir nicht perfekt sein müssen. Mit Hilfe dieses Rezeptes für einen sorgsamen Umgang mit uns selbst gewähren sie beides: Sicherheit und Trost. Sie besagen nichts anderes, als daß wir uns in umfassender Weise lieben und akzeptieren sowie die eigene Vergangenheit bejahen können — solange wir bereit sind, eigenverantwortlich zu handeln.

Als ich zum ersten Mal an diesen Schritt heranging, jagte er mir Angst ein. Der Gedanke, mich mit Leuten verabreden zu müssen, den Mund aufzumachen und zuzugeben, daß ich wohl einiges falsch gemacht hatte, war einfach erschreckend. Ich hatte den festen Grundsatz, perfekt zu sein, und so fiel es mir sehr schwer, mein Unrecht einzugestehen und mich dafür zu entschuldigen. Dieses Eingeständnis empfand ich als etwas Bedrohliches. Ich war schon voller Schuldgefühle und befürchtete, daß es noch mehr würden, wenn ich nun meine Missetaten offen und in allen Einzelheiten darlegte. Was mein Verhalten betraf, so war ich ohnehin schon in der Defensive, eben weil ich derart schlecht über mich selbst dachte.

Was ich dabei jedoch tatsächlich lernte, war, daß ich durch diese Wiedergutmachung mich selbst finden und achten konnte.

Ich kam an einen Punkt, da es mir leichter fiel, zu den Leuten hinzugehen und meine Fehler zuzugeben; trotzdem mußte noch etwas darüber hinaus geschehen. Ich mußte *mir gegenüber* Mitgefühl zeigen — und bereit sein, das Unrecht und die Verletzungen zur Kenntnis zu nehmen, die ich mir zugefügt hatte. Sie waren schwerer auszumachen als das, was ich den anderen angetan hatte, und ich befaßte mich mit ihnen nur ungern. Aber mit der Zeit war auch diese neue Verhaltensweise mit weniger Mühe verbunden. Je öfter ich mir selbst liebevoll begegne, desto mehr gewöhne ich mich an diese Einstellung.

Je bereiter wir sind, verantwortlich zu handeln und Wiedergutmachung zu leisten, desto weniger Schuldgefühle haben wir. Wenn wir vor uns selbst oder anderen eine unrechte Tat verheimlichen, wird sie dadurch genausowenig aus der Welt geschafft wie unsere Schuldgefühle.

Das wird erst durch diesen Schritt möglich.

Nehmen Sie ihn sich vor. Vertrauen Sie ihm. Und lassen Sie Ihre Schuldgefühle los. Dazu sind Sie jetzt ohne weiteres in der Lage, wenn Sie jene Maßnahmen getroffen haben, die das Programm fordert. Der Neunte Schritt will niemanden bestrafen. Sie brauchen vor ihm keine Angst zu haben. Wenn Sie alles Menschenmögliche tun, um an diesem Schritt zu arbeiten, werden Sie — wie bei den anderen Schritten auch — eine »geistige Belohnung« erhalten. Jemand hat auf dem Weg zur inneren Heilung einmal gesagt: »Wir werden jene Gnade empfangen, die wir brauchen, um mit uns selbst, mit den anderen und der Vergangenheit in Einklang zu leben.« Und das stimmt.

DIE SOGENANNTEN »GRUNDLAGENSCHRITTE«

Wir haben nun jenen großen Teil des Programms beendet, den viele von uns unter dem Stichwort »Grundlagenschritte« zusammenfassen. Oft werden wir feststellen, daß wir rein instinktiv zu einem dieser Schritte zurückkehren. Und wir sollten das auch tun, wann immer es nötig ist.

Wenden Sie sich immer wieder diesem oder jenem Schritt zu, um die heilsamen Wirkungen zu spüren, die von dort ausgehen. Es gibt viele Dinge im Leben, denen wir nicht trauen können. Aber auf diese Schritte können wir uns verlassen: Sie sind stets für uns da. Machen Sie sich also keine Sorgen darüber, ob Sie diesen oder einen anderen Schritt früh genug schaffen. Er wird sich jeweils ganz von selbst ergeben, sobald Sie für ihn bereit sind. Sie werden sich in gewissen Situationen befinden, unter bestimmten Umständen leben, in Gesellschaft von Menschen sein — und plötzlich ist der Moment gekommen, gerade hier, unter anderen, sorgsam mit sich selbst umzugehen.

Darüber hinaus erkennen wir allmählich, inwieweit wir uns selbst schlecht behandelt haben. Oftmals gelangen wir nur sehr langsam zu solchen Einsichten. Aber sie werden uns in dem Augenblick zuteil, da wir sie bewältigen können. Genauso werden wir dann zu den nötigen Veränderungen geführt, erhalten Gelegenheit, etwas wiedergutzumachen, wenn wir dazu bereit sind. Vertrauen Sie darauf, daß die zeitliche Abstimmung immer richtig ist. Vertrauen Sie dem inneren Prozeß. Und vertrauen Sie schließlich den Schritten und all dem, was geschieht, während Sie sich mit ihnen auseinandersetzen.

Lesen Sie hierzu noch, was im *Großen Buch* der Anonymen Alkoholiker steht:

Wir sollten sensibel, taktvoll, rücksichtsvoll und demütig sein — aber weder unterwürfig noch servil. Als Menschen, die Gott geschaffen hat, stehen wir auf beiden Beinen; wir kriechen vor niemandem zu Kreuze.

Wenn wir diese Entwicklungsphase gewissenhaft im Auge behalten, werden wir schon vor der Hälfte des Weges sehr überrascht sein. Wir werden eine neue Art von Freiheit, eine neue Form von Glück kennenlernen. Wir werden die Vergangenheit nicht bereuen und ihr auch keinen Riegel vorschieben wollen. Wir werden das Wort »Gelassenheit« verstehen und wissen, was geistiger Friede ist. Egal, wie tief wir gefallen sind: Wir werden erkennen, wie sehr unsere Erfahrung den anderen zugute kommt. Dieses Gefühl von Sinnlosigkeit wird genauso verschwinden wie das Selbstmitleid. Uns wird nichts mehr daran liegen, egoistisch zu sein; statt dessen nehmen wir Anteil an unseren Weggefährten. Die Selbstsucht wird ein Ende haben. Unsere gesamte

Einstellung gegenüber dem Leben, unsere Weltanschauung, wird sich ändern. Die Angst vor Menschen und vor wirtschaftlicher Unsicherheit wird von uns weichen. Wir werden intuitiv wissen, wie wir mit jenen Situationen fertig werden, die uns früher ständig in Verwirrung stürzten. Plötzlich wird uns bewußt werden, daß Gott für uns all das tut, wozu wir selbst gar nicht in der Lage wären.

Sind diese Versprechen übertrieben? Wir glauben: nein. Mitten unter uns gehen sie in Erfüllung — manchmal schnell, manchmal langsam. Wenn wir etwas dafür tun, werden sie sich immer in etwas Greifbares verwandeln.

Alkoholkranke Menschen, die von ihrer Sucht loskommen wollten, waren die ersten, denen diese Versprechen gegeben wurden — gleichsam als Gegenleistung dafür, daß sie an den Schritten arbeiteten. Einige meinen, daß Alkoholiker sich diesen Schritten mehr als andere widmen, weil ihr Leben davon abhängt. Aber auch wir können uns der Arbeit am Programm verschreiben und Nutzen daraus ziehen: weil unser Leben, unsere Lebensqualität, die Qualität unserer Beziehungen und der Stellenwert, den die Liebe für uns hat, in der Tat von ihm abhängig sind.

ÜBUNGEN

1. Haben Sie bei anderen Menschen schon einmal etwas wiedergutgemacht? Wie fühlten Sie sich dabei?
2. Setzen Sie sich, wenn Sie innerlich dazu bereit sind, einige Ziele, die bei dieser Wiedergutmachung erreicht werden sollen. Notieren Sie zunächst die Namen jener Menschen, an die Sie in diesem Zusammenhang denken. Legen Sie einen bestimmten Zeitpunkt fest, bis zu dem Sie irgendeine dieser Personen, bei der es angebracht erscheint, um Entschuldigung bitten wollen. Machen Sie sich klar, was Sie damit bezwekken. Es bleibt Ihnen überlassen, ob Sie hier ganz genaue oder eher allgemeine Angaben machen. Vielleicht umreißen Sie Ihr Ziel folgendermaßen: »Ich will mir die Menschen ins Ge-

dächtnis zurückrufen, bei denen ich mich entschuldigen muß, und dann den Schaden wiedergutmachen.« Oder Sie haben einfach eine Liste mit bestimmten Namen und Vorfällen vor sich liegen und möchten nun jeweils einen Termin fixieren, wann Sie spätestens mit diesen Leuten sprechen werden.

3. Welche Beziehung macht Ihnen im Moment am meisten zu schaffen? Was müssen Sie Ihrer Meinung nach tun, damit gegenüber diesem anderen Menschen das eigene Wohlergehen gewährleistet bleibt? Wenn Sie ganz offen sein könnten: Was würden Sie ihm sagen über Ihr Verhalten, Ihre Gefühle, Bedürfnisse, Wünsche? In welcher Weise haben Sie sich selbst im Verlauf dieser Beziehung herabgesetzt oder Ihre eigene Stärke verleugnet? Und inwiefern haben Sie den anderen Menschen schlechtgemacht oder regelrecht herabgewürdigt?

4. Was verursacht Ihnen die größten Schuldgefühle? Wenn man die Schritte sozusagen als heilsames Rezept betrachtet: Wie könnten Sie von diesem Gebrauch machen, um Ihre Schuldgefühle ein für allemal hinter sich zu lassen?

5. Halten Sie im Hinblick auf alle Wiedergutmachungen, die Sie bisher geleistet haben, schriftlich fest, daß Sie sich selbst verzeihen. Diese Bestätigung, die Ihnen hilft, die eigenen Schuldgefühle loszulassen, könnte etwa so lauten: »Ich liebe und akzeptiere mich selbst. Gegenüber _____ habe ich für all meine Verhaltensweisen die Verantwortung übernommen; nun steht es mir frei, die Vergangenheit loszulassen.« Wir können eine ähnliche Bestätigung schreiben, wenn es darum geht, anderen zu verzeihen: »Ich habe mich mit meinen Gefühlen gegenüber _____ auseinandergesetzt und konnte ihm / ihr dadurch verzeihen. Ich muß diese Ressentiments gegen ihn / sie loslassen, damit in unserer Beziehung eine friedliche und liebevolle Atmosphäre entstehen kann.«

6. Versuchen Sie, an Ihr inneres Kind und Ihre(n) innere(n) »Heiler(in)« zu denken. Gehen Sie dieser Vorstellung nach. Schreiben Sie Briefe, um mit beiden in Verbindung zu treten.

Die Autorin und Dozentin Lucia Capacchione hat sich dafür eine einfache Methode ausgedacht. Sie schlägt vor, mit der Hand, die *nicht* Ihre Schreibhand ist, Bilder zu malen, in denen sich das innere Kind ausdrücken kann. Sie können mit dieser Hand auch einen Brief schreiben. Fragen Sie das Kind in Ihrem Innern, wie es sich wirklich fühlt, wovor es Angst hat, was es will und braucht oder worüber es sich Sorgen macht. Lassen Sie dann einfach zu, daß es anfängt zu malen oder einen Brief an Sie richtet.

Jetzt antworten Sie darauf mit Ihrer Schreibhand. Malen Sie ein Bild, in dem Sie zeigen, auf welche Weise das betreffende Problem gelöst werden soll oder wie Sie sich gerne fühlen würden. Schreiben Sie einen Brief an dieses Kind, in dem Sie es unterstützen, trösten und behüten. Versichern Sie ihm mit Hilfe Ihres Bildes und Briefes, daß alles gut werden wird.

Wenn Sie spüren, daß das innere Kind etwas braucht, sollten Sie aktiv werden. Reagieren Sie. Wenn es einen Spaziergang machen, tanzen oder singen möchte, wenn es im Arm gehalten sein will und das Bedürfnis hat, seinerseits jemanden zu umarmen, wenn es sich danach sehnt, allein zu sein, Musik zu hören oder auszuruhen — dann geben Sie ihm all das, was es braucht. Diese Tätigkeiten brauchen gar nicht kompliziert oder besonders ausgetüftelt zu sein. Auch hier gilt der Grundsatz: Je einfacher, desto besser.

*Am Zehnten Schritt arbeite ich
ständig. Fast zu oft, scheint mir. Am
Anfang war es wirklich sehr schwer
zuzugeben, daß ich unrecht hatte.
Und es widerstrebt mir auch jetzt
noch, aber ich tue es trotzdem.*

Beth M.

ZEHNTER SCHRITT

»WIR SETZTEN DIE INVENTUR BEI UNS FORT, UND WENN
WIR UNRECHT HATTEN, GABEN WIR ES SOFORT ZU.«

Zehnter Schritt der Anonymen Co-Abhängigen (CoDA)

*Meine Tochter und ich liegen im Streit. Ich reagiere und sage
irgend etwas sehr Unpassendes.*

Dieser Schritt gestattet es, daß ich mich vom Schauplatz des
Geschehens entferne, ruhiger werde, mich entschuldige für das,
was ich getan habe, und den ganzen Vorfall vergesse. Und er erlaubt meiner Tochter zu verstehen, daß ich, wenn sie mich so
sieht, wirklich nicht perfekt bin; daß Eltern Fehler machen und
daß auch sie keinem Perfektionszwang unterliegen. Der Zehnte
Schritt hat mir schon oft die Möglichkeit gegeben, meine sehr
menschliche Fehlbarkeit mit zu berücksichtigen und trotzdem
— oder vielleicht gerade deshalb — auf fürsorgliche und liebevolle Weise mit mir selbst umzugehen. Er hat sowohl mir als
auch meiner Tochter ein wirksames Hilfsmittel beschert, um
menschliches Versagen besser in den Griff zu bekommen — nämlich den Ausdruck: »Es tut mir leid.«

*Ich wache auf und spüre, daß ich meine Gefühle schon eine
ganze Zeit nicht mehr bewußt empfunden habe. Mein ganzer
Körper schmerzt. Ich fühle mich niedergeschlagen und unruhig.
Ich bin nicht mehr in Berührung mit mir selbst. Ich habe wieder
auf »Autopilot« geschaltet.*

Dieser Schritt läßt zu, daß ich meinen augenblicklichen Zustand akzeptiere und auf meinem Weg weiter voranschreite, ohne mich selbst zu beschämen oder zu beschuldigen. Er bewirkt, daß ich nicht mehr wie wild durch die Gegend renne und mich selbst frage, was ich brauche oder was mir wohl guttäte.

Am Jahresende, wenn ich das vergangene Jahr aufarbeite und reinen Tisch mache, stelle ich oft fest, daß in einer bestimmten Beziehung die disharmonische und gereizte Stimmung in Ressentiments umgeschlagen ist. Ich komme mir ausgenutzt vor. Dieser Zustand bereitet mir Unbehagen, und ich tue alles, um dem anderen nicht über den Weg zu laufen.

Dieser Schritt führt dazu, daß ich mich so annehme, wie ich bin, und aus jener Beziehung meine Lehren ziehe. Ich kann um göttliche Führung bitten, den Unterweisungen, die mir zuteil werden, vertrauen und all die gesunden Gefühle zum Vorschein kommen lassen, die den Mißklang abmildern. Bis Februar ist die Beziehung so, wie sie im Grunde sein sollte. Ich bringe mich wieder in sie ein, diesmal mit neu festgelegten Grenzen. Die Vergangenheit habe ich dann losgelassen — nicht auf co-abhängige, sondern auf heilsame Weise: Ich werde mich nicht dagegen sträuben, daß sie mir jene Lektionen über mich und mein Verhalten gegenüber anderen beibringt, die ich lernen muß.

Ich stelle fest, daß ich mich in einer bestimmten Beziehung gefangen fühle — und es auch noch gutheiße, daß ich weder sorgsam mit mir selbst umgehe noch klar ausdrücke, was ich eigentlich möchte und brauche. Ich habe Angst, den anderen Menschen zu verlieren, Angst, daß er kein Vertrauen zu mir hat, daß meine Wünsche und Bedürfnisse nicht gerechtfertigt sind. Ich schrecke davor zurück, seine Gefühle zu verletzen. Ich fürchte mich vor der Zukunft.

Dieser Schritt läßt mich erkennen und akzeptieren, daß ich meine innere Stärke nicht geltend mache. Er erlaubt mir, damit nun anzufangen, ohne über mich oder einen anderen Menschen Urteile zu fällen.

Wenn ich meine Gefühle nicht mehr zulasse, nicht mehr zu mir selbst stehe, mich unangemessen verhalte, mich wieder auf Verdrängungsmechanismen einlasse; wenn ich einen anderen kontrollieren will oder erlaube, daß er oder sie mich kontrolliert; wenn meine Wut in tiefen Groll umschlägt; wenn ich mich scheue, die eigenen Ängste zu thematisieren; wenn ich zu hart, zu kritisch gegen andere oder mich selbst bin — dann gibt mir dieser Schritt zu verstehen, daß alles in Ordnung ist, daß ich durchaus Qualitäten besitze, mich aber noch besser entwickeln kann, wenn ich — anstatt mich zu beschämen und zu bestrafen — mein eigenes Wohlergehen *immerzu* im Auge behalte.

Dieser Schritt stellt die tiefste, vorherrschendste und manchmal lästigste Überzeugung in bezug auf mich selbst in Frage: daß ich — zumal jetzt, da ich auf dem Weg der inneren Heilung bin — perfekt sein müsse.

Früher hatte ich meistens Angst vor diesem Schritt. Ich dachte, er wolle mir nahelegen, genauso streng wie kalt urteilend eine innere Inventur durchzuführen, bei der ich tagtäglich meine Schwachpunkte, Mängel und all die Fehler, die ich gemacht habe, entlarven und festhalten müsse.

Darauf verstand ich mich freilich auch so schon gut genug. Dazu brauchte ich gar keine Hilfe durch diesen Schritt.

Heute sehe ich diesen Schritt indes ganz anders. Er ist ein Hilfsmittel, durch das ich mich weiterhin bewußt wahrnehmen kann, anstatt alle Aufmerksamkeit auf andere zu richten. Zudem unterstützt er mich darin, eine fürsorgliche und bejahende Haltung gegenüber mir selbst zu entwickeln. Das heißt unter anderem: Es steht mir frei, auf meine seelische und körperliche Gesundheit auch dann bedacht zu sein, wenn Menschen um mich sind — indem ich zum Beispiel zugebe, was ich falsch gemacht habe, mir verzeihe und meine verlorene Stärke wiedergewinne.

Dieser Schritt gibt mir das Recht, meine eigentlichen Gefühle und Bedürfnisse zu erkennen, wenn ich wieder einmal auf mich selbst wütend werde oder anfange, die inneren Anliegen zu vernachlässigen. Er bringt mich dazu, die Wut loszulassen und eine gesunde Eigenliebe zu entwickeln.

Dieser Schritt schenkt mir die Freiheit, jede Abweichung vom eigenen Kurs sofort zuzugeben, so daß er mit Hilfe jener Maßnahmen, die mein Wohlergehen gewährleisten, wieder korrigiert werden kann.

Dieser Schritt besagt auch, daß ich mir jeden Tag ohne weiteres ein paar Augenblicke gönnen kann, in denen ich meine vollbrachten Taten unter die Lupe nehme, mich an ihnen erfreue — und ein gutes Gefühl habe.

WIR SETZTEN DIE INVENTUR BEI UNS FORT...

»So wie du auf äußere Dinge fixiert bist, ist es ein Wunder, daß du überhaupt je einen schlechten Tag hattest«, sagte mein Ex-Mann einmal zu mir.

Seine Bemerkung sollte witzig sein; zugleich zeugte sie aber von einer tiefen Einsicht. Bevor ich von der Co-Abhängigkeit geheilt wurde, besaß ich die unheimliche Fähigkeit, den Blick ständig aufs Äußere zu richten — darauf, was andere taten; was sie nicht taten; was sie mir anzutun versuchten; was sie mir angetan hatten; und wie sehr ich mich besser fühlen würde, wenn sie etwas anderes täten.

Die Vorstellung, andere könnten über meinen Lebensweg bestimmen und mich froher oder anders stimmen, war völlig falsch. Das wurde mir auf sehr bedrückende Weise bewußt, als ich durch meine Co-Abhängigkeit auf die Nase fiel.

Wenn wir gewissenhaft an den Schritten gearbeitet haben, liegt eine solche Denkweise bereits hinter uns. Gelegentlich werden wir wieder rückfällig, aber zumindest sind wir uns dessen jetzt bewußt und sehen, wie sehr wir in Illusionen befangen sind. Viele von uns haben die heilsame Reise nach innen deshalb angetreten, weil der geliebte Mensch etwas Bestimmtes tat oder unterließ. Und weil wir so dachten, schlossen wir uns diesem Programm an.

Dann machte uns der Erste Schritt mit einer anderen Denkweise vertraut, einer neuen Methode, dem Leben, den Menschen und uns selbst näherzukommen.

Beim Vierten Schritt waren wir dann bereit, uns auf das Innere zu konzentrieren. Wir waren gewillt, unsere Seele zu erforschen. Wir betrachteten uns selbst und sahen allmählich, was in uns vorging. Wir überlegten uns, in welcher Weise wir jetzt auf das

Leben reagierten, anstatt krampfhaft herausfinden zu wollen, was mit den anderen los war.

Die Entwicklung, die wir in den Schritten Vier und Fünf durchliefen, führte dazu, daß unser Inneres gründlich »gesäubert« wurde. Wir hatten davor unseren Willen und unser Leben der Sorge Gottes — wie wir Ihn verstanden — anvertraut. Dann leerten wir sozusagen das »Paket« aus, das der Höheren Macht übereignet worden war.

Nun sind wir bei diesem Schritt angekommen, der gewissermaßen eine »bewahrende Funktion« hat und dazu beiträgt, den Blick weiterhin nach innen zu richten. Der Zehnte Schritt fordert uns nicht auf, sozusagen dauernd mit Hammer und Meißel an uns zu arbeiten. Er besagt auch nicht, daß wir das eigene Leben ständig unter die Lupe nehmen sollen, um alles, was wir sagen und tun, übertrieben wachsam zu beobachten und mit angehaltenem Atem darauf zu warten, wie Selbstkritik und Selbstbestrafung ineinander übergehen.

Dieser Schritt gestattet uns vielmehr, den eigenen Bewußtwerdungsprozeß fortzusetzen — und das begangene Unrecht nicht nur sofort einzugestehen, sondern auch klar zu erfassen.

Was sind das für »Irrtümer«, die wir aufspüren und sofort zugeben sollten?

Da ist zum Beispiel das Unrecht, das wir anderen zufügen und das so leicht rein rational erklärt und gerechtfertigt werden kann. Und es gibt jene Handlungsweisen, die weit weniger vernünftig sind, als wir es von uns erwarten können.

Dazu gehören vielleicht Wut- und Zornausbrüche, die dem Anlaß nicht gemäß sind; unpassende Reaktionen, während wir ungehalten sind; dazu gehört auch, daß wir Ressentiments in uns »aufspeichern«, andere Menschen kontrollieren, manipulieren und ausnutzen, daß wir lügen und von anderen erwarten, »das Loch in unserer Seele« auszufüllen — oder jedes andere Verhalten, mit dem *wir selbst* überhaupt nicht einverstanden sein können.

Wie finden wir heraus, ob und wann unser Verhalten fehl am Platze war? Wenn wir unsere Arbeit an den Schritten gewissenhaft erledigt und dabei die Überreste jener Schuldgefühle beseitigt haben, die, begründet oder nicht, noch aus der Vergangenheit stammen; wenn wir unser Bestes getan haben, um diese Schritte zu bewältigen, dann können wir sicher auch unsere Reaktionen richtig beurteilen.

Im konkreten Fall wissen wir dann, was zu tun ist.

Wir haben dann schon oft genug den Zustand geistigen Friedens erfahren, um innere Unruhe sofort diagnostizieren zu können, und verfügen über die nötigen Anleitungen, um in jeder noch so mißlichen Lage einen Ausweg zu finden. Wir wissen dann, daß wir vertrauen und loslassen können; daß wir uns bereitwillig zur richtigen Vorgehensweise inspirieren lassen können: ob wir uns einfach nur entschuldigen oder unser Verhalten gegenüber einem anderen Menschen grundlegend ändern müssen.

Ich habe gelernt, daß Gefühle allein keinen hinreichenden Halt bieten, um diesen Schritt bewältigen zu können. Denn vielleicht fühle ich mich schuldig, obwohl ich gar nichts falsch gemacht habe. Oder ich fühle mich schuldig, weil ich Dinge getan und erlebt habe, die ganz gewiß positiv sind: dem Spieltrieb nachgeben, sich freuen, den eigenen Empfindungen Ausdruck verleihen und sagen, was man möchte und braucht. Und manchmal wiederum fühle ich mich überhaupt nicht schuldig, auch wenn mein Verhalten dringend einer Korrektur bedarf; statt dessen gehe ich in Abwehrhaltung und baue einen Schutzwall um mich auf.

Dieser Schritt verlangt, daß wir weiterhin unseren klaren Verstand gebrauchen und unser persönliches Wissen genauso einsetzen wie all die Kenntnisse, die wir bisher über den Heilungsprozeß gewonnen haben, um so unser Inneres zu erkunden und zu »inventarisieren«. Wir wollen unseren Gefühlen vertrauen, gewiß — aber wir müssen auch unsere intellektuellen Fähigkeiten aufbieten, damit wir uns nicht in einem Meer unbegründeter Schuldgefühle und Schutzmechanismen verlieren.

Wir sind auch *denkende* Wesen. Mit Hilfe der neuen Einsichten können wir — jeden Tag — uns selbst einmal näher betrachten und auf liebevolle Weise herausfinden, was unternommen werden muß, um für das eigene Wohl zu sorgen.

WIR GABEN ZU, DASS WIR UNRECHT HATTEN

Oft habe ich festgestellt, daß es einfach schon genügt, für das eigene Verhalten die Verantwortung zu übernehmen und sich dann auch zu entschuldigen: Allein schon dadurch werden die entstandenen Probleme aus der Welt geschafft. Zu sagen: »Ich habe etwas falsch gemacht, es tut mir leid«, ist sehr heilsam. Die Fähigkeit, diese Wörter einem anderen Menschen mitzuteilen — oder sie von ihm zu empfangen — und dann den Vorfall loszulassen, ist eines jener vielen Geschenke, die mir im Heilungsprozeß zuteil wurden.

Früher, als ich noch unreifer war, verbrachte ich die meiste Zeit damit, andere Leute zu bestrafen. Jedes kleinere oder größere Vergehen, jede Taktlosigkeit wurde von mir genauestens registriert und dann benutzt, um immer wieder gegen die betreffende Person vorzugehen — manchmal sogar jahrelang. Nie konnte ich etwas verzeihen und vergessen.

Ich wurde zu einem Menschen, der die anderen ständig mit Strafen belegte. Wenn mich jemand enttäuschte oder nicht das tat, was meiner Meinung nach hätte getan werden sollen, wurde ich nicht nur wütend. Ich biß mich an dem Problem regelrecht fest — und bestrafte den Übeltäter mit allen mir zur Verfügung stehenden Mitteln.

Genauso behandelte ich mich selbst, wenn *ich* einem anderen unrecht getan hatte.

Ich enthielt mir jene Liebe und Freude vor, die das Leben schenkt — gerade auch in zwischenmenschlichen Beziehungen. Ich wußte nicht, wie ich mir selbst mit einer bejahenden, fürsorglichen und versöhnlichen Einstellung begegnen sollte. Mir war schleierhaft, wie ich die anderen akzeptieren, wann ich ihnen verzeihen sollte.

Ich versuchte dauernd, Alkoholikern zu verzeihen, daß sie tranken, während ich immer noch zuließ, durch ihre Sucht in die Rolle des Opfers gedrängt zu werden. Eine klare Auseinandersetzung mit der Realität ersetzte ich durch Verdrängungsmechanismen und vordergründige Aussöhnungen. Meine Vorstellungen waren vollkommen wirr; ich brachte alles durcheinander.

Jetzt lerne ich, wie man eine bestimmte Sache akzeptiert, sich dafür entschuldigt und sie dann losläßt. Zudem begreife ich allmählich, daß dies *immer* dazu führt, die eigenen Gefühle nicht nur zu empfinden, sondern auch zu verarbeiten und die Realität so zu nehmen, wie sie ist. Mir wird bewußt, daß meine Gefühle ein wichtiger Bestandteil dieser Realität sind.

Jahrelang rannte ich zu Gott und bat Ihn um Verzeihung, wenn ich mich verletzt oder wütend fühlte. Ich schämte mich, war zerknirscht, weil Wut und Schmerz immer stärker wurden — weil ich sie überhaupt *empfand.* »Vater, vergib mir, denn ich habe gesündigt«, lautete mein Spruch jedesmal, wenn ich wegen eines anderen Menschen innerlich zu zerreißen drohte. Ich sah mich mit all meinen Gefühlen durch eine riesengroße Distanz von Gott getrennt.

Wenn diese Gefühle anhielten, fühlte ich mich konfus und schuldig. Und sie verschwanden natürlich so lange nicht, wie das Verhalten der jeweiligen Person sich nicht änderte.

Ich brauchte sehr lange — und lerne diese Lektion heute noch —, um zu erkennen, daß meine Gefühle oft anzeigen, in welcher Weise die Höhere Macht zu mir spricht und meine Aufmerksamkeit auf eine bestimmte Sache zu lenken versucht, damit ich endlich begreife. Gott will mich vielleicht darauf hinweisen, die Grenzen gegenüber anderen Menschen festzulegen, die eigene Stärke anzuerkennen oder etwas über mich selbst und meine Beziehungen in Erfahrung zu bringen. Gefühle sind keine Nebensache, sondern ein wichtiger Teil meiner selbst, meines Lebens. Deshalb ist es unbedingt notwendig, sie zu beachten.

Bevor ich meinen Weg fortsetzen kann, müssen sie in ihrer ganzen Intensität empfunden werden. Das Leben selbst und meine Höhere Macht werden mich oft immer wieder mit ähnlichen Situationen konfrontieren, um ein bestimmtes Gefühl in mir hervorzurufen. Früher betrachtete ich dies gerade als Aufforderung, es zu unterdrücken. Heute aber bin ich eher bereit, mich dieser Emotion, die einen notwendigen und wichtigen Bestandteil meiner inneren Erfahrung darstellt, mit mehr Leichtigkeit und Würde hinzugeben.

DIE LIEBE ZU SICH SELBST WEITER VERTIEFEN

Es gibt einen weiteren Lebensbereich, in dem die innere Inventur unverantwortliche Handlungen zutage fördern kann, die sofort zugegeben werden müssen: nämlich die *gegen uns selbst* gerichteten. Hier geht es darum, daß wir die eigenen Gefühle weder anerkennen noch empfinden, gegenüber anderen nicht die erforderlichen Grenzen festlegen, uns selbst keine Beachtung schenken, uns kein Vertrauen, keinen Respekt entgegenbringen und daß wir nicht auf uns hören. Dies sind in der Tat Vorgehensweisen, die unmittelbar thematisiert werden müssen.

Wenn wir wütend sind auf uns selbst und hart mit uns ins Gericht gehen, so tun wir uns unrecht.

Wenn wir uns selbst vernachlässigen, machen wir etwas falsch.

Bei einigen von uns, die sich schon seit vielen Jahren co-abhängig verhalten, kann diese Vernachlässigung der eigenen Person durchaus zur Gewohnheit werden. Denn es ist immer viel leichter, die eigenen Gefühle zu unterdrücken und sich hintanzusetzen, als ihnen und sich selbst einen Wert beizumessen und zu vertrauen. Gerade darauf müssen wir bei unserer inneren Inventur achten.

Wenn wir nicht umhin können, ständig für andere zu sorgen, sie nicht mehr aus den Augen lassen können und dabei unser eigenes Gefühlsleben, unsere Bedürfnisse vernachlässigen, so ist dies eine weitere instinktive Reaktion, die wir aufmerksam registrieren sollten.

Wenn wir den Verlauf unserer Beziehungen kontrollieren wollen und nicht zulassen, daß sie sich in ganz natürlicher Weise entwickeln, während wir erst einmal sorgsam mit uns selbst umgehen, dann muß auch diese Verhaltensweise genau vermerkt werden.

Wenn wir hinsichtlich der eigenen Bedürfnisse und Wünsche nicht ehrlich sind — sei es gegenüber uns selbst oder anderen —, so machen wir etwas grundverkehrt.

Wenn wir vergessen, uns selbst zu hegen und zu pflegen, so dürfen wir diese nachlässige Haltung keineswegs übersehen. Oft ist unser erster Impuls, auf jede Situation besonders streng, fordernd, überkritisch zu reagieren und uns dabei selbst zu beschämen. Doch damit verletzen wir nur uns selbst.

Wir erwarten vielleicht schon im voraus, von anderen zurückgewiesen zu werden, obwohl dazu überhaupt kein Anlaß besteht. Oder wir verfallen wieder in die alte Gewohnheit, schlecht von uns zu denken: daß wir nicht liebenswert, daß wir inkompetent und unwürdig seien. Mit diesen eingefleischten Überzeugungen schaden wir uns selbst und unter Umständen auch unseren Beziehungen.

Vielleicht lassen wir uns wieder von Ängsten beherrschen und vergessen, wie das eigene Leben von einer friedlichen und vertrauensvollen Atmosphäre geprägt sein kann. Auch damit fügen wir uns Unrecht zu.

Jedesmal, wenn wir von der heilsamen Lebensweise abweichen, die wir entdeckt haben, ist es an der Zeit, diesen Schritt in Angriff zu nehmen. Dadurch kommen wir wieder auf den richtigen Weg.

Wenn wir unser inneres Kind nicht liebevoll und fürsorglich behandeln, so hat das nachteilige Folgen. Wenn wir immer nur auf andere schauen, anstatt in uns zu gehen und jenes verängstigte, hilfsbedürftige Kind zu hegen, zu pflegen und zu beschützen, dann geraten wir dadurch in ein desperates und co-abhängiges Verhalten — gegenüber uns selbst und anderen.

Wenn wir uns wieder eine Lebensweise angewöhnen, die nur Benachteiligungen und Qualen mit sich bringt, wenn wir zulassen, daß andere über uns und unser Leben bestimmen — auch dann tun wir uns unrecht.

Sind wir wieder übermäßig besorgt? Versuchen wir erneut, Menschen und Dinge zu beherrschen, die sich unserem Einfluß entziehen? Greifen wir auf Kontrollmechanismen zurück, anstatt in jeder Situation die eigene Stärke anzuerkennen und Sorge zu tragen für uns selbst? Sind wir ängstlich geworden, schämen wir uns? Ist unser Verhalten gegenüber anderen Menschen von solchen Gefühlen geprägt? Machen wir uns zu viele Umstände wegen anderer Leute oder irgendwelcher Dinge, über die wir gar keine Macht besitzen? Haben wir uns mit jemandem auf ein Machtspiel eingelassen, in dem wir nur noch reagieren und weiteren Druck ausüben? Klammern wir uns an etwas fest?

Lassen wir unsere Gefühle zu? Auch wenn wir wütend sind? Tun wir uns auch einmal etwas Gutes?

Sind wir gegenüber anderen Menschen ehrlich? Legen wir die erforderlichen Grenzen fest? Sind wir uns selbst nah? Sind wir uns selbst treu? Haben wir Vertrauen zu uns und unserer Höheren Macht? Sind wir uns über die eigenen Wünsche und Bedürfnisse im klaren?

Auf all diese Belange sollten wir bei der inneren Inventur ganz besonders achten. Wenn wir schädliche Verhaltensweisen aufdecken, dann gestehen wir sie uns selbst sofort ein. Oft ist es auch hilfreich, mit einem anderen Menschen zu sprechen und ihm mitzuteilen, was gerade mit uns vorgeht. Es tut auch nicht weh, wenn wir Gott darüber berichten. Im Fünften Schritt haben wir ja gelernt, offen zu sein und einen Einblick in unser Innenleben zu gewähren.

Jedesmal, wenn während unseres Heilungsprozesses das alte Gefühl wieder auftaucht, wir seien hilflose Opfer, ist das ein Zeichen dafür, daß wir uns ins Unrecht setzen. Wir müssen das ohne Umschweife zugeben, für unser Verhalten die Verantwortung übernehmen und gegenüber anderen Menschen die eigene Stärke geltend machen.

Wir sind keine Opfer mehr, und dieser Schritt bürgt dafür, daß wir nie wieder in eine solch demütigende Lage kommen.

Viele von uns haben ein Leben hinter sich, in dem sie ständig irgendwelche Urteile fällten und perfekt sein wollten. Wir verurteilten uns selbst und andere. Wenn wir etwas falsch machten, gingen wir sofort auf Abwehr und versuchten, jede Beteiligung an diesem Mißgeschick abzustreiten — aus Angst, als schlechter Mensch dazustehen, weil wir eben nicht perfekt sind. Wir benutzten unseren Fehler, um noch ärgerlicher und wütender auf uns selbst zu sein — und taten so mit uns das gleiche wie mit anderen, wenn sie sich etwas zuschulden kommen ließen.

Dieser Schritt gibt uns zu verstehen, daß Fehler vorauszusehen sind, daß mit ihnen immer schon zu rechnen ist. Meine schönsten und wichtigsten Lektionen habe ich gerade durch meine ganz und gar nicht perfekten Verhaltensweisen gelernt.

Ich begreife allmählich, daß dieser innere Vervollkommnungsprozeß mir erlaubt, so zu sein, wie ich bin, und an jenen Punkt zu gelangen, an dem ich mich gerade befinde: um dann in genauso verantwortlicher wie fürsorglicher (und eben nicht beschämender) Weise auf mich selbst einzugehen — also eine bejahende Haltung zu finden, die in einer tiefen Selbstliebe zum Ausdruck kommt.

Ich habe auch gelernt, daß wir nicht annähernd soviel Angst davor haben müssen, vom Weg abzukommen, als davor, uns nicht zu lieben und nicht zu akzeptieren. Egal, wie ungünstig meine Lage auch sein mag: Ich kann mich daraus befreien, indem ich diesen Schritt mit einer gütigen und wohlwollenden Einstellung mir selbst gegenüber bewältige. Es hat keinen Sinn, sich selbst zu beschämen, sich nicht zu akzeptieren, sich nicht zu vertrauen.

Wenn ich an diesem Schritt arbeite, stelle ich meistens fest, daß die jeweiligen Umstände sich zum Guten wenden. Sie begünstigen mich. Sie bringen mir eine Lektion bei. Sie fördern mein inneres Wachstum und erleichtern mir das Lernen.

Ich benutze diesen Schritt auch als ein Mittel, um eine Art Selbstbestätigung zu erhalten. Wenn ich mich zum Beispiel vor einer bestimmten Sache fürchte, so akzeptiere ich zunächst meine Angst und schreibe dann etwas Bejahendes und Positives auf, das diesem Gefühl entgegenwirkt. Wenn mir bewußt wird, daß ich immer noch an negativen und selbstzerstörerischen Überzeugungen von früher festhalte, notiere ich, je nach Bedarf, einige aufmunternde Bemerkungen, die mir wieder Halt geben und die schrecklichen Gedanken gleichsam neutralisieren.

Ich verwende diesen Schritt auch als »Gedächtnisstütze«, um immer sorgsam mit mir selbst umzugehen.

DER RICHTIGE ZEITPUNKT FÜR EINE
INNERE INVENTUR

Einige von uns bevorzugen es, diesen Schritt jeweils später am Abend in Angriff zu nehmen. Wenn sie sich nach getaner Arbeit zurückziehen, blicken sie auf den Tag zurück und überdenken noch einmal ihr Verhalten. Sobald ihnen während dieser Rückschau etwas Bestimmtes auffällt, halten sie dies innerlich fest, um sich künftig damit auseinanderzusetzen. Sie merken zum Beispiel, daß sie mit ihren Gefühlen besser zurechtkommen müssen oder einem anderen Menschen eine klare und ehrliche Haltung schuldig sind, daß sie jemanden um Verzeihung bitten sollten oder bei sich selbst etwas wiedergutzumachen haben. Vielleicht müssen sie dabei auf einen früheren Schritt zurückgreifen, der ihnen bei der Bestandsaufnahme hilft. Wenn wir wirklich offen sind, wissen wir schon, was zu tun ist. Wir haben diesen Heilungsprozeß begonnen und können ihm vertrauen, denn er wird unsere innere Entwicklung beständig fördern. Dieses Programm mitsamt seinen Schritten wird uns niemals im Stich lassen.

Andere wiederum arbeiten an diesem Schritt gerne morgens, in jenen stillen Momenten, die der Hetze des Alltags vorausgehen. Während dieser Zeit sind wir für die eigenen Gefühle sehr empfänglich. Vielleicht stellen wir uns die Frage: Was geht in meinem Innern wirklich vor? Oder: Was muß ich tun, um mir selbst in liebevoller und verantwortlicher Weise die nötige Pflege angedeihen zu lassen? Dann hören wir in uns hinein und geben Antwort.

Manche gehen auch entspannter an diesen Schritt heran. Sie vertrauen darauf, daß er bei Bedarf schon »parat« sein wird, wenn sie sich nur gewissenhaft dem Programm widmen, mit den Menschen im Heilungsprozeß verbunden bleiben und vom eingeschlagenen Kurs nicht mehr abweichen.

»Ich versuche einfach, ganz aufmerksam zu sein«, berichtet Joan. »Ich kann nicht sagen, daß ich mir den Zehnten Schritt jeden Tag vornehme, aber ich spreche dreimal in der Woche mit meiner Vertrauensperson in der Gruppe und informiere sie darüber, was in meinem Leben so passiert. Ihr gestehe ich meine Fehler und Irrtümer ein, selbst wenn ich mich sonst niemandem offenbare. Leider vergesse ich immer noch, solche Angelegenheiten auch mit meiner Höheren Macht durchzusprechen, aber ich weiß, daß ich meinen geistigen Frieden finden kann. Ich suche nach den unscheinbaren Antworten. Ich akzeptiere die Dinge. Und ich lasse alles zu, was nicht geplant, nicht beabsichtigt war.«

Eines habe ich in bezug auf mich selbst und den Heilungsprozeß wirklich gelernt: Sobald ich auf eine bestimmte Sache aufmerksam gemacht werden soll, brauche ich mir über sie keine großen Sorgen zu machen. Die betreffende Lektion wird nicht einfach verschwinden. Im Gegenteil: Sie wird mir immer wieder erteilt, bis ich mich endlich mit ihr auseinandersetze. Die Einsichten, die wir über uns selbst gewinnen müssen, ergeben sich — auf natürliche Weise — ganz von selbst.

ACHTEN SIE AUCH AUF IHRE POSITIVEN SEITEN

Während wir intensiv damit beschäftigt sind, unser Inneres zu erforschen, sollten wir auch darauf achten, was wir alles richtig machen. Der Zehnte Schritt lautet: »Wir setzten die Inventur bei uns fort, und *wenn* (Hervorhebung von mir, M. B.) wir unrecht hatten, gaben wir es sofort zu.« Es besagt nicht, daß wir die positiven Handlungen und die günstigen Aspekte unseres Lebens zu ignorieren haben. Es heißt hier ganz einfach: Wir fahren mit der Inventur fort.

Im Rahmen dieser Bestandsaufnahme können wir nach ganz unterschiedlichen Dingen suchen. Wir können zum Beispiel die Gefühle ausfindig machen, denen wir sonst immer ausweichen. Wir können schauen, ob es uns an Selbstachtung mangelt oder ob sich die alten Fehler erneut einschleichen. Wir können herausfinden, wann wir in frühere Denk- und Verhaltensmuster zurückfallen und bei welcher Gelegenheit die schon längst verarbeiteten Gefühle doch wieder zum Vorschein kommen. Wir können solche Verhaltensweisen aufspüren, die sich gegen andere richteten und die uns jetzt wirklich Unbehagen bereiten — und den dabei entstandenen Schaden rasch wiedergutmachen.

Aber diese Inventur kann vor allem auch darin bestehen, daß wir festhalten, was uns durchaus gut geraten ist und was sich in unserer inneren und äußeren Welt als überaus vorteilhaft entpuppt.

Dies ist keine Aufgabe, die schnell abgehakt werden sollte, sondern ganz einfach ein wichtiger Bestandteil unseres Heilungsprozesses. Unsere Co-Abhängigkeit kommt auch dadurch zum Ausdruck, daß wir uns wie zwanghaft darauf konzentrieren, was falsch ist, was verkehrt läuft und was wir unter Umständen nicht richtig machen. Dieses Verhalten ersetzen wir nun durch ein anderes, das wirklich gesund ist und bei dem wir lernen, alles ins Auge zu fassen, was richtig ist, was gut vorangeht — und uns bewußt vorstellen, in welcher Weise das eigene Leben einen ganz positiven Verlauf nehmen kann.

Die gelungenen, lobenswerten Dinge zu erkennen, mag genauso schwer — oder vielleicht noch schwerer — sein, als die begangenen Fehler zu entlarven.

Seien Sie bei Ihrer Suche ohne jede Angst, aber zugleich auch liebevoll und wohlwollend mit sich selbst. Was habe ich an diesem Tag gemacht? Habe ich innegehalten und mich mit einem bestimmten Gefühl befaßt? Ich war vielleicht unbeholfen dabei, aber habe ich es tatsächlich getan? Habe ich während einer bestimmten Krise über einen der Schritte nachgedacht? Habe ich heute etwas anders gemacht, als es vor einem oder zwei Jahren der Fall gewesen wäre? Wenigstens ein klein wenig anders? Bin ich auf einen anderen Menschen zugegangen und war ihm gegenüber offen und empfänglich?

War ich wieder in Schamgefühlen und negativen Einstellungen gefangen, habe mich dann aber von ihnen befreit, als sie mir bewußt wurden? Bin ich freundlich, sanft und liebevoll mit mir selbst umgegangen? Habe ich einem anderen Menschen einen Gefallen getan und mich gut dabei gefühlt?

Habe ich meine Arbeit ordentlich gemacht? Bin ich mit einem schlechteren Tag besser zurechtgekommen als früher? Habe ich eine dankbare und bejahende Einstellung an den Tag gelegt?

Habe ich etwas riskiert, meine innere Stärke anerkannt, gegenüber jemand anderem eine bestimmte Grenze festgelegt bzw. bekräftigt? Habe ich offen und ehrlich mit einem anderen Menschen gesprochen und das Gefühl gehabt, ihm etwas näher gekommen zu sein, so daß die Beziehung zwischen ihm und mir nun stärker geworden ist? Bin ich selbstsicher aufgetreten? Behagte mir diese Haltung? Habe ich Verantwortung für mich selbst übernommen, und zwar in ganz anderer Weise als früher?

Habe ich mir Zeit genommen, um zu beten und zu meditieren? Habe ich auf Gott vertraut? Habe ich mit Ihm gesprochen und Ihm bestimmte Dinge »ausgehändigt«?

Habe ich zugelassen, daß jemand mir hilft? Habe ich mich wieder in die Probleme anderer Leute vertieft, dann aber allmählich inneren Abstand gewonnen? Habe ich meine täglichen Pflichten auch dann erfüllt, wenn ich nur noch untätig dasitzen wollte, um irgendwelchen fixen Ideen nachzuhängen?

Habe ich in mich hineingehört, mir vertraut und dabei auch gesehen, wie gut das ging? Habe ich mich behauptet gegen jemanden, der versuchte, mich zu manipulieren oder zu kontrollieren? Habe ich mir selbst gut zugesprochen? Habe ich mich gehegt und gepflegt, anstatt ständig Selbstkritik zu üben? Habe ich in irgendeiner Form die Liebe gegenüber mir selbst zum Ausdruck gebracht? Habe ich ein Gruppentreffen besucht, eine Meditation gelesen oder über einen bestimmten Aspekt des Heilungsprogramms nachgedacht — wenigstens eine Zeitlang?

Achten Sie auf all jene Dinge, die Sie richtig gemacht haben, was Ihnen gut gelungen ist. Bemühen Sie sich um eine klare und bewußte Einstellung gegenüber sich selbst, ohne nun gleich übertrieben wachsam zu reagieren. Wenn Sie etwas falsch gemacht haben, so sollten Sie dies akzeptieren und sich damit auseinandersetzen. Aber vergessen Sie nie, auch nach dem Guten Ausschau zu halten.

Egal, in welchem Zustand wir waren, wer wir sind oder was wir, selbst an unseren schlechtesten Tagen — oder *gerade* an unseren schlechtesten Tagen — tun, wir können immer etwas finden, das uns geglückt ist, etwas, das an uns selbst oder in unserem Leben positiv auffällt und genügend Stoff zum Nachdenken abgibt. Es gibt immer eine Sache, die unsere Hoffnungen weckt, ein künftiges Ereignis, auf das wir uns freuen. Wir können eine ganz realistische Vorstellung von unserer gegenwärtigen Situation haben — aber auch von den günstigen Aussichten, die das Leben uns bietet.

In der Realität wie im Heilungsprozeß ist immer Platz für »das Richtige«. Wir beseitigen die negativen Überzeugungen und Probleme dadurch, daß wir sie erkennen. Und die guten Dinge vermehren sich, wenn wir sie zulassen. Wir können uns selbst, dem anderen und auch Gott sagen, was wir an uns selbst, am anderen, am Leben zu schätzen wissen.

Wir brauchen uns selbst und andere nicht mehr so kritisch zu betrachten. Wir können ganz einfach das Gute und Wahre erhoffen.

WIE MAN DIE SELBSTACHTUNG BEWAHRT

Der Zehnte Schritt dient dazu, weiterhin bewußt und verantwortlich mit sich selbst umzugehen. Bei den anderen Schritten haben wir angefangen, den Blick nach innen zu richten, anstatt auf andere Menschen fixiert zu sein. Dieser Schritt ermuntert uns nun dazu, in der gleichen Weise fortzufahren. Wir brauchen ihn nicht als rigides Mittel einzusetzen, um uns selbst zu kontrollieren und ja alles perfekt zu machen. Statt dessen können wir ihn gleichsam als Anker benutzen, um mit uns selbst und unserem inneren Wachstumsprozeß immer verbunden zu bleiben.

Wir können einfach unseren alltäglichen Aufgaben nachgehen und darauf vertrauen, daß uns — zu gegebener Zeit, wenn wir bereit sind und die Höhere Macht gewillt ist — die notwendigen Lektionen zuteil werden. Manchmal wird uns gezeigt, daß wir uns eine neue Verhaltensweise aneignen müssen; dann wieder erfahren wir, daß sich erneut eine ungute Gewohnheit bei uns eingeschlichen hat.

Dann und wann muß ich mich mit einem speziellen Vorfall, einer bestimmten Person oder mit mir selbst auseinandersetzen und das eigene Vorgehen beleuchten bzw. berichtigen. Ab und zu vergesse ich, jene so einfachen Grundsätze der Dankbarkeit und des inneren Abstands zu praktizieren, die die Qualität meines täglichen Lebens entscheidend beeinflussen können.

Einige von uns stellen fest, daß durch die Arbeit an diesem Schritt neue innere Bereiche und Probleme zum Vorschein kommen, die einer genauen Untersuchung bedürfen. Vielleicht gelangen wir zu ganz neuen Einsichten oder entdecken latente Abhängigkeiten, mit denen wir uns innerlich beschäftigen müssen. Manchmal gewährt uns dieser Schritt auch Einblicke in eine unserer heutigen bzw. früheren Beziehungen — oder in unsere Lebensgeschichte überhaupt.

Ein Gebet, das mir immer hilft, lautet so: *Offenbare mir, Gott, was ich gerade lernen muß. Lenke mein inneres Wachstum, führe mich.*

Der Zehnte Schritt umfaßt unsere eigenen Fehler und Schwächen genauso wie die der anderen und ruft uns deren Menschlichkeit ins Bewußtsein. Er ist eine Art Medium, durch das wir lernen, uns selbst und andere vorbehaltlos zu lieben. Seien Sie nicht ängstlich, wenn Sie an ihn herangehen, sondern vertrauen Sie darauf, daß wir in unserem Leben, unserem Heilungsprozeß und auch in unseren Beziehungen jeweils genau an dem Punkt sind, wo wir sein sollen.

Wir werden mit der Zeit immer mehr den Wunsch haben, das Unrecht, das wir uns selbst oder anderen zugefügt haben, sofort einzugestehen — eben weil wir die Erfahrung machen, daß dadurch eine friedliche Atmosphäre entsteht. Unruhe und Zwietracht sind oft Anzeichen dafür, daß wir diesen Schritt bewältigen und nach innen schauen müssen. Vertrauen Sie darauf, daß Eintracht und Ruhe einkehren werden.

Haben Sie Geduld mit sich selbst und anderen, während Sie in diesem Entwicklungs-, Veränderungs-, Lebens- und Heilungsprozeß langsam vorankommen. Bringen Sie Geduld auf, während Sie sich darum bemühen, bestimmte Probleme ausfindig zu machen und festzustellen, inwieweit Sie selbst dafür verantwortlich sind bzw. waren. Seien Sie offen für deren Lösungen, denn sie werden sich ergeben.

Begrüßen Sie neue Einsichten. Wir können ruhig daran glauben, daß uns dieser innere Prozeß auf die richtigen Dinge aufmerksam macht. Wir können uns darauf verlassen, daß dabei alles zum Besten geschieht und wir immer in jenem Zustand sind, der für uns vorgesehen war. Etwas Wichtiges bereitet sich im Innern vor — ob wir uns nun gerade ausgeglichen und sicher fühlen oder, im Gegenteil, eine genauso dramatische wie intensive Zeit des Aufbruchs und der Veränderung durchleben.

Wir brauchen diesen inneren Prozeß nicht zu kontrollieren. Wir können einfach loslassen und offen sein für das, was geschieht. Wenn wir an diesem Schritt arbeiten, wird uns alles mitgeteilt, was wir wissen müssen, um das eigene Wohlergehen gewährleisten zu können.

Sobald wir uns einmal bis zum Zehnten Schritt vorgearbeitet haben, können wir regelmäßig auf ihn zurückgreifen, um unsere Selbstachtung zu wahren und allmählich zu steigern. Er vereinigt in sich all jene Erfahrungen, die wir vom Vierten bis zum Neunten Schritt gemacht haben. Das heißt, wir erleben, je nachdem, inwieweit es nötig ist, all diese Dinge noch einmal, um auch weiterhin auf dem richtigen Weg zu bleiben.

Wir arbeiten an diesem Schritt nicht, um uns herabzuwürdigen oder zu bestrafen — sondern um in der Beziehung zu uns selbst wie zu anderen Menschen eine harmonische Atmosphäre zu schaffen und aufrechtzuerhalten. Wir beschäftigen uns mit ihm, um nicht vom eingeschlagenen Kurs abzuweichen. Auch projizieren wir ihn nicht auf andere, sondern erforschen uns selbst: nämlich die eigenen Gedanken, Gefühle, Verhaltensweisen und Möglichkeiten.

Wenn wir wieder einmal aus dem Gleichgewicht geraten, wenn ein Problem auftaucht, das unsere ganze Aufmerksamkeit beansprucht, dann wissen wir jetzt, was zu tun ist. Wir untersuchen das Problem genau. Wir sprechen mit jemandem darüber. Wir sind ganz offen, anstatt in die Defensive zu gehen und ängstlich oder beschämt zu sein. Wir akzeptieren, was vorgefallen ist und übernehmen für unseren Teil die Verantwortung. Dann sind wir allmählich bereit, den Schaden in angemessener Weise wiedergutzumachen, und lassen die ganze Sache einfach los.

Diese Maßnahmen, die dazu beitragen, daß wir nicht vom eigenen Weg abkommen, können genauso selbstverständlich werden wie jene Verhaltensweisen, mit denen wir uns früher immer irgendwie über Wasser hielten. Wenn wir das nächste Mal wieder etwas tun, das uns beunruhigt und Sorgen macht, müssen wir nicht vor Scham in den Boden versinken und uns völlig kraftlos fühlen. Wenn wir das nächste Mal wider besseres Wissen in eine alte Gewohnheit zurückfallen, brauchen wir uns nicht selbst zu bestrafen. Wir können uns den Zehnten Schritt vornehmen — also erkennen, welche Fehlreaktion vorliegt, darüber sprechen und sie sofort wiedergutmachen: indem wir bei uns selbst oder im Verhalten gegenüber anderen etwas korrigieren. Lassen Sie diesen Prozeß einfach ablaufen. Dann setzen Sie Ihren Weg fort, wobei Sie sich selbst und anderen Menschen ein großes Maß an Liebe entgegenbringen.

Zuzugeben, daß ich mich oder andere in unguter Weise behandelt hatte, fiel mir gewöhnlich sehr schwer. Mir war, als hinge meine Selbstachtung allein davon ab, daß ich die ganze Zeit recht hatte. Diese Einstellung ließ persönliches Wachstum und innere Würde kaum zu.

Da ich nun lerne, mich wohler zu fühlen mit mir selbst, finde ich es auch etwas leichter, meine Fehler einzugestehen. Angesichts dieses Entwicklungs- und Heilungsprozesses bin ich offener, empfänglicher, demütiger geworden.

Es fällt mir immer noch nicht leicht, zu anderen hinzugehen und meine Irrtümer einzuräumen. Auch werde ich mir nur langsam darüber bewußt, daß ich mein Verhalten in einer bestimmten Richtung ändern sollte. Ich muß erst einmal schlucken und überlege es mir zweimal, bevor ich mich bei jemandem entschuldige. Ich habe gegen meine Abwehrhaltung und meinen Stolz zu kämpfen. Mein Bedürfnis, perfekt zu sein, immer recht zu haben, ist latent immer noch vorhanden und wartet nur darauf, sich wieder in den Vordergrund zu schieben.

Dieser Schritt bringt mir bei, daß ich diese alten Botschaften nicht zu beachten brauche. Geistiger Frieden, Freude, Selbstliebe und Liebe für andere ergeben sich wie von selbst, sobald ich mich akzeptiere; sobald ich jenen Menschen, die ich liebe, mit denen ich zusammenarbeite oder in engerer Verbindung stehe, offen, ehrlich und verantwortungsbewußt begegne und sobald ich für mich selbst und meine Bedürfnisse die Verantwortung übernehme.

Selbstachtung und Selbstliebe werden dann wieder spürbar, wenn ich mich umgehend damit auseinandersetze, was ich den anderen und mir selbst angetan habe.

Dieser Schritt erlaubt mir, so zu sein, wie ich bin, und auch Schwächen zu haben; mich selbst zu hegen, zu pflegen und zu lieben sowie all die positiven und vielversprechenden Aspekte meines Lebens ins Auge zu fassen; ein verletzliches menschliches Wesen zu sein, das mit ebensolchen Wesen Beziehungen eingeht. Er gestattet, daß ich mir selbst verzeihe. Und er hat mir außerdem viel darüber beigebracht, wie man sich mit anderen Menschen aussöhnt.

Er bereichert mein alltägliches Leben durch die Vorstellung, daß Vergebung und bejahende Haltung möglich sind. Er lehrt mich, andere Menschen und mich selbst bedingungslos zu lieben — und dennoch für mein Tun verantwortlich zu sein.

Wir brauchen weder vollkommen zu sein noch immer recht zu haben. Jetzt können wir zu uns selbst und jemand anderem sagen: »Ich habe mich geirrt, es tut mir leid.«

Der Zehnte Schritt gestattet es, uns selbst so zu sehen, wie wir wirklich sind. Dadurch können wir mit allen auftauchenden Problemen fertig werden. Greifen Sie also immer wieder auf ihn zurück, um die positiven Gefühle, die Sie in sich entdeckt haben, nicht zu verlieren und weiterhin innerlich zu wachsen.

ÜBUNGEN

1. Was unternehmen Sie, um weiterhin bewußt mit sich selbst umzugehen und die innere Inventur durchzuführen? Erübrigen Sie morgens oder abends etwas Zeit, um den vergangenen Tag noch einmal zu überdenken? Oder lassen Sie einfach zu, daß sich gewisse Einsichten ganz von selbst ergeben, während Sie dem täglichen Leben nachgehen und mit dem Heilungsprozeß beschäftigt sind? Kombinieren Sie verschie-

dene Vorgehensweisen? Welche funktioniert bei Ihnen am besten?

2. Wann haben Sie sich zum letzten Mal dabei ertappt, daß Ihnen eine bestimmte Handlung Unbehagen bereitete? Haben Sie sich sofort um das Problem gekümmert, das dadurch entstand?

3. Zwingen Sie sich täglich oder wöchentlich dazu, in Ihrem Leben eine Sache ausfindig zu machen bzw. eine Vorstellung hinsichtlich Ihrer selbst festzuhalten, die gutzuheißen ist. Bestätigen Sie sich, daß diese Entdeckung einen positiven Wert hat, bis Sie tief im Innern davon überzeugt sind, daß dem tatsächlich so ist. Versuchen Sie, bei einem Menschen, der Ihnen wichtig ist, eine liebenswerte Eigenschaft zu finden, und riskieren Sie, mit ihm darüber zu sprechen.

4. Achten Sie darauf, wodurch Ihre Angst, Ihre Wut, Ihr Groll ausgelöst wird. Seien Sie sich der Überzeugungen bewußt, die diesen Gefühlen zugrunde liegen. Nehmen Sie aufmerksam wahr, in welcher Weise die Wut, die Sie auf sich selbst haben, Ihre Gefühle und Ihr Verhalten gegenüber anderen beeinflußt und wie Sie selbst darauf reagieren.

5. Welche Bestätigung brauchen Sie und Ihr inneres Kind heute am meisten? Müssen Sie sich selbst klarmachen, daß alles gut ist, daß Sie langsamer machen und sich Zeit lassen können? Müssen Sie sich selbst versprechen, in einer bestimmten Beziehung die eigene Person zu schützen und für das eigene Wohlbefinden zu sorgen? Müssen Sie sich versichern, daß die Liebe, die Sie ersehnen und brauchen, Ihnen auch zuteil werden wird, daß Sie eine zärtliche Beziehung verdient haben? Welches Angstgefühl, welche Vorstellung hinsichtlich Ihrer selbst und Ihres Lebens macht Ihnen heute am meisten zu schaffen? Sind Sie gerade mit einer so anstrengenden Situation konfrontiert, daß Ihnen ganz bange wird? Fühlen Sie sich in irgendeiner Weise unzulänglich? Geben Sie eine von Liebe und Fürsorge geprägte Erklärung ab, die Ihnen und dem inneren Kind bewußt macht, daß Ihr Leben wunderbar sein wird.

*Welche weiteren Ziele man im Leben
auch für sich finden mag: Die Seele
strebt immer nur danach, sich mit
dem Selbst und mit Gott zu vereinen.
Sei also getrost und gehe voller Licht
und Vertrauen durchs Leben: Denn
alles, was dir widerfährt, ist für dich
bestimmt.*

Pat Rodegast / Judith Stanton (Hrsg.):
Emmanuels Buch

ELFTER SCHRITT

»WIR STREBTEN DANACH, DURCH GEBET UND MEDI-
TATION DIE BEWUSSTE VERBINDUNG ZU GOTT – WIE
WIR IHN VERSTEHEN – ZU VERBESSERN. WIR BATEN IHN
NUR, UNS SEINEN WILLEN FÜR UNS ERKENNEN ZU LAS-
SEN, UND UM DIE KRAFT, IHN AUSZUFÜHREN.«

Elfter Schritt der Anonymen Co-Abhängigen (CoDA)

»Gib dich dem Fließen der Dinge hin, Melody. Sei eins mit dem
großen Strom.«

Wie oft schon habe ich diese Worte aus dem Mund meiner Vertrauensperson gehört? Und wie oft schon habe ich mich darüber
geärgert, sie mir anhören zu müssen?

Sehr oft.

Wie kann ich mich dem Fließen der Dinge überlassen? Wie
kann ich die Überzeugung aufgeben, daß das Leben nur Verluste
und Entbehrungen bereithält, und den Glauben finden, daß
Erfüllung möglich ist?

Allmählich wird mir bewußt, daß ich mich diesem Strom
nicht nur überlassen, sondern ihm auch vertrauen kann. Ich ge-
höre ihm an. Wenn ich mit meiner Höheren Macht verbunden
bin und Gottes Willen in mir trage, dann weiß ich auch, was ich

tun soll und wann bestimmte Dinge zu geschehen haben. Wenn ich mich selbst fürsorglich behandle, wenn ich meine Stärke geltend mache, so bin ich — jetzt und künftig — in Einklang mit dem großen Strom. Ich werde innerlich wachsen und mich verändern — und zwar in dem Maße, wie es für mich vorgesehen ist, wie ich dazu bereit bin und wie ich es möchte.

Der Elfte Schritt ist mir der liebste von allen. Durch ihn wurde ich von meinen Süchten geheilt. Er hat mir über Armut, Leid und Verzweiflung hinweggeholfen. Er hat mich sicher durch die schmerzlichen Erfahrungen geführt, als ich am Tiefpunkt meiner Co-Abhängigkeit angelangt war. Er hat mir alles zuteil werden lassen, was ich brauchte, um mit dem Heilungsprozeß beginnen zu können und dann allmählich gesünder zu werden. Jedesmal, wenn das Chaos überhandzunehmen droht, finde ich durch ihn zur Klarheit zurück; sobald ich mich wieder als Opfer fühle, bewirkt er, daß ich zu mir selbst stehe. Dieser Schritt hat mir das wahre Leben offenbart — und damit ein eigenes, erfülltes Leben geschenkt, das gut zu bewältigen ist.

Mit Hilfe des Elften Schrittes komme ich von hier nach dort; durch ihn kann ich beiden Orten, beiden Zuständen vertrauen. Er läßt mich jeden Tag heil überstehen. Diese Tatsache erscheint um so wertvoller, wenn wir einmal das Labyrinth unseres Lebens betrachten. All die Pfade, Gänge, Türen und Wahlmöglichkeiten können uns leicht verwirren. Dieser Schritt gibt uns die nötige Konzentration, damit wir die näheren Einzelheiten unseres jetzigen Weges erfassen und mit viel Zuversicht das Labyrinth durchqueren können.

Wenn wir uns dem Fließen überlassen, heißt das nicht, daß wir untätig werden, sondern daß wir endlich etwas unternehmen. Wenn wir in uns hineinhören und Gottes Stimme lauschen, wissen wir, wann die Zeit für bestimmte Dinge gekommen ist, und dann sind wir auch in der Lage, sie zu tun. Die Diskussion darüber, ob wir imstande sind, sorgsam mit uns selbst umzugehen, führen wir nicht mit Gott, sondern mit uns selbst. Als nächstes entscheiden wir also, wie wir dies am besten bewerkstelligen können, und bitten Gott, daß er uns dabei unterstützt.

Es gibt eine Zeit, da müssen wir die Waffen strecken, uns der

Höheren Macht ausliefern und alles loslassen. Es gibt eine Zeit des Wartens und eine Zeit des Handelns. Es gibt eine Zeit für Sanftheit und Fürsorge. Es gibt eine Zeit des Gebens und eine Zeit des Nehmens. Es gibt eine Zeit, in der man seine Meinung äußert, seine Stärke zeigt und nach sich selbst schaut.

Wenn wir an diesem Schritt arbeiten, erfahren wir, was jeweils zu tun ist.

DIE BEWUSSTE VERBINDUNG ZU GOTT VERBESSERN

Mein Heilungsprozeß, durch den ich schließlich von allen Suchtproblemen befreit wurde, begann mit einem Gebet. Ich machte eine Entziehungskur für Drogenabhängige mit. Eigentlich wollte ich gar nicht daran teilnehmen. Ich wollte nicht clean werden. Aber ich konnte auch nirgendwo anders mehr hin. Mir ist noch in guter Erinnerung, wie ich in der kleinen Zelle, die mein Zimmer war, an die Decke starrte und sagte: »Lieber Gott, wenn Du wirklich da bist und Dich um mich kümmerst, wenn es ein Programm, eine Heilmethode für mich gibt – dann hilf mir, damit anzufangen.«

Ich dachte, mein Gebet würde sozusagen von der Decke abprallen und wieder auf dem Boden landen. Aber ich irrte mich. Innerhalb weniger Wochen kam ich allmählich von meiner Sucht los. Jemand sagte mir, ich solle Gott jeden Morgen um Hilfe bitten und Ihm am Abend dafür danken. Das tat ich dann auch. Und wieder jemand anders gab mir die Kopie eines Buches mit täglichen Meditationen und schlug vor, jeden Morgen darin zu lesen. Auch diesen Rat befolgte ich.

Davor hatte ich zum letzten Mal das Wort an Gott gerichtet, als ich elf war. An den Tag damals erinnere ich mich noch genau. Es war ein Sonntagmorgen. Ich ging die Straße hinunter in Richtung Kirche und fühlte mich völlig verwirrt und verzweifelt. Ich wurde aus meiner Familie nicht schlau. Ich verstand mich selbst nicht mehr. Ich fühlte mich tief verletzt. Ich schaute zum Himmel auf und schüttelte nur den Kopf. Falls da oben ein Gott war, dann hatte Er mit mir jedenfalls nichts im Sinn. Denn wie konnte ein liebender Gott zulassen, daß ich soviel Kummer und Leid erfahren mußte? Also beschloß ich, Gott zu vergessen, die Kirche zu vergessen und einen Weg zu finden, um mit meinem Schmerz alleine fertig zu werden.

Innerhalb eines Jahres war ich Alkoholikerin; im Laufe mehrerer Jahre wurde ich mehrfach abhängig von Betäubungsmitteln; und nun, nach weiteren vierzehn Jahren, mußte ich also ins Krankenhaus, um von meinen Süchten befreit zu werden. Ich betete zu einem Gott, von dem ich nicht wußte, ob Er mir überhaupt zuhörte. Aber Er tat es. Obwohl ich mich sträubte, wurde ich geheilt. Ich glaube, die Zeit war reif dafür. Ich bin fest davon überzeugt, daß es durch die Gnade Gottes geschah: weil Er mir half. Und so vertraue ich auf die Macht des Gebetes. Meine Seele wurde dadurch empfänglich für göttliche Offenbarungen.

Ich äußerte meine Bitten.

Auf diese Weise begann meine Reise ins Gebet und in die Meditation — meine spirituelle Reise. Meine ersten Schritte waren ganz schlicht, zögerlich, aber das war schon ausreichend. Und gerade dadurch konnte der Elfte Schritt in mir allmählich seine Wirkung entfalten.

Daraufhin beschäftigte ich mich mit einem weiteren wesentlichen Aspekt dieses Schrittes: Ich lernte, Gottes Willen und dem Plan, den Er für mein Leben entworfen hatte, zu vertrauen — und begriff, daß dieser auch beinhaltete, liebevoll und sorgsam mit mir selbst umzugehen.

Unter all den Beziehungen, die wir im Verlaufe unseres Heilungsprozesses neu aufzubauen lernen, sind zwei am wichtigsten: die zu uns selbst und die zu unserer Höheren Macht. Sie bilden die Grundlage aller anderen Beziehungen, an denen wir beteiligt sind. Während wir von der Co-Abhängigkeit geheilt werden, führt die Verbindung mit Gott dazu, daß wir ein liebevolles, vertrautes und intensives Verhältnis zu uns selbst haben. Umgekehrt ist es genauso. Wenn wir vertraut und liebevoll mit uns selbst umgehen, kommen wir Gott näher.

Eine unserer Weggefährtinnen sagte einmal: »Alle anderen Beziehungen sind dann sozusagen das Tüpfelchen auf dem i.«

Dieser Schritt gibt uns zu erkennen, in welcher Weise diese innige Beziehung zu Gott und uns selbst hergestellt werden kann: Wir beten und meditieren. Wir bitten um die Einsicht, welche Vorgehensweise für uns jeweils die beste ist, und um die Kraft, diese auch in die Tat umzusetzen: also unseren Teil beizutragen.

WIR STREBTEN DANACH, DURCH *GEBET*...

Jedem von uns steht es frei, ein ganz persönliches Verständnis von Gott zu entwickeln — je nachdem, wie man Ihn sich vorstellt und was man als wahr erachtet. Bei diesem Schritt geht es nun im besonderen darum, daß wir zu Gott, wie wir Ihn verstehen, sprechen und beten und Ihn darum bitten, Er möge uns Seinen Willen in bezug auf uns kundtun — und dann uns helfen, diesen auch auszuführen.

Das Gebet ist unser Zwiegespräch mit Gott. Es mag aus nur einem Wort bestehen, nur einen Gedanken enthalten. Es kann ein Ausdruck der Freude, aber auch der Trauer sein. Es kann die Form eines Briefes haben, der an Gott adressiert ist — oder auch in ganz traditioneller Weise verrichtet werden.

In meinem Computer sind viele Briefe an Gott gespeichert. Ich lese sie sehr gerne wieder, um rückblickend zu sehen, wie jeder davon aufgenommen und beantwortet wurde. Einige Antworten kamen sehr schnell; andere erst nach einiger Zeit. Alle wurden von Gott gelesen, obwohl sie in den elektromagnetischen Tiefen meiner Festplatte aufbewahrt waren.

Wir können frei entscheiden, wie und wo wir beten wollen: stehend, sitzend, kniend, mit offenen oder geschlossenen Augen, im Bett oder auf einem Trampelpfad, der mitten durch den Wald führt...

»Ich versuche, die bewußte Verbindung zu Gott ständig aufrechtzuerhalten«, erzählt Beth. »In der Bank zum Beispiel, wenn ich mit anderen Leuten in einer Reihe stehe, spreche ich mit Gott, oder auch wenn ich Auto fahre. Immer... bin ich mit Ihm in Kontakt.«

»Den ganzen Tag über sage ich mir immer wieder vor: ›Dein

Wille geschehe‹«, berichtet Gary. »Ich singe diesen Satz wie ein Mantra.«

Das Gebet braucht nicht kompliziert zu sein. Wir können ganz leise sprechen und unsere Gedanken auf Gott richten. Oder wir erheben die Stimme genauso wie gegenüber einer anderen Person. Wir müssen nicht unsere Sprache ändern, um mit Gott zu kommunizieren. Wir müssen uns auch nicht in einen anderen Menschen verwandeln oder irgend etwas darstellen, was nicht unserem Wesen entspricht. Wir können Gott gegenüber so sein, wie wir sind. Wir können Ihm sagen, was uns am Herzen liegt — und zwar immer dann, wenn es wirklich not tut. Wir gehen mit unserer Höheren Macht eine gleichsam engagierte Beziehung ein, und bringen alles zur Sprache, um sie auch weiterhin aufrechtzuerhalten.

Manchmal haben wir eine Vorstellung oder eine Ahnung davon, was die Zukunft für uns bereithält — aber wir erhalten die Unterweisungen unserer Höheren Macht jeweils Tag für Tag. In gleicher Weise wird uns die Kraft zuteil, mit der wir sie in die Tat umsetzen.

Als ich nach einer vierzehnjährigen Unterbrechung die Verbindung zu meiner Höheren Macht wiederaufnehmen wollte, war ich ganz zaghaft und wußte nicht recht, wie das eigentlich geht. Ich fragte mich, ob ich überhaupt gehört würde. Aber ich hielt mich dazu an, jeweils morgens und abends ein Gebet zu formulieren — leise und mit geschlossenen Augen etwas vor mich hin zu sprechen.

Ich stützte mich vor allem auf das Vaterunser. Es ist ein äußerst wirksames Gebet, das von vielen Zwölf-Schritte-Gruppen benutzt wird. Auf diese göttlichen Worte ist immer Verlaß. Später dann, als mein Heilungsprozeß Fortschritte machte, entwickelte ich mein eigenes Gebet, das sich an das *Große Buch* der Anonymen Alkoholiker anlehnt. Es lautet folgendermaßen:

Ich danke Dir, daß ich gestern nicht vom rechten Weg abkam. Bitte steh mir bei, daß ich auch heute nichts Falsches tue. Für die nächsten vierundzwanzig Stunden bitte ich darum, Deinen Willen zu erkennen, insofern er sich auf mich bezieht, und um die Kraft, ihn auch auszuführen. Ich bitte Dich, mein Denken von Eigensinn, Selbstsucht, Unehrlichkeit und falschen Motiven zu befreien. Ich bitte darum, daß Du mir in Zeiten des Zweifels und der Unschlüssigkeit den richtigen Gedanken, das passende Wort, die geeignete Handlung mitteilst. Zeige mir bitte, was ich als nächstes tun soll, und hilf mir, all meine Probleme in den Griff zu bekommen — zu Deinem Ruhme und zu Deiner Ehre.

Ich habe dann gelernt, zwischen meinem Gebet der inneren Heilung und dem Vaterunser über jene Dinge zu sprechen, die ich unbedingt loswerden muß. Ich berichte Gott, was mich beunruhigt und quält. Ich bitte Ihn, meine Kinder zu beschützen. Ich ersuche Ihn, meine Ängste zu beseitigen. Ich wende mich an Ihn, damit Er mir bei einer bestimmten Sache, mit der ich gerade konfrontiert bin, Beistand leistet.

Ich spreche mit Gott über meine Gefühle. Es fiel mir nicht leicht, offen zu Ihm zu sein. Auch heute habe ich manchmal noch Schwierigkeiten damit. An manchen Tagen bin ich mir selbst ganz fremd und fühle mich weder mit anderen Menschen noch mit Gott in irgendeiner Weise verbunden. Dann wieder sind meine Gebete nichts als Worte, denen es an Empfindung, an Ausdruck mangelt. Anfangs habe ich Gott fast überhaupt nichts erzählt. Jetzt kommt es vor, daß ich gar nicht mehr aufhöre zu reden.

Bevor ich von meiner Co-Abhängigkeit geheilt wurde, bat ich Gott oft darum, andere Menschen zu kontrollieren und zu ändern. Damit habe ich nun aufgehört — im großen und ganzen jedenfalls. Lange Zeit war ich vollkommen verzweifelt, weil Gott auf solche Bitten nicht reagierte. Ich fragte mich allmählich, ob Er wohl einfach verschwunden war. Und ich fragte mich auch, was Gott mit mir und meinem Leben im Sinn hatte — denn die anderen taten ja nicht, was ich wollte und von ihnen erwartete. Nichts klappte so, wie ich es geplant hatte.

Nach und nach wurde mir dann klar: Gott wollte, daß ich meine momentanen Umstände akzeptierte — auch und besonders dann, wenn mein Plan von dem Seinen abwich. Gottes Willen zu befolgen hieß aber auch, daß ich lernen mußte, nicht mehr in die Rolle des Opfers zu schlüpfen, sondern fürsorglich mit mir selbst umzugehen — egal, was auch geschah. Gott wollte, daß ich Ihm und mir vertraue.

Ich begriff, daß Sein Wille mich dazu veranlaßte, die eigenen Gefühle zu empfinden und zu akzeptieren, anstatt mich dafür zu entschuldigen, daß ich überhaupt welche habe.

Er beabsichtigt, daß ich gegenüber anderen Menschen meine Grenzen festlege und für mich selbst eintrete — anstatt Ihn darum zu bitten, Er möge die Menschen doch dazu bringen, mich nicht mehr zu verletzen.

Zuweilen liegt es in Seinem Willen, daß ich mich entschuldige. Aber immer soll ich mich selbst akzeptieren und liebevoll behandeln. Dies wird mir von Tag zu Tag klarer.

Neben meiner morgendlichen Gebetsübung bin ich den ganzen Tag mit Gott im Gespräch. Ich sage Ihm, was mir zu schaffen macht. Ab und zu schreie ich auch um Hilfe.

Wenn ich mich unsicher fühle, bitte ich Ihn darum, mich zu führen und zu unterweisen. Und je öfter ich mich daran erinnere, danke zu sagen für *alles*, was mir widerfährt, desto besser komme ich voran.

Das Gebet verwandelt uns. Dankbare Gebete verändern unser Leben und beeinflussen unsere jeweilige Situation. Mit Hilfe der Dankbarkeit werden negative Energien zu positiven. Dadurch entwickeln wir eine bejahende Einstellung, und unsere momentanen Umstände wenden sich zum Guten.

An manchen Tagen gleite ich ab in die übliche Geschäftigkeit und Hetze, bevor mir Zeit fürs Gebet bleibt. Ich mag solche Tage nicht, aber ich bin zunehmend davon überzeugt, daß Gott mich selbst dann nicht im Stich läßt.

Langsam lerne ich auch, Ihm mehr von mir mitzuteilen, Ihm wirklich Vertrauen entgegenzubringen. Damit ist natürlich nicht gesagt, daß ich nie mehr seelischen Belastungen, unangenehmen Situationen oder schmerzlichen Erfahrungen ausgesetzt bin. Aber in diesem Vertrauen bekundet sich meine Überzeugung, daß alles, was passiert, am Ende sich als gut erweist.

Mir wird immer klarer, daß ich Gott gegenüber jede Bitte äußern kann. Keine ist zu groß, keine zu klein oder zu unbedeutend. In einem Gebet kann ich alles mögliche unterbringen, es dann loslassen und darum bitten, daß Gottes Wille geschehe.

Jeder von uns kann auf seine Weise beten und dabei eine sehr persönliche Form der Kommunikation, eine ganz eigene Disziplin entwickeln. Einige bevorzugen jene Gebete, die fester Bestandteil ihrer Religion sind; andere wiederum möchten das Gespräch mit Gott freier gestalten.

In welcher Weise wir dieses Gebet angehen, ist bei weitem nicht so wichtig wie die Tatsache, daß wir uns überhaupt darum bemühen. Ich erziehe mich dazu, mit Gott auch dann zu sprechen, wenn mir nicht danach ist. Und ich erkenne, daß ich Vertrauen haben kann, ob ich nun vertrauensvoll bin oder nicht.

Oft habe ich Gott um irgend etwas gebeten und wurde dann wütend, wenn ich es nicht bekam. Ein Jahr später jedoch war ich Ihm deswegen sehr dankbar, denn Sein Terminplan hatte sich als der viel bessere entpuppt. Am Ende ist es meistens so, daß ich Gott überschwenglich dafür danke, daß er mich *nicht* so machen ließ, wie ich gerne wollte.

Langsam begreife ich auch, daß es mir ein sicheres Gefühl gibt, Gott jetzt schon für alles zu danken, was sich ereignet — auch wenn es gar nicht das ist, was ich eigentlich möchte, und wenn ich gar nicht sonderlich dankbar bin.

Manchmal bin ich ganz dickköpfig und weigere mich, die nötige Hilfe zu erbitten. Und häufig werde ich darauf aufmerksam gemacht, daß es, trotz meiner Stärke und Kompetenz, eine Macht gibt, die mir auf wunderbare, kraftspendende und heilsame Weise beisteht.

Durch das Gebet bleiben wir — und vor allem unsere Seele — in Verbindung mit Gott. Betend verändern wir uns.

MEDITATION

Im Gebet sprechen wir zu Gott. In der Meditation spricht Gott zu uns.

Die Menschen, die auf dem Weg der inneren Heilung sind, meditieren auf ganz unterschiedliche Weise. Wie beim Gebet steht es uns frei, jene Methode zu wählen, mit der wir am besten zurechtkommen.

Zum Beispiel können wir ein Meditationsbuch lesen. In den Buchhandlungen sind viele davon vorrätig. Das sind meistens kleine Bände, in denen jedem Tag des Jahres ein bestimmtes Zitat, ein kurzer Text und manchmal auch ein Gebet zugeordnet ist. Viele dieser Bücher richten sich besonders an jene, die von ihrer Co-Abhängigkeit geheilt werden möchten. Einige sind allgemeiner gehalten, werden aber trotzdem mit Vorliebe von coabhängigen Menschen gelesen. Sie erübrigen gerne zu Beginn des Tages etwas Zeit, um sich ihrer Lektüre zu widmen. Dadurch werden sie an jene Grundsätze des Heilungsprozesses erinnert, die ihnen helfen, sich weiterhin wohl zu fühlen und an diesem Tag das innere Gleichgewicht zu bewahren.

Es gab Zeiten, in denen ich mehrere Meditationsbücher gleichzeitig benutzte. Ich habe sie ständig in greifbarer Nähe. Sobald ich unter Druck stehe — und wann immer ich diese Art von Hilfe benötige —, lese ich jeweils morgens, mittags, nachmittags und abends einen dieser Texte.

Einige Leute hören sich auch Kassetten an, um zu meditieren. Heute sind viele davon im Umlauf. Sie tragen dazu bei, in einen entspannten und harmonischen Geisteszustand zu kommen. Manche bevorzugen auch Kassetten, die unterschwellig wirken. Auf diesen Bändern sind Botschaften festgehalten, die nur vom Unterbewußtsein aufgenommen werden können. Zuweilen ist die gleiche Botschaft auf der einen Seite akustisch zu hören, während sie auf der anderen Seite in eben jener Form existiert, die nur das Unterbewußte begreifen kann. Es gibt auch Kassetten, die ausschließlich an diese tiefe Bewußtseinsebene adressiert sind. Ihnen wird oft ein kurzer Text beigefügt, damit wir die Botschaft kennen. Diese orientiert sich immer an bestimmten Themen, wie zum Beispiel »Heitere Gelassenheit«, »Loslassen von Ängsten«, »Selbstbejahung« und ähnliches. Auf der »unterschwelligen« Seite der Kassette hört man gewöhnlich meditative Musik oder Naturgeräusche, etwa Meeresrauschen. Das Unterbewußte registriert dann die eigentliche Botschaft.

Andere hingegen greifen auf Heilmassagen zurück, um sich innerlich zu entspannen, zu meditieren und ihre innere Mitte zu finden.

Wieder andere machen sich alternative Formen der Meditation zunutze. »Ich war wütend auf die traditionelle Religion«, meint Jake, »denn ich stellte fest, daß mir durch sie jede Form von spirituellem Ausdruck abhanden kam. Jetzt habe ich mit Hilfe einiger Praktiken, die von amerikanischen Ureinwohnern stammen, durch Zen-Meditation und schamanistische Bräuche eine neue geistige Ausrichtung erfahren. Dabei wird mir meine Spiritualität ganz intensiv bewußt.«

Einige halten sich lieber an die überlieferten Formen. Sie ziehen sich einfach an einen stillen Ort zurück und gelangen so in einen meditativen Zustand. »Jeden Abend und jeden Morgen nehme ich mir Zeit, um mich einzustimmen und alles ganz bewußt aufzunehmen«, berichtet Sarah. »Ich horche auf Botschaften und Unterweisungen darüber, was ich an diesem Tag tun soll. Ständig bitte ich um solche Direktiven.«

Egal, wie und wann wir in Meditation versinken: Ihr Ziel besteht darin, uns selbst und unsere Gedanken zu beruhigen, wirklich zu entspannen, zum inneren Kern vorzudringen, geistigen Frieden zu erfahren und mit Gott sowie mit uns selbst in Einklang zu kommen. Wir befreien uns vom Chaos, von Spannungen und Ängsten, die so oft mit dem Leben einhergehen. Wir lassen das alles los, um die vollkommene Stille zu erfahren.

Ich dachte immer, meditieren sei reine Zeitverschwendung. Oft war ich derart beschäftigt und unter Druck, daß es mir wie eine Vergeudung wertvoller Energie vorkam, wenn ich mich für ein paar Momente entspannte. Aber ich bin eines Besseren belehrt worden.

Wenn wir meditieren, verlieren wir nicht mehr Zeit, als wenn wir bei einer Tankstelle vorfahren und Benzin ins Auto füllen.

Durch die Meditation verjünge und erneuere ich mich. Sie stellt eine wunderbare Möglichkeit dar, all die negative Energie loszuwerden und mich den positiven Kräften zu öffnen.

Meditieren heißt: auf der gedanklichen, geistigen und seelischen Ebene empfänglich zu werden für die Verbindung mit Gott. Sie kann nicht durch Obsessionen, Sorgen, Grübeleien hergestellt werden. Solche Verirrungen sind nur Ausdruck der Angst.

Um zu Gott eine Beziehung zu haben, müssen wir uns entspannen und unser Bewußtsein wie auch unser Unterbewußtsein einem Höheren Bewußtsein öffnen. In der geschäftigen Hetze des täglichen Lebens kommt es uns so vor, als verschwendeten wir nur unsere Zeit, wenn wir langsamer machen, die jeweilige Tätigkeit unterbrechen und diese Art von Pause einlegen. Aber das stimmt nicht. Durch die Meditation können wir mehr Zeit und Kraft erhalten, als wir tatsächlich für sie benötigen.

Wir bauen eine Beziehung zu Gott auf, indem wir eine Beziehung zu uns selbst aufbauen.

Sobald wir mit uns selbst in Einklang sind, uns selbst wirklich vertrauen, werden wir auch wissen, wann wir eine meditative Erholung brauchen. Wir können nach einem diszipliniert durchgeführten Zeitplan, also ganz regelmäßig, meditieren. Und wir können in uns selbst hineinhören, um festzustellen, wann wir dem hektischen Getriebe des Lebens entfliehen müssen, um dem geistigen Zentrum näherzukommen.

Meditation und Gebet sind besonders auch im Rahmen des Heilungsprozesses wichtige Tätigkeiten, die sich wirklich lohnen. Wir müssen nur Geduld aufbringen. Es ist nicht sehr vernünftig, darauf zu spekulieren, daß uns gleich während des Meditierens die benötigte Antwort, Einsicht, Inspiration oder heilsame Botschaft zuteil wird. Und es zeugt auch nicht von Weitsicht, wenn wir erwarten, daß unser Gebet auf der Stelle erhört wird.

Aber die Antwort wird uns ganz sicher zuteil. Sie ist schon unterwegs, wenn wir unseren Teil getan — wenn wir meditiert und gebetet haben.

SEIN WILLE FÜR UNS

Gebet und Meditation sind keine sinnlosen Aufgaben, die wir irgendwie hinter uns bringen sollen. Durch das Gebet werden wir tiefgreifend verändert; durch die Meditation werden wir innerlich erneuert. Beide Übungen kommen uns zugute und tragen dazu bei, daß wir auf dem richtigen Weg bleiben.

Früher neigte ich dazu, ständig wegen irgend etwas beunruhigt zu sein. Ich machte mir Sorgen darüber, was wohl geschehen würde oder was ich unter Umständen tun würde, wenn mir einmal etwas gelänge, wenn ich all meinen täglichen Pflichten nachkommen könnte. Manchmal war ich sogar besorgt darüber, ob ich wirklich ein eigenes Leben hatte oder nicht.

Zuweilen schaute ich neidisch auf andere, die ihren üblichen Geschäften nachgingen. Ihr Leben schien voller Vitalität und Spaß zu sein. Ich wußte noch nicht einmal, ob ich überhaupt am Leben war.

Es ist völlig überflüssig, ständig in Aufregung zu sein und ängstlich über den eigenen Tagesablauf zu wachen. Wenn ich hingegen Gott darum bitte, Seinen Willen in bezug auf mich erkennen zu können und mir Kraft zu geben, diesen auch auszuführen, wird mein Leben um vieles leichter. Dann wird mir auch bewußt, daß ich durch dieses Gebet täglich jene Stärke empfangen werde, die ich brauche, um das zu tun, was ich tun soll. Wenn ich dies nicht schaffe, so muß ich mich nicht dazu zwingen. Wenn etwas wirklich in meinen Aufgabenbereich gehört, dann werde ich irgendwann auch die Kraft haben, damit fertig zu werden.

Das heißt: Ich kann dem Fließen der Dinge vertrauen. Ich kann mir selbst vertrauen. Ich kann Gott vertrauen. Wenn die Zeit reif dafür ist, werde ich die Fähigkeit besitzen, das zu tun, was getan werden muß. Mir werden die Einsichten, der Beistand, das Können, das innere Wachstum und die Unterweisungen jeweils im rechten Moment zuteil. Wenn ich also etwas Bestimmtes jetzt nicht bewältigen kann, so ist es dafür ganz einfach noch zu früh.

Ich werde wissen, wann es an der Zeit ist, gewisse Schritte zu unternehmen. Ist es noch nicht soweit, kann ich ruhig und gelassen meine täglichen Dinge erledigen und darüber entscheiden, wie ich jeweils am besten vorgehe.

Wenn ich nicht imstande bin, irgendwelche Maßnahmen zu ergreifen, so sollte ich mich damit überhaupt nicht belasten. Manche Tage sind eben produktiver als andere.

Aber immer kann ich Vertrauen haben in meinen Weg.

Wenn ich Gott darum bitte, mich erkennen zu lassen, was Er für mich vorgesehen hat, und mir die Kraft zu schenken, dies auch in die Tat umzusetzen, so wird Seine Antwort immer positiv sein.

Darüber hinaus versichert dieser Schritt jedem von uns, daß unser Leben eine bestimmte Richtung hat. Manchmal gehen wir leichten Herzens unseren Weg und werden nur mit einfachen Aufgaben konfrontiert. Dann wieder müssen wir innehalten und warten. Es kann auch sein, daß wir unsere Gefühle empfinden oder innerlich gesünder werden sollen. Oder wir werden dazu aufgefordert, freigebig zu sein. Vielleicht auch müssen wir lernen, die Geschenke der anderen wirklich anzunehmen. Die Wahl liegt immer bei uns. Wir können unseren eigenen Weg beschreiten, indem wir ihn aktiv gestalten.

Manchmal müssen wir dabei ja sagen, dann wieder nein. Aber unser Leben verläuft immer in einer bestimmten Richtung, selbst wenn uns diese nicht immer klar ist.

Etwas ist im Werden. Positive Dinge bereiten sich vor: in unserem inneren und äußeren Leben. Etwas Wichtiges bahnt sich an. Wir lernen unsere Lektionen — jetzt und in Zukunft. Wenn es soweit ist, werden wir die Kraft besitzen, alle uns zugedachten Aufgaben zu lösen.

Wir können loslassen und uns dem Strom des Lebens hingeben.

Zuweilen aber kommt es mir so vor, als würde ich ständig in Stromschnellen geraten. Eine meiner Freundinnen sagt, in solchen Phasen würde die »Finsternis unserer Seele« offenbar werden.

Obwohl wir so sehr darum bemüht sind, am Programm zu arbeiten, innerlich gesund zu werden, Sorge zu tragen für uns selbst, gibt es manchmal doch Tage, an denen weder unser Leben noch unser Heilungsprozeß zu funktionieren scheint. Wir können diesen tiefen Schmerz einfach nicht mehr ertragen. Es sieht ganz danach aus, als habe Gott uns im Stich gelassen. Aber das bilden wir uns nur ein.

Wir brauchen uns nicht selbst zu zermürben, wenn es einmal mühsamer vorangeht: Im Verlaufe der inneren Heilung ergeben sich immer wieder Schwierigkeiten. Und wir brauchen uns nicht für unsere Gefühle, Zweifel, Sorgen und Fehler zu bestrafen.

Auch Gott brauchen wir nicht »an den Pranger zu stellen«.

Viel lieber sollten wir uns entspannen, uns dem Fließen überlassen — selbst dann, wenn es weh tut und wir gar nicht wissen, wohin diese Reise geht. Die schweren Zeiten werden irgendwann zu Ende sein. Die Verwirrung hält nicht ewig an. Wir werden klar sehen und die richtigen Antworten finden. Die Finsternis, die unsere Seele einschloß, wird dem hellen Tageslicht weichen.

Wenn ich bete und meditiere, habe ich vor allem mit meiner Ungeduld zu kämpfen. Ich mag es, wenn alles direkt und schnell vonstatten geht. Ich bevorzuge sofortige Antworten. Ich will, daß die Veränderung *jetzt* geschieht. Jemand aus unserer Gruppe hat dieses Verhalten sehr treffend beschrieben: »Gewöhnlich bin ich mir in allem, was ich tue, schon drei bis sechs Monate voraus.«

Gebet und Meditation können so nicht ihre Wirkung entfalten. Wir beten. Wir sprechen zu Gott. Dann lassen wir mehr und mehr los. Die Antwort, die wir suchen, wird sich ergeben — aber eben nicht dadurch, daß wir uns an etwas klammern; und meistens nicht sofort. Unsere Probleme werden gelöst, indem wir uns dem Strom des Lebens hingeben und bereit sind, uns von ihm tragen zu lassen. Dazu müssen wir uns von den eigenen Ängsten freimachen.

Manchmal spüre ich nicht gleich, welchen Nutzen die Meditation eigentlich hat. Es kann sein, daß ich am Ende noch fast genauso verwirrt bin wie am Anfang.

Aber wir können dieser inneren Übung vertrauen und sie in jedem Fall weiterhin durchführen. Manchmal wird es den Anschein haben, als würde überhaupt nichts geschehen, obwohl wir Gott so eindringlich gebeten, ja angefleht haben, Seinen Willen in bezug auf uns erkennen und ausführen zu können. Dieser Eindruck täuscht. Denn etwas geschieht immer, liebe Leser, auch wenn uns dies nicht bewußt ist.

Manchmal müssen wir gar nicht viel tun. Wir waschen Geschirr ab; besuchen ein Gruppentreffen oder warten ab. Gott will vielleicht, daß wir gerade nichts tun. Das fällt uns unter Umständen viel schwerer als jede Tätigkeit.

Manchmal ist es an der Zeit, bestimmte Maßnahmen zu ergreifen. Aber darüber brauchen wir uns jetzt keine Gedanken zu machen. Im rechten Moment werden wir die Unterweisungen, die Kraft und den Beistand erhalten, die wir dann brauchen. Alles andere können wir loslassen. Wenn wir warten, bis die Gelegenheit wirklich günstig ist, wird unsere Aufgabe ganz klar sein. Wir werden die Fähigkeit besitzen, sie wirklich zu bewältigen — und das geschieht dann auch, nach und nach, auf natürliche und leichte Weise.

Das heißt nicht, daß wir künftig keine Hindernisse überwinden, keine Herausforderungen mehr bestehen müssen. Wir sind weiterhin gezwungen, um das zu kämpfen, was wir uns sehnlichst wünschen. Aber zugleich bekommen wir die Kraft und die Unterstützung, die wir brauchen, um mit all dem fertig zu werden und die Barrieren zu durchbrechen.

Dies ist der Schritt, bei dem wir uns dem Fließen der Dinge überlassen. Indem wir zu Gott sprechen und auf Ihn hören, können wir uns entspannen, Abstand gewinnen und zulassen, daß das Leben seinen Lauf nimmt. Indem wir Gott bitten, Er möge uns Seinen Willen mitteilen und die Kraft geben, diesen auch in die Tat umzusetzen, können wir allem heutigen, früheren und künftigen Geschehen vertrauen. Wir können daran glauben, daß wir teilhaben am großen Strom.

Wir sind jetzt in Sicherheit. Wir werden umsorgt und beschützt. Wir können ungehindert ein eigenes Leben führen und liebevoll mit uns selbst umgehen.

Dieser Schritt gestattet es, daß wir unser Bedürfnis und unser Bemühen, andere genauso wie uns selbst zu kontrollieren, einfach loslassen. Wir tun das Unsere dadurch, daß wir klare Grenzen festlegen, den eigenen Wert anerkennen und bestätigen und jene Verhaltensweisen einüben, die für den Heilungsprozeß wesentlich sind; aber auch dadurch, daß wir beten und meditieren. Dann können wir alles von uns tun und zulassen, daß Wahrheit, Gesundheit, Heilung, Freude, Glück, Freiheit und Liebe uns zuteil werden.

Wir können Vertrauen haben in das, was sich ereignet — selbst wenn alle Anzeichen dagegen sprechen. Jemand hat dies einmal so ausgedrückt: »Wir können Gott vertrauen, auch wenn es nicht danach aussieht, als ob wir's tatsächlich tun sollten.«

An manchen Tagen sind wir mit dem Leben »synchron«. Auf wunderbare Weise läuft sofort alles wie am Schnürchen. Dann wieder beten wir zu Gott: »Dein Wille geschehe«, und alles scheint fehl am Platze zu sein und zum falschen Zeitpunkt zu geschehen. Nichts klappt.

Aber jeder Tag ist wichtig.

Empfinden Sie Ihre Gefühle, sobald diese sich bemerkbar machen. Behandeln Sie sich selbst mit Liebe und Fürsorge, sooft Sie danach verlangen: an jedem Tag und in jeder Stunde. Sagen Sie ja zu sich selbst. Bedanken Sie sich für alles. Und bitten Sie auch um das, was Sie brauchen und nötig haben.

Beenden Sie diesen Vorgang mit den Worten: »Dein Wille geschehe.«

Und glauben Sie dann daran, daß alles, was geschieht, gut ist.

Dieser Schritt führt uns durch miserable und durch großartige Zeiten, durch komplizierte und durch angenehme Gefühle. Er bringt uns an jeden Ort, wo wir sein müssen. Arbeiten Sie also oft an ihm — und zwar so bald wie möglich nach Beginn des Heilungsprozesses. Wenn wir zudem die anderen Schritte bewältigen: unsere Machtlosigkeit eingestehen und akzeptieren, unseren Willen und unser Leben der Höheren Macht anvertrauen und die innere Inventur durchführen — dann werden wir ein reines Gefäß sein, das für göttliche Unterweisungen jederzeit empfänglich ist.

Lauschen Sie. Hören Sie auf Ihre innere Stimme. Vernehmen Sie Gottes Wort. Trauen Sie dem, was Ihnen da eingeflüstert wird.

Früher ging ich davon aus, man müßte eine ganze Reihe starrer Regeln, Anweisungen und Verbote befolgen, wenn man Gottes Willen in bezug auf das eigene Leben erfüllen wollte. Ich meinte, man müßte dazu ganz perfekt sein.

Inzwischen habe ich gelernt, daß solche Denkweisen Ausdruck der Co-Abhängigkeit sind.

Oft ist Gottes Wille eben nichts anderes als jene ruhige, zarte Stimme, die wir Instinkt oder Intuition nennen. Sie spricht nicht aus einem Buch mit Regeln, sondern *in uns*. Aber wir können sie kaum hören, wenn wir Lärm machen und Angst haben.

Wenn wir dann anfangen, uns selbst und unserer Höheren Macht zu vertrauen, werden wir ab und zu feststellen, daß uns Fehler unterlaufen und dumme Sachen passieren — und annehmen, wir hätten nur Gottes Willen ausgeführt.

Das ist nicht schlimm. Wir können trotzdem in der bisherigen Richtung weitermachen. Lassen Sie diese unguten Dinge einfach los und arbeiten Sie beständig am Elften Schritt. Hören Sie auf sich selbst und auf Gott, schenken Sie sich und Ihm Vertrauen. Nehmen Sie sich diesen Schritt jeden Tag immer wieder vor, um innerlich zentriert, sicher und ausgeglichen zu sein. Wenn es Zeit ist für eine Lektion, so werden wir sie auch lernen.

Werden Sie innerlich ruhig. Seien Sie ganz leise. Bitten Sie um Unterweisung. Und schreiten Sie dann zuversichtlich voran. Versuchen Sie, Ihren Instinkt in Einklang zu bringen mit Vernunft *und* Gefühl.

Wenn Sie Zweifel haben oder durcheinander sind, sollten Sie innehalten und sich fragen: Was muß ich tun, um sorgsam mit mir selbst umzugehen? Dann hören Sie auf die innere Stimme und vertrauen dem, was sie sagt.

Jemand aus unserer Mitte meinte einmal: »Wenn ich heute mit einer schwierigen Situation konfrontiert bin, stelle ich mir immer die Frage: Was müßte ich jetzt am allernotwendigsten tun? Befasse ich mich damit — oder befasse ich mich mit den Bedürfnissen anderer Menschen?«

Dieser Schritt gibt uns zu verstehen, daß wir einen ganz eigenen Weg gehen, den niemand uns streitig machen kann. Wir können die Zügel also ruhig etwas lockerer lassen. Die anderen halten weder den Schlüssel zu unserem Leben noch zu unserem Glück in der Hand.

Niemand, kein Mensch, kann verhindern oder etwas dagegen unternehmen, daß wir viel Gutes erfahren und Liebe empfangen. Andere haben darauf keinen Einfluß, denn dies ist eine Sache zwischen uns und der Höheren Macht.

Wir können uns selbst genauso vorbehaltlos lieben wie andere Menschen. Es steht uns frei, die eigene Stärke anzuerkennen und uns selbst so fürsorglich zu behandeln, wie es nötig ist — und zwar in der festen Überzeugung, daß ein solches Verhalten uns innerlich weiterbringt.

Alles, was wir brauchen, wird uns gegeben. Die guten Dinge, die wir ersehnen, die Liebe, die wir uns wünschen, Erfolg, Freunde, seelische Gesundheit — all dies wird Bestandteil unseres Lebens sein. Unsere großen und kleinen Bedürfnisse werden befriedigt.

Dies ist der Schritt, bei dem wir sagen: »Laß mich bitte wissen, was ich tun soll, und hilf mir, daß ich dazu fähig bin.« Hier richten wir das Wort unmittelbar an Gott und lauschen Seiner Stimme — indem wir unsere Seele besänftigen und mit ihr sprechen. Wir bitten Gott, uns mitzuteilen, wie wir am besten für das eigene Wohl sorgen, und uns dabei auch zu helfen. Wir erbitten Seine Unterstützung, um eigenverantwortlich handeln zu können.

Wir sind jetzt in guten Händen. In dem Augenblick, da wir uns dem göttlichen Geist öffnen, haben wir eine ganze Kette positiver Ereignisse ausgelöst, die uns, unserem Leben und unseren Beziehungen zugute kommen werden. Ob wir frühmorgens beten und meditieren, während einer Kaffeepause, unter der Dusche, im Flugzeug oder im Auto, bleibt ganz allein uns überlassen.

Wenn die bewußte Verbindung zu Gott intensiver wird, kommen wir auch mit uns selbst und anderen Menschen in engeren Kontakt. In jedem Fall werden wir zu Ihm eine Beziehung finden und sie auch aufrechterhalten — so daß wir uns selbst nicht mehr verlieren.

Nehmen Sie sich also etwas Zeit, um zu beten und zu meditieren. Üben Sie keine Selbstkritik, wenn Ihnen dabei das eine oder andere noch nicht gelingt. Ängstigen Sie sich nicht darüber, ob Gott Sie hört oder sich Ihrer annimmt. Er ist immer da, und ein jeder von uns ist fähig, sich an dieses göttliche Bewußtsein »anzuschließen«.

Dieser Schritt bewirkt, daß wir schwere Zeiten heil überstehen und immer wieder gute Zeiten erleben. Wenn uns nicht klar ist, was wir als nächstes tun sollen: Gott weiß es.

Wir können sicher sein, daß wir immer genau an jenem Punkt unserer Entwicklung stehen, den wir, aufgrund höherer Fügung, auch erreichen müssen.

Vertrauen Sie Gott, sich selbst und Ihrem Leben. Niemals verlangt Er etwas von uns, ohne das nötige Rüstzeug zur Verfügung zu stellen. Wenn wir eine bestimmte Sache durchführen sollen, so werden wir auch die Kraft dazu haben. Das ist die leichte Seite des Programms: Wir müssen nie mehr machen, als wir können. Nie müssen wir etwas tun, wozu wir nicht imstande sind. Und nie brauchen wir etwas in Angriff zu nehmen, wenn die Zeit dafür noch nicht reif ist. Dann aber, wenn es soweit ist, handeln wir.

ÜBUNGEN

1. Haben Sie angefangen, das Gebet als tägliche Disziplin aufzufassen? Worin besteht es? Welche Gefühle ruft das Gebet in Ihnen wach? Wovor haben Sie Angst, wenn Sie zu Gott sprechen? Welche Tageszeit eignet sich am besten dafür? Gibt es einen Ort, wo Sie am liebsten beten?
2. Nach welcher Methode meditieren Sie? Mögen Sie Meditationsbücher? Welche bevorzugen Sie? Welcher Zeitpunkt ist am geeignetsten, um eine Meditation zu lesen? Oder benutzen Sie lieber Kassetten? Haben Sie bereits andere Praktiken ausprobiert?
3. Welche anderen Aktivitäten tragen dazu bei, daß Sie sich entspannen und mit sich selbst in engeren Kontakt kommen?
4. Wenn Sie das nächste Mal wieder unter Streß stehen, sollten Sie, anstatt noch mehr Druck zu machen, Ihre jeweilige Tätig-

keit unterbrechen und eine Möglichkeit finden, um ganz ruhig zu werden und innerlich ins Lot zu kommen. Wenn Sie gerade an Ihrem Arbeitsplatz sind, ziehen Sie sich vielleicht an einen etwas ungestörteren Ort zurück. Das kann Ihr Büro sein (falls Sie eines haben) oder sogar die Toilette. Atmen Sie tief durch; lassen Sie dann Ihre Gedanken, Sorgen und das ganze innere Chaos los. Öffnen Sie sich den harmonischen und heilsamen Schwingungen, die sich Ihres Geistes und Ihres Körpers bemächtigen. Bleiben Sie in diesem Zustand, solange Sie können, solange Sie es nötig haben.

ZWÖLFTER SCHRITT

»NACHDEM WIR DURCH DIESE SCHRITTE EIN GEISTIGES
ERWACHEN ERLEBT HATTEN, VERSUCHTEN WIR, DIESE
BOTSCHAFT AN ANDERE CO-ABHÄNGIGE WEITERZU-
GEBEN UND UNSER TÄGLICHES LEBEN NACH DIESEN
GRUNDSÄTZEN AUSZURICHTEN.«

Zwölfter Schritt der Anonymen Co-Abhängigen (CoDA)

Ich saß auf der Wiese des Willmar State Hospital. Etwa zwei
Wochen waren vergangen, seit ich mein kleines Gebet (von dem
ich dachte, es würde wahrscheinlich von der Decke »abprallen«)
an Gott gerichtet hatte, um Ihn zu bitten, mir bei der Suche nach
einem Heilungsprogramm beizustehen — falls ein solches überhaupt existierte und mir tatsächlich geholfen werden konnte.

Ich nahm immer noch Drogen. Ich wußte einfach nicht, wie
ich davon loskommen sollte. Ich war noch nicht einmal sicher,
ob ich das eigentlich wollte. Ein paar Tage vorher war mir für
einen kurzen Moment meine Machtlosigkeit vor Augen geführt
worden. Ich hatte noch einige Amphetamine, die in meinem
Radio versteckt waren, und mir wurde klar, daß ich nicht auf
Drogen verzichten konnte, obwohl die Sucht schlimme Konsequenzen für mich hatte. Auch wenn ich sonst fast alles verdrängte, ahnte ich wenigstens ein wenig, daß ich mein Leben nicht
mehr meistern konnte.

Ich ruhte mich also auf dem hügeligen Rasen aus und zog an
meinem Joint, den ich mir von einem anderen Patienten be-
schafft hatte. Normalerweise rauchte ich kein Marihuana. Aber
immerhin war es eine Droge. Und ich hoffte, es würde irgend

280

etwas an meinem Gefühlszustand ändern — mich high machen und irgendwie abstumpfen.

Ich inhalierte, blies den Rauch in die Luft und starrte zum Himmel. In diesem Augenblick schien er ein wenig aufzuklaren. Die Wolken verzogen sich. Plötzlich hatte ich das Gefühl, als würde das so mächtige, unendliche Universum zu mir sprechen. Zum ersten Mal in meinem Leben empfand ich ganz deutlich die Gegenwart Gottes.

Mein Gewissen, das bis zu dem Zeitpunkt völlig betäubt gewesen war, wurde von dieser göttlichen Präsenz regelrecht »ergriffen«. Ich *sah* mich, meinen Zustand, und bekam Angst. Bis ins Innerste meines Herzens drang die Erkenntnis durch, daß ich kein Recht hatte, mich weiterhin in dieser Weise zu behandeln. Ich durfte meinen Körper nicht mehr mit Drogen vollpumpen.

Ob es mir paßte oder nicht: Gott existierte.

Der Himmel schien sich zu öffnen und in leuchtendes Purpur verwandelt zu werden. Mein Bewußtsein war transformiert.

Ich nahm noch einen Zug von dem Joint, machte ihn aus und ging ins Therapiezentrum zurück. Dort erzählte ich niemandem, was gerade mit mir geschehen war. Ich war ja bereits in einer Art Irrenhaus und befürchtete, sie würden mich für immer dabehalten, wenn ich von diesem Ereignis berichtete. Aber meine ganze Kraft, die zuvor durch die Drogenabhängigkeit aufgezehrt wurde, richtete ich nun darauf, an den Schritten zu arbeiten und clean zu werden.

Es stellte sich heraus, daß mein Erlebnis mehr war als nur eine Halluzination, die unter Drogeneinfluß zustande kam. Abgesehen von einem kleinen Rückfall, als ich einige Monate später erneut zum Alkohol griff, bin ich seither von allen Drogensüchten geheilt — durch die Gnade Gottes und mit Hilfe des Zwölf-Schritte-Programms. Das war 1973.

Jene Erfahrung war nichts anderes als mein geistiges Erwachen. Es veränderte mich und mein Leben ganz grundlegend. Es geschah nicht infolge der Auseinandersetzung mit diesen Schritten; es ermöglichte mir vielmehr, an ihnen zu arbeiten, und führte dazu, daß sich das Programm in meinem Leben äußerst positiv auswirkte.

Mein Geist und meine Seele wurden auf wunderbare Weise »wachgerüttelt«. Ich erlebte eine innere Transformation. Sie war zumindest genauso real wie jene Dinge, die mir bisher im konkreten Alltag, auf der rein körperlichen Ebene widerfahren waren. Ja, dieses geistige Erwachen erzeugte in meinem Leben eine ganz neue physische und materielle Dimension. Aber so großartig mein Erlebnis auch war: Etwas fehlte noch. Es geschah nämlich noch ein zweites Erwachen, das den inneren Prozeß ergänzte und vervollkommnete. Dieses fand statt, als ich mich genauso rückhaltlos in den Heilungsprozeß stürzte, der mich von der Co-Abhängigkeit befreien sollte.

Wir wollen jetzt die einzelnen Bestandteile dieses Schrittes näher untersuchen: das Weitergeben der Botschaft, die Anwendung der Grundsätze in unserem Leben sowie die Erfahrung eines geistigen Erwachens infolge der Arbeit an diesen Schritten.

DIE BOTSCHAFT WEITERGEBEN

Der Zwölfte Schritt besagt: Nachdem wir durch diese Schritte ein geistiges Erwachen erlebt haben, versuchen wir diese Botschaft an andere weiterzugeben. Wovon handelt unsere Botschaft? Von Hoffnung, Liebe, Trost und Gesundheit; von glücklicheren Beziehungen und einer besseren Lebensweise, die wirklich »funktioniert«.

Diese Botschaft spricht davon, daß wir uns selbst lieben, unseren Problemen die nötige Beachtung schenken und für das eigene Tun Verantwortung übernehmen — indem wir zum Beispiel unser Verhalten noch einmal überdenken oder unsere Stärke geltend machen, um so das innere Wohlbefinden zu gewährleisten. Sie beinhaltet aber auch, daß wir uns nicht in die Angelegenheiten anderer Menschen einmischen und ihren Verantwortungsbereich nicht antasten.

Wir können Scham- und Schuldgefühle nun ohne weiteres »abhaken«. Wir sind fähig, andere zu lieben und zuzulassen, daß sie unsere Gefühle erwidern — daß sie uns solche Gaben zuteil werden lassen, die wir brauchen und gerne annehmen.

Unsere Botschaft lautet: Angst und Kontrollmechanismen schaden einem selbst. Wir können über andere Menschen nicht bestimmen und brauchen uns auch nicht von ihnen beherrschen zu lassen.

Endlich können wir ungehindert unsere Gefühle empfinden, unseren Gedanken nachgehen, unsere eigene Wahl treffen und für unsere Entscheidungen auch die Verantwortung tragen. Es steht uns sogar frei, einfach die Meinung zu ändern. Wir verstehen jetzt, daß wir so lange von unserer Vergangenheit gegängelt werden, bis wir uns mit ihr auseinandersetzen und frühere Gefühle und Überzeugungen loslassen.

Unsere Botschaft bringt zum Ausdruck, daß wir liebenswert sind und den Umgang mit anderen Menschen verdient haben — also ruhig auch uns selbst liebevoll behandeln können.

Wir sind nicht auf die Rolle des Opfers festgelegt. In jeder Situation verfügen wir über mehr Wahlmöglichkeiten, als es uns bewußt ist. Wir können bleiben oder weggehen, wir können uns in jeder Weise die nötige Pflege angedeihen lassen — so lange dadurch die Rechte der anderen nicht verletzt werden.

Wir können darauf bauen, daß die Höhere Macht uns zeigt, wie das geht, und dabei auch dem eigenen Gefühl vertrauen.

Wie geben wir die Botschaft an andere weiter? Jedenfalls nicht so, daß wir uns dabei als Lebensretter betätigen, Kontrolle ausüben, Zwangsvorstellungen nachhängen, den Sittenwächter oder Prediger spielen; und auch nicht, indem wir versuchen, anderen die Wahrheit aufzuoktroyieren, oder im Finstern auf jene warten, die uns auf der inneren Reise begleiten sollen.

Wir übermitteln unsere Botschaft auf subtile und doch eindringliche Weise: indem wir uns für den eigenen Heilungsprozeß engagieren und ein lebendiges Beispiel der Hoffnung, der Selbstliebe, der Selbstachtung und der Gesundheit abgeben. Wenn man lernt, nicht mehr Opfer zu sein, wenn man auf sich selbst achtgibt und seinen Weg geht, hat man den anderen etwas sehr Gewichtiges mitzuteilen.

Die Menschen, die von der Co-Abhängigkeit befreit werden wollen, sind sich überwiegend darin einig, daß ihr Heilungsprogramm weniger auf gegenseitiger Hilfe aufbaut als das der anderen Zwölf-Schritte-Gruppen. Das hat seinen guten Grund. Denn viele von uns wurden in der Vergangenheit ja vor allem dadurch verletzt, daß sie zu sehr um andere und zuwenig um sich selbst besorgt waren. Das Helfen hat ihnen geschadet — und den anderen nicht genutzt.

Im Rahmen unseres Heilungsprozesses haben wir oft das dringende Bedürfnis, unser Engagement für andere eine Zeitlang zurückzuschrauben. Obwohl unser Ziel darin besteht, auf ganz gesunde Weise zu geben — also so, daß wir unsere hohe Selbstachtung nicht verlieren, daß wir es gerne tun und uns dabei nicht übernehmen, nicht zwanghaft reagieren, keine Schuldgefühle kompensieren —, müssen wir vielleicht für eine gewisse Zeit ins ganz andere Extrem verfallen und jede Hilfe verweigern. Dadurch finden wir die gesunde Mitte und können zwischen liebevoller Unterstützung und übermäßiger Fürsorge unterscheiden.

Wir werden schon wissen, wann es Zeit ist, die anderen wieder zu beschenken. Auch dadurch, daß wir uns selbst aufmerksam beobachten, geben wir den anderen etwas und übermitteln unsere Botschaft auf sehr heilsame Weise.

Wenn wir jemanden zum Gruppentreffen einladen, erweisen wir uns als ganz besonders hilfreich. Und auch dann, wenn wir selbst dorthin gehen und den anderen berichten, wie unser Heilungsprozeß abläuft und welche Erfolge dabei zu verzeichnen sind, tragen wir die Botschaft weiter.

Dies ist ein wunderbares, einzigartiges Programm. Das Wunder besteht gerade darin, daß wir geheilt werden können, indem wir über uns erzählen und mit anderen sprechen. Manchmal geben wir nur kleinere Episoden unserer Lebensgeschichte preis; dann wieder sind es tiefere, wichtigere Erfahrungen. Dadurch helfen wir anderen, aber auch uns selbst. Wenn wir berichten, was wir gerade lernen, womit wir konfrontiert sind, welche Hindernisse wir zu überwinden haben, ist das für unser Gegenüber eine äußerst wirkungsvolle Botschaft. Umgekehrt ist es genauso: Sobald wir einem unserer Weggefährten zuhören, wird auch uns schon geholfen.

Wir können uns, was die Vermittlung an sich betrifft, ruhig von der Höheren Macht leiten lassen. Wenn ich zum Beispiel die

Botschaft eher nebenbei oder zufällig weitergebe, hat sie gewöhnlich mehr Durchschlagskraft, als wenn ich angestrengt versuche, meinen Gesprächspartner umzukrempeln, zu überzeugen oder gar dazu zu zwingen, daß er mit dem Heilungsprozeß beginnt. Am meisten helfen wir anderen dadurch, daß wir uns selbst helfen. Wenn wir unsere Arbeit leisten, unsere Gefühle empfinden, unsere Überzeugungen revidieren und Sorge tragen für uns selbst, wenn wir ehrlich und offen sind hinsichtlich unserer Persönlichkeit und der Probleme, die wir im Augenblick bewältigen müssen, üben wir einen stärkeren Einfluß auf andere aus als durch wohlgemeinte Ratschläge. Wir können andere Menschen nicht ändern — aber wenn wir uns selbst ändern, können wir am Ende vielleicht sogar die Welt verbessern.

Jedesmal, wenn wir unsere Arbeit wenigstens teilweise verrichten, jedesmal, wenn wir einen Schritt nach vorn machen, erweitert sich das kollektive Bewußtsein jener großen Gruppe von Menschen, die auf dem Weg der inneren Heilung sind. Mit der stillen Zuversicht, daß wir anderen schon außerordentlich helfen, wenn wir das Unsere tun und uns dabei von der Höheren Macht führen lassen, können wir ganz ruhig und gelöst sein.

Welchen Weg wir auch wählen, um anderen Beistand zu leisten — unser Interesse kann immer darauf gerichtet sein, die Botschaft so weiterzugeben, daß sie davon genauso profitieren wie wir selbst. Wir können unser Bedürfnis loslassen, den Menschen bis zur Selbstaufgabe zu helfen, sie zu ändern oder ihnen klarzumachen, was für sie am besten ist. Statt dessen können wir uns darauf konzentrieren, uns selbst zu helfen und zu ändern, bzw. herausfinden, was *uns* wirklich guttut. Wenn sich die Gelegenheit ergibt, anderen eine Information mitzuteilen oder ihnen über einen wichtigen Abschnitt unseres Lebens zu berichten, so können wir dies auf ruhige und sanfte Weise tun, ohne dabei Kontrolle ausüben zu wollen. Wenn wir den Menschen unbedingt etwas nahebringen müssen, dann sollten wir ihnen Trost zusprechen, Kraft geben und Hoffnung machen. Wir können ihnen zeigen, wie sehr wir uns liebhaben, wie wir mit den eigenen Gefühlen zurechtkommen und uns nicht mehr in die Rolle des Opfers drängen lassen.

Manchmal ist es sehr schwer, Menschen, die wir lieben, loszulassen und trotzdem unsere innere Entwicklung, unseren Heilungsprozeß voranzutreiben. Einige wollen ihre Lieben unbedingt auf diese Reise mitnehmen. Aber das ist oft nicht möglich. Jedenfalls haben wir auf derartige Entscheidungen keinen Einfluß. Sicher ist nur eines: nämlich daß wir uns selbst immer dabeihaben.

Wir gehen unseren Weg, und die geliebten Menschen gehen den ihren.

Manchmal ereignen sich im Verlaufe des Heilungsprozesses ganz wunderbare Dinge. Ich war Zeuge, wie sämtliche Mitglieder einer Familie nach einer gewissen Zeit ein gesünderes Verhalten zeigten. Aber ich habe auch Fälle miterlebt, in denen das nicht geschah, so daß einige ihre Familie verlassen mußten, um den Weg der inneren Heilung allein zu beschreiten.

Sie sollten immer daran denken: Wir helfen anderen Menschen nicht und haben auch keinerlei positiven Einfluß auf sie, wenn wir mit ihnen in der Finsternis ausharren. Weder uns noch den anderen ist geholfen, wenn wir uns selbst mißachten.

Sobald wir mit dem Heilungsprozeß begonnen haben — und auch noch später —, haben wir oft das Bedürfnis, den anderen Familienmitgliedern von unseren »inneren Entdeckungen« zu erzählen. Wir möchten, daß sie genauso gesund, zuversichtlich und frei werden, daß sie die gleichen positiven Gefühle empfinden wie wir.

Wir wollen ihnen sagen, was wir gelernt haben über ungesunde Fürsorge, ungerechte Behandlung, Kontrollverhalten; über den Umgang mit Gefühlen, die Auseinandersetzung mit der eigenen Familiengeschichte und die liebevolle Einstellung gegenüber sich selbst. Wir haben den Wunsch, ihnen zu berichten, was wir über zwischenmenschliche Beziehungen herausgefunden haben und was wir in diesen nun anders machen werden.

Wir wollen darüber sprechen, wie man schon im voraus feststellen kann, welche Verhaltensweisen selbstzerstörerisch sind, und wie oft wir solche schon entschuldigt haben — nur um dann zu erkennen, daß eine derartige Reaktion als co-abhängig bezeichnet werden muß. Wir würden ihnen gerne erklären, daß sich unsere Beziehungen oft in dem Maße änderten wie wir selbst.

Es verlangt uns danach, den Menschen etwas darüber zu erzählen, wie man Grenzen festlegt und die eigene Stärke geltend macht. Wir möchten mit den geliebten Menschen all jene Gedanken teilen, durch die wir unsere Freiheit und Gesundheit wiedererlangen. Deshalb sehnen wir uns danach, daß sie uns auf dieser inneren Reise begleiten.

Wir merken dann vielleicht sehr bald, daß der Enthusiasmus, mit dem wir die Familienmitglieder in den Heilungsprozeß mit einbeziehen wollen, wie eine Seifenblase zerplatzt, sobald wir diese neuen Ideen vor ihnen ausbreiten. Ihre ablehnende, feindliche und wütende Reaktion darauf mag uns verletzen oder ganz durcheinanderbringen. Wir versuchen dann krampfhaft, Kontrolle auszuüben und sie zur inneren Heilung zu zwingen — und fühlen uns betrogen, wenn sie sich unserem Wunsch nicht fügen. Wir fragen uns, warum sie dieses kostbare und herrliche Geschenk, das uns zuteil wurde, nicht annehmen wollen.

Dann jedoch lernen wir, dieses ganze Hin und Her loszulassen. Wir lernen, *sie* loszulassen. Wir können nur über unseren eigenen Heilungsprozeß bestimmen. Es ist gleichgültig, ob unsere Vorstellungen auch Vater oder Mutter, Bruder oder Schwester, Großmama oder Großpapa nützlich sind. Es spielt keine Rolle, ob wir bestimmte Lösungen gefunden haben, die sie dringend benötigen und die ihnen helfen würden, das eigene Leben zu ändern und positiver zu gestalten.

All unsere diesbezüglichen Überlegungen fallen wirklich *überhaupt* nicht ins Gewicht.

Werden Sie ganz ruhig. Haben Sie Geduld. Seien Sie nicht allzu enthusiastisch, um die anderen Familienmitglieder »zu bekehren«. Bitten Sie die Höhere Macht um Unterweisung und Weisheit, wenn Sie sich diesen Menschen nähern. Sie sollten dann mit ihnen über sich selbst und Ihre Lernerfahrungen sprechen — also weder über sie noch darüber, was sie lernen müßten. Wir beeinflussen unsere Familie am meisten dadurch, daß wir selbst ein gesundes und glückliches Leben führen.

Halten Sie liebevoll Abstand, wann immer es möglich ist. Falls

Ihnen das nicht gelingt, dann sollten Sie jetzt einfach auf Abstand gehen, mit den eigenen Gefühlen klarkommen und zulassen, daß sich die liebevolle Haltung zu einem späteren Zeitpunkt von selbst entwickelt.

Lesen Sie im folgenden einen Text über das Helfen, der aus *A Basic Pamphlet* (*Eine elementare Broschüre*) stammt. Diese Schrift wurde von Families Anonymous ausdrücklich empfohlen.

HELFEN

Meine Rolle als Helfer(in) besteht nicht darin, für den anderen Menschen bestimmte Dinge zu tun, sondern mich als Person einzubringen. Sie kommt auch nicht dadurch zum Ausdruck, daß ich sein Verhalten kontrollieren und ändern möchte, sondern daß ich — aufgrund einer verständnisvollen und bewußten Geisteshaltung — meine entsprechenden Reaktionen ändere. Ich werde dabei meine negativen Überzeugungen in positive umwandeln; die Angst in Glauben übergehen lassen; die Verachtung für seine Handlungen eintauschen gegen den Respekt vor seinem inneren Potential; die Feindseligkeit durch Verständnis ersetzen und auf manipulative oder übermäßig fürsorgliche Vorgehensweisen verzichten, um ihn statt dessen liebevoll loszulassen, so daß er nicht mehr einer vorgestellten Norm entsprechen muß, sondern die Gelegenheit hat, seinem eigenen Schicksal zu folgen, ganz unabhängig davon, wofür er sich entscheidet.

Anstatt dominieren zu wollen, werde ich den anderen ermutigen; meine panische Angst wird zur heiteren Gelassenheit; aus der Lethargie inmitten der Verzweiflung erwächst mir die Kraft zu persönlichem Wachstum; und meine Rechtfertigungsversuche führen in ein neues Selbstverständnis.

Selbstmitleid hemmt jedes wirksame Handeln. Je mehr ich darin schwelge, desto stärker habe ich das Gefühl, daß die Lösung meines Problems von der Veränderung bestimmter Menschen, ja der ganzen Gesellschaft abhängt —

nicht aber von mir selbst. Dadurch werde ich zu einem hoff-
nungslosen Fall.

*Der Zustand der Erschöpfung stellt sich dann ein, wenn
ich meine ganze Kraft darauf verwendet habe, reumütig
über die Vergangenheit nachzugrübeln, oder versuche,
einer Zukunft zu entfliehen, die noch gar nicht stattgefunden hat. Wenn ich mir eine Vorstellung von der Zukunft
mache und mich ängstlich daran klammere — aus Furcht,
sie könnte sich bewahrheiten oder aber als falsch erweisen
—, geht all meine Energie verloren, so daß ich das Heute
gar nicht mehr bewältigen kann. Doch nur indem ich heute
lebe, bin ich wirklich am Leben.*

*Ich werde mir nicht ausmalen, was die Menschen wohl
künftig alles tun werden, also nicht erwarten, daß sie sich
mit der Zeit bessern bzw. noch schlimmer werden — denn
damit konstruiere ich mir nur etwas zurecht, das gar nicht
stimmt. Statt dessen werde ich die anderen lieben und gewähren lassen.*

*Alle Menschen verändern sich, und zwar ständig. Wenn
ich Urteile über sie fälle, halte ich mich bloß an das, was ich
über sie zu wissen glaube, und übersehe vieles, was mir ganz
einfach unbekannt ist. Ich werde ihnen also glauben, daß
sie zumindest versuchen, gewisse Fortschritte zu machen,
und daß sie außerdem zahlreiche Siege errungen haben, die
ein anderer gar nicht ermessen kann.*

*Auch ich befinde mich in einem fortlaufenden Entwick-
lungsprozeß. Wenn ich bereit bin, dafür etwas zu tun, wird
dieser innere Wandel positiv und förderlich sein.* Ich kann
mich selbst ändern. *Andere kann ich (nur) lieben.*

UNSER TÄGLICHES LEBEN NACH DIESEN
GRUNDSÄTZEN AUSRICHTEN

Der Zwölfte Schritt bezieht sich auch darauf, daß wir »unser
tägliches Leben nach diesen Grundsätzen ausrichten«. Das heißt,
wir sollen lernen, die im Heilungsprozeß entwickelten Verhal-

tensweisen sowie die Grundsätze des gesamten Programms in all unseren Lebensbereichen anzuwenden.

Dies wiederum hat zur Folge, daß wir das Prinzip Heilung in jeder Hinsicht anerkennen und akzeptieren. Dadurch sind wir bereit, Lebensformen und Beziehungen, die nicht funktionieren, gleichsam einzutauschen gegen solche, die sinnvoll und nützlich sind.

Einige von uns beginnen mit dem Heilungsprozeß, um sich mit ihren Suchtkrankheiten auseinanderzusetzen. Viele kommen in der Annahme, es gehe im Grunde um den Ehepartner: also darum, wie sich dessen Probleme auf uns auswirken. Oder wir beschreiten diesen Weg, weil wir denken, unsere Schwierigkeiten hätten mit der eigenen Familie zu tun. Vielleicht stellen wir fest, daß unser Leben in manchen oder gar allen Bereichen einfach nicht mehr zu bewältigen ist — aber dann ist es meistens *ein* ernstes Problem in einem ganz bestimmten Zusammenhang, das uns soweit beschäftigt, daß wir uns für den Heilungsprozeß entscheiden.

Daraufhin schränken wir zunächst einmal den Aufgabenkomplex ein, um diese eine Herausforderung zu bestehen — entweder in bezug auf jene Person, die uns Kummer macht, oder hinsichtlich jenes Problems, das uns Qualen bereitet. Nach einiger Zeit ist dieser Zustand »seliger Kurzsichtigkeit« allerdings vorbei. Wir erkennen nämlich, daß wir nach einer Lösung suchen müssen, die unser gesamtes Leben umfaßt.

Wir haben eine große Reise angetreten, eine spirituelle Reise.

Wir wollen in allen Lebensbereichen — in Freundschaften, in der Liebe, der Arbeit, der Freizeit, der Familie: in physischer, emotionaler, geistiger und spiritueller Hinsicht, einen gesunden Zustand erreichen. Viele von uns stellen fest, daß sich dieser tiefgreifende Wandel zuerst in *einem* Bereich vollzieht, daß *ein* Teil der Lösung offenbar wird. Wir arbeiten an den Schritten und nehmen *eine Sache nach der anderen* in Angriff. Und so werden wir auch *nach und nach* geheilt.

Diese Schritte funktionieren auf allen Gebieten — egal, wie wir diese im einzelnen aufteilen mögen. Sie geben uns die Fähigkeit zurück, das Leben insgesamt wieder zu meistern. Sie schenken uns in jeder Hinsicht Gesundheit, Frieden, Liebe und Freiheit.

Wir können diese Grundsätze anwenden und vielerlei Nutzen aus ihnen ziehen — in unserem Privatleben, in den geschäftlichen und finanziellen Angelegenheiten und natürlich in den Liebes-, Verwandtschafts- und Freundschaftsbeziehungen. Wir können unsere heilsamen Verhaltensweisen in allen Bereichen unseres Lebens einüben — denn überall dort haben wir ja auch coabhängig reagiert.

Irgendwann werden wir aufwachen und plötzlich wissen, daß unsere neue Lebensweise wirklich zu einem neuen Leben geworden ist.

EIN GEISTIGES ERWACHEN

Wenn wir damit beginnen, die eigene Co-Abhängigkeit zu bekämpfen, können wir uns unter »innerer Heilung« oft nur sehr wenig vorstellen. Wir gehen zu Gruppentreffen, arbeiten an den Schritten und gehen vor allem deshalb sorgsam mit uns selbst um, weil wir den tiefen Schmerz lindern wollen, der — wie wir glauben — durch einen bestimmten Menschen und sein Verhalten verursacht wurde.

Hinsichtlich unseres Lebens haben wir nur eine Hoffnung: nämlich nicht mehr wie besessen hinter anderen herzujagen und wegen deren Problemen keine Schuld- oder Schamgefühle mehr zu haben.

Das alles sind gute Gründe, um den Weg der inneren Heilung zu beschreiten. Aber das sind auch nur erste Schritte.

Es kommt eine Zeit, da wir unseren Horizont erweitern und vom Heilungsprozeß mehr erwarten. Dann nämlich, wenn sich dieses Programm und alles, was wir darin erfahren, nicht mehr um andere Leute dreht, sondern wirklich mit uns selbst und unserer Reise zu tun hat.

Wir müssen lange genug Gruppentreffen besuchen, um zu lernen, daß es nicht unser Fehler ist, wenn jemand anders Schwierigkeiten hat — und um zu begreifen, daß dies ein »eigennütziges« Programm ist, in dem wir lernen, uns selbst fürsorglich zu behandeln. Aber auch diese beiden grundsätzlichen Erkenntnisse stellen für uns nur einen ersten Anfang dar.

Würden wir an dieser Stelle die Arbeit an den Schritten beenden, dann wäre das so, als würden wir ein Rennen gleich nach dem Start abbrechen.

Jeder von uns ist auf einer spirituellen Reise. Sie findet in Etappen statt, verläuft kontinuierlich und ist sehr heilsam. Je gesünder wir werden, desto mehr wächst unsere Fähigkeit, uns selbst und anderen Menschen liebevoll zu begegnen. Wir stellen fest, daß wir ein eigenes Leben haben und dieses in jeder Weise bewältigen können. Wir sehen, wie alles fließt, und entscheiden uns für einen bestimmten Weg. Allmählich erkennen wir seine Bedeutung. Wir lernen, unser Dasein in der geistigen Welt zu verankern, die sich dann auf der körperlichen Ebene widerspiegelt.

Diese Reise führt uns an Orte, die wir nie im Sinn hatten, die ganz unerwartet auftauchen. Wir werden Erfahrungen sammeln, die uns helfen, große Probleme zu lösen. Wir werden dabei eine ganze Reihe von Emotionen kennenlernen — Freude, Verzweiflung und alles, was dazwischen liegt. Wir werden uns zu jenen Menschen und Situationen hingezogen fühlen, die für uns wichtig sind: denn so lernen wir leichter und sind zudem eine Hilfe für andere. Viele dieser Erfahrungen machen wir, ohne darum gebeten zu haben, und oft entsprechen sie nicht unseren Wünschen — aber schließlich bemerken wir dann doch, daß jede eine bedeutende Lektion bereithält. Dadurch formen wir unsere Persönlichkeit und entwickeln uns zu dem Menschen, der wir künftig sein werden.

Sobald wir gelernt haben, die jeweiligen Umstände bereitwillig zu akzeptieren, vertrauen wir auch darauf, daß alles, was geschieht, zu unserem Besten ist. Am Ende werden die Dinge besser laufen, als wir es je geplant oder erträumt haben. Aber nicht immer ist es leicht, das Gute zu erlangen. Man muß ab und zu auch darum kämpfen.

Doch es wird uns zuteil.

Wir werden uns der eigenen Vergangenheit bewußt und verarbeiten sie auf ganz gesunde Weise. Um erneut aus dem *Großen*

Buch zu zitieren: »Wir werden das Vergangene weder bereuen noch den Wunsch haben, es zu verdrängen.« Dabei klären wir auch unsere früheren Beziehungen.

Jene selbstzerstörerischen Verhaltensweisen, auf die wir meistens vertraut haben, werden verschwinden und durch solche ersetzt, die sich positiv auswirken. Die selbstmitleidige Haltung lassen wir hinter uns; und wenn wir doch wieder einmal in sie zurückfallen, kommt das unserem Heilungsprozeß nur zugute.

Anstatt perfekt sein zu wollen, akzeptieren und pflegen wir uns selbst. Die Ängste, die uns quälten, werden weichen, so daß wir geistigen Frieden finden und Vertrauen haben in uns selbst, unser Leben, unsere Höhere Macht und schließlich auch in andere Menschen. An die Stelle von Verzweiflung und Hoffnungslosigkeit treten Freude und Zuversicht. Auch werden wir kein Martyrium mehr durchleiden müssen, sondern alles daransetzen, uns selbst gut zu behandeln.

Wir werden von den Schuldgefühlen befreit, die uns ständig zu schaffen gemacht haben.

Wir werden wissen, wann wir in einer Beziehung eine Art »Totentanz« aufführen, und lernen, wie wir uns aus dieser schrecklichen Umarmung lösen. Ganz bewußt werden wir jenen Augenblick wahrnehmen, in dem wir gegenüber anderen Menschen wieder auf Co-Abhängigkeit »umschalten« — dann nämlich, wenn alles unseren Erwartungen widerspricht und wir fast wahnsinnig werden, weil die Realität immer ganz anders aussieht.

Wir werden auch spüren, wann unser Herz für die Liebe offen ist.

Wir werden lernen, was es heißt, sorgsam mit sich selbst umzugehen.

Wir werden erkennen, daß wir nicht allein sind. Wir werden uns nicht mehr ausgeschlossen fühlen, sondern eine tiefe Beziehung zu uns selbst, zu anderen und zu Gott entwickeln. Darüber hinaus werden wir einsehen, daß eine liebende Macht, größer als wir selbst, uns führt und zur Seite steht.

Wir werden lernen, daß wir uns tatsächlich die nötige Pflege angedeihen lassen können, denn die dafür erforderlichen Methoden und Hilfsmittel sind vorhanden.

Wir werden uns nicht mehr auf bloße Willenskraft, rigide Kontrollmechanismen und vorgeschriebene Regeln verlassen, sondern Instinkt und Intuition vertrauen. Das Bedürfnis, andere Menschen, bestimmte Situationen und sogar uns selbst zu kontrollieren, wird allmählich nachlassen und dann ganz zurücktreten.

Wir werden unsere früheren Beziehungen ganz anders sehen und selbst für die schwierigsten und schmerzlichsten darunter dankbar sein — sobald wir feststellen, wie sehr uns eine jede genützt hat.

Unsere störendsten Charakterfehler werden in neuem Licht erscheinen. Viele von diesen werden in positive Eigenschaften umgewandelt. Die anderen werden wir nach und nach akzeptieren als Ausdruck unserer Menschlichkeit und Einzigartigkeit.

Einige von uns werden auf dieser inneren Reise weitere Abhängigkeiten entdecken, andere Probleme, mit denen sie sich auseinandersetzen müssen. Wir werden diese nicht leichten Herausforderungen annehmen, eben weil sie zu unserem Weg dazugehören. Mehr und mehr werden wir uns ihrer bewußt, um sie dann zur rechten Zeit auch zu bewältigen.

Ungesunde Schamgefühle und exzessiver Selbsthaß werden ersetzt durch Selbstbejahung und Selbstliebe. Diese liebevolle Einstellung gegenüber der eigenen Person wird sich in vielerlei Hinsicht offenbaren und die Beziehung zu uns selbst und zu anderen Menschen tiefgreifend verändern. Uns wird klarwerden, daß wir im höchsten Maße Liebe geben und empfangen können; dadurch werden unsere Beziehungen einen harmonischen Verlauf nehmen.

Alle Bürden, die wir infolge früherer Mißhandlungen tragen mußten, werden von uns genommen. Nachdem wir eine ganze Reihe von Gefühlen empfunden haben: Wut, Traurigkeit und jene Regungen, die mit der Verdrängung einhergehen, werden wir imstande sein, anderen Menschen zu verzeihen. Wir werden lernen, uns auszusöhnen mit uns selbst.

Unser Gefühlsleben wird wieder intakt sein, und so werden wir empfänglich für alles, was das Herz berührt.

Minderwertigkeitskomplexe werden genauso der Vergangenheit angehören wie überhebliche und anmaßende Reaktionen. Wir werden die Menschen als gleichwertig betrachten und ihnen — wie uns selbst — mit Mitgefühl und Verständnis begegnen. Wenn man uns ungerecht behandelt, werden wir dies nicht mehr so hinnehmen wie früher.

Wir werden lernen, auf konstruktive Weise die Wut herauszulassen, Grenzen gegenüber anderen festzulegen, nein zu sagen und jene Verhaltensweisen abzulehnen, durch die uns Schaden zugefügt wird. Wir werden genau wissen, wo unser Verantwortungsbereich beginnt und endet. Anstatt andere Menschen ständig umsorgen zu wollen, verlangt es uns danach, die Selbstverantwortlichkeit eines jeden zu stärken.

Wir werden akzeptieren, daß wir mit unseren eigenen Problemen konfrontiert sind und uns in die der anderen nicht einmischen sollten.

Wir werden lernen, uns selbst und andere zu hegen und zu pflegen, ohne irgend jemand zu »bemuttern«.

Wir werden uns den eigenen Gefühlen widmen, sie wirklich empfinden und verantwortungsbewußt mit ihnen umgehen. Wir werden nicht mehr zulassen, daß sie uns zu restriktiven Maßnahmen verleiten, die die Beziehungen mit anderen Menschen beeinträchtigen.

Wir werden mit der Außenwelt direkt und offen kommunizieren — ohne jemanden zu manipulieren, ohne heimliche Pläne zu schmieden.

Künftig werden wir uns weder als Opfer fühlen noch uns dementsprechend verhalten. Dieses beklemmende Gefühl, vom Leben ungerecht behandelt zu werden, wird verschwinden, denn wir werden ganz bewußt unsere innere Stärke geltend machen. Wir werden die eigene Machtlosigkeit bejahen, zu unserer Höheren Macht finden, und dadurch jene Macht erhalten, die wir dann mit anderen teilen — als gleichberechtigte Partner einer harmonischen Beziehung.

Unser Leben wird allmählich einen Sinn bekommen und einen Wert haben. Unsere Bedürfnisse werden mehr und mehr befriedigt.

Wir werden wieder Spaß haben und lachen. Es wird uns leichter werden ums Herz.

Wir werden ein erfülltes Leben führen.

Im weiteren Verlauf unserer Reise werden Bitterkeit und Reue umschlagen in eine dankbare Haltung.

Ausnahmsweise sind wir nicht auf uns selbst angewiesen. Und wir machen auch nicht alles alleine. Dieses Heilungsprogramm, dieser Weg, der sich mit Hilfe der Zwölf Schritte vor uns auftut, stellt in erster Linie einen geistigen Prozeß dar.

Wir haben eine spirituelle Reise angetreten.

Wir entdecken zunächst *uns selbst* und *Gott.* Dann sind wir allmählich bereit, uns anderen Menschen — ihrer Anmut, ihren Gaben — zu öffnen. Wir werden anerkennen, daß unser Weg genauso legitim ist wie der ihre.

Auch wenn wir diese Reise angetreten haben, weil ein anderer uns schwer zusetzte: In diesem Heilungsprozeß ging es letztlich immer um uns selbst. *Uns* werden jene Lektionen beigebracht, die *wir* im Leben meistern müssen.

Die Arbeit an den Zwölf Schritten gestaltet sich für einen coabhängigen Menschen anders als für jemanden, der von seinen Suchtkrankheiten geheilt werden möchte. Viele sind sich darüber einig, daß im letzteren Fall eine härtere, ja unerbittliche Auseinandersetzung mit der eigenen Person stattfinden muß, wenn der Teufelskreis der Sucht durchbrochen und ein neues Verhalten eingeübt werden soll. Viele sind aber auch der Meinung, daß man, um von der Co-Abhängigkeit loszukommen, eine sanfte und liebevolle Einstellung gegenüber sich selbst entwickeln muß.

Die ungesunden Schamgefühle müssen verschwinden. Egal, ob wir gleichzeitig auch von Suchtkrankheiten geheilt werden oder nicht: Sobald wir unsere Co-Abhängigkeit bekämpfen, sind wir bereit, unser krankhaftes Schamempfinden loszulassen und ein gesundes Selbstwertgefühl an dessen Stelle zu setzen. Wir benutzen künftig weder unsere Ängste noch unsere Schamgefühle, um uns selbst oder andere Menschen zu kontrollieren. Und wir gestatten auch nicht mehr, daß sie Kontrolle ausüben, indem sie uns Angst einjagen und beschämen.

Im Heilungsprozeß, der den Suchtkrankheiten vorbehalten ist, muß man sein ganzes Augenmerk darauf richten, »dem Käfig des Ichs zu entkommen«. Allein dadurch können die suchterzeugenden Prozesse unterbunden werden. Aber wenn wir von der Co-Abhängigkeit befreit werden möchten, müssen wir uns dem eigenen Ich wieder zuwenden, müssen wir uns selbst schätzen und lieben.

Dennoch weisen diese beiden unterschiedlichen Heilungsprozesse auch Gemeinsamkeiten auf. Im *Großen Buch* der Anonymen Alkoholiker findet sich hierzu folgende Bemerkung: »Wir haben die Welt des Geistes betreten.« Diese Zwölf Schritte, die uns von Suchtkrankheiten genauso heilen wie von der Co-Abhängigkeit, führen uns mitten hinein in die *spirituelle Erfahrung.*

Regelmäßig habe ich in Diskussionen mit der Frage zu tun, ob die Co-Abhängigkeit eine Krankheit, ein Problem, eine Sucht oder einfach ein wichtiges Thema sei.

Ich weiß nicht, ob sie eine Krankheit, eine Sucht oder nur einen bestimmten Zustand kennzeichnet. Aber ich weiß gewiß, daß sie ein Problem ist — ein äußerst unangenehmes, hartnäckiges Problem, das viele von uns bedrückt. Es wird immer größer und hat ernstzunehmende, ja schlimme Folgen.

Die Co-Abhängigkeit ist in manchen Fällen sogar tödlich: Aufgrund seelischer Belastungen können streßbedingte Krankheiten entstehen, die zum Tode führen. Oder wir gehen durchs Leben und haben nur noch den Wunsch, endlich zu sterben.

Im Verlaufe der Recherchen zu diesem Buch haben einige der interviewten Personen immer wieder betont, daß die Co-Abhängigkeit ihrer Meinung nach als tödliche Krankheit zu bezeichnen ist.

»Ich habe mitansehen müssen, wie meine Schwester an Krebs starb«, berichtet Jake. »Wir beide hatten in der Kindheit unter den Mißhandlungen unseres alkoholkranken Vaters zu leiden. Ich schaffte es, mit dem Heilungsprozeß anzufangen — sie dagegen verdrängte sowohl ihre Co-Abhängigkeit als auch ihre Krebserkrankung. Meine Schwester blockte einfach alles ab, und deshalb glaube ich, daß sie an Co-Abhängigkeit starb. Eines habe ich durch ihren Tod gelernt, nämlich: ›Diese Abhängigkeit bringt dich um. Sie ist absolut tödlich.‹ Gerade diesen Aspekt betone ich im Rahmen meines Heilungsprogramms immer wieder. Ich werde wirklich sauer, wenn Leute sagen, die Co-Abhängigkeit sei weniger ernst zu nehmen als Drogensucht. Sie zerstört den Menschen ganz genauso, wenn nicht noch mehr. Denn man richtet sich mit ihr ein und hat das Gefühl, irgendwie durchzukommen. Dabei ist man überhaupt nicht mehr richtig am Leben.«

Viele solcher Geschichten wurden uns mitgeteilt, und unzählige andere wären noch hinzuzufügen. Sie sind manchmal eher unauffällig, handeln von unglücklichen Ehen, vom Vater, der trank, von der Mutter, die ab und zu zur Flasche griff. Sie werden erzählt von Menschen, die keine dramatischen oder bizarren Erfahrungen machen mußten, um »zu kapieren«.

Es gibt auch jene, die unter bestimmten religiösen Überzeugungen zu leiden hatten. Und da sind andere, die schon seit geraumer Zeit auf dem Weg der Heilung sind und immer noch mit ihren Schuldgefühlen zu kämpfen haben.

Es gibt Neulinge, die sechsmal in der Woche zu Gruppentreffen gehen und feierlich geloben, nicht mehr so oft zu kommen, sobald ihr Leben wirklich lebenswert ist.

Es gibt Menschen, die anderen Süchten verfallen sind — Essen, Sex, Alkohol, Drogen, Spiel — und herausfanden, daß bei ihnen die Co-Abhängigkeit das zentrale, eigentliche Problem darstellt und daß sie sich mit diesem auseinandersetzen mußten, um von ihrer Sucht geheilt und nicht mehr rückfällig zu werden.

Einige wurden durch heftige, einschneidende und äußerst schmerzliche Erfahrungen dazu gebracht, mit dem Heilungsprozeß zu beginnen. Bei anderen waren es pure Langeweile, Einsamkeit oder das Gefühl, völlig irritiert zu sein, die den Anstoß dazu gaben.

Es gibt Geschichten, die einen fast sanft zu nennenden Verlauf nehmen. Es gibt auch solche, in denen die absonderlichsten Menschen gleichsam zu Heiligen werden. Manchmal zeigen diese Erzählungen auch, inwieweit eine Beziehung darauf schließen läßt, daß der Partner sich entzieht, daß es keine wahre Intimität gibt. Oder sie belegen klipp und klar, wie sehr Kinder (und selbst ein einzelnes Kind) eine ganze Familie beeinflussen und quälen können.

Es gibt Geschichten von Eheleuten, die — einzeln oder gemeinsam — an sich selbst und ihrer Partnerschaft arbeiten; da ereignen sich oft bewegende Dinge zwischen zwei Menschen, die beschlossen haben, zusammenzuhalten und ihre Probleme aufzuarbeiten.

Es gibt Geschichten von Männern, die sich dem Heilungsprogramm zuwenden, weil sie es einfach nötig haben — und nicht weil sie von ihren Frauen dazu gedrängt oder gar überredet wurden.

Es gibt Geschichten, in denen es ganz offenkundig um chaotische Zustände und herabwürdigende Verhaltensweisen geht; und es gibt Geschichten, die von heimlichen Mißhandlungen zeugen, welche genausoviel Schmerz verursachen, aber manchmal noch verwirrender sind.

Und da sind die vielen Menschen, die in ihrem Heilungsprozeß unterschiedlich weit gekommen sind, wobei das eine Entwicklungsstadium genauso richtig und wichtig ist wie das andere. Wenn man mit diesen Menschen spricht und ihren Geschichten lauscht, wird eines sehr deutlich: Jene Personen, die den größten inneren Fortschritt machen und sich von der Co-Abhängigkeit weitestgehend befreien, sind zugleich diejenigen, die am Programm arbeiten und zulassen, daß die Schritte ihr Leben positiv beeinflussen.

Ganz unabhängig davon, welche Fortschritte sie bisher gemacht oder wieviel Zeit sie ins Programm investiert haben — die meisten von diesen Menschen erleben ein geistiges Erwachen. Für einige heißt das: mit Freunden in Verbindung treten, die eigenen Gefühle empfinden und zum Ausdruck bringen. Andere wiederum bekommen dadurch die Kraft, sorgsam mit sich selbst umzugehen, ungeachtet dessen, was jemand anders tut oder nicht tut.

Einige assoziieren mit diesem geistigen Erwachen auch jene Stärke, die notwendig ist, um eine Beziehung aufrechtzuerhalten und an ihr zu arbeiten — bis sie dann die Liebe finden, die ihnen viel Freude schenkt. Andere schöpfen dadurch Kraft, um schließlich eine Beziehung zu beenden, die völlig destruktiv war.

Die meisten werden sich dabei der göttlichen Gegenwart bewußt — und ihrer selbst. Sie stoßen auf ihr innerstes Wesen — und auf den Geist, der in ihnen wohnt.

Gewiß: Wir beginnen mit dem Heilungsprozeß und setzen ihn fort, indem wir ein anderes Verhalten an den Tag legen, auf unsere Gedanken achten und uns mit den eigenen Gefühlen auseinandersetzen. Aber im Grunde arbeiten wir darauf hin, jene tiefgreifende Veränderung und Genesung zu erfahren, die im Kern unseres Wesens stattfindet. Und diesen wunderbaren Zustand werden wir auch erreichen.

Durch die Arbeit an diesen Schritten erleben wir ein geistiges Erwachen. Die Aufgaben, die wir dabei zu bewältigen haben, mögen uns schwierig erscheinen — aber sie sind leichter, als wir denken. Sie wurden eigens für uns entworfen. Wir sind nicht auf uns allein gestellt. Und auch wenn es manchmal danach aussieht, als quälten wir uns mühsam durch die Finsternis: Dem ist nicht so. Denn wir werden geführt, unterwiesen — und bekommen gezeigt, was als nächstes zu tun ist und wie dies bewerkstelligt werden kann.

Bei einigen von uns geschieht dieses Erwachen sofort, und die Wirkung ist einfach überwältigend. Andere brauchen mehr Zeit dafür. Manche erwachen sozusagen »schubweise«. Es gibt nicht nur einen Weg zum Ziel: durch die Arbeit an den Schritten hat jeder »sein« Erlebnis.

Ja, diese innere Heilung ist oft ein wenig schmerzhaft — und manchmal leiden wir sogar sehr. Aber vergessen wir nicht: Auch die Co-Abhängigkeit bereitete uns großen Kummer. Jeder Schmerz, den wir im Verlaufe des Heilungsprozesses ertragen müssen, hält ein Versprechen und eine Belohnung bereit, die wir tatsächlich auch bekommen, sobald er vorüber ist. Wir sind nicht mehr unnötigen und endlosen Leiden unterworfen. Wir empfinden genau jenes Maß an Schmerz, das für die Heilung der inneren Wunde nötig ist. Danach fühlen wir uns besser, als wir es je für möglich gehalten hätten.

Dieses geistige Erwachen, das uns die ersehnte emotionale und seelische Gesundheit schenkt, geschieht nicht nur *vielleicht:* Es ist uns *versprochen*, wenn wir an den Schritten arbeiten.

Die Co-Abhängigkeit ist in jedem Fall zumindest ein Problem. Nun können wir es lösen — wir müssen nur wollen. Wir kommen in der Gruppe zusammen, um unsere Probleme mitsamt den Lösungsmöglichkeiten durchzusprechen und unsere Erfahrung, Stärke und Hoffnung mit anderen zu teilen. Manchmal begeben wir uns auch auf eine Reise, die wir allein unternehmen müssen, um gesund zu werden, zu lernen und innerlich zu wachsen. Danach suchen wir erneut die Gemeinschaft auf, um die anderen an unseren Einsichten und Erkenntnissen teilhaben zu lassen, sie zu unterstützen und ihre Hilfe anzunehmen.

Gemeinsam werden wir geheilt.

Jeder von uns schildert seine innersten Erfahrungen, sein geistiges Erwachen auf ganz individuelle Weise.

Laura zum Beispiel beschreibt ihr spirituelles Erlebnis folgendermaßen:

»Ich weiß nicht, was zwischen meinem Ehemann und mir genau vorgefallen war. Ich hatte irgend etwas für ihn getan und beklagte mich, daß er sich dafür nicht revanchierte. Dadurch geriet er völlig außer sich, und wir stritten uns. Plötzlich erkannte ich, wieviel er mir schon gegeben hatte und wie sehr er darum bemüht war, mich zu erfreuen. Ich weinte, weil ich ihn derart kritisiert hatte. Ich heulte, weil ich ihn wie eine Zitrone auspressen wollte. Obwohl er mir in jeder Weise entgegenkam, hatte ich unzählige Wünsche und Bedürfnisse — und brauchte immer noch mehr. Ungeachtet dessen, daß er mich so reich beschenkte, verlangte ich ständig nach etwas anderem. Diese Einsicht machte mich sehr traurig — eben weil ich so mit mir und meinen Bedürfnissen beschäftigt war und so angestrengt darüber wachte, sie von ihm befriedigt zu bekommen, daß ich gar nicht mehr wahrnahm, wie oft er mir Blumen gekauft oder mich vom Büro aus angerufen hatte. In Wirklichkeit ist er nämlich ein außergewöhnlich großzügiger, hilfsbereiter und zuvorkommender Mensch. Ich habe nun begriffen, daß er — ganz unabhängig von mir — sein eigenes Leben hat und so ist, wie er ist. Dadurch erlebte ich ein geistiges Erwachen.«

Pete drückt es so aus:

»Bevor ich mit dem Programm anfing, war mein Leben straffer organisiert und irgendwie klarer. Aber zugleich war ich überhaupt nicht ehrlich. Ich ließ meine Gefühle nicht zu, war ständig deprimiert, einsam, abgekapselt und verschlossen. Ich schämte mich zutiefst. Aber seither hat sich vieles verändert. Ich bin jetzt mit mir selbst im Einklang.«

Meine eigene Erfahrung war wieder eine andere. Wie ich weiter oben schon sagte, reicht sie in jene Zeit zurück, als mir auf dem Gelände des Willmar State Hospital schlagartig Gottes Gegenwart offenbar wurde. In jenem Augenblick wußte ich, daß Er wirklich existierte.

Im Laufe der nächsten siebzehn Jahre habe ich etwas Weiteres gelernt.

Auch ich existiere wirklich.

Als ich meine spirituelle Reise fortsetzte, wurde mir bewußt, daß ich nicht mehr das Recht hatte, das eigene Leben durch negative, selbstzerstörerische Ängste und Überzeugungen zu sabotieren; denn jene verstärkten mein Bedürfnis, Kontrolle auszuüben, und diese nahmen mir jede Freude. Es war Zeit, sie loszulassen, damit ich innerlich gesund werden konnte. Es war Zeit, mich selbst wirklich zu lieben.

Ich bin nicht von Gott getrennt. Ich bin keine »Außenstehende«, die an die Tür klopft, sich ängstlich duckt und darauf wartet, endlich hineingelassen zu werden. Ich kann Gottes Hand ergreifen, »Co-Schöpfer« werden und zulassen, daß Er die Führung übernimmt. Ich bin kein hilfloses Geschöpf. Ich verfüge über Alternativen.

Wir alle haben die Wahl. Zum Beispiel können wir uns entscheiden, keine Opfer mehr zu sein.

Mit dieser Lektion werde ich immer wieder konfrontiert. Und jedesmal muß ich sie zuerst lernen, bevor ich weiter voranschreiten kann. Ich muß meine momentanen Umstände völlig verwandeln — und mich dann durch sie verwandeln lassen. Das ist allerdings so lange nicht möglich, wie ich mich selbst als Opfer fühle.

Ich bin nicht jenseits des Schöpfers. Ich bin Sein Werk: ein Teil der Schöpfung. Endlich bin ich nun verbunden mit mir selbst. Ich erkannte, daß Gott existiert — und erkannte mich selbst.

Darüber hinaus wird mir klar, wie ich mit anderen Menschen in Verbindung bleibe. Ich kann darauf zählen, daß sie mich lieben und trösten, aber lerne auch, daß ich mich selbst um das ängstliche Kind in meinem Innern kümmern muß — und daß ich in Schwierigkeiten komme, wenn ich kopflos durch die Gegend renne und erwarte, daß die anderen diese Aufgabe schon für mich übernehmen werden. Jeden Tag bringe ich mir bei, mich selbst zu akzeptieren und meine Gefühle als legitime und wichtige Aspekte meiner Persönlichkeit anzuerkennen. Ich begreife immer besser, daß ich diese genauso achten muß wie mich selbst.

Ich brauche nicht mehr in jenen Strudel zu geraten, der mich weiter und weiter nach unten zieht, wenn ich versuche, andere Menschen zu kontrollieren, und ihnen erlaube, über mich, mein Leben und mein Glück zu bestimmen.

Die Heilung vollzieht sich in meinem Innersten — auf tieferen Ebenen, als ich es erwartet habe. Seit meiner Geburt waren in meinem Körper: meinen Zellen, Organen und Muskeln, viele Kümmernisse und negative Einstellungen »aufgespeichert«. Meine destruktiven Überzeugungen waren so gut im Unterbewußtsein »verstaut«, daß sie mir überhaupt nicht mehr auffielen — obwohl sie im Grunde mein Leben beherrschten.

Der größte Schmerz, den ich in meinem Leben erleiden und verkraften mußte, bestand darin, daß ich so bin, wie ich bin. In dem Maße, wie ich mich von der Co-Abhängigkeit befreite, wurde dieser Schmerz dann entlarvt und beseitigt.

Die innere Reise war nicht einfach. Aber sie bescherte mir viel Gutes, auch wenn die Hindernisse oft unüberwindbar schienen. Manchmal glaube ich, daß die günstigen Zeiten schwerer zu bewältigen waren als die schmerzlichen. Trotz meiner Heilungserfolge läuft noch immer nicht alles so, wie ich es mir wünsche.

Aber die Dinge geschehen, wie sie geschehen sollen. Dennoch habe ich immer noch ein wenig Angst, was wohl passieren wird, sobald ich einmal wirklich loslasse.

Immer gibt es die Möglichkeit, daß man getröstet wird.

»Ich vertraue darauf, daß Gott mich auf dieser Reise weiterhin führt«, sagte eine der Frauen, nachdem sie ihre Lebensgeschichte, in der es um große Leiden, inneres Wachstum, enttäuschende Erlebnisse und wundersame Heilung ging, erzählt hatte. Es war eine Geschichte, in der ganz bestimmte Lektionen gelernt wurden — und weiterhin gelernt werden.

Ich vertraue darauf, daß Gott jedem von uns — Ihnen und mir — den richtigen Weg zeigen wird. Wir wollen uns selbst hegen und pflegen. Wir wollen anderen Menschen Kraft schenken. Wir wollen lernen, Liebe zu geben und zu empfangen.

Mögen wir diese Reise gut überstehen und unser Ziel erreichen.

ÜBUNGEN

1. Welche Erfahrungen haben Sie gemacht, als Sie die Botschaft an andere weitergaben? Halten Sie auch fest, wann dies ins Auge ging bzw. nicht funktionierte. Schildern Sie dann eine Ihrer Bemühungen, die Ihrer Meinung nach erfolgreich war.

2. In welcher Weise haben Sie damit begonnen, nicht nur Ihre wichtigsten Beziehungen, sondern auch andere Lebensbereiche nach den Grundsätzen des Heilungsprogramms auszurichten? In welchen Lebensbereichen würden Sie gerne noch mehr von dieser heilsamen Kraft spüren, eine weitere Entwicklung Ihrer Persönlichkeit erfahren bzw. größere Veränderungen durchmachen? Vielleicht sollten Sie diese Wünsche als Ziele formulieren und niederschreiben.

3. Inwiefern haben Sie heute eine andere Beziehung zu sich selbst als am Anfang des Heilungsprozesses? Inwieweit gehen Sie jetzt anders mit sich selbst um? Wie fühlen Sie sich, wenn Sie sich gut, fürsorglich und liebevoll behandeln?

4. Beschreiben Sie, was Ihnen auf dieser inneren Reise bisher widerfahren ist, und versuchen Sie, die anderen Familienmitglieder daran teilhaben zu lassen. Erklären Sie ihnen die Einzelheiten dieses Gesundungsprozesses. Finden Sie auch heraus, was einer der Weggefährten, dem Sie vertrauen, über Ihre Erfahrungen sagt.

5. In welcher Weise haben Sie sich geistig weiterentwickelt, seit Sie zum ersten Mal den Weg der inneren Heilung beschritten? Wie würden Sie Ihr geistiges Erwachen beschreiben?
6. Sind Sie sich dabei Ihres wunderbaren Wesens, Ihrer Lebensfreude bewußt geworden?

Ich kenne nicht viele Wahlsprüche des
Programms, aber ich glaube, dieser
hier: »Einen Tag nach dem anderen«
ist großartig. Ich für meinen Teil
verstehe ihn eher so: Einen Atemzug
nach dem anderen.

Jerry W.

AN EINEM PROGRAMM ARBEITEN

Dieses Kapitel ist keine Zusammenstellung von Vorschlägen, wie man an einem Programm arbeitet. Im folgenden habe ich lediglich einige Hinweise für Neulinge beigefügt, um den Sinn dieser Arbeit etwas näher zu beleuchten, sowie einige allgemeine Bemerkungen über den Heilungsprozeß, die bei den Recherchen zu diesem Buch entstanden sind.

AM ANFANG

»In den ersten drei Monaten dachte ich, daß alles, was mit meiner ersten Zwölf-Schritte-Gruppe, den Adult Children of Alcoholics (ACOA), zusammenhing, äußerst seltsam war und unmöglich funktionieren konnte«, berichtet einer der interviewten Männer. »Dann aber wurde mir allmählich bewußt, daß ich mich in dieser kurzen Zeit mehr veränderte als in all den Jahren zuvor.«

Trotz der wundersamen Veränderungen, die in unserem inneren und äußeren Leben möglich sind und tatsächlich auch geschehen, tun sich viele von uns schwer, diesen Heilungs- und Entwicklungsprozeß überhaupt erst einmal in Gang zu bringen. Vielleicht haben wir etwas auszusetzen an einzelnen Personen, die uns auf dieser spirituellen Reise begleiten, oder an der Gruppe im ganzen. Oder uns ist einfach nicht klar, was wir hier überhaupt sollen.

Wir reagieren ganz unterschiedlich, wenn wir plötzlich in einer Zwölf-Schritte-Gruppe sitzen und irgendwelchen Leuten zuhören, die über die innere Heilung sprechen. Ich möchte hier einige der üblichen Äußerungen wiedergeben, die nach den ersten Sitzungen oft zu hören sind: »In den ersten sechs Wochen saß ich in der Al-Anon-Gruppe und konnte nur weinen«, erzählt zum Beispiel eine Frau.

»Anfangs konnte ich dieses ganze Gerede über Gott nicht ausstehen«, berichten mehrere Männer und Frauen.

»Ich saß fast ein ganzes Jahr zwischen diesen Leuten und hatte nicht die leiseste Ahnung, warum ich das eigentlich alles mitmachte. Dann begann ich langsam zu verstehen. Mir ist zwar immer noch nicht ganz klar, wie diese Schritte bei mir funktionieren sollen, aber ich weiß jetzt wenigstens: sie wirken.«

»Ich sträubte mich jahrelang, die Al-Anon-Treffen zu besuchen«, meint eine andere Frau. »Schließlich hatte ja mein Mann Probleme mit dem Trinken. Warum also sollte *ich* eine Gruppe aufsuchen!«

»Zunächst störte mich so ziemlich alles«, erfährt man immer wieder.

»Im ersten Jahr dachte ich, meine Aufgabe bestünde nur darin, anderen in der Gruppe zu helfen, damit es ihnen besser ginge. Aber dann mußte ich feststellen, daß mein Zustand wesentlich besorgniserregender war als der ihre.«

Häufig ist es auch so, daß man hört: »Ich bin dankbar dafür, (durch Al-Anon, ACOA usw.) von der Co-Abhängigkeit befreit zu werden«, und sich dann selbst durcheinander und irritiert fühlt.

Das ist ganz in Ordnung. Das ist normal. Fühlen Sie Ihren inneren Widerstand. Nehmen Sie die Irritation bewußt wahr. Aber bleiben Sie offen. Entwickeln Sie eine ehrliche Haltung und seien Sie bereit, Mühen auf sich zu nehmen. Die Dankbarkeit kommt später von selbst.

In welchem Zustand nähern wir uns diesen Schritten, die uns von der Co-Abhängigkeit befreien?

Viele treten um sich, schreien und wehren sich mit allen zur Verfügung stehenden Mitteln gegen das Programm. Einige kommen mit einer großen Wut im Bauch. Andere sind ängstlich, verwirrt oder verzweifelt.

Einige sind völlig in sich gekehrt, weil ihnen das Loch in der eigenen Seele so schmerzhaft bewußt geworden ist. Einige kommen immer wieder, nachdem sie diese Schritte einmal oder mehrmals bei anderen Suchtkrankheiten angewandt haben – um dann schließlich festzustellen, daß der Heilungsprozeß in Sachen Co-Abhängigkeit immer noch vor ihnen liegt.

Manche kommen auch, um einem anderen Menschen zu helfen oder mit den Konsequenzen fertig zu werden, die dessen Probleme auf das eigene Leben haben. Vielleicht besuchen wir auch deshalb die Gruppentreffen, weil jemand uns verlassen hat, weil jemand, der uns nahesteht, trinkt, spielt, Drogen nimmt oder ständig Affären hat.

Am Anfang sind einige von uns wütend darüber, daß sie mit *sich selbst* konfrontiert werden, wo doch *der andere* mit einem bestimmten Problem zu kämpfen hat.

Einige sind verschüchtert, andere verächtlich; manche haben jede Hoffnung verloren.

Die meisten kommen, weil sie nirgendwo anders mehr hin können. Am Ende sind sie dann sogar dankbar dafür, daß sie auf diese Weise mit dem Ersten Schritt des Programms bekannt wurden.

Dies ist wirklich ein »Komm-so-wie-du-bist«-Programm. Egal, in welcher Situation wir uns momentan befinden: Geschützt durch Anonymität, nehmen wir es in Angriff.

An welchem Punkt unserer Entwicklung wir auch stehen, wie unser Charakter auch beschaffen sein mag: Wir fangen einfach an. Wir verfügen nicht über »fachmännisches« Wissen, sondern nur über die Bereitschaft, unsere Probleme zu lösen.

Seien Sie also offen für die Schritte, arbeiten Sie an ihnen, und lassen Sie zu, daß diese ihrerseits an Ihnen arbeiten. Wir müssen dabei nicht alles perfekt machen. Wir brauchen nicht alles auf einmal zu bewältigen. Viele von uns verbringen viel Zeit damit, den anderen zuzuhören und die Botschaften auf sich wirken zu lassen — damit sie dann durch die heilsame Kraft der Gruppe und des Programms allmählich verändert werden.

DIE ARBEIT IM HEILUNGSPROZESS

Es gibt Millionen von Menschen, deren Leben dadurch tiefgreifend verändert wurde, daß sie Gruppentreffen besuchten und die Zwölf Schritte auf ihre Belange und Probleme anwendeten. Wir bezeichnen diesen Heilungsprozeß als »Arbeit am Programm«.

Diese besteht vor allem darin, daß wir mit Menschen, die ebenfalls gesund werden möchten, eine kameradschaftliche Beziehung herstellen, an den Gesprächsgruppen teilnehmen, dort über unsere inneren Fortschritte sprechen und den anderen zuhören, wenn sie das gleiche tun.

Zwischen diesen Zusammenkünften rufen wir uns gegenseitig an. Viele von uns helfen sich auch damit, daß sie täglich in einem Meditationsbuch lesen, um auf dem richtigen Weg zu bleiben.

In dieser Zwischenzeit versuchen wir, alle Aufmerksamkeit auf die Zwölf Schritte und andere Heilmethoden zu richten, um im Alltag wie auch in Zeiten großer seelischer Belastung innerlich gerüstet zu sein.

Vor allem benutzen wir diese Schritte als eine Alternative zu unseren früheren Verhaltensweisen, die von Angst, Kontrollmechanismen, übermäßiger Fürsorge, Schamgefühlen und Selbstmißachtung geprägt waren. Wir wenden sie aber auch an, um mit unseren großen Problemen besser fertig zu werden und zu Lösungen zu gelangen.

Wir müssen bei dieser Arbeit nicht perfekt sein. Wir brauchen uns nicht ständig zu fragen, ob wir die Schritte gut genug bewältigen. Wir sollten dabei einfach nur unser Bestes geben.

Denken Sie über das Programm noch einmal genau nach — bis es Sie im Innersten berührt und Sie zu jenem Menschen umformt, der Ihnen vorschwebt.

Arbeiten Sie es dann immer wieder durch.

Es wird eine Zeit kommen, da die Schritte und auch andere Grundsätze des Heilungsprozesses mehr sind als nur schöne

Worte. Die Vorstellungen, die darin zum Ausdruck kommen, gehen ein in unser Denken und prägen unser Gefühlsleben. Und so verwandeln sie sich in jene Wahrheit, die unserem Dasein Gestalt gibt.

Dadurch finden wir zu einer neuen Lebensweise: Entweder sehen wir unsere gegenwärtige Situation mit anderen Augen oder ändern die jeweiligen Umstände. Vielleicht geschieht auch beides.

Wir haben uns verändert.

Wir haben herausgefunden, daß man gar nicht unbedingt verstehen muß, *wie* die Schritte funktionieren; entscheidend ist, daß man weiß: Sie funktionieren *ganz bestimmt.*

Zu Beginn des Heilungsprozesses werden die meisten von uns durch die Schritte verunsichert und können sich unter einer solchen Arbeit am Programm nichts vorstellen. Aber wir müssen nicht alles sofort begreifen. Und wir brauchen nie etwas zu tun, das unsere Fähigkeiten übersteigt.

Die meisten von uns haben festgestellt, daß ein redlicher, aufrichtiger und demütiger Versuch zum Erfolg führt.

Das bedeutet: Wir lassen uns die Schritte noch einmal durch den Kopf gehen, sobald ein Problem auftaucht, oder auch um sie in unserem Alltag ständig einzuüben. Wenn wir uns zu einer bestimmten Maßnahme entschließen, so setzen wir diese in die Tat um.

An einem Schritt arbeiten heißt nicht zuletzt: Wir nehmen bewußt wahr, wie die anderen an ihn herangehen.

Wenn wir uns mit den Schritten auseinandersetzen, müssen wir offen werden für all die Wirkungen, die sie in unserem inneren und äußeren Leben hervorrufen.

»Nachdem ich genau hingehört hatte, was die einzelnen Menschen über das Programm sagten, empfand ich sie als die Repräsentanten jener großen Wahrheit, die sich in meinem Leben manifestierte«, erzählt eine Frau aus unserer Gruppe. »Es war, als ob jeder der Schritte plötzlich eine ganz eigene, greifbare Realität besäße und sich meinem Bewußtsein einprägte, als ich dafür bereit war.«

Hier ist ein Gedanke sehr wichtig: Wir konzentrieren uns vor allem auf die Schritte — und nicht auf unsere Probleme oder unser co-abhängiges Verhalten.

Ob wir nun auf einen anderen Menschen zugehen, beten, meditieren, ein Gruppentreffen besuchen, über einen Schritt nachdenken oder fürsorglich und liebevoll mit uns selbst umgehen: Jeden Tag unternehmen wir etwas, das zu einem gesunden Verhalten beiträgt.

Ziehen Sie also Nutzen aus der Gemeinschaft, die Ihnen im Rahmen jedes Zwölf-Schritte-Programms offensteht. Sprechen Sie mit den Leuten dort; hören Sie ihnen zu. Versuchen Sie, in den Beziehungen zu diesen Menschen gesunde Grenzen festzulegen und einzuhalten. Seien Sie sich klar darüber, daß Sie in *all* Ihren Beziehungen gut auf sich selbst achtgeben müssen.

Es zeigt sich, daß wir während der Arbeit am Programm zu jenen Menschen und Orten geführt werden, die für uns eine große Rolle spielen — und zwar dann, wenn wir dafür bereit sind. Wir können darauf vertrauen, daß wir schon wissen, wann etwas Bestimmtes getan, erfahren oder gelernt werden muß — und daß wir auch die Kraft dazu haben werden.

Haben Sie Geduld mit sich selbst und auch mit dem Programm, das bei Ihnen und in Ihrem Leben schon zu wirken beginnt.

WAS MAN ÜBER UNSERE GEMEINSCHAFT WISSEN SOLLTE

Als wir bei den Recherchen zu diesem Buch zahlreiche Menschen interviewten, traten einige grundlegende Ansichten und Fakten zutage:

Jede der befragten Personen sprach davon, wie wichtig es sei, sich im Heilungsprozeß mit der eigenen Familiengeschichte auseinanderzusetzen.

Bei vielen Ehepaaren arbeiten beide sowohl einzeln als auch gemeinsam an der inneren Heilung.

Bis auf eine Ausnahme sagten alle, daß man sich *ständig* um das eigene Wohlergehen kümmern muß. Sie begriffen die innere Heilung als einen fortlaufenden Prozeß, der nicht unterbrochen werden darf, wenn ein immer gesünderer Zustand erreicht werden soll.

Häufig waren die »Alteingesessenen« im Programm bereit, die anderen auf ganz neue Weise zu unterstützen. Sie probierten mehr Dinge aus und gaben sich weniger streng.

Diese Menschen, die schon lange am Programm arbeiten, besuchen weniger Gruppentreffen als am Anfang. Dennoch fühlen sie sich wohl, kosten ihr Leben voll aus und sind sehr aktiv.

Jene, die von der Co-Abhängigkeit geheilt werden möchten, sind oft mehrmals verheiratet.

Mehr Männer als Frauen benutzen die Zwölf Schritte, um mit den eigenen Gefühlen in Berührung zu kommen.

Jene Männer unter unseren Gesprächspartnern, die sich am ausgeglichensten fühlten und mit ihrem neuen Leben am zufriedensten waren, hatten ihre frühkindlichen Inzesterfahrungen aufgearbeitet. Diese Männer, die zu den Treffen der Anonymen Sexaholiker (SA bzw. S.A.A.) gingen, waren einhellig der Ansicht, wenn sie sich mit solchen Erfahrungen nicht auseinandersetzten, würden sie wieder ihre sexsüchtigen Gewohnheiten annehmen und ständig co-abhängig reagieren. Sie fühlten sich dann weiterhin nichtswürdig, verzweifelt und zutiefst beschämt.

Viele tun sich schwer, den Vierten und Fünften Schritt auf ihre Probleme mit der Co-Abhängigkeit anzuwenden. Diese Schritte fielen denen leichter, die mit einschlägigen Suchtkrankheiten zu tun haben. Am Anfang des Heilungsprozesses gingen einige derart mit sich selbst ins Gericht, daß sie ungefähr ein Jahr warten mußten, um diese beiden Schritte in Angriff nehmen zu können.

Die Schritte Eins, Zwei und Drei sind für alle interviewten Personen am wichtigsten und werden deshalb auch häufig durchdiskutiert.

Die Menschen, die von der Co-Abhängigkeit geheilt werden, sind im Gegensatz zu anderen Suchtkranken nicht darauf aus, anderen zu helfen. Diese Methode ist ihrer inneren Gesundheit nicht förderlich.

Den »Ausrutscher« eines co-abhängigen Menschen beurteilt

man anders als den eines Drogenabhängigen. Im Heilungsprozeß, der um die Co-Abhängigkeit kreist, erstreben wir keine Perfektion.

Die meisten waren der Ansicht, daß man seine jeweiligen Probleme möglichst in den entsprechenden Gruppen zur Sprache bringen sollte.

Bei den AA-Treffen zum Beispiel ist es naheliegend, über Trunksucht zu sprechen – nicht über Sex-Sucht; bei den Eßsüchtigen geht es um Ernährungsfragen – nicht um Kokainmißbrauch. Allerdings sollte man auch hinzufügen, daß sich einige Gruppen durchaus mit Suchtproblemen befassen, die nicht auf der üblichen Tagesordnung stehen.

Anfangs dachten die meisten, solche Wahlsprüche wie »Laß los und laß Gott machen«, »Es geht auch leichter«, »Einen Tag nach dem anderen« oder »Leben und leben lassen« wären abgedroschen und unter ihrer Würde; im weiteren Verlauf aber wurde ihnen klar, daß diese Sätze durchaus Sinn machen und nützlich sind.

Die meisten Co-Abhängigen wollten auf ihre Kontrollmechanismen nicht verzichten.

DIE VERTRAUENSPERSON IM HEILUNGSPROZESS

Für die Arbeit am Programm brauchen wir unbedingt eine Vertrauensperson. Diese »Patenschaft« stellt eine klar definierte Beziehung zwischen zwei Menschen im Heilungsprozeß dar.

Es handelt sich hier um eine ganz besondere Freundschaft, in der die Vertrauensperson bereit ist, als »Ratgeber« und »Helfer« zu fungieren.

Ohne direkten Bezug zum Zwölf-Schritte-Programm hat sich »inoffiziell« die Sitte eingebürgert, daß die Vertrauensperson *nicht* jenem Geschlecht angehört, zu dem man sich hingezogen fühlt. Dadurch sollen Liebesbeziehungen und sexuelle Verwirrung vermieden werden. Es wird auch empfohlen, sich schon bald nach Eintritt ins Programm eine Vertrauensperson auszuwählen. Üblicherweise fragt dann der Neuling die Person seiner Wahl, ob sie diese Aufgabe übernehmen möchte. Wir schauen uns um, entdecken einen Menschen, der über eine mindestens einjährige Erfahrung mit dem Programm verfügt und eine angenehme Ausstrahlung hat — und fragen ihn dann, ob er gewillt ist, uns Beistand zu leisten.

Fragt man uns, ob wir als Vertrauensperson tätig werden wollen, können wir ja oder nein sagen. Es ist durchaus angebracht, eine solche »Patenschaft« zu beenden, wenn wir dabei kein gutes Gefühl haben — oder gewisse Grenzen festzulegen, auf die wir Wert legen.

Im umgekehrten Fall dürfen wir aber nicht vergessen, daß es nicht Sache der Vertrauensperson ist, uns zu sagen, wie wir unser Leben führen sollen — auch wenn sie schon länger am Programm arbeitet als wir. Auch Ratschläge, die uns unpassend oder falsch erscheinen, brauchen wir nicht anzunehmen.

Wenn alles gut läuft, können wir unserem »Mentor« ruhig vertrauen — aber immer auch uns selbst. Wenn es Zeit wird, die Vertrauensperson zu wechseln oder noch jemandem diese Aufgabe zu übertragen, können wir es ohne weiteres tun. Wir brauchen uns deshalb nicht schuldig zu fühlen.

Unsere Vertrauensperson hingegen muß immer daran denken, daß sie nicht dazu da ist, uns zu kontrollieren oder zu »bemuttern«. Außerdem braucht sie nichts gegen ihren Willen zu tun. Sie ist nicht dazu verpflichtet, ihre Zeit zu opfern, sich irgendwelche Geschichten anzuhören, jemanden im Auto mitzunehmen oder sonstwie Hilfestellung zu leisten.

Diese Beziehungen zwischen dem genesenden Menschen und seiner Vertrauensperson spielen im Heilungsprozeß eine große Rolle.

Sie bieten die einzigartige Gelegenheit, alle Vorteile der Programm-Arbeit miteinander zu teilen. Dadurch können wir ungehindert über unsere Gefühle sprechen und jene wertvollen Informationen erhalten, für die wir bei den Gruppentreffen vielleicht keine Zeit haben.

Einige dieser Beziehungen sind sehr eng und bestehen viele Jahre lang. Manchmal sind die Bande so stark, daß diese Freundschaft die intensivste und beste ist, die wir in unserem Leben kennenlernen.

Aber dieses Vertrauensverhältnis stellt auch eine wunderbare Grundlage dar, um gesunde Verhaltensweisen einzuüben: also die Grenzen gegenüber anderen festzulegen, inneren Abstand zu gewinnen, nein zu sagen und den Menschen auf sinnvolle Weise zu helfen.

EIN WORT ÜBER DIE EIGENE FAMILIE

In diesem Heilungsprogramm sind wir nicht damit beschäftigt, ständig die Familie verantwortlich zu machen und sie für unser Verhalten zur Rechenschaft zu ziehen. Aber es steht uns frei, jene Gefühle zu untersuchen, die wir in unserer Kindheit nicht empfinden durften. Endlich können wir unbeschadet die Mißhandlungen erkennen, die uns zugefügt wurden, und etwas unternehmen, um von diesem Schmerz befreit zu werden. Außerdem sind wir nun in der Lage, solche selbstzerstörerischen Verhaltensmuster und Denkweisen zu korrigieren und zu ändern, die uns in der eigenen Familie beigebracht wurden. Wir bemühen uns, die Vergangenheitsbewältigung so durchzuführen, daß wir uns selbst und den Familienmitgliedern liebevoll begegnen, auch wenn wir infolge unseres Heilungsprozesses anders auf sie reagieren. Wir sind uns auch darüber bewußt, daß die Eltern wahrscheinlich genauso ungerecht behandelt wurden wie wir oder vielleicht sogar noch schlimmere Dinge über sich ergehen lassen mußten. Aber dieses Verständnis hat auch Grenzen, denn es kann nicht dazu führen, daß wir uns weiterhin verletzen lassen oder einer Art Gehirnwäsche unterziehen müssen.

AUF DER SUCHE NACH THERAPEUTISCHER HILFE

Nach einem Therapeuten zu suchen, ist ganz etwas anderes, als Gruppentreffen zu besuchen. Während des Heilungsprozesses im Rahmen der Zwölf-Schritte-Gruppen wird uns manchmal klar, daß wir nicht nur durch Gruppentreffen, sondern auch von professioneller Seite Hilfe erhalten können, die unserer inneren Gesundheit zugute kommt.

Weder ermuntern wir die Gruppenteilnehmer dazu, noch raten wir ihnen davon ab, eine bestimmte Therapie zu machen. Natürlich teilen wir den anderen unsere Erfahrungen mit. Ständig fordern wir sie dazu auf, ihre Bedürfnisse zu äußern — also auch um Hilfe zu bitten. Wir können einem Menschen soviel Vertrauen in sich selbst geben, daß er all jene Heilmethoden erstrebt und auch entdeckt, die ihm richtig erscheinen.

Selbstmordgedanken oder -versuche, chronische Depression, körperliche und sexuelle Mißhandlungen — egal, ob wir Täter, Opfer oder beides sind — sind klare Anzeichen dafür, daß weitere Hilfe von außen kommen muß.

DIE DISKUSSIONEN
WÄHREND DER GRUPPENTREFFEN

Bei jedem Treffen, das wir besuchen, steht es uns frei, ob wir reden oder lieber schweigen möchten.

Manchmal kommt es vor, daß einige in der Gruppe direkt auf das eben Gesagte reagieren. Sie machen vielleicht einen bestimmten Vorschlag, geben einen guten Rat oder denken laut über die Ausführungen ihres Leidensgenossen nach. Zuweilen berichtet jemand auch darüber, daß er ganz ähnliche Dinge erlebt hat.

Diesen Vorgang bezeichnen wir als »Diskussion«.

Jede Gruppe kann entscheiden, ob sie diese Form des Dialogs wirklich zulassen möchte.

Viele der CoDA-Gruppen mißbilligen solche Diskussionen. Einige der befragten Personen haben aber berichtet, daß man bei den Treffen der ACOA eher bereit ist, auf diese Weise miteinander zu kommunizieren.

Einige wollen, daß man auf ihre Ausführungen direkt reagiert. Anderen ist das nicht recht. Sie möchten, daß man ihnen nur zuhört; dadurch fühlen sie sich akzeptiert und können so ihr Leben selbst in die Hand nehmen.

Manche brauchen lediglich ab und zu dieses Feedback. Wenn es ihnen guttut, bitten sie die anderen darum.

Es gibt auch Menschen, die durch solche Diskussionen irritiert werden und ganz durcheinanderkommen.

Bei den Gruppentreffen fallen einige von uns in genau jene Verhaltensweisen zurück, die sie eigentlich vermeiden wollen — sie üben Kontrolle aus, sind überfürsorglich, mischen sich in fremde Angelegenheiten ein und kümmern sich nicht genug um sich selbst.

Wenn wir einem Weggefährten unbedingt etwas mitteilen möchten, können wir uns darum bemühen, den eigenen Kommentar zu »objektivieren«, damit er keine restriktiven Verhaltensregeln oder unpassenden Ratschläge enthält. Viele von uns halten es für am besten, die Antwort so zu formulieren, daß sie sich ausschließlich auf die eigenen Erfahrungen in einer ähnlichen Situation bezieht.

Wenn wir das Gefühl haben, etwas sagen *zu müssen*, weil das Schicksal des anderen von jenen Worten abzuhängen scheint, die er jetzt auf jeden Fall hören sollte — dann tun wir unter Umständen gut daran, diese Botschaft vorerst nicht auszusprechen und für uns zu behalten.

Und auch der andere ist dadurch vielleicht besser dran.

MEHRFACHE ABHÄNGIGKEITEN UND HEILUNGSPROZESS

Vorbei sind die Zeiten, in denen Menschen nur mit einem einzigen Suchtproblem zu kämpfen hatten. Gewiß, es gibt »reine« Co-Abhängige, die »lediglich« mit der Abhängigkeit des geliebten Wesens fertig werden müssen.

Aber bei vielen von uns geht es darum, von mehreren Süchten befreit zu werden.

Allmählich gelangen wir zu der Überzeugung, daß wir zwar mehrfach abhängig sind und verschiedene Probleme lösen müssen, uns aber in *einem* großen Heilungsprozeß befinden. Um innerlich gesund zu werden, müssen wir dann mehr als nur eine Gruppe regelmäßig besuchen — also zum Beispiel zu den Anonymen Alkoholikern *und* zu den Adult Children of Alcoholics gehen; zu den Overeaters Anonymous *und* zu Al-Anon.

Jeder Mensch muß selbst entscheiden, auf welche Weise er diese unterschiedlichen Probleme zum Vorschein kommen lassen will. Viele Mehrfachabhängige haben eingesehen, daß sie eine harte Linie verfolgen mußten, wenn sie von ihren Süchten, etwa der Trunksucht und der Sex-Sucht, geheilt werden wollten. Später war es dann angebracht, sanfter und liebevoller mit sich selbst umzugehen. Oft haben sie sich diese Verhaltensweise erst angeeignet, als sie von ihrer Co-Abhängigkeit befreit wurden.

Wir haben gelernt, daß wir unserem Suchtproblem die nötige Aufmerksamkeit widmen und den ihm gebührenden Vorrang einräumen, indem wir die jeweils geeignete Gruppe aufsuchen. Wir ersetzen den Heilungsprozeß, der uns von den einschlägigen Suchtkrankheiten befreit, nicht durch den der Co-Abhängigkeit. Aber wir beschäftigen uns auch mit den Problemen der Co-Abhängigkeit, sobald uns dies nötig erscheint.

Wenn wir mit dem Heilungsprozeß beginnen und allmählich sehen, wie eine Sucht nach der anderen zutage tritt, lassen wir dies geschehen, ohne uns beschämt oder zerknirscht zu fühlen. Wir folgen dem Weg, der uns in Richtung Gesundheit führt, und vertrauen darauf, daß alles gut wird. Darüber hinaus lassen wir die anderen ihren Weg gehen. Wir tun alles Nötige, um das eigene Wohlbefinden zu gewährleisten — und zwar in dem Maße, wie wir dazu in der Lage sind. Das heißt: Wir akzeptieren die Tatsache, daß wir abhängig sind, thematisieren all unsere Süchte und behandeln uns gerade auch dann liebevoll und fürsorglich, wenn deren Symptome sichtbar werden.

Im *Großen Buch*, dem ersten Werk über das Zwölf-Schritte-Programm, schrieb Bill Wilson unter dem Kapitel »Eine Vision für Sie«:

> *Uns wird klar, daß wir nur sehr wenige Dinge wissen. Aber ständig enthüllt uns Gott etwas mehr vom Leben. Fragen*

Sie Ihn täglich in Ihrer morgendlichen Meditation, was Sie heute für jenen Menschen tun können, der immer noch krank ist. Wenn Ihre eigenen Angelegenheiten geklärt sind, werden Sie die Antwort bald kennen. Aber offensichtlich können Sie einem anderen nicht geben, was Sie selbst nicht besitzen. Sorgen Sie also dafür, daß Ihre Beziehung zu Ihm in Ordnung ist. Dann werden Sie wunderbare Dinge erleben und vieles andere mehr. Dies ist die große Tatsache, die uns übermittelt wird.

Viele von uns sind zu der Überzeugung gelangt, daß diese Vision, diese Prophezeiung wunderbarer Geschehnisse, auch eine klare und bewußte Vorstellung von unserem inneren Heilungsprozeß beinhaltet, der sich nicht zuletzt auf unsere Co-Abhängigkeit erstreckt.

Genauso, wie jeder von uns sich weiterentwickelt und verändert, wandeln sich auch jene Einsichten und Meinungen, die das kollektive Bewußtsein aller Menschen im Heilungsprozeß zum Ausdruck bringen.

Einmal bin ich fast wieder zur Alkoholikerin geworden. Das war unmittelbar vor Weihnachten, als unser Haus durch einen großen Brand völlig zerstört wurde. Die Versicherungsgesellschaft hatte meinen Mann, die beiden Kinder und mich vorläufig in einer kleinen Wohnung untergebracht. Vor mir stand ein kleiner künstlicher Tannenbaum, der ganz kläglich aussah. Das Auto war nicht versichert; eines der Kinder mußte, um in die Schule zu kommen, durch die ganze Stadt gefahren werden; ich hatte kein Geld und war einfach verzweifelt.

Jahrelang hatte ich mit angesehen, wie die Menschen meiner Umgebung tranken, wann immer es ihnen in den Sinn kam. Ich hatte beobachtet, wie sie verantwortungslos mit sich selbst und anderen umgingen. Wieder und wieder sprang mir ihr falsches Verhalten ins Auge. In dieser ganzen Zeit war ich so stark, so tapfer gewesen. Nie hatte ich das Handtuch geworfen. Nun, dachte ich, ist es doch soweit.

Obwohl ich jahrelang keinen Tropfen getrunken hatte, fuhr ich zielsicher ins nächste Spirituosengeschäft, kaufte eine Flasche

Scotch sowie einen guten Schnaps und kehrte mit meiner »Beute« wieder zurück. Zu Hause angekommen, starrte ich dauernd die beiden Flaschen an, beschloß aber, an diesem Abend nichts zu trinken. Ich wollte nicht, daß die Kinder mich in betrunkenem Zustand sahen. Schon einige Zeit vor ihrer Geburt war ich trocken gewesen. Sie sollten das alles nicht mitbekommen. Als sie dann zu Bett gingen, war ich ebenfalls müde und legte mich schlafen.

Am nächsten Abend geschah genau das gleiche.

Am dritten Abend entschloß ich mich, über die ganze Sache mit Gott zu sprechen.

Nenn mir einen Grund, sagte ich, warum ich nicht trinken sollte. Mein Leben ist nichts als ein Scherbenhaufen. Jahr für Jahr ist alles schiefgelaufen. Ich habe niemanden. Ich bin ein Niemand. Verrate mir, warum ich mich nicht betrinken sollte. Laß mich wissen, warum ich nicht wenigstens einen Abend lang meinen Schmerz mit Alkohol behandeln sollte.

Ich gebe Dir noch eine Chance, sagte ich zu Gott, und das war's dann.

Ich griff nach der Bibel, die auf meinem Nachttisch lag, öffnete sie und las jenen Satz, der direkt bei meinem Daumen geschrieben stand: »Du kannst nicht zwei Herren gleichzeitig dienen.« Diese Wörter elektrisierten mich.

Leise ging ich in die Küche, goß den Inhalt beider Flaschen in den Abfluß und war allmählich bereit, der Tatsache ins Auge zu sehen, daß ich gegen meine Co-Abhängigkeit nichts ausrichten konnte.

Viele von uns sind der Überzeugung, daß es entscheidend ist, sich mit der eigenen Co-Abhängigkeit auseinanderzusetzen, wenn man von anderen Süchten geheilt werden möchte. Denn diese Co-Abhängigkeit kann, wenn sie nicht thematisiert wird, dazu führen, daß wir einen Rückfall erleiden. Obwohl es unbedingt notwendig ist, die Abstinenz aufrechtzuerhalten: Die Probleme mit der Co-Abhängigkeit sind ebenfalls von zentraler Bedeutung.

Unsere Nüchternheit und innere Klarheit begann damit, daß wir die eigenen Süchte bekämpften und enthaltsam blieben.

Unser eigentliches Leben aber begann damit, daß wir von unserer Co-Abhängigkeit befreit wurden.

Jedoch teilen nicht alle Menschen, die von ihren Süchten loskommen wollen, diese Auffassung. Wenn andere gegenteiliger Meinung sind, fangen wir keine großen Debatten an. Denn in diesen Angelegenheiten geht es nicht um »richtig« oder »falsch«. Wir wissen, was zu tun ist, um das eigene Wohlergehen sicherzustellen. Das genügt.

Sagen sie zum Beispiel, wir brauchten gar keine weitere Hilfe, wenn wir nur ernsthaft an der Heilung unserer Suchtkrankheiten arbeiteten, so lassen wir sie in ihrem Glauben und tun das, was uns richtig erscheint.

Uns ist klar, daß diese spirituelle Reise gemeinsam mit anderen unternommen wird — daß aber jeder seinen eigenen Weg geht. Wenn wir auf verschlungenen Pfaden mit mehreren Süchten konfrontiert wurden, uns mit jenen ungelösten Problemen auseinandersetzen mußten, die auf Mißhandlungen in der Kindheit zurückgehen, und auch noch mit der Co-Abhängigkeit zu tun hatten, dann akzeptieren wir alles so, wie es ist — und sagen ja zu dieser Reise, die im voraus für uns geplant war und zur inneren Gesundheit führt.

WIE VIELE GRUPPENTREFFEN PRO WOCHE?

Welche Gruppe und wie viele ihrer Treffen wir besuchen, unterliegt unserer Entscheidung. Im Laufe der Jahre wird diese wohl unterschiedlich ausfallen oder vielleicht auch grundsätzlich revidiert.

In jedem Stadium des Heilungsprozesses hängt es allein von uns, von unseren Problemen und jeweiligen Bedürfnissen ab, was auf dem Programm stehen soll und wie oft wir daran arbeiten möchten.

Einige schlagen vor, die Neulinge müßten in neunzig Tagen zu neunzig Gruppentreffen gehen. Aber auch diese Entscheidung bleibt jedem selbst überlassen. Sie wird sich danach richten, in welchem Zustand man gerade ist, wie die eigene Vergangenheit aussieht und ob man überhaupt die Fähigkeit aufbringt, so viele Sitzungen zu bewältigen. Viele beginnen ihren Heilungsprozeß damit, daß sie ein- bis zweimal pro Woche mit den anderen zusammenkommen.

Manche besuchen wöchentlich jeweils ein Treffen »ihrer« Gruppen, zum Beispiel der OA, AA und CoDA.

Andere wiederum besuchen abwechselnd verschiedene Gruppen, gehen in der einen Woche zu den Anonymen Alkoholikern und in der nächsten zu Al-Anon.

»Ich stellte fest, daß ich von einer Gruppe zur nächsten geführt wurde«, berichtet eine der Frauen. »Ich begann bei den OA und blieb dort so lange, wie es nötig war, also etwa fünf Jahre. Ich verlor zwar mein Übergewicht, aber irgend etwas war immer noch nicht in Ordnung.

So stieß ich auf Al-Anon. An diesem Programm arbeitete ich vier Jahre lang, bekam, was ich brauchte, und suchte dann die Co-SA auf, jene Gruppe also, die für Co-Abhängige von Sex-Süchtigen gedacht ist. Gewöhnlich gehe ich einmal in der Woche zu unseren Treffen — bei Bedarf aber öfter und gelegentlich auch weniger.«

Ungeachtet ihrer jeweiligen Lebenssituation stellen die meisten von uns fest, daß es am Anfang des Heilungsprozesses sowie in Zeiten starker seelischer Belastung von Vorteil ist, mehrmals in der Woche das Gespräch in der Gemeinschaft zu suchen.

Um innerlich gesund zu werden und auf dem richtigen Weg zu bleiben, legen wir fest, wie viele Gruppentreffen wir brauchen, und gehen so oft hin, wie es uns richtig erscheint. Wir planen sie als einen festen Bestandteil unseres Lebens ein. Aber wir vernachlässigen dabei nicht unser sonstiges Leben.

Die Zwölf Schritte bzw. Zwölf-Schritte-Programme sollen kein Ersatz sein fürs Leben. Ihr Zweck besteht einzig darin, uns zu einem eigenen, immer wertvolleren Leben zu verhelfen.

»Ich besuche fünf oder sechs Sitzungen pro Woche«, sagt Henry, der seit zwei Monaten bei den Adult Children of Alcoholics ist, sich also damit auseinandersetzt, daß er in der Kindheit das Opfer einer Familie war, die mit Alkoholproblemen zu kämpfen hatte. »Ich habe das Gefühl, es sind zu viele, aber ich kann mich einfach nicht dazu durchringen, irgendeine auszulassen. Eines Tages aber, wenn ich meinem wahren Leben nähergekommen bin, werde ich auch weniger oft dort hingehen müssen. Wäre da jetzt nur ein Gruppentreffen pro Woche, käme ich mir völlig verloren vor.«

Wir können unsere diesbezüglichen Bedürfnisse bewußt wahrnehmen und offen dafür sein, daß sie sich mit der Zeit auch ändern.

MEINUNGSVERSCHIEDENHEITEN IN DER GRUPPE

Seit es Zwölf-Schritte-Gruppen gibt, tauchen zwischen den Mitgliedern gelegentlich Differenzen und Probleme auf. Das hat manchmal zur Folge, daß wir uns eine andere Gruppe suchen. Es kann auch sein, daß die Gruppe sich ganz auflöst oder sich in zwei oder mehr Gruppen aufspaltet.

Wir vermeiden solche Kontroversen, wo immer es möglich ist. Wenn wir mit den Entwicklungen, die unsere Gruppe durchläuft, nicht einverstanden sind, können wir dies offen aussprechen. Wenn wir dann weiterhin eine Abneigung gegen bestimmte gruppendynamische Prozesse haben, steht es uns jedoch frei, die Gruppe zu wechseln.

WIE MAN DIE RICHTIGE GRUPPE FINDET

Jeder kann sich für jene Hauptgruppe entscheiden, die ihm am geeignetsten erscheint, und innerhalb dieses Rahmens eine bestimmte Untergruppe wählen. Mit Unterstützung der jeweiligen Organisation, die mehrere Gruppen miteinander vereinigt, sind wir — gemäß den von dort übermittelten Grundsätzen und Gepflogenheiten — sogar in der Lage, eine neue Gruppe ins Leben zu rufen.

Einige Gruppen setzen sich besonders mit dem Gefühlsleben auseinander. Andere konzentrieren sich auf Problemlösungen. Manche geben sich ein konkretes Thema vor oder erörtern bestimmte Konzepte in Sachen Heilungsprozeß. Wieder andere arbeiten intensiv an einem der Schritte. Und es gibt auch jene, die verschiedene Aufgabenbereiche haben: also zum Beispiel in der einen Woche den Ersten Schritt behandeln und in der darauffolgenden der Frage nachgehen, wie man inneren Abstand gewinnt.

Einige der Gruppensitzungen sind offen zugänglich. Das heißt: Jeder kann daran teilnehmen. Andere finden nur im geschlossenen Kreis statt. Das heißt: Nur jene Menschen sind zugelassen, die sich mit dem speziellen Problem dieser Gruppe und den vorgeschlagenen Lösungsmöglichkeiten identifizieren, die also die üblichen Bedingungen für eine Mitgliedschaft erfüllen.

Die meisten Sitzungen dauern zwischen sechzig und neunzig Minuten. Bei einigen größeren Gruppen kommen alle Mitglieder anfangs zu einer Plenumssitzung zusammen, ehe man sich später dann in kleinere Gruppen aufteilt.

In manchen Gruppen werden die Stühle so angeordnet, daß sie einen Kreis bilden; dann hat jeder die Möglichkeit, das Wort zu ergreifen oder an den nächsten weiterzugeben. In anderen sitzt man um einen großen Tisch.

Einige Gruppen organisieren ihre Treffen so, daß jeweils ein Mitglied als »Redner« auftritt. Der oder die Betreffende hat sich vorher einverstanden erklärt, die eigene Leidensgeschichte zu erzählen und aufzuzeigen, inwieweit der eigene Heilungsprozeß erfolgreich verlief.

In einigen Gruppen ist das Rauchen gestattet, in anderen nicht.

Man trifft sich entweder morgens, mittags oder abends und manchmal auch am Wochenende.

Einige Gruppen sorgen dafür, daß die Kinder der Teilnehmer während des Treffens betreut werden.

Die Teilnahme an den Gruppen ist kostenlos, obwohl meistens »der Hut herumgereicht wird«. Durch freiwillige Spenden werden die Ausgaben für Miete, Kaffee, Tee und Literatur gedeckt. Viele der Anwesenden spenden pro Sitzung einen Dollar, vorausgesetzt, sie können sich das leisten. Es besteht jedoch keinerlei Verpflichtung dazu.

Innerhalb der Gruppen mit gleicher Zielrichtung gibt es jeweils verschiedene individuelle Ausprägungen. Je nachdem, welcher Geist in einer speziellen Gruppe vorherrschend ist, entwickeln diese ein ganz eigenes Profil. Vielleicht kommen wir uns beispielsweise in der einen Al-Anon-Gruppe fehl am Platze vor, während wir in einer anderen das Gefühl haben, daß das gleiche Programm hier eine ganz andere Wirkung entfaltet und daß gerade diese Gruppe deshalb für uns genau richtig ist.

Wenn wir Fragen haben, können wir sie ruhig stellen. Wir können auch darum bitten, daß man uns die Literatur zugänglich macht, die über eine bestimmte Gruppe erschienen ist.

Finden Sie also heraus, welche Gruppe für Sie am geeignetsten ist. Wenn Sie die eine nicht mögen, steht es Ihnen frei, zu einer anderen zu gehen. Die meisten von uns haben die Erfahrung gemacht, daß man sich eine ganze Weile umsehen muß, bis man die richtige Gruppe entdeckt hat.

Manche halten es für sinnvoll, mindestens sechsmal eine Gruppe zu besuchen, bevor dann die endgültige Entscheidung getroffen wird. Denn unsere Abneigung gegen eine bestimmte Gruppe ist oft darauf zurückzuführen, daß wir uns einfach gegen jede Veränderung wehren.

Wenn uns am Anfang des Heilungsprozesses nicht klar ist, welches Problem wir jetzt eigentlich anpacken sollen, dürfen wir eines nicht vergessen: Es ist immer besser, irgendwo zu beginnen, als im alten Trott zu verharren. Wenn uns schmerzhaft bewußt wird, daß wir mit mehreren Süchten zu kämpfen haben, brauchen wir uns nicht zu überfordern. Wir können uns jenem Problem stellen, das am meisten Kummer macht, und versuchen, es allmählich zu beseitigen.

ZWISCHENMENSCHLICHE BEZIEHUNGEN UND HEILUNGSPROZESS

Zu diesem Thema sind einige Bemerkungen angebracht. Wenn wir mit dem Heilungsprozeß beginnen, wird vielen von uns empfohlen, eine Zeitlang keine intime Liebesbeziehung einzugehen. Dieser Rat ist natürlich dann ungeeignet, wenn wir in diesem Anfangsstadium bereits mit jemandem liiert sind.

Einige von uns beschließen vielleicht, eine Zeitlang keine engeren Beziehungen zu haben. Diese Entscheidung bleibt jedem selbst überlassen.

Andere ringen sich dazu durch, eine bestimmte Beziehung zu beenden. Auch hier muß jeder so handeln, wie er es für richtig hält.

Manche sehnen sich nach einem sicheren Ort, an dem sie erzählen können, was ihnen am Beginn einer Beziehung und in der weiteren Auseinandersetzung mit dem Partner alles widerfährt. In einigen Gruppen ist das nicht möglich, weil deren Mitglieder gegenüber Beziehungen und Menschen, die sich binden wollen, eine genauso verletzende wie verächtliche Einstellung haben.

Die Heilung von der Co-Abhängigkeit diente nie dem Zweck, überhaupt keine Beziehungen mehr einzugehen. Vielmehr bestand das Ziel immer darin, daß wir unsere geistige Gesundheit wiedererlangen, um an gesunden und liebevollen Beziehungen teilhaben zu können — wenn dies unser Wunsch ist.

Der Grundsatz, sich besonders auch dann nicht in die Angelegenheiten anderer Menschen einzumischen, wenn es um deren Beziehungen geht, ist durchaus weise zu nennen. Es ist nicht unsere Aufgabe, anderen vorzuschreiben, welche Entscheidungen sie in Herzensdingen jeweils treffen sollen.

Wenn jemand keine Verbindung zu anderen Menschen herstellen möchte, wird er oder sie das schon wissen. Und wenn jemand eine Beziehung anfangen oder abbrechen will, wird er oder sie dazu auch fähig sein.

Wenn jemand Hilfe braucht, um eine bestimmte Verbindung zu lösen, so können wir ihm dabei auf sanfte Weise Mut zusprechen. Wir können genauso jene unterstützen, die neue Beziehungen aufbauen oder an ihrer Partnerschaft arbeiten möchten.

Das heißt nicht, daß wir anderen überhaupt keinen Einhalt mehr gebieten. Wenn jemand jahrelang wegen einer bestimmten Beziehung jammert und wir das einfach nicht mehr hören können, dann dürfen wir unsere Meinung ruhig sagen. Aber wir können auch liebevoll und mitfühlend reagieren und diesem Menschen Beistand leisten, denn uns ist bewußt, daß wir die wertvollsten Lektionen gerade in den schmerzlichsten Beziehungen gelernt haben.

Wir können uns dazu erziehen, die andere Person genauso zu achten wie zwischenmenschliche Beziehungen im allgemeinen, auch wenn die unseren nicht immer so verliefen, wie wir es beabsichtigt hatten.

Es ist wirklich angebracht, daß der einzelne ganz unabhängig von seiner Beziehung an den eigenen Problemen arbeitet. Genauso haben Menschen auch das Recht, sich innerhalb der Gruppe mit ihren Beziehungen auseinanderzusetzen. Wir können beide Methoden gutheißen und darauf vertrauen, daß wir schon wissen werden, wann sie jeweils angewandt werden müssen.

GOTT UND DER HEILUNGSPROZESS

Ausnahmsweise sind wir nicht auf uns selbst gestellt — und brauchen tatsächlich nicht alles alleine zu machen. Denn dieses Heilungsprogramm, dieser Weg, der sich uns durch die Arbeit an den Zwölf Schritten eröffnet, stellt vor allem einen *spirituellen* Prozeß dar.

Wir werden offen für die Hilfe, liebevolle Fürsorge und Unterweisung einer Macht, die uns übersteigt.

Wenn wir uns während der Arbeit an den Schritten geborgen fühlen, stellen wir fest, daß Gott sich vor allem als eine Macht erweist, die größer ist als wir. Als zweites wird uns bewußt, daß wir ein ganz eigenes Verständnis von Gott entwickeln.

Diese Vorgaben wurden von den »Pionieren« des Programms und der inneren Heilung mit Bedacht gewählt. Gott wurde ganz bewußt in die Schritte mit einbezogen, weil uns klar wurde, daß wir ohne Ihn und ohne eine tiefgeistige Erfahrung nicht gesund werden konnten.

Gott taucht in diesem Programm auf, weil Er für den Heilungsprozeß fundamental wichtig ist.

EINIGE FACHAUS-
DRÜCKE AUS DEM
HEILUNGSPROGRAMM

Im folgenden wird ein Verzeichnis jener Fachausdrücke aus dem Heilungsprogramm beigefügt, die Sie vielleicht nicht im Wörterbuch finden, aber im Verlaufe Ihrer Gruppenarbeit immer wieder hören werden. Auch für Ihre ganz persönliche Auseinandersetzung mit den Schritten sind sie von großem Nutzen.

Besessenheit: Wir sind dann wie besessen, wenn sich unsere geistige Energie in fixen Ideen erschöpft, die äußerst unproduktiv sind. Wir denken krampfhaft an eine andere Person oder an eine bestimmte Situation, ohne uns dagegen wehren zu können. Dieser Mensch bzw. Umstand beherrscht unser Denken und manchmal auch unser Leben. Solche Obsessionen bekämpfen wir am besten dadurch, daß wir inneren Abstand gewinnen, die eigenen Gefühle aufarbeiten, meditieren und loslassen. Sie haben viel mit unseren unnötigen Sorgen zu tun, die genausowenig Sinn machen.

Einen Tag nach dem anderen: Dies ist ein Wahlspruch aus dem Umkreis des Zwölf-Schritte-Programms, mit dem wir auf genauso neuartige wie effektive Weise dem Leben gegenübertreten: Anstatt heute schon die nächste Woche oder die ganze Zukunft in den Griff bekommen zu wollen, anstatt ständig auf der Vergangenheit »herumzureiten«, erleben wir jeden Tag so, wie er gerade kommt.

Es geht auch einfacher: Ein weiteres Motto, das während der Arbeit an den Zwölf Schritten immer wieder zu hören ist. Es erlaubt uns, innerlich zu entspannen, gelöster zu werden und die

Dinge geschehen zu lassen. Es besagt: Wir brauchen uns nicht »abzurackern«, denn dadurch bringen wir uns nur durcheinander. Alles läuft besser, wenn wir unbeschwert und ohne Hast ans Werk gehen. Wir müssen uns dem inneren und äußeren Fluß der Dinge hingeben.

(Die eigene) Familiengeschichte aufarbeiten: Dieser Ausdruck bezieht sich darauf, daß wir unsere Vergangenheit einmal näher betrachten, um herauszufinden, welche unserer jetzigen Verhaltensweisen aus der damaligen Zeit übernommen wurden. Dadurch können wir diese Vergangenheit ein für allemal hinter uns lassen. Das heißt: Wir werden von all den negativen Gefühlen, Verhaltensmustern, Überzeugungen befreit und verarbeiten jene Mißhandlungen, die uns in der Kindheit schwer zu schaffen machten. Diese »Vergangenheitsbewältigung« ist äußerst wichtig.

Gefallsucht: Damit ist gemeint, daß wir bestimmte Dinge nur tun, um »es den anderen recht zu machen«. Gewöhnlich greifen wir zu diesem Mittel, weil wir glauben, die anderen würden uns sonst nicht gern haben oder lieben. Diese Verhaltensweise hängt eng mit unserer übermäßigen Fürsorge zusammen. Dagegen lernen wir im Heilungsprozeß, vor allem uns selbst wohlzutun. Wir haben genug Vertrauen in die eigene Person, um zu verstehen, daß dies auch ein liebevolles und förderliches Verhalten gegenüber anderen mit einschließt: nicht damit sie uns lieben, sondern weil wir sie lieben.

(Mit den eigenen) Gefühlen umzugehen lernen: Das kann anfangs eine sehr unangenehme Erfahrung sein. Denn wir weichen den eigenen Gefühlen jetzt nicht mehr aus, sondern setzen uns mit ihnen auseinander. Wir halten inne und nehmen bewußt wahr, was in uns vorgeht. Gefühle sind emotionale Energie; wir sind für sie verantwortlich. Wir geben nicht mehr den anderen die Schuld, weil wir uns so oder so fühlen. Weder lassen wir uns von den eigenen Gefühlen beherrschen, noch versuchen wir, mit ihrer Hilfe andere Menschen zu kontrollieren. Meistens reicht das schon aus, um solche Regungen zu verarbeiten. Sie verschwinden aber nicht dadurch, daß wir sie ignorieren; denn dann werden sie nur noch stärker und äußern sich auf seltsame, unvorhersehbare und oft unerwünschte Weise. Vielen von uns wurde in der Kindheit beigebracht, daß man keine Gefühle zeigen sollte. Heute lernen wir etwas ganz anderes: nämlich den emotionalen Teil unserer Persönlichkeit, der eng mit unserem Wohlergehen und Glück verknüpft ist, zu akzeptieren und in seiner ganzen Bedeutung zu ermessen.

Geistiger Frieden: Geistiger Frieden ist ein Zustand vollkommener Seelenruhe und innerer Harmonie. Er vermittelt uns ein gutes Gefühl und stellt sich in dem Maße ein, wie wir auf dem Weg der inneren Heilung voranschreiten. Vielleicht bereitet er Ihnen zunächst ein wenig Unbehagen, aber Sie werden ihn mit der Zeit schätzen lernen.

Grenzen: Unsere Grenzen legen fest, wie weit wir mit anderen gehen und wie weit sie mit uns gehen dürfen. Wir können nur unsere eigenen Grenzen bestimmen. Sie zeigen an, was von außen in unser Leben eindringen kann. Und so streben wir danach, weniger Schmerz, weniger Mißhandlungen und weniger negative Energie zuzulassen, um dadurch Platz zu schaffen für positive Erfahrungen.

Hege und Pflege: Darunter verstehen wir jene Handlungen, die das persönliche Wachstum und innere Wohlbefinden fördern — bei uns selbst wie auch bei anderen. Im Heilungsprozeß lernen wir, uns selbst zu hegen und zu pflegen — aber gegebenenfalls auch die uns nahen Menschen. Außerdem lassen wir zu, daß sie uns diese Pflege angedeihen lassen. Solche Aktivitäten sind zum Beispiel: jemanden in den Arm nehmen oder sanft berühren, tanzen, spielen, schaukeln, einen Spaziergang machen, mit einem Teddybären spielen, Blumen pflücken, ein heißes Bad nehmen, den Rücken massiert bekommen. Jede Tätigkeit, die uns beruhigt und tröstet, zum Spielen ermuntert oder Freude macht, wirkt sich positiv auf das eigene Seelenleben aus. Ein Wort zur rechten Zeit, ein Gefühl, eine Handlung, eine Berührung oder ein Geschenk — all dies kann »heilsame Nahrung« für uns sein.

Heimliche Pläne: Hierunter verstehen wir jene Liste verborgener Bedürfnisse, über die wir nicht sprechen, die aber dennoch unsere Beziehungen zu anderen Menschen beeinträchtigen. Das heißt: Wir sagen nicht, was wir wirklich fühlen und denken. Alles erscheint anders, als es in Wahrheit ist. Manchmal wissen wir nicht, wie die heimlichen Pläne der anderen aussehen; manchmal kennen wir unsere eigenen nicht genau. Das Ziel des Heilungsprozesses besteht darin, jene Menschen zu meiden, die ungesunde Pläne hegen (also uns zum Beispiel ausnutzen oder schaden wollen), und unseren wahren Absichten treu zu bleiben.

Inneren Abstand gewinnen: Dies ist oft unsere erste Lektion, wenn wir von der Co-Abhängigkeit befreit werden möchten. Wir lernen allmählich, Grenzen zu setzen gegenüber anderen, also festzulegen, was uns von ihnen unterscheidet. Dadurch verfügen wir über ein »Heilmittel« gegen unser übermäßig fürsorgliches und kontrollierendes Verhalten. Das heißt: Wir lassen den anderen Menschen los, geben ihn auf liebevolle Weise frei. Und auch wenn wir zu wütend sind, um ihm hierbei unsere Liebe zu zeigen: Wir lassen den anderen trotzdem los. Dann setzen wir uns mit unserer Wut auseinander, damit Liebe und Mitgefühl sich zu einem späteren Zeitpunkt einstellen können. Täglich lösen wir uns von anderen Menschen, distanzieren uns von dem, was wir weder kontrollieren noch ändern können. Wir mischen uns nicht mehr in fremde Angelegenheiten ein und vermeiden dadurch ungesunde Verwicklungen. Inneren Abstand gewinnen heißt: Wir versuchen nicht mehr, Dinge und Menschen unseren eigenen Maßstäben anzupassen. Statt dessen üben wir uns darin, eine Zeitlang gar nichts zu tun, was uns normalerweise schwerer fällt als jede Tätigkeit. Nachdem wir dann innerlich frei geworden sind, übernehmen wir ganz bewußt Verantwortung für uns selbst. Und im Anschluß daran bemühen wir uns um eine bejahende Haltung.

(Das) innere Kind: Diese im Heilungsprozeß weitverbreitete Vorstellung bezieht sich darauf, daß jeder von uns — ganz unabhängig vom Alter — ein Kind in sich trägt, das die gleichen Bedürfnisse, Gefühle und Ängste, die gleiche Vielseitigkeit und Einfalt besitzt wie wir in jenen Jahren. Wir mögen vierzig sein, unerschrocken, erfolgreich und kompetent — aber im Innern lebt ein ängstliches, vierjähriges Kind, das in den Arm genommen werden möchte und einige tröstliche Worte genauso braucht wie einen Luftballon. Viele von uns ignorieren dieses zerbrechliche Wesen. Aber das funktioniert nicht. Denn es wird sich bemerkbar machen und unsere Pläne durchkreuzen, bis wir ihm endlich zuhören. Mit der Zeit lernen wir dann, wie wir diesen Teil unserer selbst erkennen, beachten und fürsorglich behandeln können.

Kontrollverhalten: Wir üben dann Kontrolle aus, wenn wir bestimmte Dinge erzwingen wollen, wenn wir versuchen, andere Menschen dazu zu bringen, daß sie alles tun, was uns »in den Kram paßt«, und das Leben so zu steuern, wie es unserer Meinung nach ablaufen sollte. Allmählich erkennen wir aber, wann wir ein solches Verhalten an den Tag legen — denn 1. fühlen wir uns halb wahnsinnig, 2. sind unsere Bemühungen umsonst und 3. befremden wir die anderen. Wir müssen uns mit diesen Kontrollmechanismen aktiv auseinandersetzen, und zwar am besten dadurch, daß wir jene Gefühle aufarbeiten, die ihnen zugrunde liegen. Meistens kommt dann eine starke Angst zum Vorschein.

Krise (Chaos): »Chaos« zeichnet sich dadurch aus, daß wir unser Leben überhaupt nicht mehr bewältigen können. Wird dann der kritische Punkt erreicht, bricht die Krise aus. Genau das aber versuchen wir im Heilungsprozeß zu vermeiden — nicht indem wir etwas verdrängen, sondern indem wir ein Leben beginnen, das von geistigem Frieden geprägt ist und gemeistert werden kann. Früher waren viele von uns in einer Dauerkrise. Einige fanden sogar Gefallen an solchen Erschütterungen und mischten sich in die verwickelten Angelegenheiten anderer Leute ein oder richteten absichtlich ein Chaos an, sobald ihr Leben zu harmonisch verlief. Manche haben sich an diese Situation schon derart gewöhnt, daß sie alles als Krise auffassen und dementsprechend reagieren. Jetzt aber lernen wir, nicht das Chaos, sondern die Harmonie zu genießen — und machen aus der sprichwörtlichen Mücke keinen Elefanten mehr.

Loslassen: Dieser Grundsatz besagt, daß wir uns nicht mehr zwanghaft mit anderen beschäftigen, keine Kontrolle ausüben und jedes sinnlose bzw. selbstzerstörerische Verhalten unterbinden. Wir gestatten den Menschen, so zu sein, wie sie sind, und lassen die Dinge einfach geschehen. Wir bemühen uns insbesondere darum, Gott »machen zu lassen«. Wir setzen uns mit den eigenen Gefühlen auseinander, gehen sorgsam mit uns selbst um, leben einen Tag nach dem anderen und sind voller Zuversicht. Alles andere lassen wir los.

Loslassen und Gott machen lassen: Das ist ein bekannter Wahlspruch aus dem Umkreis des Zwölf-Schritte-Programms. Damit ist gemeint: Wir kontrollieren nicht mehr Menschen und Ereignisse, sondern überlassen Gott alle Aufgaben, die nur Er lösen kann. Viele von uns stellen fest, daß dieser Grundsatz seine wundersame Kraft entfaltet, sobald wir ihn in die Tat umsetzen — denn Gott macht alles besser, als wir es könnten.

Leben und leben lassen: Erneut ein Motto aus dem Umkreis des Zwölf-Schritte-Programms, das unsere Suche nach gesunden Grenzen gegenüber anderen Menschen kennzeichnet. Das heißt, wir mischen uns nicht in ihre Angelegenheiten ein und sind mit aller Kraft darum bemüht, ein eigenes Leben zu führen.

Manipulation: Diese Vorgehensweise ist eng mit unseren Kontrollmechanismen verknüpft. Wir versuchen dabei, unsere Wünsche auf indirekte oder unehrliche Weise durchzusetzen. Wir wollen den anderen verführen, kontrollieren, hereinlegen oder dazu zwingen, alles zu tun, was uns gefällt — weil wir Angst haben, direkt zu sein, eine Bitte zu äußern oder ein »Nein« zu hören. Viele von uns haben sich schon so lange auf dieses Verhalten festgelegt, daß es ihnen gar nicht mehr auffällt. Manchmal funktioniert die Manipulation ja auch — aber sie bewirkt oft äußerst ungute Gefühle.

Opfer: Als Opfer ist jener Mensch zu bezeichnen, der — freiwillig oder nicht — leidet, weil ihm durch andere Schaden zugefügt wurde oder weil er sich selbst verletzt hat. Früher glaubten wir immer, das Opfer zu sein. Jedenfalls sind wir es heute nicht mehr.

Probleme: Ein Problem ist ein strittiger Punkt bzw. Gegenstand innerer und äußerer Auseinandersetzungen: jedenfalls eine Sache, die geklärt werden muß. Im Heilungsprozeß mischen wir uns nicht in die Probleme anderer Menschen ein — aber übernehmen Verantwortung für die unseren.

Reaktionen: Oft zeigen wir anderen Menschen gegenüber bestimmte Reaktionen, die wir uns mit der Zeit ›zugelegt‹ haben wie die sogenannten Pawlowschen Hunde. Die anderen tun etwas, und wir reagieren sofort darauf: ganz instinktiv und immer so, daß jede unserer Handlungen leicht auszumachen ist, obwohl wir dadurch überhaupt nichts erreichen. Im Heilungsprozeß hingegen lernen wir, daß wir unsere Vorgehensweise frei wählen können. Dadurch haben die anderen keine Kontrolle mehr über uns, so daß wir wiederum die Freiheit besitzen, ein Verhalten an den Tag zu legen, das uns und unseren Beziehungen mehr zugute kommt.

Ressentiments: Sie sind Ausdruck einer Verärgerung, mit der wir uns nicht auseinandergesetzt haben, die weder geklärt noch losgelassen wurde. Ressentiments entwickeln sich aus jener Wut, die nicht wirklich empfunden worden ist. Wir können ihnen dadurch begegnen, daß wir diese wütenden Gefühle zunächst bewußt wahrnehmen und dann loslassen, gewisse Maßnahmen ergreifen (zum Beispiel Grenzen gegenüber anderen festlegen oder Wiedergutmachung leisten) und schließlich eine versöhnliche Haltung einnehmen. Im Heilungsprozeß lernen wir, über solche

Gefühle wie Zorn und Groll auf produktive und gesunde Weise zu sprechen.

Schamgefühle: Das sind jene dunklen Regungen, die uns zu verstehen geben: Du bist überhaupt nichts wert. Die meisten von uns sind so tief beschämt, daß sie diesen Zustand schon für ganz normal halten. Im Heilungsprozeß ersetzen wir Schamgefühle durch eine liebevolle und bejahende Einstellung gegenüber uns selbst.

Schmerz: Im Heilungsprozeß verweist das Wort *Schmerz* auf seelisches Leid, wie es etwa durch heftige Wut, Schuldgefühle oder tiefe Verletzungen hervorgerufen wird. Einige haben sich so sehr an diesen Kummer gewöhnt, daß er ihnen schon ganz normal erscheint. Aber er ist nicht normal. Und deshalb besteht unser Ziel im Heilungsprozeß darin, jeden emotionalen Schmerz zu empfinden, um ihn irgendwann »abhaken« zu können. Wenn also im Verlaufe unserer inneren Reise schmerzliche Gefühle auftauchen — was sicher der Fall sein wird —, dann akzeptieren wir sie ganz bewußt. Wir unterlassen aber alles, was uns weh tun könnte, und widmen uns jenen Dingen, die unser Wohlbefinden steigern. Die meisten von uns stellen fest, daß sie um so weniger bereit sind, Schmerzen zu erdulden, je länger sie im Heilungsprozeß sind. Wir wollen uns nämlich gut fühlen.

Schuldgefühle: Sie resultieren aus Selbstvorwürfen, sobald wir uns für bestimmte Geschehnisse oder Gefühle verantwortlich machen. Die meisten von uns fühlen sich zu Beginn des Heilungsprozesses für alles schuldig. Einige dieser Empfindungen bestehen ganz zu Recht, andere wiederum nicht. Durch die Arbeit an den Schritten lernen wir, den Unterschied zwischen beiden zu erkennen, damit wir mit ihnen jeweils besser zurechtkommen. Die »wahren« Schuldgefühle können am besten dadurch beseitigt werden, daß wir uns selbst und anderen gegenüber Wiedergutmachung leisten und eine versöhnliche Haltung einnehmen. Die »falschen« Schuldgefühle werden gebannt durch Selbstliebe und eine realistische Denkweise.

Sich ausliefern: Das heißt, wir sehen ein, daß die Dinge so sind, wie sie sind; wir ergeben uns, strecken die Waffen und lassen das Leben einfach geschehen. Diese »Kapitulation« stellt ein spirituelles Konzept dar. Es entbehrt aber nicht einer gewissen Ironie: Denn die meisten von uns wehren sich dagegen, nur um dann festzustellen, daß sie sich wohl fühlen, sobald dieser Zustand erreicht ist.

Sorgsam mit sich selbst umgehen: Dieses Verhalten zeigt sich darin, daß wir uns in körperlicher wie in seelischer Hinsicht pflegen und stärken. Auf liebevolle und angemessene Weise übernehmen wir Verantwortung für uns selbst, was auch beinhaltet, daß wir den notwendigen Verpflichtungen gegenüber anderen nachkommen. Viele haben bisher sich selbst vernachlässigt, aber sie lernen nun, auf das eigene Wohlbefinden besser zu achten. (Diese Sorgfalt gegenüber der eigenen Person hat nichts damit zu tun, daß wir andere überfahren. Wenn wir uns wirklich gut behandeln, brauchen wir dies nicht mit einem Megaphon anzukündigen.)

So sein, wie man ist: Das heißt, daß wir uns selbst treu sind, das innere Wesen zur Entfaltung kommen lassen und uns selbst lieben, schätzen, akzeptieren und pflegen.

Spiritualität: Im Heilungsprozeß wachsen wir geistig — und sind also auf einer spirituellen Reise. Spiritualität ist aber nicht das gleiche wie Religion, auch wenn viele von uns in die Kirche gehen. Es geht hier vor allem um unsere geistige Natur, unsere persönliche Beziehung zu einer Macht, die größer ist als wir, und um die Beziehung zu uns selbst.

(Die eigene) Stärke geltend machen: Unsere Stärke liegt in der Fähigkeit, für uns selbst Verantwortung zu übernehmen — also eigenständig zu denken, wirklich zu fühlen, Probleme zu lösen und die eigene Richtung zu finden. Diese Stärke erweist sich dadurch, daß wir unsere innere Wahrheit zum Ausdruck bringen, gesunde Grenzen setzen, uns weigern, Herabwürdigungen oder

Mißhandlungen hinzunehmen, und zur rechten Zeit für andere empfänglich sind. Sie zeigt an, daß wir erkennen, was gut und richtig für uns ist. Wenn wir uns auf diese Kraft besinnen, heißt das nicht, daß wir andere kontrollieren oder Macht über sie haben. Wir erlauben ihnen dadurch keineswegs, Kontrolle über uns auszuüben. Es heißt auch nicht, daß unsere Reaktionen von Angst oder dem Bedürfnis, sie zu bevormunden, geprägt sind — sondern daß wir unsere innere Balance finden und diesen Zustand als Ausgangspunkt für unser Handeln betrachten.

Suchterzeugend: Suchterzeugende Verhaltensweisen sind gefährlicher als zwanghafte. Denn sie sind ein Hinweis darauf, daß wir uns nicht mehr in der Hand haben und deshalb mit vielen negativen Konsequenzen konfrontiert sind — aber trotzdem immer so weitermachen. Wir geben uns der Sucht hin, um irgendwie »high« zu werden — oder uns zu betäuben. Wir sind entweder abhängig von bestimmten Substanzen, wie zum Beispiel Alkohol oder Drogen, oder von gewissen Betätigungen wie Sex oder Spiel.

(Andere an etwas) teilhaben lassen: Damit ist natürlich nicht gemeint, daß wir uns von anderen in eine bestimmte Richtung drängen lassen. Vielmehr öffnen wir uns und zeigen, wer wir wirklich sind.

Übermäßige Fürsorge: Das ist einer der wichtigsten Ausdrücke, die wir im Heilungsprozeß lernen. Er besagt: Wir übernehmen Verantwortung für andere Menschen. Allzuoft tragen wir dann aber keine Verantwortung für uns selbst. Wir neigen dazu, die Gefühle, Gedanken, Verhaltensweisen, Probleme, Entscheidungen und Lebensabläufe anderer Menschen in unangemessener Weise zu beeinflussen. Dagegen lernen wir jetzt, wie wir für uns selbst verantwortlich sind. Aufgrund der Konsequenzen unseres Verhaltens können wir beurteilen, ob diese Sorgfalt und Pflege angebracht ist oder nicht: Durch co-abhängige Fürsorge haben wir das Gefühl, ausgenutzt, schlecht behandelt, mißachtet zu werden und alles umsonst zu machen. Andere Menschen kontrollieren uns mit ihren Bedürfnissen, während wir die eigenen Bedürfnisse nicht befriedigt bekommen. Echte Hilfeleistungen und eine gesunde Freigebigkeit sind jedoch gutzuheißen und unterscheiden sich grundlegend von dieser übermäßigen Fürsorge.

»Unerledigte Arbeit«: Wenn wir uns nicht mit der eigenen Familiengeschichte auseinandersetzen, stehen wir vor lauter ungelösten Aufgaben: nicht verarbeiteten Gefühlen und früheren Ereignissen, mit denen wir uns immer noch auseinandersetzen müssen. Wenn vieles in unserem Leben »liegengeblieben« ist, werden wir ständig Situationen heraufbeschwören und Lektionen lernen, die aufs engste mit den Gefühlen, Verhaltensmustern, Überzeugungen und Mißhandlungen in der Kindheit oder im bisherigen Erwachsenendasein verknüpft sind. Wir werden dann von der eigenen Vergangenheit regelrecht beherrscht. Dagegen verfolgen wir im Heilungsprozeß das Ziel, uns von früheren Traumata zu befreien, damit wir heute jene Dinge tun können, die uns wirklich am Herzen liegen.

Verdrängung: Die meisten von uns sind sehr gut im Verdrängen. Das heißt: Wir besitzen die Fähigkeit, gewisse Dinge zu ignorieren, selbst wenn sie sich direkt vor unseren Augen abspielen. Zu diesem Mittel greifen wir, um uns selbst zu schützen — bis wir dann endlich bereit sind, mit der Wahrheit konfrontiert zu werden. Etwas in uns weiß nämlich sehr genau, was wahr ist und was den Tatsachen entspricht. Indem wir mit Zwölf-Schritte-Gruppen und Menschen im Heilungsprozeß Kontakt aufnehmen, fühlt sich dieser Teil von uns stark und sicher genug, um in Erscheinung zu treten.

Wahnhaftes Verhalten: Dieser Ausdruck gibt unsere Reaktion wieder, wenn wir mit dem eigenen Leben überhaupt nicht mehr zu Rande kommen. Wir benutzen ihn also *nicht*, um eine bestimmte Geisteskrankheit zu charakterisieren, sondern um auf lockere Weise unsere genauso törichten wie selbstzerstörerischen Handlungen zu beschreiben.

Zwanghaft: Wenn wir zwanghaft handeln, tun wir etwas, weil wir nicht anders können. Wenn wir uns zum Beispiel mit den eigenen Gefühlen nicht auseinandersetzen, setzen zwanghafte Verhaltensweisen ein: Sie helfen uns, vor diesen Gefühlen auch weiterhin davonzulaufen.

DAS ZWÖLF-SCHRITTE-PROGRAMM DER ANONYMEN ALKOHOLIKER (AA)

1. Wir gaben zu, daß wir dem Alkohol gegenüber machtlos sind — und unser Leben nicht mehr meistern konnten.
2. Wir kamen zu dem Glauben, daß eine Macht, größer als wir selbst, uns unsere geistige Gesundheit wiedergeben kann.
3. Wir faßten den Entschluß, unseren Willen und unser Leben der Fürsorge Gottes — wie wir Ihn verstehen — anzuvertrauen.
4. Wir machten eine gründliche und furchtlose Inventur in unserem Inneren.
5. Wir gaben Gott, uns selbst und einem anderen Menschen gegenüber unverhüllt unsere Fehler zu.
6. Wir waren völlig bereit, all diese Charakterfehler von Gott beseitigen zu lassen.
7. Demütig baten wir Ihn, unsere Mängel von uns zu nehmen.
8. Wir machten eine Liste aller Personen, denen wir Schaden zugefügt hatten, und waren allmählich gewillt, ihn bei allen wiedergutzumachen.
9. Wir machten bei diesen Menschen alles wieder gut — wo immer es möglich war —, es sei denn, wir hätten dadurch sie oder andere verletzt.
10. Wir setzten die Inventur bei uns fort, und wenn wir unrecht hatten, gaben wir es sofort zu.

11. Wir strebten danach, durch Gebet und Meditation die bewußte Verbindung zu Gott — wie wir Ihn verstehen — zu verbessern. Wir baten Ihn nur, uns Seinen Willen für uns erkennen zu lassen, und um die Kraft, ihn auszuführen.

12. Nachdem wir durch diese Schritte ein geistiges Erwachen erlebt hatten, versuchten wir, diese Botschaft an Alkoholiker weiterzugeben und unser tägliches Leben nach diesen Grundsätzen auszurichten.

DAS ZWÖLF-SCHRITTE-
PROGRAMM
DER ANONYMEN
CO-ABHÄNGIGEN
(CODA)

1. Wir gaben zu, daß wir keine Macht über andere haben —
   und unser Leben nicht mehr meistern konnten.
2. Wir kamen zu dem Glauben, daß eine Macht, größer als wir
   selbst, uns unsere geistige Gesundheit wiedergeben kann.
3. Wir faßten den Entschluß, unseren Willen und unser Leben
   der Fürsorge Gottes — wie wir Ihn verstehen — anzuvertrauen.
4. Wir machten eine gründliche und furchtlose Inventur in
   unserem Inneren.
5. Wir gaben Gott, uns selbst und einem anderen Menschen
   gegenüber unverhüllt unsere Fehler zu.
6. Wir waren völlig bereit, all diese Charakterfehler von Gott
   beseitigen zu lassen.
7. Demütig baten wir Ihn, unsere Mängel von uns zu nehmen.
8. Wir machten eine Liste aller Personen, denen wir Schaden
   zugefügt hatten, und waren allmählich gewillt, ihn bei allen
   wiedergutzumachen.
9. Wir machten bei diesen Menschen alles wieder gut — wo
   immer es möglich war —, es sei denn, wir hätten dadurch sie
   oder andere verletzt.
10. Wir setzten die Inventur bei uns fort, und wenn wir unrecht
    hatten, gaben wir es sofort zu.

11. Wir strebten danach, durch Gebet und Meditation die bewußte Verbindung zu Gott — wie wir Ihn verstehen — zu verbessern. Wir baten Ihn nur, uns Seinen Willen für uns erkennen zu lassen, und um die Kraft, ihn auszuführen.

12. Nachdem wir durch diese Schritte ein geistiges Erwachen erlebt hatten, versuchten wir, diese Botschaft an andere Co-Abhängige weiterzugeben und unser tägliches Leben nach diesen Grundsätzen auszurichten.

Grundfragen der Psychologie
Praktische Lebenshilfen

Ursula Richter
Einen jüngeren Mann lieben
Neue Beziehungschancen für Frauen
17/89

Manfred Koch-Hillebrecht
**Kleine Persönlichkeits-
psychologie**
Ein Leitfaden
17/90

Linda T. Sanford
Das mißbrauchte Kind
*Die Überwindung traumatischer
Verletzungen*
17/91

Arthur Frank
Mit dem Willen des Körpers
*Krankheit als existentielle
Erfahrung*
17/92

Rita Freedman
Die Opfer der Venus
Vom Zwang schön zu sein
17/93

Anne F. Grizzle
Mutter Liebe Mutter Haß
*Die Balance finden zwischen
Geborgenheit und Unabhängigkeit*
17/94

Cia Criss
Loslassen
Wege aus der Sucht und Abhängigkeit
17/95

Carla Wills-Brandon
Nein sagen lernen
Grenzen setzen, Grenzen respektieren
17/96

Sigrid Steinbrecher
Funkstille in der Liebe
*Warum Männer und Frauen
aneinander vorbeileben*
17/97

Ellie McGrath
Mein Ein und Alles
Ein Plädoyer für das Einzelkind
17/98

Wilhelm Heyne Verlag
München